军队“2110工程”三期建设教材

管理系统工程

杨春辉　巩　军　胡　涛　主编

国防工业出版社
·北京·

内容简介

本书对管理系统工程相关的概念、理论、方法进行了全面的介绍和说明，包括管理系统工程概念、系统思想、系统工程方法论、系统的描述与模型建立、系统分析、系统评价、控制、风险与风险管理、流程管理等。

本书可供高等院校管理科学与工程及相关专业教材使用，也可作为开展系统分析、管理系统研究工作的管理人员、科技工作者的参考书。

图书在版编目（CIP）数据

管理系统工程 / 杨春辉，巩军，胡涛主编．-- 北京：国防工业出版社，2021.5

ISBN 978-7-118-12302-9

Ⅰ．①管… Ⅱ．①杨… ②巩… ③胡… Ⅲ．①管理系统理论 Ⅳ．① C93

中国版本图书馆 CIP 数据核字 (2021) 第 054488 号

※

国防工業出版社出版发行

（北京市海淀区紫竹院南路 23 号　邮政编码 100048）

三河市众誉天成印务有限公司印刷

新华书店经售

*

开本 710 × 1000　1/16　**印张** 19¼　**字数** 354 千字

2021 年 5 月第 1 版第 1 次印刷　**印数** 1—1500 册　**定价** 96.00 元

国防书店：(010) 88540777　书店传真：(010) 88540776

发行业务：(010) 88540717　发行业务：(010) 88540762

前　言

21世纪是经济、技术、社会和环境都在加速变化的时代,系统的复杂性也与日俱增,管理者和决策者都需要加快学习步伐才能应对这种挑战。现在遇到的很多问题若按原有的思路或者经验去分析和处理会得出不可预料的后果。不仅可能使原有问题进一步恶化,又使新的问题丛生。

在这个动态复杂性日益增加的世界中要想达到有效的学习和正确的决策唯有成为一名系统思考者,扩大心智模型的边界,开发相应的工具,从而去理解复杂系统的结构是如何产生相应的系统行为。为此,我们根据管理科学理论和系统工程理论的新发展,以变革的思想,创新的思维,重新审视、优化了已有的"管理系统工程"课程内容及其知识体系。期望通过本课程的学习,学员能系统地理解和掌握管理科学理论和系统工程理论的基本概念、基本内容和基本方法,逐渐养成动态分析问题、关注系统结构、重视系统反馈的思维习惯,具备有效运用"系统的思维方式和系统思想"分析、解决实际管理问题的思维能力、决策能力、组织能力和创新能力,具备按照复杂系统的观点观察世界的能力,达到理解系统结构与系统行为之间的联系。

管理系统工程是以管理系统为研究对象的一门组织管理技术。它在"老三论"与"新三论"的思想指引下,运用管理学及系统工程的原理和方法,从整体与技术观念出发,探求管理活动的最优设计、最优预测、最优控制和最优方案与评价,使管理系统发挥出整体最优化功能,取得最佳效果。

本书由杨春辉主编,巩军和胡涛参加编写。其中:第1~3章由杨春辉编写,第4~6章由巩军编写,第7~9章由胡涛编写。杨建军和姚路对全书进行了校核。

在本书的编写过程中,参考了较多的文献资料,得到很多专家、教授的热情帮助与指导,在此表示衷心的感谢!囿于本书涉及面广,编者水平有限,书中不足之处恳请专家和读者不吝批评指正。

作　者

目　录

第1章　绪　　论

1.1　管理概述

1.1.1　管理的定义

管理是人类各项活动中最重要的活动之一。在人类历史上,自从有了人类进行有组织的活动,就开始有管理活动。人类是具有思考行为的,为了利用有限的资源,来最大化满足人类的欲望,通过管理活动整合人类的资源,通过人们的共同协作,取得“1+1>2”的效果。人们通过管理活动来谋求个人无法获得或实现的生存与发展的机会、条件和目标。尽管今日,人类已掌握了大量的科学技术,在谋求自己的生存与发展方面已有很大的能力,甚至可以“克隆”自己,但这并不意味着人群组织可以解散,管理可以变为个人管理自己时间和事务的一件事,相反,人们今天的社会化程度越高,管理活动越复杂。事实上,工业化带来的分工可提高生产效率的概念已深入到现今人类社会的各个领域,现代社会的任何一项重大活动和成就都离不开管理活动。筹划未来,协调社会成员的行为,挑战新问题已成为人类社会进步的必要环节,人们对管理活动的依赖也就更加深入,管理活动成为人们进行社会生产生活的基本活动之一。

科学管理之父泰罗认为,管理就是指挥他人能用其最好的工作方法去工作,所以他在其名著《科学管理原理》中就讨论和研究了两个管理问题:①员工如何能寻找和掌握最好的工作方法以提高效率;②管理者如何激励员工努力地工作以获得最大的工作业绩。

诺贝尔经济学奖获得者赫伯特·西蒙教授对管理概念有一句名言:“管理即制定决策”。在西蒙看来,管理者所做的一切工作归根结底是在面对现实与未来、面对环境与员工时不断地做出各种决策,直到获取满意的结果,实现令人满意的目标。

泰罗和西蒙都为管理学的发展做出了巨大贡献,几乎所有的管理学教科书均要提及他们的观点和看法,但真正对现代管理理论体系有重大影响的是法国人亨利·法约尔。事实上,自从亨利·法约尔在其名著《工业管理和一般管理》中给出管理的概念之后,它整整影响了一个世纪。法约尔认为,管理是所有的人类组织(不论是家庭、企业或政府)都有的一种活动,这种活动由五项要素组成:

计划、组织、指挥、协调和控制。其中:计划是指预测未来并制订行动方案;组织是指建立组织的物质结构和社会结构;指挥是指使组织人员发挥作用;协调是指让组织成员团结一致,使组织中的所有活动和努力得到统一和谐;控制是指保证组织中进行的一切活动符合所制订的计划和目标。法约尔的这一看法使人想起,当你在从事计划、组织、指挥、协调和控制工作时,你便是在进行管理,管理等同于计划、组织、指挥、协调和控制。

徐国华等认为,“管理是通过计划、组织、控制、激励和领导等环节来协调人力、物力和财力资源,以期更好地达成组织目标的过程。”周三多等认为,“管理是指组织中的如下活动或过程:通过信息获取、决策、计划、组织、领导、控制和创新等职能的发挥来分配、协调包括人力资源在内的一切可以调用的资源,以实现单独的个人无法实现的目标。”

以上国内学者对管理的定义和法约尔对管理的定义都没有本质的区别,从这些定义中可以看到一些对管理的共同认识:①管理是一种活动;②管理这种活动由五项要素(计划、组织、指挥、协调和控制)构成。但是,管理应该有着比这种定义更广泛、更复杂的内涵与本质。

首先,管理作为一种活动,一定是在一个特定组织、特定时空环境下发生、发展,直至结束。从时间的角度来看,管理实际是一个动态的复杂过程,因为时空环境并不是静止的。

其次,管理这种活动的发生是有目的的,绝非无目的的发生,那么目的是什么呢?显然这与管理的出发者想要达成的目标相关,这一目标可以是组织的目标。

再次,达成组织目标是需要资源的,但世界上资源有限,供给有价格,这就使得达成组织目标有一个成本与收益的比较,有一个投入产出的衡量。

根据上述讨论,可以从系统理论的角度给管理下一个统一的符合其实质的定义:管理是对组织的有限资源进行有效系统整合,以达成组织既定目标与责任的动态创造性活动计划、组织、指挥、协调和控制等行为活动是有效整合资源所必需的活动。故而它们可以归入管理的范畴之内,但它们又仅仅是帮助有效整合资源的部分手段或方式,因而它们本身并不等于管理,管理的核心在于对现实资源的有效整合。

1.1.2 管理的特征

管理作为人类社会的基本活动之一等,它有自己的特性。这类活动不同于文化活动、科学活动和教育活动。

1.过程性(职能性)

管理职能(Management Functions)是回答管理究竟在一个组织中负责哪些方

面的工作。对于这个问题,管理学界颇有争议。最早提出的且较有影响力的是法约尔的论述,他将管理工作分成计划、组织、指挥、协调和控制五大职能。目前,国内外较为流行的看法是四个职能,即计划、组织、领导和控制。

计划(Planning)——确定目标,制定战略,开发分计划以协调活动。

组织(Organizing)——决定需要做什么,怎么做,由谁做。

领导(Leading)——指导和激励所有参与者,解决冲突。

控制(Controlling)——对活动进行监控以确保其按计划完成。

上述四大职能是相互联系、相互制约的。计划是管理的首要职能,根据计划的要求和安排,确定组织的机构、部门的设置,然后确定有效的领导方式和恰当的激励方式,最后根据计划的要求,设置控制的标准,进行控制。

2.经济性

效率(Efficiency),是指管理活动的投入和产出关系,是使组织资源的利用成本达到最小化。它反映资源利用的程度。

$$效率=产出/投入$$

效果(Effectiveness),是使组织活动实现预定目标的程度。它反映目标实现的程度。

效率和效果之间存在着明显的差别,效率涉及的是活动的过程、方式,效果涉及的是活动的结果。当一个组织实现了组织的目标,就说是有效果的。但有效果的组织完全可能出现效率低下的情形;反之,高效率的组织也可能是无效果的。效益=有效产出/投入,效益反映的是资源的有效利用与目标实现的程度,既涉及活动的过程,又涉及活动的结果。

作为一个组织,管理工作不仅仅是追求效率,更重要的是要从整个组织的角度来考虑组织的整体效果以及对社会的贡献。因此,管理工作追求高效率和好效果,即追求效益。

3.相对封闭性

任何组织都不是独立存在的,而是存在于一定的环境之中。组织作为管理的“载体”,对内具有封闭性,对外具有开放性,这就是管理的相对封闭性。

1)组织

组织(Organization)是由两个或两个以上的人组成的,为一定目标而进行协作活动的集体。

2)组织内部基本要素

人——管理的主体和客体。

物和技术——管理的客体、手段和条件。

机构——反映管理的分工关系和管理方式。

信息——管理的媒介、依据、客体。

目的——宗旨,说明为什么要有这个组织。

3)组织外部环境要素

尽管组织的具体形式,因其社会功能不同会有差异,但构成组织的基本要素是相同的。同时组织的活动又受到周围环境的影响,组织外部环境因素有9种,即行业、原材料供应基地、人力资源、资金资源、市场、技术、政治经济形势、政府、社会文化。

4)管理的一般环境和竞争环境

环境(Environment)是指对组织绩效起着潜在影响的外部机构或力量。

一般环境包括经济因素、政治因素、社会因素和技术因素。

经济因素——社会整体的经济发展形势、景气情况对组织的影响因素,如经济发展趋势、物价水平、财政金融政策等。

政治因素——社会政治形势、各种政治事件所构成的对组织的影响因素,如国家政局的稳定性、国际关系、重大国际事件的发生与发展等。

社会因素——传统风俗、道德观念、价值取向、知识水平等因素的总和。

技术因素——科技水平的提高、新工艺和新技术的发明和应用等构成的因素。

竞争环境包括供应者、顾客、竞争者、政府机构、利益集团。

供应者——向组织提供资源的单位。组织的运转需要资源,由于资源是广义的,故供应者应包括供应商(原材料)、银行(资金)、学校(人员),组织应力求以尽可能地低成本保证持续、稳定的供应。

顾客——组织要满足其某种需要的服务对象。组织能否成功,关键在于能否让顾客满意。

竞争者——能够提供相同或可以替代产品的组织,相互成为竞争对手。竞争主要表现在市场、资源上。

政府机构——其制定的政策、法规对组织目标的实现有直接的影响。

利益集团——社会上代表某一部分人的特殊利益的群众组织,如工会、消费者协会、环境保护组织等。他们会通过宣传工具等影响组织的活动。

4.管理具有二重性

任何社会生产都是在一定的生产关系下进行的。管理,从最基本的意义来看,一是指挥劳动;二是监督劳动。由于生产过程具有两重性,既是物质资料的再生产,同时又是生产关系的再生产。因此,对生产过程进行的管理也就存在着两重性:一种是与生产力、社会化大生产相联系的管理自然属性;另一种是与生产关系、社会制度相联系的管理社会属性。这就是管理的二重性(管理的性质)。它是马克思关于管理问题的基本观点。

(1)自然属性。管理与生产力、社会化大生产相联系而体现出的性质。由共同劳动的性质所产生，是合理组织生产力的一般职能。

(2)社会属性。管理与生产关系、社会制度相联系而体现出的性质。由生产关系的性质和社会制度所决定，是维护和完善生产关系的职能。

5.管理的科学性与艺术性

管理的科学性是管理作为一个活动过程，其间存在着一系列基本客观规律。人们通过从实践中收集、归纳、检测数据，提出假设，验证假设，从中抽象总结出一系列反映管理活动过程中客观规律的管理理论和一般方法。人们利用这些理论和方法来指导自己的管理实践，又以管理活动的结果来衡量管理过程中所使用的理论和方法是否正确，是否行之有效，从而使管理的科学理论和方法在实践中得到不断验证和丰富。因此，管理是一门科学，是指它以反映管理客观规律的管理理论和方法为指导，有一套分析问题、解决问题的科学的方法论。

管理的艺术性就是强调其实践性，没有实践则无所谓艺术。主管人员必须在管理实践中发挥积极性、主动性和创造性，因地制宜地将管理知识与具体管理活动相结合，才能进行有效的管理。所以，管理的艺术性就是强调管理活动除了要掌握一定的理论和方法外，还要有灵活运用这些知识和技能的技巧和诀窍。

从管理的科学性与艺术性可知，卓有成效的管理艺术是以对它所依据的管理理论的理解为基础的。因此，二者之间不是互相排斥，而是互相补充。靠“背诵原理”来进行管理活动，将必然是脱离或忽视现实情况的无效活动；而没有掌握管理理论和基本知识的主管人员，在进行管理时必然是靠碰运气，靠直觉或过去的经验办事，很难找到对管理问题的可行的、令人满意的解决办法。所以，管理的专业训练不可能培训出“成品”的主管人员，但却是为通过实践进一步培训主管人员的一个良好的开端，它为培养出色的主管人员在理论知识方面打下坚实的基础。当然，仅凭理论也不足以保证管理的成功，人们还必须懂得如何在实践中运用它们，这一点也是非常重要的。

6.动态性

管理的动态性特征主要表现在这类活动需要在不断变化的环境中对变动的组织进行管理，需要面对资源配置过程中的各种不确定性。管理的载体是组织，组织包括企事业单位、国家机关、政治党派、社会团体以及宗教组织等，由于各个组织所处的客观环境与具体的工作环境不同，各个组织的目标与从事的行业不同，从而导致了各个组织中资源配置的不同性，这种不同性就是动态特性的一种派生，因此，不存在一个标准的处处成功的管理模式。

管理的动态特性并不意味着管理这类活动没有科学规律可循。管理活动尽管是动态的，但还是可以将其分成两大类：程序性活动和非程序性活动。程序性活动就是指有章可循，照章运作便可取得预想效果的管理活动。非程序性活动就是指无章可循，需要边运作边探讨的管理活动。这两类活动虽然不同，但又是可以转化的。实际上,现实的程序性活动就是由以前的非程序性活动转化而来的,这种转化的过程是人们对这类活动与管理对象规律性的科学总结,管理的科学性在这里得到了很好的体现。对新管理对象所采取的程序性的活动是依据过去的科学结论进行,对新管理对象所采取的非程序性的活动其结果将成为未来采取行动的经验,将经验进行总结来重新指导我们的活动,那么非程序性的活动就成为程序性的活动,这本身也体现了管理的科学性。

7.创造性

管理的艺术性特征实际上已经与管理的另一个特征相关,这就是创造性。既然管理是一种动态活动,既然对每一个具体的对象没有一种唯一的完全有章可循的模式可以参照,那么,欲达到既定的组织目标与责任,就需要有一定的创造性。管理活动是一类创造性的活动,正因为它的创造性,才会有成功与失败的存在。管理的创造性根植于动态性之中,与科学性和艺术性相互协调。

1.1.3 管理的目标

1.管理目标的双重性

作为一项具体的管理活动或管理工作,首先,一定有一个计划达成的具体目标,例如:招聘人才,其计划达成的目标就是要为组织招聘到优秀的某一专业方面的人才;而进行广告宣传活动,其具体计划达成的目标就是要让消费者认识本组织、本企业以及本企业的产品,使消费者产生购买欲望并尽快尽多地购买该产品。显然,管理活动或管理工作的这一具体目标是非常重要、不可或缺的,没有这一具体计划达成的目标,管理活动或管理工作本身也就没有必要存在。

管理活动或管理工作的具体目标给定了这一项活动或工作的行进方向,但是这一行进方向又一定是组织总体目标规定下的产物,因为,如果管理活动或工作的具体目标不断衔接地实现但最终脱离组织既定目标,那么,所谓最终要达成组织资源配置的目标是不可能的。这样,管理活动的目标就有了另外一层含义,即组织内的管理活动如果不是多余的、无效的,那么它的终极目标就是组织既定的目标。

事实上,组织既定目标的实现是通过一系列资源配置活动的衔接逐步实现的,这种衔接可以是不同活动按先后顺序进行,也可以是不同活动并行直至最终协调成功。故组织既定目标一定是层层纵向分解,或按照不同领域横向分解,这些分解后的小目标既是组织既定目标的规定,又是管理活动或工作欲达到的具体目标。

2.组织既定目标的双重性

任何一个组织的存在,一定有其目的性,否则组织就不会存续。组织既定目标是其存续目的性的一个阶段性表现,它具有双重特性:功利性和非功利性。

组织既定目标的功利性是指组织既定目标设定的核心特性。例如,企业作为个经济组织,其既定目标为最大利润或满意利润,这一目标的核心特性就是企业运行的根本理由,可称之为功利性。组织既定目标的功利特性表现这一目标对社会、国家以及对组织本身的根本价值。

组织既定目标的非功利性则是指目标实现过程中所获得的非既定设想的其他价值。例如,企业在实现利润最大化这一既定目标的过程中,创造了一定的企业文化,培养一批有专长的高级人才等,这些价值的获得体现了既定目标的非功利性。又如,高等学校在培养人才和出科研成果的同时,孵化出了一批高新技术企业,创造了新的组织构架等,也是既定目标中非功利性的体现。

3.管理目标与组织目标

组织既定目标有功利性与非功利性的双重特性,管理目标作为组织既定目标分解后的具体目标,同时又以组织既定目标作为管理目标的最终目标。

(1)组织存续目的决定了组织在资源配置方面的既定目标,事实上,组织资源配置既定目标是组织存续目的的阶段性展示。

(2)组织既定目标分解成各类管理活动的具体目标,这些具体目标的逐步实现,将最终帮助实现组织既定目标。

(3)组织既定目标的功利性和非功利性在具体的管理活动上时,很难将其按照不同的特性分开来,往往是某一些管理活动在完成功利性价值的同时,获得非功利性价值少一些,另一些管理活动则在达到其具体目标时,获得的非功利价值多一些。例如,企业管理中的企业文化建设活动就属于此类管理活动。

1.2　系统与系统工程

1.2.1　系统

1.系统的概念

系统工程(Systems Engineering,SE)的研究对象是系统(System)。系统的概念是系统工程的核心和基本概念,也是整个系统科学的最基本的概念,它最早出现工程的核心和基本概念,也是整个系统科学的最基本的概念。它最早出现于古希腊语中,原意是指事物中共性部分和每一事物应占据的位置,也就是部分组成的整体的意思。将系统作为一个重要的概念予以研究,则是由贝塔朗菲于1937年第一次提出来的,他认为系统是“相互作用的诸要素的综合体”。

在自然界和人类社会中存在着多种多样的系统,可以说系统无处不在:一辆汽车、一台计算机等机器设备可以认为是一个系统;一个企业、一个政府、一个国家等社会也可以作为一个系统;三峡工程、“神舟”六号、举办2008年北京奥运会等项目也可以作为一个系统;一篇文章、一个学科、一个软件等也可以称为系统;银河系、太阳系、地球等也可以作为一个系统;等等。以上这些系统的形态和性质多种多样。系统可以互相包含与被包含,可以互相交叉和融合。系统是普遍的客观存在,我们每一个人都生活在系统之中,而且是同时生活在多种相互交叉的系统之中。

但是,并非任何事物或者事务都可以称为系统。相对于一辆汽车而言,拆卸下来的若干齿轮与螺丝钉不构成系统;相对于一个系统软件而言,软件中的每个语句的无序组合就不构成系统。

目前,我国的系统科学界对系统的定义是:系统是由相互作用和相互依赖的若干组成部分(要素)结合而成的,具有特定功能的有机整体。

从以上定义中可以总结出系统必须具备三个基本条件:

(1)系统必须由两个或两个以上的要素(或子系统)组成,要素是构成系统的最基本单位,因而也是系统存在的基础和实际载体。

(2)系统中要素与要素之间存在着一定的有机联系,从而在系统的内部和外部形成了一定的结构或秩序。任何一个系统又是它所从属的一个更大系统的组成部分。

(3)任何系统都有特定的功能,这是整体不同于各个组成要素的新功能,这种新功能也是由系统内部的有机联系和结构所决定的。

任何事物都是系统与要素的对立统一体,系统与要素的对立统一是客观事物的本质属性和存在方式,它们相互依存、互为条件;在事物的运动和变化中,系统和要素总是相互伴随而产生、相互作用而变化。它们的相互作用有如下三个方面。

(1)系统通过整体作用支配和控制要素。当系统处于平衡稳定条件时,系统通过其整体作用来控制和决定各个要素在系统中的地位、排列顺序、作用的性质和范围的大小,统率着各个要素的特性和功能,协调着各个要素之间的数量比例关系,等等。在系统整体中,每个要素与要素之间的相互关系都是由系统所决定。系统整体稳定,要素也要稳定;当系统整体的特性和功能发生变化,要素与要素之间的关系也随之发生变化。例如,一家企业管理组织系统的整体功能,决定和支配着作为要素的生产、销售、财务、人事、科技开发等各子系统的地位、作用和它们之间的关系,为了使企业适应环境,就要求各子系统必须充分发挥各自的功能,就会对各子系统进行协调和控制,并决定各子系统之间的相互作用。如果这家企业由过去的国有企业转制为民营企业,企业的整体性质和功能发生变化,为使管理组织的经济效益最佳,系统就会重新决定生产、销售、财务、人事、科技开发等各子系统在系统中的地位、作用和它们之间的关系。

(2)要素通过相互作用决定系统的特性和功能。一般地,要素对系统的作用有两种可能趋势：

①如果要素的组成成分和数量具有一种协调、适应的比例关系，就能够维持系统的动态平衡和稳定，并促使系统走向组织化、有序化；

②如果两者的比例发生变化，使要素相互之间出现不协调、不适应的比例关系，就会破坏系统的平衡和稳定，甚至使系统衰退、崩溃和消亡。

(3)系统和要素的概念是相对的。由于事物生成和发展的无限性，系统和要素的区别是相对的。由要素组成的系统，又是较高一级系统的组成部分，在这个系统中是一个要素或子系统，同时它本身是一个较低一级组成要素的系统。正是由于系统和要素地位与性质的相对性，构成了我们生活的世界的纷繁和复杂。

2.系统的分类

系统是以不同的形态存在的，我们基于研究的问题，从不同的角度来研究，可以进行多种多样的分类。我们对系统所要选择的分类标准是基于我们研究和所要解决的问题。因此，可以从不同的角度对系统进行分类。

(1)从系统的形成原因来看，可将系统分为自然系统和人造系统。自然系统就是由自然物(矿物、植物、动物、山脉、海洋等)所组成的系统，其特点是自然形成，如气象系统、海洋系统、生态系统等。了解自然系统的形成及其规律是人造系统的基础。

人造系统是为了达到人们所需要的目的而由人设计和建造的系统，人造系统也称作人工系统、社会系统，如经营管理系统、交通运输系统、工程技术系统、科学技术系统等。

人造系统一般包括三种类型：①由人们从加工自然物中获得的零部件装配而成的工程技术系统；②由一定制度、组织、程序以及手续等构成的管理系统；③由人们对自然现象与社会现象的科学认识所创立的科学体系与技术体系。

值得注意的是，我们所研究或考察的很多系统是自然系统和人工系统共同构成的复合系统。在认识自然系统的过程中，通过改造自然来建立我们的人工系统，但是对自然系统的认识又是有限的，很多自然系统的发生和发展是不以我们的意志为转移的，是有其内在规律的。随着对自然系统认识的深入，我们的人工系统也将更好地服务于人类的生活，也会出现越来越多的人工系统。遗憾的是，在今天的世界，存在很多不顾自然系统发生发展规律的人工系统，它打破了自然系统的平衡，使自然系统发生改变，甚至给人类的生活和生存带来威胁和危机。如工业系统正在改变着自然生态系统，超越环境的承载能力，使大气受到污染，森林面积减少。因此，近年来系统工程已越来越注重从人类与自然系统相协调的关系中来研究、开发、建造人工系统，创建人与自然共处的和谐社会。

(2)从系统组成要素的属性来看，可将系统分为实体系统和概念系统。实体系统是由实物组成的系统，包括人造物与自然物所组成的系统。而概念系统则是由概念、原理、方法、制度、程序等非实物所组成的系统。实体系统与概念系统多数情况下不可分割。例如，企业系统中，人、机构、生产资料等属于实体系统，而用于指导生产经营活动的各项计划和工作程序则是概念系统。因此，概念系统为实体系统提供方法与策略，而实体系统则是概念系统的物质基础和服务对象。

(3)从系统与环境的关系来看，可以将系统分为封闭系统和开放系统。封闭系统是指与外界环境不发生任何形式交换的系统。它不从环境输出也不从环境输入，其组成要素或子系统及其相互之间存在着某种均衡，这种均衡关系的意义是随着不同系统层次以及系统的内容而确定的。一般地，它是专为研究系统目的而设定的，如封存的设备、仪器以及其他尚未使用的技术系统等。

开放系统是指系统内部与外部环境的相互关系，能进行能量、物质和信息交换的系统。它从环境得到输入，并向环境输出，而且系统状态直接受环境变化的影响。一般意义上的系统都是在一定环境条件下，在一定的层次上存在的系统。

(4)从系统的状态与时间的关系看，可将系统分为静态系统和动态系统。静态系统是系统状态不随时间推移而变化。它没有既定的相对输入和输出，其在系统规律的状态参数中不含有时间参数，如车间平面布置系统、城市规划系统等。动态系统是系统状态变量随着时间的推移而改变，系统的状态变量中有随时间变化而改变的变量，表现为时间的函数，如企业经营系统、工程项目系统等。事实上，绝对的静态系统是不存在的。如果系统状态变化所需时间较长，可忽略其变化性而视为静态系统；反之，若系统状态将在一定时间内持续发生变化，这类系统则称为动态系统。

(5)对象系统和行为系统。对象系统是按照具体研究对象进行区分而产生的系统，如企业的经营计划系统、生产系统、库存系统等。

行为系统是以完成目的行为作为组成要素的系统。所谓行为，是指为达到某一确定的目的而执行某特定功能的作用，这种作用对外部环境产生一定的效用。行为系统的区别并不以组成部分及其结构特征作为标准，而是根据行为特征的内容加以区别。也就是说，尽管有些系统组成部分及其有关内容是相同的，但如果其执行特定功能的作用不同，那么在这层意义上它们就不是同类的系统。

(6)控制系统和因果系统。控制系统是具有控制功能的系统。控制就是为了达到某个目的，给对象系统所施加的动作。控制对象受制于一定的操纵，使其达到规定的目的。当控制系统对控制对象偏离目的的行为具有自动调整能力的系统，称为自动控制系统。

因果系统是输出完全取决于输入的系统，它必须是开放系统。因果系统的内容是由单一因素决定的，其状态具有一致性。这类系统一般为测试系统，如信号系统、记录系统、测量系统等。

(7)从系统的复杂程度来看,可将系统分为普通系统和大系统。普通系统的特点是规模小,要素少,功能和目标较少,其内部联系也不太复杂。大系统则不同,其特征是规模大,要素多,结构复杂,目标多样,功能综合等。上述两类系统的划分是相对的,并不存在一个明确的界限。

(8)从系统具体研究对象来看,可以将系统分成若干具体的局部系统。如可将社会系统具体分为经济系统、军事系统、政治系统、工程系统、教育系统等。具体系统的形态可能千变万化,但基本上都可看作是上述各种系统形态相互结合而形成的。它们之间往往是相互交叉与渗透的。

3.系统的特征

明确系统的特征,是认识系统、研究系统思想与管理应用的前提和关键。

1)系统的整体性

系统作为若干要素的集合体,其本质特性就是具有整体性。

系统是由两个或两个以上的可以相互区别的要素,按照作为系统所应具有的综合整体性而构成。系统的整体性说明,具有独立功能的系统要素以及要素间的相互关系(相关性、阶层性)是根据逻辑统一性的要求,协调存在于系统整体之中。就是说,任何一个要素不能离开整体去研究,要素间的联系和作用也不能脱离整体的协调去考虑。系统不是各个要素的简单集合,否则它就不会具有作为整体的特定功能。脱离了整体性,要素的机能和要素间的作用便失去了原有的意义,脱离整体研究任何事物的单独部分不能得出有关整体性的结论。系统的构成要素和要素的机能、要素的相互联系要服从系统整体的目的和功能,在整体功能的基础上展开各要素及其相互之间的活动,这种活动的总和形成了系统整体的有机行为。在一个系统整体中,即使每个要素并不都很完善,但它们也可以协调、综合成为具有良好功能的系统;反之,即使每个要素都是良好的,但作为整体却不具备某种良好的功能,也就不能称之为完善的系统。

2)集合性

集合的概念就是把具有某种属性的一些对象看成一个整体,从而形成一个集合。集合里的各个对象称为集合的要素(子集)。这些要素可以是具体的物质,也可以是抽象的或非物质的软件、组织等。例如,一个计算机系统,一般都是由计算器、存储器、输入与输出设备等硬件所组成,同时,还包含有操作系统、程序设计、数据库等软件,而形成一个完整的集合。

3)层次性

系统作为一个相互作用的诸要素的总体来看,它可以分解为一系列的子系统,并存在一定的层次结构。这是系统空间结构的特定形式,在系统层次结构中表述了在不同层次子系统之间的从属关系或相互作用的关系。在不同的层次结构中存在着动态的信息流和物质流,构成了系统的运动特性,为深入研究系统层次之间的控制与调节功能提供了条件。例如,在大系统控制理论中就专门研究递阶控制系统的理论和方法。

4)相关性

组成系统的要素是相互联系、相互作用的,相关性说明这些联系之间的特定关系,以及这些关系之间的演变规律。例如,城市是一个大系统,它是由资源系统、市政系统、文化系统、教育系统、医疗卫生系统、商业系统、工业系统、交通运输系统、邮电通信系统等相互联系的部分组成,通过系统内各子系统相互协调的运转去完成城市生活和发展的特定目标。各子系统之间具有密切的关系,相互影响,相互制约,相互作用。要求系统内的各个子系统整体目标,提高系统的有序性,尽量避免系统的"内耗",提高系统整体运行效果。

5)目的性

通常系统都具有某种目的,要达到既定目的,系统都具有一定的功能,而这正是区别不同系统的标志。系统的目的一般用更具体的目标来体现,对于比较复杂的社会经济系统都具有不止一个目标,因此,需要用一个指标体系来描述系统的目标。例如,衡量一个工业企业的经营业绩,不仅要考核它的产量、产值指标,而且要考核它的成本、利润和质量指标的完成情况。在指标体系中各个指标之间有时是相互矛盾的,有时是互为消长的。为此,要从整体出发力求获得全局最优的经营效果,这就要求在矛盾的目标之间做好协调工作,寻求平衡或折中方案。为了实现系统的目的,管理系统必须具有控制、调节和管理的功能,管理的过程也就是使系统的有序化过程,使它进入与系统目的相适应的状态。

6)环境适应性

任何一个系统都存在于一定的物质环境之中,因此,它必然要与外界环境产生物质的、能量的和信息的交换,外界环境的变化必然会引起系统内部各要素之间的变化。系统必须适应外部环境的变化,不能适应环境变化的系统是没有持续生命力的,而只有能够经常与外界环境保持最优适应状态的系统,才是经常保持不断发展势头的理想系统。

1.2.2 系统工程

1.系统工程的定义

关于系统工程的定义,国内外尚无统一说法,这里介绍几种具有代表性的说法。

(1)系统工程是为了更好地达到系统目标,而对系统的构成要素、组织结构、信息流动和控制机理等进行分析与设计的技术(1967 年日本工业标准 JIS)。

(2)系统工程是为了研究由多个子系统组成的整体系统所具有的多种不同目标的相互协调,以期系统功能达到最优并最大限度发挥系统组成部分的能力而发展起来的一门科学(1967年,美国恰斯诺特)。

(3)系统工程是为了合理地开发、设计和运用系统而采用的思想、程序、组织和方法的总称(1971年,日本寺野寿郎)。

(4)系统工程是一门把已有的科学分支中的知识有效地组合起来用以解决综合化的工程技术(1974年,英国大百科全书)。

(5)系统工程研究的是怎样选择工人和机器的最适宜的综合方式,以完成特定的目标(1975年,美国百科全书)。

(6)系统工程是一门研究复杂系统的设计、建立和运行的科学技术(1976年,苏联大百科全书)。

(7)系统工程是组织管理系统的规划、研究、设计、制造、试验和使用的科学方法,是一种对所有系统都具有普遍意义的方法(1978年,中国钱学森)。

总之,系统工程是用科学的方法规划和组织人力、物力、财力,通过最优途径的选择,使我们的工作在一定期限内收到最合理、最经济、最有用的效果。所谓科学的方法就是从整体观念出发,统筹考虑,合理安排整体中的每个局部,以求得整体的最优规划、最优控制和最优管理,使每个局部都服从于一个整体目标,做到人尽其才,物尽其用,以便发挥整体优势,力求避免资源的损失和浪费。

2.系统工程的特征

1)程序化

系统工程是运用工程的方法来治理系统的技术,程序化是系统工程的重要特征之一。无论对工程系统还是社会系统,对自然系统还是人造系统,都必须严格地按科学程序办事。各专门的系统工程在其实施过程中,都必须制定相应的工作程序。程序的正确与否在某种意义上决定着该项系统的命运;程序方法几乎贯穿系统工程的全过程。系统工程是一种程序化的组织管理技术。

2)信息化

系统工程是以信息技术为主要工具来治理系统的技术。信息化是系统工程的重要特征之一,无论任何系统,对其中的物质、能量、信息三者来说,系统工程主要是依靠信息技术有效地协调物质和能量的活动。系统工程和信息技术是一种共生现象的发展。

3)精确化

系统工程是以引入数学为主要优势来治理系统的技术。无论任何系统,对其中质与量的关系,系统工程用运筹学等数学工具力求精确地、正确地来设计、控制系统。系统工程对收集到的一切信息,凡能量化的尽量使之量化,不能量化的也往往通过一定的方法使之量化或半量化,从而提高人们对系统态势的认识。

4）专业化

系统工程是由专业人员参与治理系统的技术。系统工程处理的各种各样的系统，大都须由专业人员设计、操作、组织和管理。系统工程离开有关的专业人员是寸步难行的，它需要由受过专门科学教育和严格技术训练的专家从事这项工作。

5）集约化

系统工程是用集约方式治理技术，这是由传统的粗放式管理走向集约化管理的崭新阶段。系统工程的一切理论、方法和技术都是围绕“效益”这个核心。实践证明，集约化是产生高效率、高效益的根本所在，这也正是系统工程的优势所在。

3.系统工程的功能

1）研究客体与研究主体相结合的功能

传统的自然科学和社会科学，大都从事某种客体的研究，并据此作为科学分类的标准，区分出各种学科类别。而系统工程面临的研究课题则无法将主客体截然分开，必须将两者紧密地结合在一起。系统工程必须阐明谁与客体发生相互作用以及何种相互作用是适宜的。系统工程重视主体——人的因素，因为人的个体与集体行为决定了整个系统的行为。任何课题的研究都有赖于研究者的行为。人造系统的主客体关系与自然系统大为不同。对于技术系统、经济系统、社会系统而言，人是这些系统的设计者，客体系统实际具体地反映了主体系统的动机、目的、利益和才能。客体系统反映了主体系统劳动的产品。因此，系统工程既能发挥主体的功能，又能发挥课题的功能。

2）认识世界与改造世界相结合的功能

自然科学和社会科学发挥着认识世界的功能，而工程技术则改造世界。系统工程属工程技术，其主要任务是解决实际问题，发挥改造世界的功能。然而系统工程的工作程序、直接目的及其改造世界的过程本身，都有一个认识世界的问题，都要输送出大量的信息，因而它是认识世界与改造世界两种功能的结合。

3）改造自然与改造社会相结合的功能

一般传统的技术主要是改造自然，而社会科学负责改造社会。系统科学，特别是系统工程的崛起和发展跨越了两大部类长期形成的鸿沟，从自然领域走向社会领域，把两种改造结合起来。例如，通信系统工程、冶金系统工程、宇航系统工程等的主要目标是改造自然，但它们也同时注重对社会因素的分析和社会条件的变化，发挥着改造社会的某些功能。军事、科研、教育、行政等系统工程的主要目标是改造社会，而同时它们也特别关注对自然因素的研究和环境条件的限制，发挥着一定程度的改造自然的功能。因此，系统工程集自然技术与社会技术为一体，将传统的工程技术推进到一个崭新的阶段。

4）发展自然科学与发展哲学、社会科学相结合的功能

系统工程与系统科学的基础理论——一般系统论、耗散结构理论、协同学等都直接发源于生物学、物理学与化学，而它们的产生和发展又迅速反馈于生物学、物理学等自然学科；并广泛深入到心理学、自然地理学等领域，推动了这些学科的发展。从20世纪50年代开始，系统科学包括系统工程自然科学和工程技术部门，进入广泛的社会科学领域。

传统的社会科学在系统工程的冲击下，基础理论与应用技术正在进一步分化，与社会科学相对应正在出现社会技术。因此，系统工程作为一门边缘性学科，在自然科学与社会科学之间架起了一座桥梁，大大推动了现代科学技术整体的发展趋势。

1.3　管理系统工程

管理作为一种实践活动，几乎与人类社会的进程同时开始，凡是有人类协作劳动的地方，就会有管理。现代社会是高度组织化的社会，随着生产的现代化和社会化发展，经济管理活动越来越复杂，规模也越来越庞大，相关因素越来越多，主要表现在以下方面：①管理规模日益大型化。生产越来越集中，企业规模不断扩大，是社会化大生产发展的一个特点。②管理组织日益专业化。随着生产力和科学技术的发展，寻求按专业化的职能来设置管理机构，由具有管理知识和技能的人来进行管理成为趋势。③管理人员日益知识化。管理人员必须具有现代管理知识，不但在各专门业务岗位上要有精通计划、生产、财务、供销等方面的专业人才，而且要求具有指挥和决策能力的综合人才。④管理体制日益合理化。管理功能发挥得好坏，取决于管理体制是否合理。因此，建立一个高效率的经济管理体制，对调整和优化企业管理是一项重要的战略选择。

由此可见，管理过程的复杂性、综合性和多变性，决定了管理活动是一项复杂的系统工程，只有运用系统工程这样一门综合性的组织管理技术，才能解决各种层次的经济管理问题。所以，管理系统工程就是以各层次的管理活动为对象，遵循系统科学的思想，运用系统工程的原则和方法，为管理活动提供最优规划和计划，进行有效协调和控制，并使之获得最佳经济效益和社会效益的组织管理方法。简单而言，管理系统工程就是用系统工程的观点和方法研究管理系统。值得指出的是，研究对象应当以整个系统的宏观结构和基本功能为重点，把具有共性并且相对稳定的要素提炼出来，应用结构分析法对系统组成要素之间相互关联、相互作用的方式及在空间和时间上排列或组合的具体形式进行完整、科学的描述；应用功能分析法对系统组成要素的数量、质量和系统功能相互关系以及系统功能与环境变化的相互关系进行全面、细微的研究。系统管理理论是应用系统理论的范畴、原理，全面分析和研究企业和其他组织的管理活动和管理过程，

重视对组织结构和模式的分析，并建立起系统模型以便于分析。这一理论是卡斯特、罗森茨威克和约翰逊等美国管理学家在一般系统论的基础上建立起来，其理论要点有：

（1）企业是由人、物资、机器和其他资源在一定的目标下组成的一体化系统，它的成长和发展同时受到这些组成要素的影响，在这些要素的相互关系中，人是主体，其他要素则是被动的。

（2）企业是一个由许多子系统组成的、开放的社会技术系统。企业是社会这个大系统中的一个子系统，它受到周围环境（顾客、竞争者、供货者、政府等）的影响，也同时影响环境。它只有在与环境的相互影响中才能达到动态平衡。在企业内部又包含着若干子系统：①目标和准则子系统，包括遵照社会的要求和准则，确定战略目标；②技术子系统，包括为完成任务必需的机器、工具、程序、方法和专业知识；③社会心理子系统，包括个人行为和动机、地位和作用关系、组织成员的智力开发、领导方式，以及正式组织系统与非正式组织系统等；④组织结构子系统，包括对组织及其任务进行合理划分和分配、协调它们的活动，并由组织图表、工作流程设计、职位和职责规定、章程与案例来说明，还涉及权力类型、信息沟通方式等问题；⑤外界因素子系统，包括各种市场信息、人力与物力资源的获得，以及外界环境的反映与影响等。此外，还有一些子系统，如经营子系统、生产子系统等。这些子系统还可以继续分为更小的子系统。

（3）运用系统观点来考察管理的基本职能，可以提高组织的整体效率，使管理人员不至于只重视某些与自己有关的特殊职能而忽视了大目标，也不至于忽视自己在组织中的地位与作用。

因此，管理系统工程有其自身的特点。

（1）研究思路的整体化。管理系统工程研究思路的整体化，就是运用系统工程理论观点，把管理活动作为一个整体来研究。这就是说，一方面对于任何一个管理活动研究对象，即使它是由各个不同的结构和功能部分所组成，也要把它作为一个为完成特定目标而由若干个要素或子系统有机结合成的整体来处理，并且还应把这个整体作为它所从属的一个更大的社会系统的一个子系统来考察、研究；另一方面，把管理活动研究对象的过程也作为一个整体来对待，即以系统的规划、研究、设计、制造、试验和使用作为整个过程，分析管理的工作环节或进程，从整体出发来掌握它们之间的信息以及信息传递路线，分析它们的控制、反馈关系，从而建立系统发展全过程，全面地考虑和改善整个工作过程，以实现整体最优化。这样，按照霍尔的方法论我们就建立了一个管理系统的整体。

（2）应用方法的综合化。系统工程强调综合运用各个学科和各个技术领域内所获得的成就和方法，使得各种方法相互配合，达到系统整体最优化。系统工程对各种方法的综合应用，并不是将这些方法进行简单地堆砌叠加，而是从系统的总目标出发，将各种相关的方法协调配合、互相渗透、互相融合地综合运用。而管理的目标是追求整体的最佳，不排斥任何方法的运用，所以管理系统工程应用系统理论来指导管理，综合应用多种方法来达到管理目标。

(3)组织管理上的科学化、现代化。没有管理上的科学化和现代化，也就不能充分发挥系统的效能，就难以实现研究思路上的整体化和应用方法的综合不能实现管理的目标。管理科学化就是要按科学规律处理问题，它涉及的内容极其广泛，包括对管理过程、组织结构、体制和人员配备的分析，工作环境的布局、程序步骤的组织以及工程进度的计划与控制等问题的研究。管理现代化就是指符合事物发展的客观规律、符合自己国家的需要，而且证明与之有效的最新管理理论、思想、组织和方法手段，它进一步促进生产力的发展和生产关系的改善。

(4)用系统方法学习和研究管理学。要进行有效的管理活动，必须对影响管理过程中的各种因素及其相互之间的关系，进行总体的、系统的分析研究，才能形成管理的可行的基本理论和合理的决策活动。总体的、系统的研究和学习方法，就是用系统的观点来分析、研究和学习管理的原理和管理活动。管理过程是一个系统，管理的概念、理论和技术方法也是一个系统。这样，从管理的角度看，系统有两个含义：系统是一种实体；系统是一种方法或手段。二者既有区别，又有密切联系。

在分析和研究管理过程这个系统时，要把握其作为一种实体所具有的如下特征：

①整体性。管理过程是由各个管理职能相互联系、相互作用构成的有机整体，而不是它的各个要素的简单叠加。

②目的性。管理系统的目的就是要使组织中的各个要素得到合理配置，以创造价值和提供服务，从而取得最优的经济效益和社会效益。

③开放性。管理过程本身是一个系统，但它又是社会系统中的组成部分，它在不断地与外部社会环境进行物质、能量和信息的交换，因而具有开放的特点。

④交换性。管理过程中各种因素都不是固定不变的，管理系统可以转换被管理的各种因素，使管理取得更大的功效。

⑤相互依存性。不仅管理的各要素之间相互依存，而且管理活动与社会其他活动也是相互依存的。

⑥控制性。管理过程具有信息反馈的机制，以使各项工作能够及时、准确地被控制而得到有效的管理。

管理作为一种方法、手段或理论，则要求在研究和解决管理问题时必须具有整体观点、“开放的”与相对“封闭的”观点、反馈信息的观点、分级观点、等效观点等有关系统的基本观点。学习管理的概念、理论和方法也要用系统的观点来进行指导。通过管理过程中管理职能的展开来系统研究管理活动的过程、规律、原理和方法的问题,这是一种对管理人员来说比较切合实际的研究和学习的方法,而且易学、易懂、易用。因此,学习管理学,绝不能把各项职能工作割裂开来,而应把它们当作整个管理过程的有机组成部分来系统地分析和思考。

复习思考题

1. 系统、系统工程、管理系统工程定义是什么?有哪些要点?
2. 系统的属性有哪些?它们之间存在什么样的联系?
3. 管理系统工程有哪些特点?
4. 举出当前应用管理系统工程的案例。

第 2 章　系统思想

系统思想，乃至最近正在兴起的系统哲学和古代的整体思想是一脉相承的，它经历了漫长的历史发展过程，在一定意义上说，整个人类思想发展史都为其提供了丰富的材料。人类对物质世界的最初认识习惯于从总体方面来观察，但当人类文明发展到一定程度，就产生了分析方法，侧重于分析事物的各个部分，然后再把对事物各个部分的认识综合起来作为对整个事物的认识。随着科学技术的发展，前两种认识方法都不能满足人类认识和改造世界的需要，于是人类的认识方式又发展到从事物的内部联系、从一事物同另一事物的外部联系来系统地看待客观世界，这就进入了系统思维阶段。人类对客观世界的认识正是沿着这样一条“整体—分析—系统整体”的认识道路发展着，从而形成了我们今天所说的系统思想。

2.1　中国古代系统思想

中华民族的古代文明源远流长，尤其在哲学、伦理学、医学和农学方面对整个人类做出了突出贡献。尽管我国古代各个学派、各种思想的理论不尽相同，但用整体观点去研究和理解世界万事万物却是它们最鲜明的共同特点。

《周易》是我国最早的一本系统探索天、地、人和谐共存、相互影响的学术著作。从其内容看，它是我国古代人民对社会实践经验进行总结，对自然界万事万物之间内在联系进行猜测的结果。

《周易》的系统思想集中体现在对天、地、人的描述上，它认为，天、地、人是一个大系统中相互联系的组成部分，就犹如处在一个圆环上的不同的点，由于自然界的循环运动而彼此过渡，互为因果，互生互灭。而人与自然的关系也是一种水乳交融、共存共荣、你中有我、我中有你的关系。所以说，宇宙间的万事万物，无论是天、地，还是人、兽、草、木，遵循的规律都具有内在一致性，即具有同形性。

与《周易》的观点类似，我国古代的阴阳五行说也是以整体思想为基础来探索人与自然之间的相似关系的一种理论。阴阳五行说认为，金、木、水、火、土并不是互不相干、固定不变的，而是相互制约、永恒发展的，这主要表现在它们之间能够相生相克，以此来维持事物的正常生灭和协调发展。由此可见，阴阳五行说力图说明，宇宙间的万事万物都是由相互联系联系、相互制约的基本元素构成的，因而一切事物的内部结构都具有逻辑上的类似性。而且任何事物都不是静止的，都处在一种整体的动态平衡中，这无疑是一种朴素的系统思想。

系统思想在中医理论中最能得到充分体现。《黄帝内经》是我国最早的医学著作，它同时也是运用系统思想诊断病情和采用综合治疗方法、医治疾病的典范。它认为人体的器官是一个有机整体，各个器官的功能尽管各不相同，但它们是相互影响、相互制约的，因此人的任何一个器官发生病变，都必然会影响到其他部分。这说明，作为医生，对疾病绝不能只顾“头痛医头，脚痛医脚”，而要进行综合治疗。此外，古代中医理论还认为，人的疾病受多种因素的影响，诸如自然环境、社会环境、人自身的精神状态都可能导致人的器官功能失调而引起疾病。这就意味着，在医治疾病时，不仅要把人体看作一个由各种器官和各个部分组成的整体，而且还要把人体看作是一个受其他环境因素制约的部分。这种观点与我们今天的系统论观点显然是不谋而合的。

中国古代，尤其是春秋战国时期，战争连年不断，给人民带来了深重的灾难，但同时也促进了军事战略学的发展，《孙子兵法》就是其代表作。在这一著作中，我们可以看到它处处都闪烁着系统思想的光辉。孙子把战争看成是由多种要素构成的复杂的动态系统，而决定战争最终胜负的是各种要素综合作用的结果，这些要素包括敌对双方的政治、经济、外交、自然环境、民心的向背、军队的素质、士气、将帅的指挥才能等。因此，要想在战争中取胜，就必须纵观全局，从整体上把握各种因素的影响，并对各种因素进行综合考虑，以制定出最佳的作战方案克敌制胜。

我国古代整体思想不仅在理论上得到了充分体现，而且在工程实践上也得到了运用。这方面的例子当首推都江堰防洪排灌工程。都江堰由分水鱼嘴、飞沙堰、宝瓶口三大主体工程和密布在成都平原上的众多灌溉渠组成。由于各工程之间配合得非常巧妙，彼此协调，相互依托，因此能实现自动分流、溢洪排沙、自动灌溉等多项功能。如果把这些工程孤立开来，那么任何工程都不可能单独持久地实现任何一项功能。都江堰不愧是我国古代人运用整体思想设计工程的光辉典范，即使在今天，它也可以称得上是系统工程中的一部杰作。

2.2　西方古代系统思想

古希腊是西方文明的摇篮，“在希腊哲学多种多样的形式中，差不多可以找到以后各种观点的胚胎和萌芽”。系统思想当然也不例外，古希腊人的系统思想就是其最早的一种朴素形式。

辩证法的奠基人之一，古希腊爱菲斯学派的创始人赫拉克利特在《论自然》中就最先提出了“世界是包括一切的整体”的观点，他还说：“这个世界，对于一切存在物都是一样的,它不是任何神所制造的,也不是任何人所创造的;它过去、现在、未来永远是一团永恒的活火,在一定的分寸上燃烧,在一定的分寸上熄灭。”这段话明显表达了这样一种思想:世界是一个由物质组成的整体,它是运动变化的,但变中亦有不变,这就是世界的本原。与赫拉克利特相比,阿那克萨哥拉的系统整体思想似乎更加明显。他认为,世界万物是由与事物性质相同的微小颗粒组成的,他把它们称为“种子”。任何事物都不是由一种种子构成,而是都包含着各种各样的种子。那么,大的东西和小的东西关系如何呢? 他说:“既然大的和小的都同样有很多部分,这样看来,就是一切都包含一切。事物不可能是分散孤立的,而是一切分有着一切。”这种思想显然与今天的系统层次思想十分接近。

古希腊的另一位哲学家,被马克思誉为“希腊人中的一个百科全书式的学者”的德谟克利特的许多学说中都贯穿着整体思想。他的两本最重要的著作《世界大系统》和《世界小系统》尽管没有流传下来,但是我们完全有理由推知,德谟克利特是把世界作为一个系统来看待和研究的。正是在这两本著作中,他第一次提出和使用“系统”一词。此外,德谟克利特提出的原子说与我们今天的系统思想也是一致的。亚里士多德指出:“留基伯和德谟克利特把元素之间的区别看成是其他一切事物的原因。这些区别有三种:形状、次序和位置。形态属于形状,相互关系属于次序,方向属于位置。”从这里我们可以清楚看出,德谟克利特用原子本身的性质、原子间排列的次序和位置来揭示事物之间的差异,并用组成事物的原子的运动来解释事物的变化。无疑,这一理论充分体现了一种整体结构思想。

亚里士多德是古希腊整体思想的集大成者,他是欧洲思想史上第一个有意识地以系统整体思想为指导来研究自然,并对许多学科进行系统分类的人,他还最先提出了“整体大于它的部分总和”的著名论断。一般系统论创始人贝塔朗菲认为,“亚里士多德的世界观和目的论的观点就是这种宇宙程序的一种表达方式。亚里士多德的论点“整体大于它的部分总和”是基本的系统问题的一种表述”。另外,亚里士多德所提出的著名的四因说以及宇宙观与系统思想也是直接相通的,它代表了古希腊系统思想的最高成就。

从以上讨论中我们不难看出,古希腊的系统思想和中国古代的系统思想各有千秋,各具特色,它们相映成辉,共同构成了当今系统思想的起点。

2.3　近代系统思想

中国传统文化可以称得上是博大精深,但它的基础主要是在春秋战国百家争鸣时期建立起来的。那时,尽管国与国之间连年征战不息,但诸子百家各自仍在著书立说,聚众讲学,因而使得各种学术思想出现了空前的繁荣。然而好景不长,自汉朝董仲舒提出“废黜百家,独尊儒术”以后,诸子百家相互争鸣的生机勃勃的局面就被儒家一花独放的局面所取代。更可惜的是,这一状况一直延续了二千多年,它严重地阻碍了其他学术思想的发展。

无独有偶,西方在经过古希腊和罗马时期的学术繁荣后的一千多年的中世纪里,也出现了经院哲学一花独放的局面。不过令人欣慰的是,伟大的文艺复兴运动彻底粉碎了经院哲学的桎梏,从此以后,人文主义、自然科学、哲学等各种思潮如雨后春笋般地相继出现,并在欧洲这块曾经孕育出辉煌的古希腊文化的沃土上茁壮成长。尽管在文艺复兴后几百年的西方近代史上,系统思想并不占主导地位,但它在各个领域也取得了很大成就。

随着文艺复兴运动的蓬勃发展,许多自然科学学科相继诞生,但由于缺乏观察实验材料,理论也很肤浅,因而这些新学科还非常稚嫩。然而,力学却超前发展。1687 年牛顿的《自然哲学的数学原理》的出版,标志着力学的理论体系已经建成,该学科已经成熟。正因为如此其他许多学科也纷纷仿效,力图用力学观点解释复杂的自然现象。这样一来,机械论的形成就势在必然。近代早期的系统思想当然也就不可避免地打上了机械论的烙印。

布鲁诺是第一个坚持并发展了哥白尼学说的科学家和哲学家,也是文艺复兴后以系统思想为指导建立起完整自然哲学体系的第一人。他的《论原因、本原和太一》《论无限、宇宙和众多世界》《论单子、数和形状》等著作中处处都贯穿和渗透了整体思想。按照布鲁诺的观点,物质实体是万物的本原,即它是在内部促进物的构成,而在构成物以后仍然存在其中的东西。因此,由物质组成的宇宙是无限的、统一的;自然界中的万事万物尽管看上去千差万别,但它们都是一个统一的整体。“绝对可能性是统一的,现实是统一的,形式或灵魂是统一的,物质或物体是统一的,事物是统一的,存在是统一的,最大和最好是统一的。”

布鲁诺不仅把世界看成是一个不可分割的整体,而且还进一步认为事物具有无限的层次性。他从两个方面阐述了这一论点。第一,他纠正了哥白尼把太阳系看成是整个宇宙的错误,并提出了宇宙是一个具有层次结构的无限大整体的观点。他认为我们的太阳系只是宇宙中一个非常渺小的部分,在太阳系之外还有无数的太阳系,恒星就是另外一些行星的太阳,而我们所看到的太阳也是一个恒星,它仅仅是太阳系的中心。第二,他认为事物也具有无限的层次性。在《论原因、本原和太一》这本著作中他明确指出:“……既然它是万物,并在自身中包含着全部存在,这就造成了这样一种情况:在任务一个事物中都有任何一个事物。”由此可见,尽管布鲁诺没有明确提出事物具有层次结构性命题,但他无疑是具有这一思想的。

17 世纪,荷兰著名哲学家斯宾诺莎的系统思想主要表现在他关于实体、层次和样式的学说中。在斯宾诺莎看来,实体是唯一的、无限的、永恒的,万物的存在和动作都是在一定的方式下为自然的本性的必然性所规定,因此万物只能在一种确定的方式或秩序中,被产生和动作,而一切都是必然的,“偶然性”只是表示我们知识上的缺陷。这就意味着,自然界是一个不可分割的整体,它的变化发展是由它的内因引起的,并且遵循它自身的规律。不过值得注意的是,斯宾诺莎把任何事物的变化发展都看成是必然的,完全否认偶然性的存在,这显然是受到了机械决定论的影响。

与布鲁诺和斯宾诺莎相比,德国著名科学家、哲学家莱布尼茨的系统思想要完整得多、科学得多。他继承了毕达戈拉派和柏拉图的关于宇宙是由数或理念构成的和谐体系的思想,布鲁诺的把单子作为哲学上最小单位的思想和笛卡儿、斯宾诺莎关于实体的思想,创立了他自称为“预定和谐体系”的哲学思想——单子论。单子论中所包含的整体思想主要现为以下几点:①单子是不可分的没有部分的最小实体,一切事物都是由单子组成的复合体;②单子具有各不相同的性质,这是自然界中的事物之所以千差万别的原因;③单子具有等级性;④单子之间存在着普遍的联系,这种联系决定了事物之间的联系。他指出:“空间中的一切都被充塞着,一切物质都处于相互联系之中……因此,每一个物体都被宇宙中所发生的一切牵连着。”由此可见,不管在单子之间,还是在物质之间都存在着普遍联系。

莱布尼茨的哲学也小可避免地夹杂着机械论观点(如否认动物和人、无机物和有机物之间的本质差别),但就总体而言,它充分体现了鲜明的系统整体思想,而且其中有些观点已非常接近我们今人的概念。事实上,莱布尼茨的系统整体观对 20 世纪系统论的创立和发展产生了巨大影响,贝塔朗菲就曾指出:“莱布尼茨的单子等级与现代等级很相似。”这也许说明了,任何一门学科的诞生都不是一蹴而就的,都有一个漫长的资料准备过程,而莱布尼茨的整体观显然就是当今系统观的非常有价值的思想。

2.4　近代后期的整体思想

如果说文艺复兴后的 16~18 世纪自然科学还处在搜集资料和对资料进行分析的阶段,那么进入 19 世纪,自然科学就进入了资料整理和对资料之间的联系进行综合研究的阶段。与此相对应,自然科学的研究方法也从以分析方法为主逐渐过渡到以分析和综合方法并重的阶段。纵观整个 19 世纪,自然科学几乎在各个领域都取得了突破性进展,尤其是三大发现,标志着自然科学已经进入了一个新时代,它彻底地改变了人们长期以来形成的用孤立的、静止的、机械的观点看世界的自然观;并使人们逐渐认识到,自然界中的万事万物看上去尽管是各式各样、千差万别的，但它们是相互联系、相互影响的，共同构成了一个不可分割的整体。正由于此，这一时期的整体思想也得到了很大发展。尽管在严格意义上讲它与今天的系统思想还有一定差距，但它较古代的整体思想更科学、更严密；较近代前期的整体思想更系统、更深入，且渗透的学科领域也更广泛。

第一个用辩证的、联系的整体观点对近代自然科学的巨大成就进行哲学概括和总结，并建立起完整的自然哲学体系的人是德国著名哲学家黑格尔。黑格尔把自然界看作是逻辑理念的外化，所以与这个逻辑总体相对应，“自然界自在地是一个活生生的整体”。他还明确指出：“自然界须看作是一种由各个阶段组成的系统，其中一个阶段是从另一阶段必然产生的，是得出它的另一阶段的最切近的真理。”很显然，黑格尔从理性主义出发，把自然界看成是一个由各种不同的物质以它们的不同的运动集合而成的实体，而且这些不同的组分之间是相互作用、相互制约和相互转化的。不言而喻，这一思想可以看成是系统思想的一种初级形式。

黑格尔在把自然界看成是一个有机统一的系统的同时，还认为自然界是一个由低级向高级逐步发展或进化的过程，他把这一过程划分为力学系统、物理系统和有机系统三个阶段。他认为，人们不能把物理系统归结为力学系统，当然同样也不能把有机系统归为物理系统。例如，“用化学方法处理植物或动物，并不能穷尽不同物体的本性”。但是，黑格尔并没有把力学系统、物理系统和有机系统看成是毫不相干的三类系统，相反，他把它们看成是相互联系的，并在一定条件下可以相互转化的一组物质系列，其中低级系统是高级系统的基础，高级系统是低级系统的发展方向，并包含低级系统。黑格尔划分自然系统的标准强调物质系统在其属性、功能和组织方面的不断完善。这就是说，物质系统从低级向高级的发展过程就是功能逐渐分化，组织不断完善的过程。而“人作为生命力最完善的有机体，则是最高的发展阶段”。无疑，黑格尔的这一思想与系统进化思想是十分接近的。

此外，黑格尔还精辟地论述了整体与部分之间的关系问题。他认为，整体是由彼此不同的部分构成的，但部分结合成整体后就否定了部分，因为如果将整体分割成许多部分，则整体本身就不复存在。这就意味着，整体中所包含的并不仅仅是部分，还包含着部分间的关系，即它们之间的联系方式。因此，整体和部分是相互依赖、不可分割的。“砍断一个手指就不再是一个手指，而会在化学过程中逐渐瓦解。”显然，黑格尔的这一观点与“整体大于部分之和”的观点是不谋而合的。

我们知道，一般系统论之所以成为可能，是基于不同科学领域之间的同形性。贝塔朗非曾明确指出：“因此从方法论角度，一般系统论应当是控制和促进某些原理从一个领域向另一个领域转移的重要手段，同时在互相隔离的不同领域，不再有必要再三重复发现相同原理。”从系统思想出发，对不同学科向同形性进行深入研究并取得成就的当首推英国社会学家、哲学家斯宾塞。

斯宾塞把自己的哲学称为“综合哲学”。在他看来，世界是一个由各种现象构成的统一体，各种现象之间不仅相互联系，而且具有相似的性质，即使自然哲学和社会现象之间也具有普遍的共性，在许多方面也是类似的，所以人们可以用同一种规律和同一种原则对他们进行解释。在他的主要著作《综合哲学》和《第一原理》中，斯宾塞从力学、生物学、物理学、社会学等各方而阐述了他的这些观点。

斯宾塞的同形性思想在他的社会学理论中表现得最为鲜明。他把社会看成是一个有机体，并从功能上将其与生物体做了一一对应的类比。按照他的看法，生物体有三大部分构成：①营养系统；②分配与循环系统；③调节系统。而社会也由这三大部分构成，只不过营养系统相当于生产部分，分配与循环系统相当于商业、交通、银行等流通部门，调节系统则相当于管理机构、统治机构或政府。这些部门相互依赖，相互制约，共同构成社会这个系统。如果任何一个部门出现问题，它必将会影响其他部门的正常运行，最终导致整个社会的失衡或“退化”。所以说，要使社会能够保持良好状态，社会内的各职能部门应和谐地共存。

系统思想的出现使人们改变了思维方式，更深入地去认识所处的客观世界，发现客观事物的本质联系和内在规律。系统理论的研究者在系统思想的指导下，提出了一系列的系统理论，使系统科学的研究进入了一个更高的层次。

2.5　老三论

2.5.1　一般系统论

一般系统论是研究系统的一般模式、结构和规律的学问，它研究各种系统的共同特征，用数学方法定量地描述其功能，寻求并确立适用于一切系统的原理、原则和数学模型，是具有逻辑和数学性质的一门新兴的科学。系统思想源远流长，但作为一门科学的系统论，人们公认是加籍奥地利人、理论生物学家贝塔朗菲创立的。他在 1952 年发表“抗体系统论”，提出了系统论的思想。1973 年提出了一般系统论原理，奠定了这门科学的理论基础。但是他的论文《关于一般系统论》，到 1945 年才分开发表，他的理论到 1948 年在美国再次讲授“一般系统论”时，才得到学术界的重视。确立这门科学学术地位的是 1968 年贝塔朗菲发表的专著：《一般系统理论——基础、发展和应用》（*General System theory*；*Foundations*, *Development*, *Applications*），该书被公认为是这门学科的代表作。今天人们从各种角度上研究系统，对系统下的定义不下几十种。一般系统论试图给出一个能描述各种系统共同特征的一般的系统定义，通常把系统定义为：由若干要素以一定结构形式联结，构成的具有某种功能的有机整体。在这个定义中包括了系统、要素、结构、功能四个概念，表明了要素与要素、要素与系统、系统与环境两方面的关系。系统论认为，整体性、关联性、等级结构性、动态平衡性、时序性等是所有系统共同的基本特征。这些，既是系统所具有的基本思想观点，也是系统方法的基本原则，表现了系统论不仅是反映客观规律的科学理论，且有科学方法论的含义，这正是系统论这门科学的特点。贝塔朗菲对此曾作过说明，英语 System Approach 直译为系统方法，也可译成系统论，因为它既可代表概念、观点、模型，又可表示数学方法。他说，我们故意用 Approach 这样一个不太严格的词，正好表明这门学科的性质特点。系统论的核心思想是系统的整体观念。贝塔朗菲强调，任何系统都是一个有机的整体，它不是各个部分的机械组合或简单相加，系统的整体功能是各要素在孤立状态下所没有的新质。他用亚里士多德的"整体大于部分之和"的名言来说明系统的整体性，反对那种认为要素性能好，整体性能一定好，以局部说明整体的机械论的观点。同时认为，系统中各要素不是孤立地存在着，每个要素在系统中都处于一定的位置上，起着特定的作用。要素之间相互关联，构成了一个不可分割的整体。要素是整体中的要素，如果将要素从系统整体中割离出来，它将失去要素的作用。

系统论的基本思想方法，就是把所研究和处理的对象当作一个系统，分析系统的结构和功能，研究系统、要素、环境三者的相互关系和变动的规律性，并运用系统观点看问题。世界上任何事物都可以看成是一个系统，系统是普遍存在的，整个世界就是系统的集合。系统是多种多样的，可以根据不同的原则和情况来划分系统的类型。系统论的任务，不仅在于认识系统的特点和规律，更重要的还在于利用这些特点和规律去控制、管理、改造或创造系统，使它的存在与发展合乎人们的目的需要。也就是说，研究系统的目的在于调整系统结构，协调各要素关系，使系统达到优化目标。系统论的出现，使人类的思维方式发生了深刻的变化。以往研究问题，是把事物分解成若干部分，抽象出最简单的因素来，然后再以部分的性质去说明复杂事物。这是笛卡儿奠定理论基础的分析方法。这种方法的着眼点在局部或要素，遵循的是单项因果决定论，虽然这是几百年来在特定范围内行之有效、人们最熟悉的思维方法。但是它不能如实地说明事物的整体性，不能反映事物之间的联系和相互作用，它只适应认识较为简单的事物，而不胜任于对复杂问题的研究。在现代科学的整体化和高度综合化发展的趋势下，在人类面临许多规模巨大、关系复杂、参数众多的复杂问题面前，就显得无能为力了。正当传统分析方法束手无策的时候，系统分析方法却能站在时代前列，高屋建瓴，综观全局，别开生面地为现代复杂问题提供了有效的思维方式。系统论，连同控制论、信息论等其他横断科学一起所提供的新思路和新方法，为人类的思维开拓新路，它们作为现代科学的新潮流，促进着各门科学的发展。系统论反映了现代科学发展的趋势，反映了现代社会化大生产的特点，反映了现代社会生活的复杂性，所以它的理论和方法能够得到广泛应用。系统论不仅为现代科学的发展提供了理论和方法，而且也为解决现代社会中政治、经济、军事、科学、文化等方面的各种复杂问题提供了方法论的基础，系统观念正渗透到每个领域。当前系统论发展的趋势和方向是朝着统一各种各样的系统理论，建立统一的系统科学体系的目标前进着。有的学者认为，“随着系统运动而产生的各种各样的系统（理）论，而这些系统（理）论的统一也已成为重大的科学问题和哲学问题。”

系统理论目前已经显现出几个值得注意的趋势和特点：

（1）运筹学、系统工程、电子计算机和现代通信技术等新兴学科相互渗透、紧密结合的趋势。

（2）系统论、控制论、信息论，正朝着“三归一”的方向发展，现已明确系统论是控制论和信息论的基础。

（3）耗散结构论、协同学、突变论、模糊系统理论等新的科学理论，从各方面丰富发展了系统论的内容，有必要概括出一门系统学——作为系统科学的基础科学理论。

（4）系统科学的哲学和方法论问题日益引起人们的重视。在系统科学的这些发展形势下，国内外许多学者致力于综合各种系统理论的研究，探索建立统一的系统科学体系的途径。一般系统论创始人贝塔朗菲，就把他的系统论分为两部分：狭义系统论与广义系统论。他的狭义系统论着重对系统本身进行分析研究；而他的广义系统论则是对一类相关的系统科学来进行分析研究。其中包括三方面的内容：

（1）系统的科学、数学系统论。

（2）系统技术，涉及控制论、信息论、运筹学和系统工程等领域。

（3）系统哲学，包括系统的本体论、认识论、价值论等方面的内容。

有人提出试图用信息、能量、物质和时间作为基本概念建立新的统一理论。瑞典斯德哥尔摩大学萨缪尔教授 1976 年在一般系统论年会上发表了将系统论、控制论、信息论综合成一门新学科的设想。在这种情况下，美国的《系统工程》杂志也改称为《系统科学》杂志。我国有的学者认为系统科学应包括“系统概念、一般系统理论、系统理论分论、系统方法论（系统工程和系统分析包括在内）和系统方法的应用”五个部分。

我国著名科学家钱学森院士，多年致力于系统工程的研究，十分重视建立统一的系统科学体系的问题。自 1979 年以来，钱学森多次发表文章表达系统科学是与自然科学、社会科学等相并列的一大门类科学，系统科学像自然科学一样也区分为系统的工程技术（包括系统工程、自动化技术和通信技术）；系统的技术科学（包括运筹学、控制论、巨系统理论、信息论）；系统的基础科学（即系统学）；

系统观(即系统的哲学和方法论部分,是系统科学与马克思主义哲学连接的桥梁)四个层次。

2.5.2 控制论

20 世纪 40 年代末,维纳创立了控制论,申农创立了信息论。随着自动化系统和自动控制理论的出现,对信息的研究开始突破原来仅限于传输方面的概念。控制论作为一个相对独立的科学学科的形成却起始于 20 世纪二三十年代,而 1948 年美国数学家维纳出版了《控制论》一书,标志着控制论的正式诞生,从控制的观点揭示了动物与机器的共同的信息与控制规律,研究了用滤波和预测等方法,从被噪声湮没了的信号中提取有用信息的信号处理问题,建立了维纳滤波理论。美国数学家申农是维纳的学生,同年发表了《通信的数学理论》和《在噪声中的通信》两篇著名论文,提出信息熵的数学公式,从量的方面描述了信息的传输和提取问题,创立了信息论。

1943 年,维纳与别格罗和罗森勃吕特合写了《行为、目的和目的论》的论文,从反馈角度研究了目的性行为,找出了神经系统和动机之间的一致性。这是第一篇关于控制论的论文。这时,神经生理学家匹茨和数理逻辑学家合作,应用反馈机制制造了一种神经网络模型。第一代电子计算机的设计者艾肯和冯·诺依曼认为这些思想对电子计算机设计十分重要,就建议维纳召开一次关于信息、反馈问题的讨论会。1943 年年底在纽约召开了这样的会议,参加者中有生物学家、数学家、社会学家、经济学家,他们从各自角度对信息反馈问题发表意见。以后又接连举行这样的讨论会,对控制论的产生起到了推动作用。《控制论》一书的副标题是"关于在动物和机器中控制和通信的科学"。

控制论是多门科学综合的产物,也是许多科学家共同合作的结晶。控制论诞生后,得到了广泛应用与迅猛发展,大致经历了三个发展时期。

第一个时期为 20 世纪 50 年代,是经典控制论时期。这个时期的代表除了生物控制论外,还有我国著名科学家钱学森 1945 年在美国发表的《工程控制论》。

第二个时期是 20 世纪 60 年代的现代控制论时期。导弹系统、人造恒星、生物系统研究的发展,使控制论的重点从单变量控制到多变量控制,从自动调节向最优控制,由线性系统向非线性系统转变。美国卡尔曼提出的状态空间方法以及其他学者提出的极大值原理和动态规划等方法,形成了系统测辨、最优控制、自组织、自适应系统等现代控制理论。

第三时期是 20 世纪 70 年代后的大系统理论时期。控制论由工程控制论、生物控制论向经济控制论、社会控制论和人口控制论等方向发展。1975 年国际控制论和系统论第三届会议,讨论的主题就是经济控制论的问题。1978 年的第四届会议，主题又转向了社会控制论。电子计算机的广泛应用和人工智能研究的开展，使控制系统显现出规模庞大、结构复杂、因素众多、功能综合的特点，从而控制论也向大系统理论发展。在1976年国际自动控制联合会的学术会上，专题讨论了“大系统理论及应用”问题。控制论也形成了工程控制论、生物控制论、社会控制论。其中，生物控制论又分化出神经控制论、医学控制论、人工智能研究和仿生学研究。社会控制论则把控制论应用于社会的生产管理、效能运输、电力网络、能源工程、环境保护、城市建设，以至社会决策等方面。维纳在1950年出版的《人有人的用处——控制论和社会》一书中着重论述了通信、法律、社会政策等与控制论的联系。阿希贝1958年发表的《控制论在生物学和社会中的应用》一文，认为运用非线性系统的控制理论，可以研究社会系统。

为了解决控制和决策中的非数值问题，适应20世纪80年代以后智能机研究的需要，以及要解决知识信息处理的问题，遂产生了知识工程，并已研制成专家系统、自然语言理解系统和智能机器人等。

控制论是具有方法论意义的科学理论。控制论的主要方法有控制方法、信息方法、反馈方法、功能模拟方法和黑箱方法等。

信息方法——把研究对象看作是一个信息系统，通过分析系统的信息流程来把握事物规律的方法。

反馈方法——运用反馈控制原理去分析和处理问题的研究方法。反馈控制就是由控制作用，正反馈能放大控制作用，实现自组织控制；但也使偏差日益加大，导致振荡。负反馈能纠正偏差，实现稳定控制，但它减弱控制作用，损耗能量。

功能模拟法——用功能模型来模仿客体原型的功能和行为的方法。所谓功能模型就是只以功能行为相似作为基础而建立的模型。例如，猎手瞄准猎物的过程与自动火炮系统的功能行为是相似的，但二者的内部结构和物理过程是截然不同的，这就是一种功能模拟。功能模拟法为仿生学、人工智能、价值工程提供了科学方法。

黑箱方法（又称系统辨识）——通过考察系统的输入与输出关系认识系统功能的研究方法。它是探索复杂大系统的重要工具。系统辨识是在输入、输出的基础上，从一类系统中确定一个与所测系统等价的系统。黑箱就是指那些不能打开箱盖，又不能从外部观察内部状态的系统。黑箱方法也是控制论的主要方法。具体是：首先给黑箱一系列的系统输入，再通过观察黑箱的系统输出，从而建立起输入和输出之间的规律性联系，最后把这种联系用数学的语言描述出来形成黑箱的数学模型。黑箱方法不涉及复杂系统的内部结构和相互作用的大量细节，而只是从总体行为上去描述和把握系统、预测系统的行为，这在研究复杂系统时特别有用。

白箱方法——研究系统的可观性和可控性,通过定量分析找出两者之间的关系。白箱方法的目的在于通过为黑箱建立模型,把黑箱变成白箱。有时黑箱模型不止一个,这种情况下,系统辨识其中最合理的一个。系统辨识主要步骤是试验设计、选择模型、参数估计和检验模型。

2.5.3 信息论

一般来说,信息可以界定为由信息源(如自然界、人类社会等)发出的被使用者接收和理解的各种信号。作为一个社会概念,信息可以理解为人类共享的一切知识,或社会发展趋势以及从客观现象中提炼出来的各种消息之和。信息并非事物本身,而是表征事物之间联系的消息、情报、指令、数据或信号。一切事物,包括自然界和人类社会,都在发出信息。我们每个人每时每刻都在接收信息。在人类社会中,信息往往以文字、图像、图形、语言、声音等形式出现。

信息论是研究信息的产生、获取、变换、传输、存储、处理识别及利用的学科。一般认为,1948 年申农发表的《通讯的数学理论》一文标志着信息论的诞生。信息论有狭义和广义之分。狭义信息论即申农早期的研究成果,它以编码理论为中心,主要研究信息系统模型、信息的度量、信息容量、编码理论及噪声理论等。广义信息论又称信息科学,主要研究以计算机处理为中心的信息处理的基本理论,包括评议、文字的处理、图像识别、学习理论及其各种应用。

信息量是信息论中量度信息多少的一个物理量。它从量上反映具有确定概率的事件发生时所传递的信息。信息的量度与它所代表的事件的随机性或意外事件发生的概率有关,当事件发生的概率大,事先容易判断,有关此事件的消息排队事件发生的不确定程度小,则包含的信息量就小;反之则大。从这一点出发,信息论利用统计热力学中熵的概念,建立了对信息的量度方法。在统计热力学中,熵是系统的无序状态的量度,即系统的不确定性的量度。

申农的信息量公式:

$$H(x)= \sum P(x_i)h(x_i) = -\sum P(x_i)\cdot \log_2 P(x_i) \tag{2-1}$$

其中:$h(x_i)=-\log_2 P(x_i)$,表示某状态 x_i 的不定性数量或所含的信息量。若 $P(x_i)=1$,则 $h(x_i)=0$;若 $P(x_i)=0$,则 $h(x_i)=\infty$。当 $n=2$ 且 $P_1=P_2=1/2$ 时,$h(x_i)=1\text{bit}$。由此可见,一个等概率的二中择一事件具有 1bit 的确定定性或信息量。

信息和控制是信息科学的基础和核心。20 世纪 70 年代以来,电视、数据通信、遥感和生物医学工程的发展,向信息科学提出大量的研究课题,如信息的压缩、增强、恢复等图像处理和传输技术,信息特征的抽取、分类和识别的模式、识别理论和力一法,出现了实用的图像处理和模式识别系统。

申农最初的信息论只对信息作了定量的描述,而没有考虑信息的其他方面,如信息的语义和信息的效用等问题。而这时的信息论已从原来的通信领域广泛地渗入到自动控制、信息处理、系统工程、人工智能等领域,这就要求对信息的本质、信息的语义和效用等问题进行更深入的研究,建立更一般的理论,从而产生了信息科学。

迄今为止,人类社会已经发生过四次信息技术革命。

第一次革命是人类创造了语言和文字,接着出现了文献。语言、文献是当时信息存在的形式,也是信息交流的工具。

第二次革命是造纸和印刷技术的出现。这次革命结束了人们单纯依靠手抄、撰刻文献的时代,使得知识可以大量生产、存储和流通,进一步扩大了信息交流的范围。

第三次革命是电报、电话、电视及其他通信技术的发明和应用。这次革命是信息传递手段的历史性变革,它结束了人们单纯依靠烽火和驿站传递信息的历史,大大加快了信息传递速度。

第四次革命是电子计算机和现代通信技术在信息工作中的应用。电子计算机和现代通信技术的有效结合,使信息的处理速度、传递速度得到了惊人的提高;人类处理信息利用信息的能力达到了空前的高度。今天,人类社会已经进入了信息社会。

2.6 新三论

2.6.1 耗散结构论

自组织现象是指自然界中自发形成的宏观有序现象。在自然界中这种现象是大量存在的,理论研究较多的典型实例,如贝纳德(BBnard)流体的对流花纹、贝洛索夫·扎鲍廷斯基(Belousov-Zhabotinsky)化学振荡花纹与化学波、激光器中的自激振荡等。自组织理论除耗散结构理论外,还包括协同学、超循环理论等,它们力图沟通物理学与生物学甚至社会科学,对时间本质问题等的研究有突破性进展,在相当程度上说明了生物及社会领域的有序现象。

耗散结构是自组织现象中的重要部分,它是在开放的远离平衡条件下,在与外界交换物质和能量的过程中,通过能量耗散和内部非线性动力学机制的作用,经过突变而形成并持久稳定的宏观有序结构。耗散结构理论的创始人是伊里亚·普里高津(Ilya Prigogine)教授,由于对非平衡热力学尤其是建立耗散结构理论方面的贡献,他荣获了1977年诺贝尔化学奖。普里高津的早期工作在化学热力学领域,1945年得出了最小熵产生原理,此原理和昂萨格(Onsager)倒易关系一起为近平衡态线性区热力学奠定了理论基础。普里高津以多年的努力,试图把最小熵产生原理延拓到远离平衡的非线性区去,但以失败告终。在研究了诸多远离平衡现象后,使他认识到系统在远离平衡态时,其热力学性质可能与平衡态、近平衡态有重大原则差别。以普里高津为首的布鲁塞尔学派又经过多年的努力,终于建立起一种新的关于非平衡系统自组织的理论——耗散结构理论。这一理论于1969年由普里高津在一次“理论物理学和生物学”的国际会议上正式提出。

耗散结构理论提出后,在自然科学和社会科学的很多领域如物理学、天文学、生物学、经济学、哲学等都产生了巨大影响。著名未来学家阿尔文·托夫勒在评价普里高津的思想时,认为它可能代表了一次科学革命。

耗散结构理论可概括为:一个远离平衡态的非线性的开放系统(不管是物理的、化学的、生物的乃至社会的、经济的系统)通过不断地与外界交换物质和能量,在系统内部某个参数的变化达到一定的阈值时,通过涨落,系统可能发生突变(即非平衡相变),由原来的混沌无序状态转变为一种在时间上、空间上或功能上的有序状态。这种在远离平衡的非线性区形成的新的稳定的宏观有序结构,由于需要不断与外界交换物质或能量才能维持,因此称为“耗散结构”(Dissipative Structure)。可见,要理解耗散结构理论,关键是弄清楚如下几个概念:远离平衡态、非线性、开放系统、涨落、突变。

1.远离平衡态

远离平衡态是相对于平衡态和近平衡态而言的。平衡态是指系统各处可测的宏观物质性质均匀(从而系统内部没有宏观不可逆过程)的状态,它遵守热力学第一定律:$\mathrm{d}E=\mathrm{d}Q-p\mathrm{d}V$,即系统内的增量等于系统所吸收的热量减去系统对外所做的功;热力学第二定律:$\mathrm{d}S/\mathrm{d}t\geqslant 0$,即系统的自发运动总是向着熵增加的方向:波耳兹曼有序性原理:$p_i=e-E_i/kT$,即温度为 T 的系统中内能为 E_i 的子系统的比率为 p_i。

近平衡态是指系统处于离平衡不远的线性区,它遵守昂萨格(Onsager)倒易关系和最小熵产生原理。前者可表述为 $L_{ij}=L_{ji}$,即只要和不可逆过程 i 相应的流 J_i 受到不可逆过程 j 的力 X_i 的影响,那么 J_i 也会通过相等的系数 L_{ij}受到力 X_i 的影响。后者意味着,当给定的边界阻止系统达到热力学平衡态(即零熵产生)时,系统就落入最小耗散(即最小熵产生)的产生。

2.非线性

系统产生耗散结构的内部动力学机制,正是子系统间的非线性相互作用,在临界点处,非线性机制放大微涨落为巨涨落,使热力学分支失稳,在控制参数越过临界点时,非线性机制对涨落产生抑制作用,使系统稳定到新的耗散结构分支上。

3.开放系统

由热力学第二定律可知,一个孤立系统的熵一定会随时间增大,熵达到极大值,系统达到最无序的平衡态,所以孤立系统绝不会出现耗散结构。那么开放系统为什么会出现本质上不同于孤立系统的行为呢?其实,在开放的条件下,系统的熵增量 dS 是由系统与外界的熵交换 dS_e 和系统内的熵 dS_i 两部分组成的,即 $dS=dS_e+dS_i$。热力学第二定律只要求系统内的熵产生非负,即 $dS_i \geqslant 0$,然而外界给系统注入的熵可为正、零或负,这要根据系统与其外界的相互作用而定,在 $dS_e<0$ 的情况下,只要这个负熵流足够强,它就除了抵消掉系统内部的熵产生 dS_i 外,还能使系统的总熵增量 dS 为负,总熵 S 减小,从而使系统进入相对有序的状态。所以对于开放系统来说,系统可以通过自发的对称破缺从无序进入有序的耗散结构状态。

4.涨落

一个由大量子系统组成的系统,其可测的宏观量是众多子系统的统计平均效应的反映。但系统在每一时刻的实际测度并不都精确地处于这些平均值上,而是或多或少有些偏差,这些偏差就称为涨落,涨落是偶然的、杂乱无章的、随机的。

在正常情况下,由于热力学系统相对于其子系统来说非常大,这时涨落相对于平均值是很小的,即使偶尔有大的涨落也会立即耗散掉,系统总要回到平均值附近,这些涨落不会对宏观的实际测量产生影响,因而可以被忽略掉。然而,在临界点(即阈值)附近,情况就大不相同了,这时涨落可能不自生自灭,而是被不稳定的系统放大,最后促使系统达到新的宏观态。

当在临界点处系统内部的长程关联作用产生相干运动时,反映系统动力学机制的非线性方程具有多重解的可能性,自然地提出了在不同结果之间进行选择的问题。在这里瞬间的涨落和扰动造成的偶然性将支配这种选择方式,所以普里高津提出涨落导致有序的论断,它明确地说明了在非平衡系统具有了形成有序结构的宏观条件后,涨落对实现某种序所起的决定作用。

5.突变

闭值即临界值对系统性质的变化有着根本的意义。在控制参数越过临界值时,原来的热力学分支失去了稳定性,同时产生了新的稳定的耗散结构分支,在这一过程中系统从热力学混沌状态转变为有序的耗散结构状态,其间微小的涨落起到了关键的作用。这种在临界点附近控制参数的微小改变导致系统状态明显的大幅度变化的现象,称为突变。耗散结构的出现都是以这种临界点附近的突变方式实现的。

2.6.2 协同学

协同学(Synergetics)也称协同论或协和学,是研究不同事物共同特征及其协同机理的新兴学科,是近十几年来获得发展并被广泛应用的综合性学科。它着重探讨各种系统从无序变为有序时的相似性。协同论的创始人哈肯说过,他把这个学科称为“协同学”,一方面是由于我们所研究的对象是许多子系统的联合作用,以产生宏观尺度上结构和功能;另一方面,它又是由许多不同的学科进行合作,来发现自组织系统的一般原理。

客观世界存在着各种各样的系统,社会的或自然界的,有生命或无生命的,宏观的或微观的系统等,这些看起来完全不同的系统,却都具有深刻的相似性。协同论则是在研究事物从旧结构转变为新结构的机理的共同规律上形成和发展的,它的主要特点是通过类比对从无序到有序的现象建立了一整套数学模型和处理方案,并推广到广泛的领域。它基于“很多子系统的合作受相同原理支配而与子系统特性无关”的原理,设想在跨学科领域内,考察其类似性以探求其规律。哈肯在阐述协同论时讲道:“我们现在好像在大山脚下从不同的两边挖一条隧道,这个大山至今把不同的学科分隔开,尤其是把‘软’科学和‘硬’科学分隔开。”

协同论认为,千差万别的系统,尽管其属性不同,但在整个环境中,各个系统间存在着相互影响而又相互合作的关系。其中也包括通常的社会现象,如不同单位间的相互配合与协作,部门间关系的协调,企业间相互竞争的作用,以及系统中的相互干扰和制约等。协同论指出,大量子系统组成的系统,在一定条件下,由于子系统相互作用和协作,这种系统会研究内容,可以概括地认为是研究从自然界到人类社会各种系统的发展演变,探讨其转变所遵守的共同规律。应用协同论方法,可以把已经取得的研究成果,类比拓宽于其他学科,为探索未知领域提供有效的手段,还可以用于找出影响系统变化的控制因素,进而发挥系统内子系统间的协同作用。

哈肯在协同论中,描述了临界点附近的行为,阐述了慢变量支配原则和序参量概念,认为事物的演化受序参量的控制,演化的最终结构和有序程度取决于序参量。不同的系统序参量的物理意义也不同。例如,在激光系统中,光场强度就是序参量。在化学反应中,取浓度或粒子数为参序量。在社会学和管理学中,为了描述宏观量,采用“测验”、调研或投票表决等方式来反映对某项“意见”的反对或赞同。此时,反对或赞成的人数就可作为序参量。序参量的大小可以用来标志宏观有序的程度,当系统是无序时,序参量为零。当外界条件变化时,序参量也变化,当到达临界点时,序参量增长到最大,此时出现了一种宏观有序的有组织的结构。

协同论指出,一方面,对于一种模型,随着参数、边界条件的不同以及涨落的作用,所得到的图样可能很不相同;但另一方面,对于一些很不相同的系统,却可以产生相同的图样。由此可以得出一个结论:形态发生过程的不同模型可以导致相同的图样。在每一种情况下,都可能存在生成同样图样的一大类模型。

协同论揭示了物态变化的普遍程式:“旧结构—不稳定性—新结构”,即随机“力”和决定论性“力”之间的相互作用把系统从它们的旧状态驱动到新组态,并且确定应实现的那个新组态。由于协同论把它的研究领域扩展到许多学科,并且试图对似乎完全不同的学科之间增进“相互了解”和“相互促进”,无疑,协同论就成为软科学研究的重要工具和方法。协同论具有广阔的应用范围,它在物理学、化学、生物学、天文学、经济学、社会学以及管理科学等许多方面都取得了重要的应用成果。例如,我们常常无法描述一个个体的命运,但却能够通过协同论去探求群体的“客观”性质。又如,针对合作效应和组织现象能够解决一些系统的复杂性问题,可以应用协同论去建立一个协调的组织系统以实现工作的目标。协同论应用于生物群体关系,可将物种间的关系分成三种情况:①竞争关系;②捕食关系;③共生关系。每种关系都必须使各种生物因子保持协调消长和动态平衡,才能适应环境而生存。协同论应用于生物形态学,提出形态形成的基本途径是:通过某些化学物质的扩散与反应形成一种“形态源场”,由形态源场支配基因引起细胞分化而形成生物机体。由于协同论强调不同系统之间的类似,因此它试图以远离热动平衡的物理系统或化学系统来类比和处理生物系统和社会系统,所以协同论除设计了许多物理、化学的模型外,还设计了许多生灭过程、生态群体网络和社会现象模型,如社会舆论模型、生态群体模型、经络模型、人口动力模型、捕食者—被捕食者系统模型、形态形成模型等。协同论还探讨了人的大脑中化学图样的形成和求知过程与脑细胞之间的联系模型等。

此外,哈肯提出了“功能结构”的概念。认为功能和结构是互相依存的,当能流或物质流被切断的时候,所考虑的物理和化学系统要失去自己的结构;但是大多数生物系统的结构却能保持一个相当长的时间,这样生物系统颇像是把无耗散结构和耗散结构组合起来了。他还进一步提出,生物系统是有一定“目的”的,所以把它看作“功能结构”更为合适。

自然,协同论的领域与许多学科有关,它的一些理论是建立在多学科联系的基础上的(如动力系统理论和统计物理学之间的联系),因此协同论的发展与许多学科的发展紧密相关,并且正在形成自己的跨学科框架。协同论还是一门很年轻的学科,尽管它已经取得许多重大应用研究成果,但是有时所应用的还只是一些定性的现象,处理方法也较粗糙。但毫无疑问,协同论的出现是现代系统思想的发展,它为我们处理复杂问题提供了新的思路。

2.6.3 突变论

突变论(Catastrophe Theory)是研究客观世界非连续性突然变化现象的一门新兴学科,自 20 世纪 70 年代创立以来,获得迅速发展和广泛应用,引起了科学界的重视。

“突变”一词,法文原意是“灾变”,是强调变化过程的间断或突然转换的意思。突变论的主要挣点是用形象而精确的数学模型来描述和预测事物的连续性中断的质变过程。突变论是一门着重应用的科学,它既可以用在“硬”科学方面,又可以用于“软”科学方面。当突变论作为一门数学分支时,它是关于奇点的理论,它可以根据势函数而把临界点分类,并且研究各种临界点附近的非连续现象的特征。突变论与耗散结构论、协同论一起,在有序与无序的转化机制上,把系统的形成、结构和发展联系起来,成为推动系统科学发展的重要学科之一。

突变论的创始人是法国数学家雷内托姆,他于 1972 年发表的《结构稳定性和形态发生学》一书阐述了突变理论,荣获国际数学界的最高奖——菲尔兹奖。突变论的出现引起各方面的重视,被称为“是牛顿和莱布尼茨发明微积分 300 年以来数学上最大的革命”。

在自然界和人类社会活动中,除了渐变的连续光滑的变化现象外,还存在着大量的突然变化和跃迁现象,如水的沸腾、岩石的破裂、桥梁的崩塌、地震、细胞的分裂、生物的变异、人的休克情绪的波动、战争、市场变化、经济危机等。突变论方法正是试图用数学方程描述这种过程。突变论研究的就是从一种稳定组态跃迁到另一种。

突变论认为,系统所处的状态可用一组参数描述。当系统处于稳定态时,标志该系统状态的某个函数就取唯一的值。当参数在某个范围内变化,该函数值有不止一个极值时,系统必然处于不稳定状态。雷内托姆指出:系统从一种稳定状态进入不稳定状态,随参数的再变化,又使不稳定状态进入另一种稳定状态,那么系统状态就在这一刹那间发生了突变。突变论给出了系统状态的参数变化区域。

突变论提出,高度优化的设计很可能有许多不理想的性质,因为结构上最优,常常联系着对缺陷的高度敏感性,就会产生特别难于对付的破坏性,以致发生真正的“灾变”。在工程建造中,高度优化的设计常常具有不稳定性,当出现不可避免地制造缺陷时,由于结构高度敏感,其承载能力将会突然变小,从而出现突然又全面地塌陷。突变论不仅能够应用于许多不同的领域,而且也能够以许多不同的方式来应用。

通过突变论能够有效地理解物质状态变化的相变过程,理解物理学中的激光效应,并建立数学模型。通过初等突变类型的形态可以找到光的焦散面的全部可能形式。应用突变论还可以恰当地描述捕食者—被捕食者系统这一自然界中群体消长的现象。过去用微积分方程式长期不能满意解释的,通过突变论能使预测和实验结果很好地吻合。突变论还对自然界生物形态的形成做出贡献。突变论对哲学上量变和质变规律的深化,具有重要意义。长时间以来,关于质变是通过飞跃还是通过渐变，在哲学上引起重大争论，历史上形成三大派观点："飞跃论""渐进论""两种飞跃论"。突变论认为，在严格控制的情况下，如果质变中经历的中间过渡态是稳定的，那么它就是一个渐变过程。质态的转化，既可通过飞跃来实现，也可通过渐变来实现，关键在于控制条件。应用突变论还可以设计许许多多的解释模型。例如，经济危机模型，它表现经济危机在爆发时是一种突变，并且具有折叠型突变的特征，而在经济危机后的复苏则是缓慢的，它是经济行为沿着"折叠曲面"缓慢滑升的渐变。此外，还有社会舆论模型、战争爆发模型、人的习惯模型、对策模型、攻击与妥协模型等。

突变论能解释和预测自然界和社会上的突然现象，无疑它也是软科学研究的重要方法和得力工具之一。突变论在数学、物理学、化学、生物学、工程技术、社会科学等方面有着广阔的应用前景。《大英百科年鉴》(1977年版)中写道："突变论使人类有了战胜愚昧无知的珍奇武器，获得了一种观察宇宙万物的深奥见解。"自然，突变论的应用在某些方面还有待进一步的验证，在将社会现象全部归结为数学模型来模拟时还有许多技术细节要解决，在参量的选择和设计模型方面还有大量工作要做。此外，突变理论本身也还有待于进步完善，在突变论的方法上也有许多争议之处。总之，突变论问世以来，引起褒贬不一的评述，正像任何一门新兴学科的发展经历一样。著名数学家斯图尔特客观地评价了突变论，他写道："适当地理解突变理论，可以为我们生存的世界提供新颖而深入的见解。但它还需要加以发展、检验、修改，经历一般成为可靠的科学工具的全部过程。"

目前，突变论在许多领域已经取得了重要的应用成果。随着研究的深入，它的应用范围在不断扩大，相信它在我国和谐社会建设中将发挥重要作用。

2.6.4　新三论对于管理的意义

从上面的介绍可以看出，"新三论"虽然都起源于不同的自然科学(耗散结构论源于生物学和理论物理学，协同论源于光学，突变论源于数学)，但它们都很快在自然科学和社会科学各个领域得到了广泛的应用和发展，并取得了普适方法论的意义。显然，"新三论"在管理实践活动中也能起到很大作用，在分析、指导管理实践活动方面也具有普适的方法论意义。例如，我国行政管理活动中实行的"一国两制"制度，实行非社会主义制度的地区，在意识形态上就可以看作是远离社会主义平衡系统的达到合组织、有序的非平衡系统，可以看作是一个耗散结构扩在对之实行管理时，我们就可以运用耗散结构的理论，自觉促进其能量，如经济、文化的输入和输出，既有利于该地区的发展，也利于我国整个社会的平衡发展。又如，在我国经济管理活动中，运用协同论的观点分析就会发现，我国虽然存在各种各样、表面上性质各异的经济系统(如工业、农业、服务业、国营经济、集体经济、个体经济、私营经济、社会主义经济、资本主义经济等),但它们都有着共同的性质(都属于我国的经济子系统,都在我国特有的文化环境中生存),因而可以互相协作,共同促进我国国民经济的发展。

1.“新三论”从不同的方面共同发展了管理哲学方法论

它们为处理管理实践活动中过去难以处理或不能处理的问题提供了新的方法。例如,如何在一个超稳定系统的管理中打破过去僵化的格调,使之活跃发展?这个问题,过去的方法论是难以解决的。由于“新三论”打破了封闭系统的界限,把一个系统放在一个更大的系统中去分析,这就为解决上述问题提供了方法论基础。耗散结构论表明,若对上述系统重新评价,不把它看作一个平衡系统而把它看作远离平衡态的自组织系统,在这种非平衡系统中,只有进行与外界的“能量”交换,才能通过“涨落”维持其有序性和自组织性,才可能有生命力;而这个系统若倒回平衡态,实行以系统内部能量交换为基础的稳定,就会因此没有新的能量的补充而缺乏生命力,这样,就为上述问题找到了原因症结。而协同论表明,任何系统都与其他系统有共同性,可以互相协作,以促进整体过程的共同发展。上述这两点就为解决上述超稳定系统发展的问题指明了方向:将其看作开放的、需要与外界进行能量交换的、共同协作的系统,与其他系统共同发展。这对解决我国“大而全”“小而全”的企业、地区、部门结构管理显然有着重要的方法论意义。

“新三论”还为管理实践活动中分析问题、发现问题提供了新的方法论指导,显然也就为上述处理解决间接作了预先准备。如在一般管理活动中,一个管理系统目前正处于鼎盛时期,其各项产出指标(服务或产品)都在同行中居先进地位,但是,这个系统与外界“能量”交换很少,尤其是其中的关键“能量”基本上是自给自足的,并且它有一套完整的自我服务、自我完善的子系统,因而整个大系统是一个封闭的平衡系统。在传统观点看来,用传统方法论来分析,这个管理系统真是无懈可击,尽善尽美了,表面现实看来也确实如此。但若用“新三论”来分析,就会发现,这样一个不开放、不与外界协作的系统是没有前途的,这就为提前发现问题提供了指导。再如,面对一个即将破产的企业,从传统方法来看,可以找不到原因或找不到关键性、实质性的原因,而对此一筹莫展。但突变论则告诉我们,这样的企业正处于“突变”过程中,它有导致向两极摇摆的函数值不确定的因素在起作用;协同论又告诉我们,各种表面不同的系统都有共同性。根据这两点,在与别的企业(即使二者表面极不相同,如一个纺织,一个化工)的对比中,能较容易地找到导致企业将要破产的因素,并进而找到处理方法:或消除这种因素,或因势利导转产等。

显然,“新三论”对管理哲学方法论的这种发展是以往管理方法论上难以达到的。

2. “新三论”从不同的角度对已有的管理哲学方法论有了较大的发展

耗散结构论就发展了管理辩证统一论和管理系统论。辩证统一论与系统论由于没有对管理的外界环境及其与系统的关系作进一步的分析,因而容易导致把系统看作是封闭的、内部平衡的稳定系统,现代科学和管理实践证明,这种看法不利于管理的进一步发展。耗散结构论则弥补了这种缺陷,从而使管理辩证统一观更加完善。

又如,协同论在承认各个系统都有其特定的质的基础上,揭示这些不同质下掩盖的共同性,进而揭示它们在从无序到有序的发展过程中可合作性,丰富了管理普遍联系的观点,从而丰富了认识管理活动过程的共同规律的方法论。

再如,突变论丰富了管理哲学量变质变规律,这点就更加明显了。在认识方法论尤其是管理认识方法论上,人们对管理实践活动中的“飞跃”过程到底采取了什么方式以及如何实现“飞跃”这些问题一直争论不休。突变论不仅揭示了“质变”的突变性质,而且指出了这种质变是通过平滑的量变的中断实现的,同时,突变论还给出了这种中断过程的实现模型。因此,解决了量变质变转变中的关键性问题,更进一步确立了量变质变规律的科学地位。

当然,“新三论”对管理哲学方法论的具体发展也不仅限于以上几个方面。“方法论”是一个整体,“新三论”对管理哲学方法论的以上几个主要方面的发展也必然带来其他具体管理方法论的发展。

3. “新三论”也必然推动管理主体世界观的发展

世界观和方法论是一致的,这在管理哲学中也是如此。管理哲学方法论之所以不同于一般的管理技术方法,其意义也正在于此。“新三论”对管理方法论的发展也必然带动管理主体世界观的变化。如管理主体在运用耗散结构论来处理管理活动中的问题时,就必须抛弃原来认为管理世界是一个封闭的、自我完善的、系统的观点;而运用协同论时,也就必须放弃过去认为各管理子系统是完全互相独立的、彼此发展也是互不相同的观点;等等。

总之,“新三论”的发展和实际应用,为管理实践的发展提供了新的强有力的方法论工具,同时也为管理学的发展,尤其是管理方法论的发展展示了新的前景。

复习思考题

1. 中国古代系统思想主要观点有哪些?
2. 试述“老三论”“新三论”产生的背景、过程。
3. 试述反馈的特点和用途。
4. 试述信息、信息量、熵的含义,说明信息量计算方法。
5. 试分别阐述非线性、非平衡态、混沌、模糊性的含义。

第3章　系统工程方法论

3.1　系统工程的方法论和方法

3.1.1　系统工程的方法、工具体系

人们在解决一些综合性的重大问题(如制定长远发展规划或确定大型建设项目)以及建造大型复杂系统(如企业信息化系统,城市供水、供电系统,先进的武器装备系统等)时,常常把它们当作系统工程任务来看待,这时需要使用系统工程方法。

在研究处理系统工程问题时,通常需要下列三个方面的知识。

(1)有关对象系统领域方面的知识,如从事信息系统工作时需要信息技术方面的知识,从事教育系统工程工作需要教育科学方面的知识等。

(2)有关系统共性方面的知识,也就是系统学科的知识,在系统工程层次上就是有关系统工程的方法、原理性知识。

(3)经验性的知识,这些虽然还没有形成规律性的东西,但它对处理问题是不可忽视的。如果说前两类知识是可以用语言文字表达和传递的言传性知识,那么这种经验型的知识的相当一部分则是只可意会、不可言传的意会性知识。

只有在不同程度上掌握上面三种知识才能从事系统工程工作。

下面我们对第二方面,即有关系统共性方面的知识再详细讨论一下。系统工程既然是一门方法性学科,所以首先侧重方法。系统工程的方法包含两方面的含义:一是指解决系统工程问题的手段和工具;二是指工作中的办法和步骤,后者又和工作程序联系起来了。下面我们依次加以研究讨论。

系统工程的方法、工具体系,自下而上可以分成四个层次。

工具:这是指一些器物上或者概念上的手段,可以用来处理具体问题,前者如计算机,后者如算法(如求导数的方法、求平均数的方法)的计算机程序。

技术:这是指处理问题的具体行动方式方法,是使用工具的方法,如优化技术(需要使用求导数或其他工具)、预测技术、仿真技术(使用计算机)等。

方法:这是指选择什么技术来达到目的的办法,例如:我们解决一个问题是应用定量方法,还是定性方法,或是两者相结合的方法;是采取解析方法,还是实验方法等。

方法论:这是指处理系统工程问题的一整套思想、原则,是运用方法的方法。这在系统工程工作中是最重要的。我们前面讲过的一些系统思想,系统工程原则,都是这一层次的。

3.1.2　系统工程方法论

当我们面临系统工程任务时,必须在正确的方法论指导下,采取适当的方法、选择适当的技术、借助适当的工具去进行工作。只有这样居高临下地进行考虑,才能事半功倍。由于系统工程的武器库中有许多都是从其他学科借来的武器,因此,各种方法、技术、工具的覆盖面、内容、适用范围也不尽一致。而且它们都在不断地改进发展,推陈出新,所以很难列出一个完整、齐全的表格以供选用。各种系统工程与系统分析的教材与专著(包括本书在内)都只能举其大者,加以介绍,而且在方法和技术两个层次之间的界线也不很鲜明。

方法论是人们认识世界与改造世界的根本方法的哲学学说。方法论探索各种一般方法的内容、结构、作用、规律性、使用范围、发展趋势等。系统工程的方法论则是探索系统研究、开发、运行过程中各种方法的共同规律。它和系统思想密不可分。

当然,在更一般的科学方法中所使用的抽象方法、归纳与演绎方法、类比和联想方法、分析和综合方法等,也是经常采用的。这里有必要从系统的观点对分析和综合方法做一些讨论。分析是在思维中把对象分解为它的各个组成部分或要素,来分别加以考察的。综合则是在分析的基础上研究各部分相互关系,在思维中结合成一个整体来加以研究的。在发展进程的相当一个时期内,是把分析作为综合的前提的。但随着系统观的发展,人们研究事物要首先着眼于整体,局部也是要放在整体、全局之中来加以考察的,于是综合也是分析的前提,所以两者是互为前提的。

由于人们所要处理的系统问题的复杂程度、人们对问题的认识和理解不同,因此处理系统问题的方法论也不同。在下面几节中,我们将介绍不同的方法论,供读者在处理系统问题时参考。

3.1.3　系统直觉、系统分析和系统综合

人们对整体和系统可能先要有一个全面但是笼统的了解,在此,本书作者提出一个新的概念:“系统直觉”来加以解释。在面临一个涉及相互关联的多种因素的复杂问题时,有经验的专家或者经常处理这类复杂问题的人,首先会从直觉上把它看作是系统问题,从系统着眼来考虑问题。

直觉是人的大脑仅凭感觉或者凭少量感性信息(个别、特殊)的启示,就对事物的本来面貌、本质、相互联系、相互关系、变化规律(一般、普遍)直接做出判断的认识活动。有人把它称为第六感。直觉的特点是:直接性,直接判断,使人感受不到推理思维的过程,看不到逻辑的联系与关系,讲不出什么道理;敏捷性,很快就做出判断,非常及时;针对性,直觉的内容是明确地针对某个问题的;深刻

性,做出的判断有时使人难以理解,但却可以深刻地揭示事物的本质。直觉认识的这些特点,容易使人产生神秘感,把它看作是一种超认识能力的认识活动,是一种天才。但实质上,它是以相关知识为基础的,是认识过程中的一种飞跃形式。本质与现象的相似联想、类比联想,共性的外推联想(类推联想),联想方法的熟练运用,就会形成技能。技能的提高,又转化为心理素质,就形成了能力,洞察力。一位有经验的资深工程师在选择厂址、坝址时能够很快做出决定,就是凭着基于丰富经验和学识的直觉。

直觉虽然有上述优点,但是,单凭直觉有时也会得出错误的结论,所以要直觉和逻辑思维相结合来应用。

系统直觉是能够把复杂问题看作是系统问题的一种直观感觉,这种感觉是由过去处理复杂问题或系统问题积累的经验和一定的系统知识累积而成的。系统直觉有下面这些特征:

(1)有系统整体性的感觉。

(2)对整体与部分的关系有一定的认识。

(3)是"自上而下"地看问题。

(4)有很强的情景依赖性。

(5)运用了不可言传的意会性知识。

有了这种直觉,就会首先对系统的概貌做一个了解或有一个设想,对问题的复杂性有一个估计。研究问题的情景(而不是问题本身,因为这时问题还不明确)是怎样的,哪些部分相互有关联,怎样才能对系统的目标取得大致的认识。然后按照系统分析方法明确问题、确定目标、将问题加以分解,对每个局部、要素进行深入考察,再综合起来对整体进行更深、更全面的了解。这样多次反复才能使认识更正确、更深入。

系统分析和系统综合从思维的角度来看,已经属于逻辑思维了,因为它们都是按照因果关系、先后顺序进行的。但这并不是说,在分析和综合过程中不使用像直觉这样的非逻辑思维,因为在处理复杂的系统问题时,并不是完全能够按照逻辑顺序进行的,常常是逻辑思维和非逻辑思维的交替使用,特别是灵感思维会使我们发现新的问题和新的机遇。

3.2 硬系统方法论

3.2.1 系统工程的三维形态图

由于系统工程涉及不同的知识,又有一定的工作阶段和步骤,因此必须有一定的思考问题和处理问题的方法,各种方法的一般规律就包含在系统工程的方法论之中。

在系统工程发展的初期，在处理一些工程问题时，有人提出系统工程的三维形态图，反映了系统工程工作涉及的三个侧面(图 3-1)。

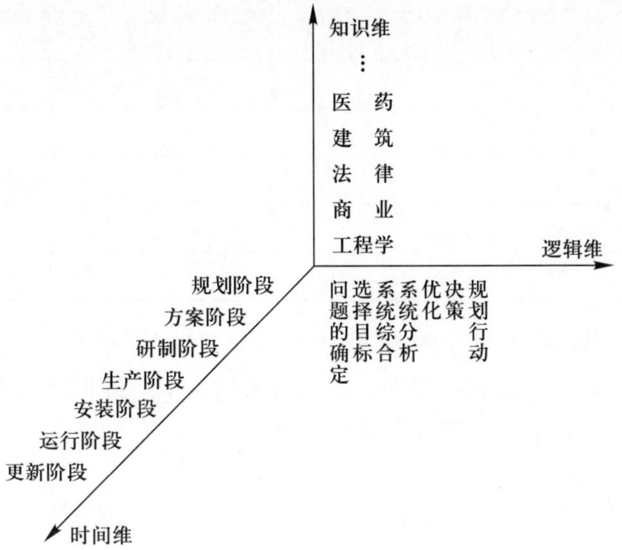

图 3-1　三维形态图

这是一个三维框架结构，包括：

(1)逻辑维(解决问题的逻辑过程、步骤)。某一系统工程，在使用系统思想方法来分析问题解决问题时，从逻辑顺序上要经历下面这些过程和步骤：①问题的确定；②选择目标；③系统综合；④系统分析；⑤优化；⑥决策；⑦规划行动。

(2)时间维(工作阶段)。①规划阶段(调研、工作程序设计阶段)；②方案阶段(具体计划阶段)；③研制阶段；④生产阶段；⑤安装阶段；⑥运行阶段；⑦更新阶段。

(3)知识维(专业学科知识)。例如，工程学、商业、法律、建筑、医药等。

系统工程的每一项具体工作，在这个三维空间中对应一个区域，这个区域在三个坐标轴上对应的正是该项工作的地位。如果只取逻辑维与时间维，就构成了如表 3-1 所列的活动矩阵。实际上，在每一个阶段，也都存在着各个逻辑步骤，利用活动矩阵就可以很明确地表述这种关系。

表 3-1　活动矩阵表

步骤 / 阶段	问题的确定	选择目标	系统综合	系统分析	优　化	决　策	规划行动
规划阶段							

续表

步骤 阶段	问题的确定	选择目标	系统综合	系统分析	优　化	决　策	规划行动
方案阶段							
研制阶段							
生产阶段							
安装阶段							
运行阶段							
更新阶段							

这个三维结构在20世纪的60年代至70年代有过很大的影响，一些“硬系统”的开发大体上都遵循这一思路。后来有人把这个三维框架结构加以修改，形成了又一种框架，这个新框架具有下列几维。

1.步骤维

①明确问题；②设置目标，建立评价准则；③生成系统方案；④为各方案建模；⑤对各方案进行评价；⑥选择一个方案；⑦规划实施。

它和原来大同小异，但较为具体。

2.应用领域与问题范畴维

其应用领域分为：①工业；②经济；③政治；④社会经济；⑤环境；⑥心理；⑦保健；⑧教育；⑨军事；⑩社会技术。问题范畴则分为：①运行效率；②资源分配；③项目评价；④计划与预算；⑤战略选择；⑥系统的获得。

3.分析工具维

例如，成本效益分析、决策分析等。

这些框架都有利于人们在研究具体工作时明确工作的地位与作用。

上面列举的工作步骤对具体工程来说更为重要，下面将详细进行讨论。

3.2.2　工作步骤

下面将对上述修改后的框架的7个步骤的具体内容加以讨论。

1.明确问题

无论开发一个新项目（建立新系统）还是改变现有的状态（改造原来系统或者把握机遇、摆脱困境）都可以看作是要解决一个问题，这需要完成下列工作。

（1）辨识主问题和子问题，以及构成问题的因素；

（2）建立所辨识问题的层次结构；

（3）把问题加以分解，分成要求、约束、可变更的因素、涉及的人与组织等；

(4)辨识主要的主观考虑；

(5)辨明系统边界；

(6)辨识影响主问题的未来条件。

问题的层次结构可用图 3-2 形式表示。

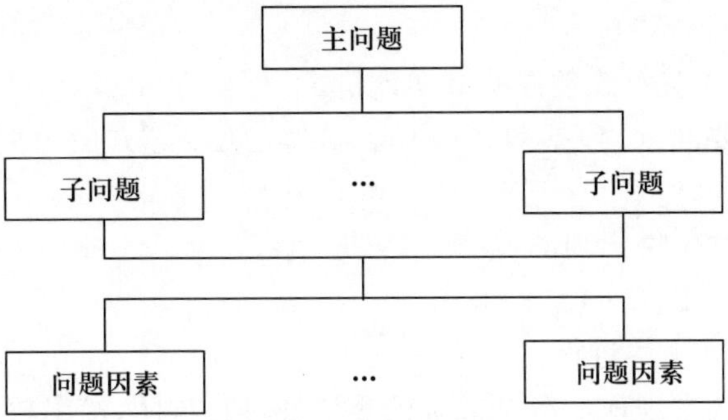

图 3-2　层次结构图

这种结构辨识不是一次能构成的，需要多次反复。在此期间，对于一些主客观考虑以及不确定性和矛盾应该有所明确。

2.设置目标，建立评价准则

(1)辨识主要的要求、目的、目标(目的是长远的，目标是具体可测的)和子目标；

(2)对上述诸因素建立一个层次结构；

(3)辨明目标、约束、可变因素、涉及人与组织这几个方面的相互关联程度；

(4)辨明主要前提与假设；

(5)建立或确定目标的度量；

(6)建立初步的评价准则。

关于目标问题，将在下一节详加讨论。

3.生成系统方案

这里所谓方案，既可能是解决某一困难问题的办法，也可能是建立一个系统的总体考虑。这时需要：

(1)寻找为达到目标与子目标所有可能的方案；

(2)确定方案中活动与措施的度量；

(3)把方案连到目标结构中去。

4.为各方案建模

这要做下列几件事：

(1)为每一方案建立描述型或预测型的模型，或者为整个系统建立模型，以便对各种方案下的整个系统进行分析；

(2)对模型进行鉴定；

(3)改进以及合并模型；

(4)寻求模型运行的结果。

关于建模问题后面专门要讨论。

5.对各方案进行评价

估计各种条件及对该条件的方案评价。

(1)按照主要准则,包括效果、风险、成本、效益等方面,对各方案在各种条件下进行评价；

(2)估计各种条件出现的概率。

6.选择一个方案

这可以按下列步骤进行：

(1)客观地或主观地对每个准则的重要性进行排队,给出权重；

(2)把评价信息集中起来；

(3)评选出一个方案。

7.规划实施

拟订实施计划和应急措施。

(1)根据所选方案拟订实施计划；

(2)制订意外情况下的应急措施。

关于实施的组织,可以利用后面将要讲到的网络计划方法等。除了上面所述的工作步骤外,还有下面的一些方案。兰德公司的系统分析工作是分为下面几步进行的。

1)立题阶段(概念形成阶段)

(1)明确、形成并限定问题；

(2)选择并确定目标；

(3)选择衡量目标达到程度的准则；

(4)根据问题列出可能的解答。

2)探索阶段

(1)收集事实和数据,如果有不确定性,要研究它们出现的概率；

(2)估计数据收集的成本；

(3)形成达到目标的方案、途径。

3)评价(分析)阶段

(1)建立模型,提出建模时依据的假设与近似；

(2)从成本、效益的权衡来评价各方案；

(3)对上述评价结果,从参数变化、假设变化的灵敏度分析上加以考察。

4) 解释(判断)阶段

(1) 考虑不可量化或不可量度的因素;

(2) 对比“统计”不确定性而言来考虑实际不确定性;

(3) 做出结论。

5) 校验阶段

近年来,也有人把系统分析的逻辑步骤用图 3-3 表示。这个方案充分反映了每一步不是一次完成的,需要进行多次反复。

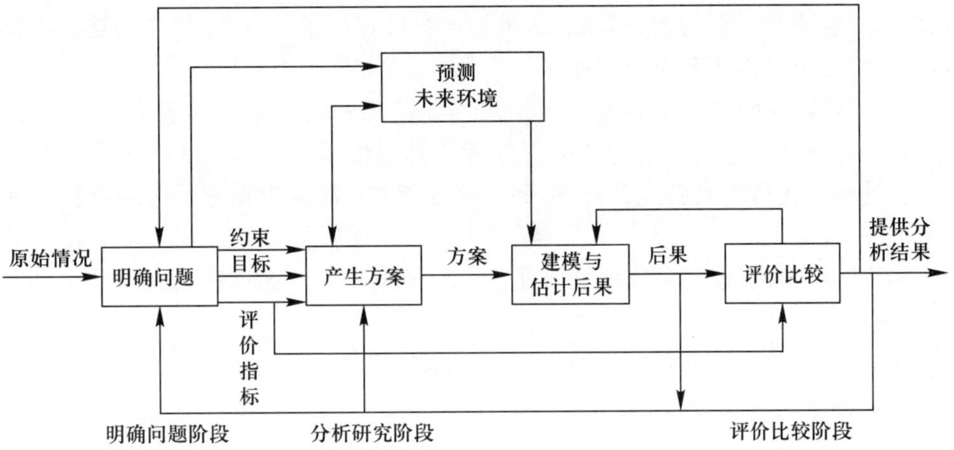

图 3-3　系统分析逻辑步骤图

从图 3-3 中可以看出,它主要包含三个阶段:明确问题、分析研究、评价比较。包括五个环节,其中分析研究阶段包括产生方案、预测未来环境、建模与估计后果三个环节。

上面三种提法大同小异,可以参照执行。

3.3　软系统方法论

在系统分析的发展初期,人们遇到的多半是一些工程技术系统,这些系统的目标与约束明确具体,要解决的问题多半是“怎样做”的类型,我们称这类问题为结构清晰的“良结构化”问题或称“硬”问题。后来,系统分析应用到社会、环境、公共事业等领域,这时遇到的问题涉及许多人或许多组织的利益,他们的要求与评价标准乃至信念和价值观都是不相同的,各自又拥有不同的权力,使得目标与约束相混淆,这时首先要解决“做什么”的问题,也就是说,“什么是问题”倒成了问题。我们对这类结构不清晰、“做什么”与“怎样做”混杂的问题称为“不良结构化”问题或称“软”问题,对它们来说,明确问题是首要任务。

在 20 世纪 70 年代，一种处理软问题的软系统方法论开始形成，这种方法强调通过人的交流讨论，对问题的实质有所认识，逐步明确系统的目标，经过不断的反馈，逐步深化对系统的了解，得出满意的可行解，而不是一上来就按照硬系统的一套思维方式按部就班地去处理问题，导致对问题的曲解和做出不符合实际的结论。

按照这种方法论来处理系统问题，第一步要对问题的情景加以考察。这里所谓问题的情景，是指人们觉得有问题存在但还无法明确问题的某种环境。人们常常是急于解决问题而忽略了首先应该对问题情景做全面的了解，这种了解当然不是轻而易举获得的，但缺乏了解而匆忙确定问题的所在，常常会选不准问题，当然，更不可能正确解决问题了。

第二步是对问题情景的考察结果用问题情景的描述来加以表达，这种描述还不是用系统语言，而是用自然语言或者各种图像来生动地表述。由于立足点不同，这种表述可能是各式各样的，越是丰富多样，就越能充分了解问题的真实情景。

第三步是为了建立系统概念而建立一些所谓根定义。这些定义涉及下列几个方面：

(1)系统的受益者或受害者(Customer，简写为 C)；

(2)系统的执行者(Actors，简写为 A)；

(3)系统从输入到输出的变换过程(Transformation process，简写为 T)；

(4)世界观(Weltranschauung，简写为 W，这里还指价值观和伦理道德观等)；

(5)系统所有者(Owners，简写为 O)；

(6)系统的环境约束(Environmental constraints，简写为 E)。

利用 CATWOE 根定义，就把系统活动的要素、有关人员或组织的身份及其影响确定下来了。

第四步是建立概念模型。概念模型是以根定义为基础建立的系统活动的描述，它不涉及实际系统的构成，只是对系统做出概念上的说明。这种模型可以使用自然语言描述，也可以使用一些直观的、使人一目了然的图形工具来表述。

第五步则是将概念模型与现实情景相比较，发现差异，进行模型的修正。一般来说，能建立的概念模型不止一个，经过这样的比较，发现各模型的长处和短处，取长补短，会得到更加切合实际的模型。

第六步是提出必要而又可能的改革方案。

第七步是实现上述改革方案，得到新的情景。

这种方法论在开始提出时是按照上述步骤的顺序进行的，后来经过许多实践，发现有时候可以从任何一个阶段开始，而且会在中途有所反复。总而言之，这种方法强调的是不断反馈和学习。

软系统方法论适合于系统目标不明确、涉及多方面的利益的场合,它强调人的活动和身份,首先从各方面的关系着眼,因此,特别适合社会经济、环境等系统的研究。它不强调系统的精确分析、建模和优化,而是通过组织讨论,听取各方面有关人员的意见,反复比较和学习,寻求可能的满意结果。它主要依靠定性的方法,而不像硬系统方法论那样重视定量方法。

3.4 系统方法论的进一步发展

3.4.1 还原论、整体论和系统论方法

上面谈到的硬、软两种方法论,各有特色和适用范围,由于实际生活中的问题总是由不同性质的事物以复杂的关联交织在一起的,因此常常是在不同的阶段或不同的方面使用不同的方法,重要的是怎样吸取它们的精神,在处理系统问题时灵活运用它们的原则。

随着人类活动的广度和深度的日益增大,各种事物间的关联也日趋复杂,在生活实践中出现了大量的复杂系统。人们在处理这类复杂系统时,开始使用分解的方法把它分成一些较小的系统来加以研究,以为对各个分系统了解和掌握了就可以对整个复杂系统掌握了。过去自然科学常用还原论方法。它把所研究的对象分解成各个部分,以为部分都研究清楚了,整体也就清楚了。如果部分还研究不清楚,再继续分解下去进行研究,直到弄清楚为止。应用这种方法,自然科学确实取得了很大的成就。还原论方法由整体往下分解,研究得越来越细,这是它的优势方面,但往往是由下往上却回不来,回答不了高层次和整体的问题,这又是它不足的一面。所以,仅靠还原论方法还不够,还要解决由下往上的问题。

从系统角度来看,把系统分解为部分,单独研究一个部分,就把这个部分和其他部分的关联关系切断了。这样,就是把每个部分都研究清楚了,也回答不了系统整体性问题。当系统各部分之间的关联较少,或者联系得不太紧密时,这个矛盾还不突出。等到一些巨型复杂系统出现以后,这一矛盾就使得人们无法真正认识系统的全貌。后来生物学家贝塔朗菲提出了整体论方法,强调要从生物体系统的整体上来研究问题。不过当时还是就整体论整体,缺乏对整体和部分的联系的有效研究。但整体论方法的提出却是对现代科学技术发展的重要贡献。

到了20世纪的后期,系统学科的发展把这一问题的解决提到了日程上来。我国著名的系统工程专家钱学森提出把还原论方法和整体论方法结合起来,形成所谓系统论方法。应用这个方法研究系统时,也需要将系统分解,在分解研究的基础上再综合集成到系统整体,达到从整体上研究和解决问题的目的。系统论方法吸

收了还原论方法和整体论方法各自的长处,同时也弥补了各自的局限性,既超越了还原论方法,又发展了整体论方法,这就是系统论方法的优势所在。

3.4.2 综合集成方法

20 世纪 80 年代末至 90 年代初,钱学森又先后提出“从定性到定量综合集成方法”以及它的实践形式“从定性到定量综合集成研讨厅体系”(两者合称为综合集成方法),并将运用这套方法的集体称为总体部。这就将系统论方法具体化了,形成了一套可以操作的行之有效的方法体系和实践方式。从方法与技术层次上看,它是人—机结合、人—网结合以人为主的信息、知识和智慧的综合集成技术;从运用和应用层次上看,是以总体部为实体进行的综合集成工程。

从思维科学角度来看,人脑和计算机都能有效处理信息,但两者有极大差别。人脑思维的一种是逻辑思维(抽象思维),它是定量、微观处理信息的方法;另一种是形象思维,它是定性、宏观处理信息的方法。而人的创造性主要来自创造思维,创造思维是逻辑思维和形象思维的结合,也就是定性与定量相结合、宏观与微观相结合,这是人脑创造性的源泉。

从认识论角度来看,所有科学研究通常都是在已有的科学理论、经验知识基础上再和专家判断力(专家的知识、智慧和创造力)相结合的,对所研究的问题提出和形成经验性假设,如猜想、判断、思路、对策、方案等,这种经验性假设一般是定性的。它所以是经验性假设,是因为其正确与否、能否成立还没有用严谨的科学方式加以证明。在自然科学和数学中,这类经验性假设是用严密的逻辑推理和各种实验手段来证明的,这一过程体现了从定性到定量的特点。

对复杂系统来说,由于其跨学科、跨领域的特点,对所研究的问题能提出经验性假设,通常不是一个专家,也不是一个领域的专家们所能提出来的,而是由不同领域、不同学科的专家构成的专家体系,依靠群体的知识和智慧,对所研究的系统问题提出经验性假设与判断。但要证明其正确与否,仅靠自然科学和数学中所用的各种方法就显得力不从心了。如社会系统、环境系统中的问题,既不是简单的逻辑推理,也不能进行实验。那么出路在哪里呢?这就是人—机结合以人为主的思维方式和研究方式。机器能做的尽量由机器去完成,极大地扩展人脑逻辑思维处理信息的能力(自然也包括了各种能用的数学方法和工具)。通过人—机结合以人为主,实现信息、知识和智慧的综合集成。这里包括了不同领域的科学理论和经验知识、定性知识和定量知识、理性知识和感性知识,通过人机交互、反复比较、逐次逼近,实现从定性到定量认识,从而对经验性假设的正确与否做出明确结论,无论是肯定还是否定了经验性假设,都是认识上的进步,然后再提出新的经验性假设,继续进行定量研究,这是一个永远也不会完结的认识过程。

综合集成方法运用的是专家体系的合作以及专家体系与机器体系合作的研

究方式与工作方式。具体地说，是通过定性综合集成到定性、定量相结合综合集成再到从定性到定量综合集成这样三个步骤来实现的。这个过程不是截然分开，而是循环往复、逐次逼近的。

对任何一项具体实践或工程，都是一个具体的实际系统，是有人参与的实际系统。因此，社会实践是系统的实践。这样一来，有关实践的决策与组织管理等问题，也就成为系统的决策与组织管理问题。要想集思广益，必须有一个能够让大家发表意见的场所，这就是集成研讨厅。

综合集成方法还在不断地发展之中，作为一种新的方法论，它的理念已经开始显示出很大的威力。

3.4.3 集成研讨厅

集成研讨厅本身是一个由人和信息工具组成的系统，它由下面三个子系统构成(图3-4(a))。

知识子系统：包括各种科学理论、工作、经验、常识性知识与各种情报资料等。

专家子系统：包括各领域、各层次的专家。

工具子系统：包括计算机在内的各种信息工具。

研讨厅实际上是为参加者提供一个论坛，吸收各方面的专家，以圆桌会议方式使大家相互启发、激励，最大限度地产生新观点和新思路，把专家的经验和直觉调动和集中起来。

由于使用了现代化的技术工具，可以用人—机结合、以人为主的方法使人的智慧和信息工具的威力相得益彰地发挥出来。

由于研讨可以反复进行，吸取组织内外的有用知识，因此具有很大的动态性和开放性。

研讨厅也可分级组建，如图3-4(b)所示。

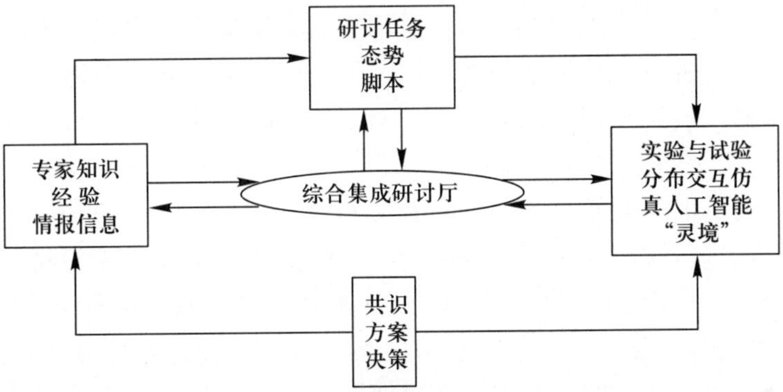

(a)

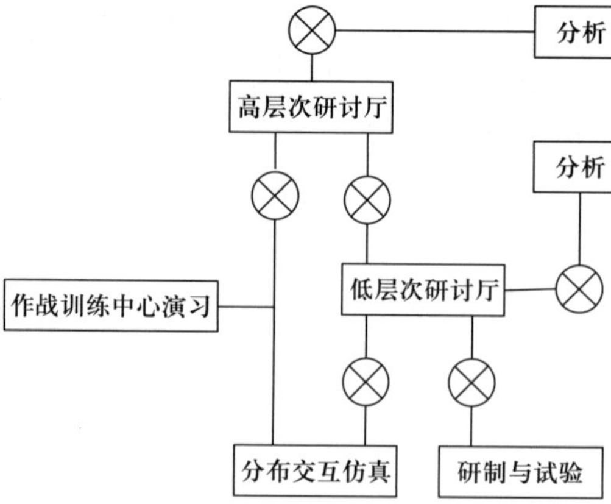

(b)

图 3-4　集成研讨厅构成和分层组建

3.5　问题的确定与目标的确立

3.5.1　问题的确定

无论是面临难题或为了抓住机遇需要决策，还是建立一个新系统，或是改进一个原有的系统，都是为了解决问题，所以上述几种系统工程步骤的提法都是以确定问题为第一步的。

人们发现问题，常常又是把现状与一个理想情况（目标）对比出来的。所以问题的确定与目标的确立有一定联系。

有一句谚语说：做正确的事要比正确地做事重要得多。著名的系统科学家罗素·艾可夫也曾说过：我们由于解决错误的问题而造成的失误，要比错误地解决正确的问题所造成的失误多得多。这都表明正确地提出问题是非常重要的。

确定问题有时可以依靠逻辑方法，但更多的是靠人类的直觉。人们还很难总结出一套通用的确定问题的方法和步骤，多半是凭经验。下面介绍两种方法可供参考。

一种方法是把与问题有关的信息片断逐个记录在卡片或纸条上，把它们摊在桌面上全面进行审视，把有关联的放在一堆，这样就逐渐形成一些局部情况和子问题。给它们再命名，作为一个单元，和其他类似单元再进行聚类，找它们之间的关联（如对应关系、从属关系、因果关系），这样就能逐步地形成问题。

另一种方法是通过写书面报告来清理思想，明确问题。例如，可以在这一阶段的开始时撰写问题剖析报告和结束时撰写阶段结果报告。

问题剖析报告包括问题性质和问题条件两部分。前者涉及问题的结构、过程，是通过大量的调查研究，以及与决策者或利益攸关的人员进行对话的基础上明确的。一般提出的问题有：

(1) 你认为存在什么问题?

(2) 为什么这是个问题?

(3) 问题是怎样出现的?

(4) 什么原因引起的?

(5) 解决这个问题的重要性何在?

(6) 对这问题进行系统分析会得出什么结论?

(7) 解决问题的可能方式是什么?

这个问题和哪些问题相牵连，它是哪一个更大问题中的一个部分? 等等。在对话中不但了解到客观情况，而且也对谈话对象的价值观念、情绪等有所感受，这样才能有一个整体印象。

问题条件部分则主要是为了调查解决问题所需的各种资源。也要通过调研与对话提问，提的问题有：

(1) 解决问题涉及哪些资源(人力、物力、财力、技术、时间)?

(2) 谁分配这些资源? 分配者的职权如何? 怎样监督和控制资源的使用等。

报告写成后两方面集中起来检查一下看是否匹配，如果不匹配则可从两方面加以调整，直到大体相对。

然后组成一个系统分析小组，进一步收集数据资料，逐步形成观点，着手撰写阶段结果报告，报告主要内容有：

(1) 问题的由来和背景、重要性与意义；

(2) 可能采取行动的组织和个人；

(3) 利益攸关的组织和个人；

(4) 目标；

(5) 评价指标；

(6) 约束条件；

(7) 方案概述；

(8) 建议等。

如图 3-5 所示的流程图表明了工作内容和步骤。

有时候我们了解到的不是问题本身，而是问题的处境，但可以就此再深入地发现问题本身。

通常是在集体讨论过程中明确问题的。这可以采取一种称为集思广益畅谈会的(也有人称为头脑风暴法，是从“Brain Storming”直译而来的，这一名词原来

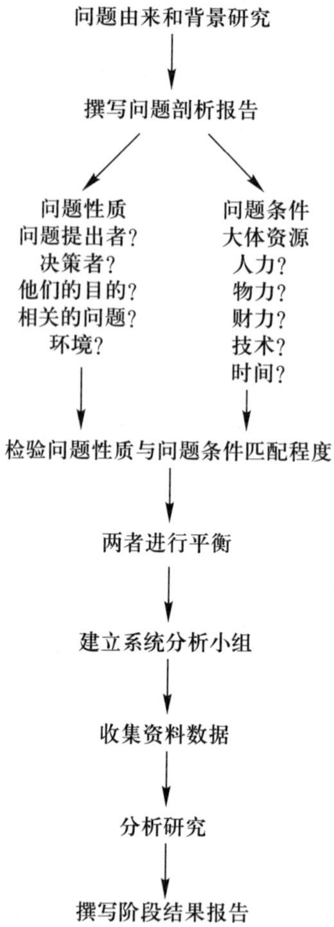

图 3-5　问题调查流程图

指的是一种病态,患者滔滔不绝地说话,这里用来形容讨论的热烈程度)方法。这种方法的特点是让大家畅所欲言,各抒己见,不允许对别人的想法进行批评,想法越多越好。鼓励以别人的想法来启发出自己的新想法,领导人要及时总结,加以引导,这样常可以得到对问题深入的见解。

3.5.2　目标的确立

目标的确立也是系统分析一开始就要进行的工作。一个总目标常常包括许多分目标,我们可以用如图 3-6 所示的目标树来表示它们之间的关系。

对于一些"软"问题,有时目标是不明确的,或者目标提得不正确。例如,某工厂提出了一个新建氧气站放在厂内什么位置的问题,看起来目标是选择一个

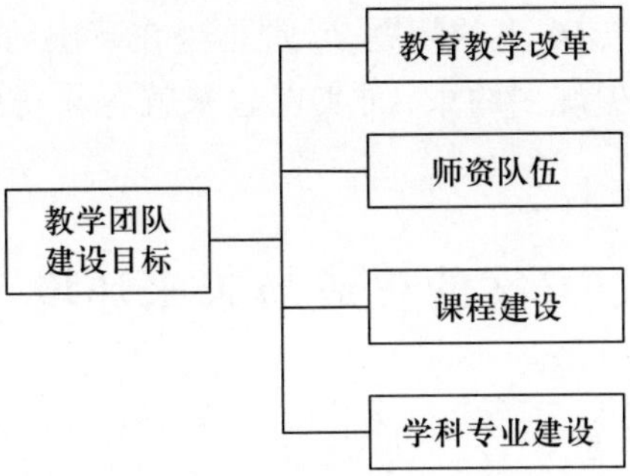

图 3-6　教学团队建设目标树

适宜的站址,以利于氧气供应,是一个“做什么”已经明确(建氧气站),要解决“怎样做”的问题。但如果再进一步问一下,为什么建氧气站,回答是满足本厂新增氧气的需要,这是上一级的目标,而为了达到这个目标,除了新建氧气站方案外,还可以采取外购氧气的方案。因此,正确选择目标应该是选择上一层的满足新增氧气需求的目标。这样就可以把思路拓宽,更有效地解决问题。

从上面所述可以看出,目标也是有层次的。前面我们说过应该尽量确立层次较高的目标,但有时层次太高的目标反而过于笼统,又要回过头来加以分解再选定,所以层次选择要适当。

有时候系统的目标不是一个而是多个,因为客观事物总是多属性的,所以几乎每个系统都可以说具有多个目标。有时候其中一个目标是最主要的,其他可作为约束或附加条件,但有时它们之间无法分清主次,需要同样对待。这类多目标问题后面我们还会详加讨论。

无论是多个目标,还是一个总目标下几个分目标,它们之间可能会彼此冲突,此时,或是分清目标主次加以筛选,或是将来在选择方案时看能否兼顾。

在分析系统的过程中,为了衡量目标达到的程度,最好有一个或几个指标能够用来进行度量。所以我们确立目标时,应同时考虑建立指标体系。

在确立目标时,还需要考虑系统的约束,约束乃是对目标、对方案以及对结果的制约和限制。这些限制有的是物理条件、自然条件、资源的限制,有的是组织体制、法律、道德规范的限制。有的约束是“硬”的,一定不能逾越,有的是“软”的,有弹性的,有一定的伸缩余地。随着时间的推移,有的约束会变化,有的不会变化。有的约束是自然条件决定的,有的是人为限制的,其中有是否合理、是否必要的问题,需要仔细审查。有些约束是决策者或项目委托人在系统分析开始之前就知道的,有些则是在系统分析过程中发现的,而有些政治上或思想文化上的约束,直到系统在建立或运行过程中才发现。

那些符合约束条件的目标或方案,称为可行目标或可行方案,而可行性问题在系统分析中有些时候简直就是关键问题,至少是首要问题。

在一个组织的不同层次上的问题,常常是越在下层约束越多,有时上层略微放宽一点,下层就会减少许多约束,而实现起来就容易得多,这样就需要上下反复考虑。

3.6 方案的生成与未来环境预测

3.6.1 方案的生成

当目标与约束都已明确时,就有可能生成可行方案了。方案的生成是一件创造性工作,需要运用多方面的知识与经验,有时甚至需要灵感。可能一部分方案是决策者或任务委托者提出来的,其余部分就要系统分析人员去生成。对方案的要求一般包括如下几个方面:

(1)方案的稳健性;

(2)方案的可靠性;

(3)方案的完整性;

(4)方案的灵活性等。

在生成不同的方案时,不允许某一个方案是另外一个方案的一部分(用集合论语言来说,是它的真子集),因为这样前者不能成为一个独立的方案,当然,这不排除两个不同方案中有一部分措施是相同的。

方案生成后可以预先加以筛选,有些明显是不合理、不经济、不易实现或由于其他原因从直观就已经觉得不适宜的,可以先去掉,这样留下有限个较好的方案进行分析。

也有这种情况,如我们有一定的资源(如 10000 亩①土地),可以种粮食与经济作物,两者可以是各 5000 亩,也可以是 6000 亩对 4000 亩,也可以完全种粮食(10000∶0)或完全种经济作物(0∶10000),这时似乎有无穷多种方案。我们可以采取优化技术来进行选择。

生成方案的工作不能离开决策者或项目委托者的支持,但不能完全照他们的意见办,因为有时他们的眼界受到自身利害所限,不能看得更高更远,所以我们应该更加客观地进行考虑,不能投其所好。

3.6.2 对未来的预测

生成了可行的方案之后,应对方案在未来环境下产生的后果进行分析比较。

① 1 亩约 666.7 平方米。

这首先要对未来的环境进行预测。环境指社会、经济、技术、自然条件以至于社会心理状态等而言。预测的方法很多，有定性预测和定量预测两大类。定量预测能够给出数量指标，当然是很好的，这些方法多半是根据历史数据与现状数据去推测未来。但这样做一方面会遇到数据不足、不准确等困难；另一方面，由于事物发展的变革性，特别是社会、政治、组织上的变革以及科学技术进步引起的跃变，都很难用定量方法描述，因此并不是在任何情况下都能进行定量预测的，有时简单的判断反而比复杂的分析有效，繁多的数据资料倒不如人们丰富的经验和洞察能力。定量预测也需要定性预测为其前奏，所以应该重视定性预测。

定性预测，定的是未来环境发展的特性，其中包括决定这些特性的确定因素与非确定因素。下面介绍几种方法。

专家预测法是利用专家的经验进行预测。专家人选要合适。所谓专家，是指在某些专业方面积累了丰富经验和知识而又有解决实际问题能力的人，也可吸收少数“旁观者清”的局外人参加。专家可以单独发表意见，也可互相接触。接触方式可以是直接见面，也可以间接地通过征询意见进行交流。如常用的一种称为德尔菲(Delphi)法的，就是采取函询方式一轮轮征求意见，综合整理，把归纳结果在不公布姓名条件下寄给专家，再征求意见，使意见渐趋集中，形成一定的预测结果。这是一种带反馈的函询调查法，它的好处是被调查者彼此不见面，不了解参加者究竟是谁，可以避免相互的消极影响如慑于权威意见，不愿公开发表与众不同的意见等对于专家提出的数据，有时还要进行数学处理，如加权处理等。

定量预测方法都是建立在统计资料基础之上的，使用时必须具备长期历史数据资料，这些资料要能表明预测的各因素之间的关系，而且还要符合下列假设：从过去到现在一直到将来都是平稳发展的。定量预测方法中，当前应用较为广泛的是因果关系分析法与时间序列分析法。

1.因果关系分析法

因果关系分析法是研究预测对象与影响因素之间的因果关系及其影响程度的方法。确定了这种关系，便可根据影响因素的未来数据推算预测对象的未来数据。例如，某地区能源消耗量(每年所用折合标准煤的吨数)与该地区国民经济总产值有关，如果我们根据两者的历年统计数据确定了两者的关系方程式，便可按若干年后国民经济发展的情况推算当时的能耗总量。

常用的有一元线性回归法、多元线性回归法、非线性回归法等。

2.时间序列分析法

时间序列分析是研究预测对象的自身变化过程及其发展趋势。用做短期预测，比较经济有效。这种方法利用预测对象的一组按时间顺序排列的数据序列，对未来数值进行推测。时间序列法有许多种模型，例如：

线性趋势模型 t 时刻的 y 值为

$$y_t = c_1 + c_2 t \tag{3-1}$$

自回归趋势模型为

$$y_t = c_1 + c_2 y_{t-1} \tag{3-2}$$

移动平均模型为

$$y_{i+1} = \frac{1}{n}[y_i + y_{i-1} + y_{i-n+1} \tag{3-3}$$

对数加权移动平均模型为

$$y_{i+1} = a y_i + a(1-a) y_{i-1} + a(1-a)^2 y_{i-2} \tag{3-4}$$

其中,系数 c_1、c_2 可用回归法中的类似方法按历史数据求得。还有一些考虑随机因素的更复杂的模型,如混合回归与移动平均模型(ARMA)等,这里就不多介绍了,读者可参看关于预测或时间序列分析的专著。

一般地,发展比较平稳的过程用这类方法预测,短期结果还比较准确。

上面介绍的定量预测方法都是在比较简单的情况下只考虑一些主要因素的方法。但实际上有时牵连因素较多,国民经济的一个部门的发展要涉及许多部门,这时需要考虑综合平衡。有时系统的动态影响(惯性)是可以用动态方程描述的,那就用动态分析的方法进行预测(如人口发展预测)。还可用控制理论中的预估理论。

定量预测与定性预测是相辅相成的。在发展较为平稳,表现为量变的渐变过程中,做定量预测是可能的。如果有跃变形式的质变就不能准确预测了。例如,对科学技术的发明与重大突破就是如此,这时定性预测就显示出它的作用了。我们要从具体的情况出发,选择适当的方法。

3.7 系统的建构

上面讨论的方案生成多半是针对解决某一难题的。有时候人们面临的任务是建立一个系统(如电子信息系统、交通运输系统、物流系统等),这时,方案的生成就需要构成系统的总体结构。这类总体结构可以用系统的体系结构来描述。

系统的体系结构(Architecture)是用来表述系统某一方面特点的结构方式和模块组成。它侧重原则、侧重方法而不具体规定技术与业务细节。它不局限于讨论具体机构、工作流程和人员组合,而更着眼于为实现系统功能而做的原则性的安排。这种安排着眼于各部分的关系应该怎样处理,使得系统在整体上结构合理,各部分都能发挥作用。

Architecture 这个英文名词,它的概念先是从一些工程系统中产生的,最早是针对房屋、楼宇的整体布局的安排，使得各部分的空间位置合理匀称。后来这一概念推广到其他工程领域，就有了如计算机的体系结构等概念。尽管体系结构是一种比较抽象的概念，一般只能用自然语言或图形来表述，但对于工程系统来说，抽象的组成成分与具体的设备容易对应，使用像结构图这样的工具来描述，会给人以更清晰的感觉。后来对于一些较为抽象的系统，也就沿用了结构图的工具，但对复杂系统来说，有时是难以用像结构图这类工具来充分表达的，还得用自然语言描述。

由于系统工程所研究的对象都是人造的系统，在建立这样的系统时，先得从全局的高度来考虑系统究竟应该如何构成，以满足要求，也就是说，先要搭建系统的架构。系统的体系结构正是从不同的视角来描述系统架构的。

建立系统体系结构的工作称为“建构”（Architecting），这是系统工程的基本任务。建构应该有科学基础，但由于每一个具体的系统都带有自己的独特性质，还不能千篇一律地用同一种方法，所以说建构工作既是科学又是艺术。正如我国书法讲究“间架结构”，每个汉字同样是那些笔画，但是布局不同，写出来的神韵就不同。

系统工程方法的重要特点就是保持系统的整体性，一个良好的系统体系结构是系统整体性的保证。只有从系统建构入手，才能在一开始就把系统整体性放在显著的地位。系统工程方法还要考虑问题的综合性，因此，系统的体系结构涉及的内容必然是多方面的，不仅涉及技术方面，而且涉及组织、人员、文化等方面。对于任何一类系统来说，总有它作为共性的体系结构特点，如果我们能为这一类系统建立一个带有共性的体系结构，作为参考，那么在建立一个具体的系统时，就可以按照它的框架来构想本系统的结构了。

系统建构工作一般是由前面所说的总体部来负责的。这种工作在用户和专业技术人员之间起到了中介作用。由于系统建构的重要性和专业性，使得系统建构已逐步成为一个独立的专业，而且有专门从事这一工作的岗位，如在信息行业中，就有系统架构师这样一种岗位。

系统建构工作大体上包括下面这样几个步骤：

（1）明确系统需求；

（2）进行功能设计，可能会得出多种方案；

（3）对各方案进行评价、选择；

（4）构成一个满意的系统体系结构。

我们将在后面再详细加以讨论。

3.8 建模、分析与优化

3.8.1 系统分析与建模

对于方案在未来的环境下会产生什么结果,需要进行分析,这种分析有的是靠直觉,有的是靠逻辑推理,特别是靠建立模型,进行研究。

直觉来自固有的思维模式,这种模式取决于人的价值观念、设想、经验和处境。但每一个具体的人的思维模式都会有难以自知和别人难以发现的认识偏差,无法保证在任何情况下都能提供正确、精密的答案。因此,人们进而希望能把事物的前因后果弄清楚,建立清晰的逻辑推理模型,用逻辑关系和数学关系进行分析。因为这样可以把依据、缘由展现出来,便于自己和他人检验、讨论和判断。

当然,对于高层问题来说,由于因素众多,关系错综复杂,很难进行逻辑推理,这不得不靠直觉判断,但也应逐渐利用模型,做到两者相结合。

模型作为一种工具,是对原系统某一个方面属性的描述,因此,一个系统可以有不同类型的模型。

模型的分类方法很多。我们通过几种分类法的介绍也可以揭示出系统模型的一些特点。

从模型的本质来说,系统模型可分成以下几种。

具体模型:如船舶模型与船池,飞机模型与风洞。把原型按一定的比例缩小,基本的物理运动规律是相似的,所以有时也称为物理模型。

抽象模型:用数学公式、图形或计算机程序来抽象描述系统某一方面的属性,所以有时也称为数学模型。

由于具体模型在应用上有一定局限性,因此数学模型用得较多。

数学模型按照系统输入和输出的变化情况可以分成以下几种。

(1)确定型模型:系统的输入与输出都是确定性的时间函数,模型可用确定性的数学工具来描述。

(2)概率型模型:系统输入和输出具有随机性,要用概率论工具来描述。

(3)模糊型模型:系统输入、输出以及它们之间的关系无法用明晰的数学关系描述,只能用模糊数学工具来描述。

按照模型描述的内容可分成以下几种。

结构模型:描述的是系统中各单元或各因素之间有无联系,也就是描述它们之间的结构关系。这里有必要强调的是结构模型不一定反映系统的实体结构,而主要反映功能上各因素间的结构关系。

数量模型:反映变量间的数量关系。

数量模型又按变量随时间的取值分为以下几种。

(1)连续模型:变量是时间的连续函数。

(2)离散模型:变量是时间的离散函数。

有许多系统本质上就是离散系统,如许多经济活动每年结算一次,许多生物是一代一代繁殖的,当然应该用离散方式来描述。连续系统由于测量数据的时间离散性或者为了便于在数字计算机上处理,也可建立离散模型,但它本质上是连续的,离散模型只是近似的。同样,当时间间隔比起所研究的过程来说短暂得多时,对离散系统也可建立近似的连续模型。

按照系统所处状态来说可分成以下几种。

静态模型:描述系统相对时间来说是相对静止的状态。

动态模型:描述系统的运动状态。

此外,各类特殊系统又都有各自的模型,如网络系统模型、离散事件动态系统模型。描述系统某些特殊属性的又有一些专用模型,如可靠性模型等。

数学模型中的基本要素是变量、参量、常量以及它们之间的关系。变量包括输入变量、输出变量和状态变量。常量是系统中保持固定不变的物性参数、比例系数等。参量也是类似常量的某些性能参数,但在分析过程中每次取不同的值,以反映环境或情况的变化。变量中有一些是可以人为控制或改变的,称为控制变量或决策变量。各种变量之间的关系表述了系统中的联系与制约,这类函数关系是根据物理性质、工艺机理或事物运动规律建立起来的。

建立模型是一项重要的工作,对模型的要求是:首先应该能反映原系统在某一个方面的基本属性,要抓住主要因素;其次要求模型比较简洁,对于无关大局的次要因素要适当处理,使模型易于被人理解,易于分析计算,能够用简单的数学方式描述时决不把它复杂化(当然需要使用复杂数学工具时也不能回避);再就是要求模型与其他的模型易于衔接,模型的详尽程度与数据来源、数据精度能够匹配。一般建模顺序为:

(1)明确系统的目的与功能;

(2)选择变量与参量;

(3)建立粗模型;

(4)将系统划分成子系统;

(5)建立子系统模型;

(6)建立衔接与关联部分的模型;

(7)归纳并建立系统总体的细模型;

(8)通过仿真等手段进行检验,发现问题再重复进行上述各步骤,直到满意为止,所以建模也是一个带反馈的过程。

建立模型后,便可利用模型进行分析了。能够进行计算则可用手算或用计算机计算,有些不适合计算或不便于计算的,可以用仿真(Simulation)的方式进行分析。例如,对一些随机系统或离散事件,如公共交通的顾客候车、自动线上的零件传送等。仿真有物理仿真与数学仿真之分,分别对应于物理模型与数学模型。仿真实质上就是在模拟实际系统的模型设备(计算机程序也是其中一种)上运行系统。数学仿真工具有模拟计算机、混合计算机、通用或专用数字计算机等。用数字计算机仿真,有专门的仿真语言与程序系统。应该强调指出的是对于某些系统(特别是随机系统)来说,仿真是极其有效的分析工具,常常在无法进行数学分析时,用仿真来解决问题。

3.8.2 优化

前面提到,我们希望系统处在最好的工作状态,具体来说,就是希望系统的某一个或某几个指标保持最优值。例如,希望效率最高、产量最大,或成本最低、能耗最小。外界环境在不断地变化,系统本身某些部分也在不断地变化,我们只能通过不断地改变控制变量或决策变量的办法来达到最优。

为此,首先要确定具体的优化目标。一般优化问题有单目标优化和多目标优化两大类型。目标值是系统变量与参数的函数,常常称它为目标函数。随着变量取值的方式不同,有连续优化和离散优化之分。其中,离散优化问题中有一类问题,其变量可能取值的数目是有限的,因此,总的方案也是为数有限的,这类问题称为组合优化问题。本书后面讨论的一些网络系统的优化问题便是这一类。

按系统的优化是对某一个静止状态而言还是对一个变化过程而言,又可分为静态优化和动态优化两大类。

当方案中可选取的方案为数不多时,只要采取简单比较的方法,选出目标值最大或最小的那个方案就行了,否则,就要采取下列几种方法当中的一种来进行优化:

(1)数学解析法;

(2)试探法;

(3)仿真法。

最后再讨论一下关于“最优解”“次优解”“满意解”的意义。最优解是使目标函数达到最优值的解。有时由于某种原因,我们做不到这一点,例如,受到某些信息不全或其他约束等限制,这时可以取比最优解稍差,但比其他解仍然优越的解,在这种情况下得到的解称为次优解,它有时是在某些附加条件下进行优化计算得来的。还有这样的情况:目标难以数量化,或者目标牵涉的因素太多,这些因素难以准确描述,或者问题规模太大,难以及时得到完整确切的数据,再加上评价标准不一,所以只能根据具体情况建立简化模型,得出简化后的最优解,或者根据经验或者粗略估计,得出一个能够令人满意的解答就行了,这就是满意解。这在考虑一些社会、心理因素时,是解决问题的比较现实的方法。

前面介绍了方案的分析以及必要时的优化。这里应该再提到的是,有时对未来环境预测的结果有多种可能性,这就要求我们对每种可能情况下各方案的后果都加以分析描述,尤其是对一些意外情况下的后果要特别加以注意,如自然灾害、突发性事变等。

在方案的分析中最好包括灵敏度分析。所谓灵敏度分析,就是研究在允许范围内改变模型参数、结构、设定值,看结果的变化幅度。如果变化不大,表明方案较为稳妥可靠。目前的灵敏度分析多半是一次改变一个参数,这样就不容易揭示几个因素之间的交互影响。最好是同时改变几个因素,但这可能在用解析方法时遇到困难。必要时可采用统计试验方法。

3.9　评价与决策

3.9.1　评价与决策的关系

各种方案及其在不同环境下的后果经过分析得出结果后,要进行评价比较,然后再加以选择。评价比较是系统分析人员的任务,而最后的选择是决策者或任务委托者的任务。评价的结果最好是排出一个优劣顺序,供决策者选择。有时选中的不是排在头一个的方案,这也不足为奇,因为决策者要根据他的价值观、处境等加以选择,只要能在所列出的诸方案中选出一个,就表明系统分析是成功的。

由于评价的标准与指标的多样化,不是一下子就排得出次序来的。在系统分析发展初期,多半是选择一个主要指标(如效益)来评比。后来为了考虑决策者的价值观与偏好,统一用效用值(效用值是决策者对得失损益在主观上反应衡量的尺度)来表达。但在利益多元化、目标多元化、准则多样化的情况下,这也有许多局限性,近年又发展了关于多目标综合评价的方法。

从狭义上理解,决策(如在本章3.2节的重点“三维图逻辑维”的决策阶段)指的是方案的评价选择。而通常理解的决策,则包括从确立目标、生成方案一直到选定方案这一序列的过程,这样看来,整个系统分析工作也可以看作是一个决策过程。下面将从广义上对决策做些讨论。

长期决策实践的经验,经过总结提高,形成了决策理论和决策分析方法。这些理论与方法提出了一些有关决策的规律性的东西。

通常把全局性、长远性的决策称为战略决策,而把局部性、短期性的决策称为战术决策。只是一个人(或一个集体)从自己的利益出发进行的决策称为单人决策(或单方决策),而多个决策者(或多个集体)各从自己的利益(可能利益相同,可能有冲突)出发的决策称为多人决策(或多方决策)。一个多层次的组织,上下级都做决策的称为多级(或多层)决策,通常上级要进行协调。下级决策如果各单位分散进行,称为分散决策。

决策的步骤大体上和前面介绍的系统分析步骤相仿,如著名的决策科学家西蒙(H. Simon)就把决策过程分成四个阶段:

(1)收集信息;

(2)设计方案;

(3)选择方案;

(4)付诸执行。

当然,在实际活中并不都是这样按部就班地进行,有时会出现一些反复,但总的步骤还是这样的。

决策有时候依靠推理判断,决策理论与决策分析方法就建筑在这种推理判断之上,一些定量的方法就用这种方法。但这类方法在碰到人的因素、组织机构等问题时,也还是有困难的。所以,决策有时候也依靠直觉判断。直觉判断与推理判断一样有着丰富的内涵,需要许多尚未被科学解释的知识体系做基础,需要接受处理和反馈信息的能力,需要创新的能力和集思广益的能力。特别是高层决策,还得以直觉判断为主,逻辑判断为辅。

3.9.2 决策的实例

最后为了具体说明一项系统工程的某些步骤如何进行,举 3 个例子来做介绍。

第一个例子是如何安排粮食和果树的合理发展规模问题。北方某地区是一个苹果之乡,当地有良好的发展果树的条件。政府打算制订一个发展苹果基地的长远规划,但又要在有限的土地上保证粮食生产。因此,希望利用系统工程的思想和方法做好规划。

经过组织当地干部、农业各领域专家和系统分析人员讨论和调查,大家明确了我们所研究的不限于粮食作物和果树这两项的合理布局,而是涉及农、林、牧、果在内的大农业系统。因为这些生产环节共享着土地资源、水资源以及当地劳动力资源。而系统的目标又不仅要得到较大的经济效益,而且还要保证生态效益和社会效益,这样就明确了问题的所在,并确定了系统的目标,这样确定的问题,比原来想得更加全面。

为了弄清楚各种因素之间的联系和制约,在概念模型基础之上,建立了结构模型。然后收集必要的数据,根据各种消耗和产出之间的关系,建立了数学模型。

再就是根据政府机关对 2000 年的一些目标设想,设定了 5 个方案,每个方案都有一定的预期目标。例如,粮食自给、尽可能发展水果生产等。在每个方案已知的约束下,进行该方案的优化,最后再把 5 个方案的各项指标列表,供领导选择。这样做既保证了充分利用资源和保持生态良性循环,又可得到良好的经济效益,使大农业系统得到最好的运行。

第二个例子是美国怎样清除废弃车辆的系统分析。美国每年有数以百万计的车辆被废弃,这些废车多半是车主觉得不值得拖回去修理而抛弃的。这样到处乱丢,破坏了环境,成为引发其他事故的严重隐患。

经过分析,知道造成这种大量堆弃的原因是从现场搬走存在着问题,尽管美国政府每年在这一项目上的开支就有几亿美元,但仍存在着这种局面。为了解决这一难题,把研究内容限制在每年怎样把 600 万辆废车使用适当的方式搬走,这就是所明确的问题和目标。

在研究解决问题的方案时,先考察了原方案。原来是用吊车和平板拖车进行吊运,占地大、移动慢、工作棘手而繁重,有时还需要交通部门特许才能工作。每套设备(吊车、拖头、拖板)成本为 98000 美元,每年要 4615 套才能搬完 600 万辆废车,因此,设备总成本约 45000 万美元,如折旧期为 3 年,则设备年度成本达 15000 万美元,加上运行费约 7000 万美元,劳动力费用约 38400 万美元,总共 60400 万美元。这种花费是很大的。

为了解决问题,需要新的方案。新方案是使用更简单、更迅速、更灵巧、更经济的设备,新发明了一种特殊的装运车——“铲运卡车”。它把卡车与铲车结合在一起,可以大大提高效率。每年搬运 600 万辆废车只要 2564 辆铲运卡车,这种车成本为 2 万美元,折旧期也是 3 年,这样设备年度成本为 1700 万美元,加上运行费 2000 万美元,劳动力费用 10800 万美元,总共 14500 万美元,花费只有原方案的 1/4。

原方案和新方案相比,显然新方案效率高,费时费工少,成本低,当然应该采纳新方案。

随之而来的是要设计、试制并且投入生产。生产则有两种方案:一种是委托目前已有生产能力的厂去生产;另一种是新建一座组装厂生产成品,而零部件委托外厂加工。整个开发(设计、试制)需要 200 万美元。如果全美国开始需要 12000 辆,价值为 24000 万美元,开发费为 200 万美元,与原方案对比起来就节省多了。此外,这种车略加改装还可用于运输集装货物以及其他用途。

最后的结论是:使用铲运卡车,可以从多方面得到效益,是一个很好的方案。

第三个例子是能源输送问题。我国某内陆地区有一个煤田待开发,它的煤质适合发电,而沿海地区由于经济迅速发展,缺少电力。这里就有一个把火力发电厂建在哪里的问题。一种办法是电厂建在矿口,就地用煤,而把电力通过高压输电线送到用电地区;另一种办法是把电厂建在用电地区,而通过铁路运煤到电厂。乍看起来,这里只是一个能源输送方式的研究,看哪一种方式最经济。但在进行系统分析的一开始,着手调查时,就发现事情不是这么简单。

如果采取"输电"方案,就得把电厂建在矿区附近,这就要看这一带有没有建厂的条件了,其中重要的是水资源和灰渣排放地点。当然这不仅涉及技术条件,还涉及环境保护的要求。如果采取"输煤"方案,电厂建在用电区,同样也得看当地有无建厂条件。此外,不同的方案,给不同地区在其他方面也带来效益和损害(例如,建电厂带来用电的方便,铁路通了带来其他方面流通的效益,不同方案在征地、居民福利设施等方面对当地有不同要求),所以一开始在明确问题前先要把目标(能源输送经济效益、其他经济效益、生态影响、就业等涉及多个利益主体)理清楚,对于众多目标需要区分轻重缓急。

然后进行方案设想,除了输电、输煤两种单一方案外,也可以采用部分输煤、部分输电方案。可以为每种方案建立数学模型,分析计算费用、效益、影响,把各方案的各项指标列出来,显然这些方案是各有利弊的,这就需要决策者根据需要与可能、主要与次要加以选择确定了。

3.10 系统工程中人的因素

在我们所分析的对象系统中,有的是物对物的关系(如机床加工毛坯、计算机控制生产装置)、有的是人对物的关系(如分配资源、调度设备)、有的是人对人的关系(如在组织机构中的活动)。一般来说,第一种多半是由工程、技术学科去研究,而系统工程所处理的是后两种关系。因此,系统工程不能不涉及人的因素。当然这类问题涉及经济学、社会学、政治学、心理学、伦理学的内容,远远超出了本书的讨论范围,这里不可能加以系统讨论。但为了使系统工程工作进行得更有成效,在此,想提出这个问题,以期引起系统分析工作者的注意和研究。

3.10.1 系统工程中的人与物的关系

当进行系统分析时,如何处理上面所说的人对物和人对人的关系是我们面临的一个问题。依本书作者的意见,人们要处理的是人和自然物(即本书第 1 章中讨论系统分类时所说的天然系统)、人和人工物(人工自然系统)以及人和其他人(社会系统)这几方面的关系。先看人与天然系统的关系。如果循着历史的发展来看,远古时代人和自然物的关系仅限于从自然界直接获取生活物资。由于缺乏工具,人们的获取能力有限,处处受自然界的束缚,对自然条件也没有太大的改变能力,人只是被动地适应自然,对自然生态没有任何实质性的破坏和威胁。随着生产力的发展和农业的诞生,人类从被动适应自然转变到主动适应,为了自身的生存与发展的需要,主动发起了对地球的挑战,建造了人工自然系统,开始了自觉和不自觉地改造自然的过程。进入近现代时期,随着工业发展起来以后,人类掌握了变革自然的强大能力,通过发展生产力和科学技术,不断增强人类对自然的控制能力,创造了巨大的物质文明与技术文明,形成了以"人是自然的主人""人类征服自然"的思想。以消耗自然资源和能源为基础的工业文明,所带来的人口激增、资源短缺、环境污染和生态破坏都是空前的,这样也就招致了自然界不断地对人类的报复,产生了各种灾害。

经过对传统的经济发展模式和经济行为的深刻反思,人们开始认识到必须遵照可持续发展原则,树立经济、社会与生态环境协调发展的新的发展观。在发展经济的同时,重视资源和生态环境支撑能力的有限性,实现人类与自然的协调发展,人与自然和谐共存。但并不是所有的人都有这样的认识,有些人片面地从自己的短期利益出发,仍然肆意浪费资源,破坏环境。因此,需要从法律上加以约束。更重要的是从提高认识上使人们自觉地建立科学的发展观,做到人与自然和谐相处。

再来看人与人工自然系统的关系。人工自然系统是人在天然系统环境下建立的,它的建立和发展产生了人类物质文明(包括科学与技术)。它的发展需要使用天然资源,它的运行必然影响到自然环境(如排放物产生的污染)等。人与天然系统的关系许多都是通过人工系统产生的。它的发展不仅影响到天然系统,也对人类社会系统产生各种(积极的和消极的)影响。人们常常在建立人工系统取得胜利的同时,产生了对科学技术作用的片面认识,认为科学技术的发展、人工系统的生成总是会给人类带来福祉的。实际上,科学技术与人工系统都是双刃剑,不能脱离自然条件和社会影响来发展人工系统。科学发展观要求在使用自然资源时注意节约,要最有效地使用不可再生资源。在采用各种技术、发展各种产业时,要注意它对自然环境的影响和社会效果。

3.10.2　系统工程中的人与人的关系

人与人的关系涉及的面太广,我们仅限于讨论在一项系统工程任务中的各方面人物之间的关系。通常是决策者或任务委托人(委托进行系统工程者)为一方,系统工程人员为另一方。当然也可能由决策者或任务委托人自己进行系统工程工作,"一身而二任"。但从身份和所处地位上来说应该还有两个方面。此外,有执行系统工程任务的人,还有这项工程的利益攸关者(受益者或受害者),这样一来就涉及四个方面的人了。例如,某市想兴办一项水利工程(市领导是决策者),委托某咨询机关(系统工程工作者)进行规划,将来可能由某工程公司(执行者)施工,工程所在地区的农民有的会得到灌溉用水,有的则要迁移(利益攸关者)。当进行系统分析时不能不涉及这几类人,这些人又还都属于不同的组织或群体,各有自己的利益关系,所以在系统分析一开始,明确问题和确立目标时,就不可避免地要和处于不同地位的人(包括个人、组织)的各种因素打交道。前面我们讲到的软系统方法中的根定义,就考虑了这些方面。

我们知道,人的动机和目的是和人的需要相联系的,而人的需要又是多方面、多层次的。社会每个成员的目标是有差别的,而对目标的认识也是有差别的,现代化的社会是一个信息化的社会,信息来源和传递愈广,认识差别就愈大。统一认识涉及共同准则,同时也涉及人的价值观问题。每一个人又属于一定的群体,群体利益与个人利益既有一致的一面,又有矛盾的一面,怎样处理国家或社会目标、企业或团体目标与个人需要之间的关系,涉及许多方面,都需要慎重研究对待。

人是生产活动或其他社会活动中最积极的因素,怎样调整处在不同地位的人之间的关系,充分调动人的积极性、主动性、创造性,是促进生产和社会进步的关键。在系统工程的发展过程中,由于一开始是和硬系统打交道的,因此比较着重技术方面。后来发现技术方面虽然很精美完善,但有时却发挥不了应有的作用,这在软系统中尤为显著。经过研究,才发现问题出在组织、体制等方面。而想改进或重建组织或体制,又遇到了人的因素。这里所说的人的因素,不仅包括人的技术与能力,更重要的是人的价值观、动力、思维方式、心理状态等,总而言之是一个人的素质问题。我国历史上四大发明在技术上是举世皆知的辉煌成就,但后来演变到鲁迅所讽刺的"火药做爆竹、指南针看风水"的局面,直到新中国成立才又使科学技术为建设服务,这全是由制度和人决定的。

现在有的系统分析专家提出了所谓多相分析法("相"就是阶段)。把系统分析分成三个阶段:技术分析阶段、组织分析阶段和人的因素分析阶段。我们在进行了技术分析之后,要对组织、体系方面的问题,如各自的目标、执行时的职责、利益和风险的承担等进行全面分析。而具体的组织是由人群组成的,所以组织分析与人的因素分析密切相关。在任何一个具体系统的分析中,必须全面考虑上述四方面的人(或群体)的要求和利益。这首先要认真分析一下目标和需求。例如,对于决策者或项目委托人来说,兴办一项事业或工程,除了经济和社会效益外,是否还有个人动机,如攀比、随大流、超浪潮,甚至为自己树碑立传。系统分析人员也要有自知之明,要检查自己的工作是否真正做到了面向问题,而不是面向自己所熟悉的方法工具。用一个具体例子来说,如果某企业要开发一个计算机管理信息系统,就要研究一下,厂领导开发这个系统是真正为了提高管理的效能,提高生产经营能力,还是仅仅为了装潢门面。对于承办这项开发任务的单位和个人,究竟是真心实意想把系统开发成功还是仅仅为了推销自己的某些软件、技术。系统涉及的具体业务人员(如财务、计划、统计人员)是赞成还是反对,反对的人是否误以为系统建立后会替代他的工作而造成他的失业,自己成了受害者,而没有看到系统代替了他的重复性烦琐劳动,使他有更多时间和精力去主动研究、考虑问题。各种想法和态度都应加以调查研究,坚持正确的,制订正确的目标与措施,并通过反复的工作,帮助一些人克服不正确的想法。没有这种考虑,系统分析是做不好的,即使做完了,整个工程也是实现不了的,或者即使实现了也会带来许多的后遗症。

一般来说,国家、社会、地区所应考虑的是综合目标而不是单一目标,是长期目标而不是短期目标,因为只有这样才能统筹兼顾。另外,必须承认利益的多元性,目标的多样性,经过反复研究使它们得到协调。系统工程人员的片面性常表现为重视技术因素,忽视与人有关的社会、心理因素;重视决策者一方的意图,忽视执行者或受益受害者的意见。这都需要出于公心,加以克服。

这里还涉及"承受能力"问题。一方面,我们必须重视承受能力,把它当作一个约束或者限度;另一方面,我们也应该看到它是有弹性的,与社会心理因素有一定关系,所谓审时度势也包括对社会心理因素的衡量在内。

3.10.3　个人内心的各种关系

第二个值得讨论的问题是:面对含有人的因素的复杂系统,决策者和系统分析人员怎样处理个人内心的理性和感情因素、欲望和伦理道德观念之间的关系,以及怎样综合运用自己的知识和能力,来分析和处理问题。

前一个问题涉及人的世界观、价值观问题。这里只想强调一点,就是系统工程人员的职业道德问题。作为一个科学技术工作者,必须从实际出发,从绝大多数人民的利益出发,坚持真理,坚持原则,敢说真话,而不能慑于某种压力,或者由于一己私利的诱惑而放弃原则,使决策失误,工作受到损失甚至招致严重的后果。

后一个问题涉及人的认识和思维能力。人类在自己的发展历史初期,是靠直觉去混沌地认识、把握和驾驭世界的。随着世界的发展,观察记载、反复试验,科学的思维逐渐形成,逻辑推理,公理体系的形式化,成了科学发展的道路。但是对待更复杂的社会现象(特别是涉及人与人的关系),因为涉及人的行为,就很难找到逻辑的定量尺度和规律,而不得不仍旧靠直觉。而直觉的形象是永远在流动的,变幻无穷、稍纵即逝,很难形成可重复的、永久的概念,所以只能靠经验,当然有时也要靠灵感,因此,也有人认为这种对问题的处理是一种艺术。

人类在处理问题时不会纯粹使用一种思维方式,在用逻辑思维处理某些精密问题时也会加入直觉成分,而在直觉(形象)思维时也会用到逻辑推理,但不可否认,对待不同类型的问题总有一个以哪一种为主的问题。

人们很早就知道,人的大脑由两个半球构成,左半脑控制逻辑推导、数值计算等理性活动和语言活动,有顺序地处理信息,清晰地表达理解的概念。右半脑则控制三维形体、乐感、直觉、灵感等非逻辑活动,并行的同时处理许多信息,带有一定的整体性与模糊性。过去认为大多数科学家、工程师、会计师等以左脑思维为主,艺术家、政治家以右脑思维为主。实际上也有一些具有非凡能力的人,交替使用两个半脑。在系统分析中,由于作为科学的系统方法是从自然科学、技术科学中来的,因此克服了只凭经验的某些局限性,取得了一定的成功。但应用到软系统时,由于利益、价值观的多元化等人的因素难以精确描述,所以遇到了很多困难,因而,在最终决策和高层决策时仍需以直觉、经验为主。但近年的实践告诉我们,如果把两者有机地结合起来,就能互相促进,相得益彰。也就是说要发展全脑思维。而当前重要的任务,是研究直觉(形象)思维的规律,探索改善决策者直觉思维的途径和方法。现在使用知识工程方法、专家系统工具来模仿决策者怎样利用直觉和经验,希望能做到部分工作的计算机化,便是一个重要的方向。

这里我们不仅要研究决策者成功的经验,也要研究决策者直觉思维产生偏差的原因,以便形成规律性的东西。

3.11 系统、信息和控制

3.11.1 系统中的信息

前面在谈到系统的特征时,曾经提到系统中有物质流、能流与信息流在川流不息地运动。我们对其中的信息流是特别重视的,因为物质流与能量流的情况也是通过信息反映出来的。

信息这个名词,很早就有人使用,据我国《新辞源》的考证,一千多年以前,我国唐代就有"梦断美人沉信息,月空长路倚楼台"的诗句,这恐怕是信息一词见诸文字的最早使用。但对信息进行科学的定义和研究还是从20世纪20年代开始的。直到目前为止,关于信息的定义还是多种多样的,没有统一的说法。多年来,人们从三个方面来理解信息的含义:一是作为通信的消息来理解,也就是说,信息是人们在通信时所要告诉对方的内容;二是作为运算的内容而明确起来的,就是说,信息是人们进行运算处理所需要的条件、内容和结果,表现为数字、数据、图表、曲线形式;三是作为人类感知的来源而存在的,人类正是不断地从外部世界取得有用的信息,加以分析归纳和处理,得到规律性认识,从而指导行动,改造世界。目前已有的定义可以列举出的有:

"信息是指对消息接受者来说预先不知道的报道"。(我国《辞海》)

"信息是用来进行通信的事实,在观察中得到的数据、新闻和知识"。(美国

Webster 字典)

“信息就是谈论的事情、新闻和知识”。(英国 Oxford 字典)

“信息是观察事物的知识”。(日本广辞苑)

在日常生活和工作中,我们经常提到信息,它一般泛指我们所说的消息、情报、指示、数据、信号等。一个自动检测系统或自动控制系统中物理参量(温度、转速等)的信号中包含了我们对该参量的了解,也就是包含了信息,而信号可以说是信息的载体。工厂的生产报表包含了对生产情况的了解,也就包含了生产信息。生物体中沿神经系统传递的是信息,计算机中处理的也是信息。

研究信息的学科也有不同层次,如信息科学、信息工程等,也都在迅速发展之中,难以确切地划分界限。信息的学科是从通信方面产生和发展起来的,后来由于测量与控制技术的发展,也和信息联系起来,计算机科学技术则是广义信息科学技术中的重要组成部分,人工智能等领域的开拓使信息科学技术又进入了一个新阶段。

信息科学技术要研究信息的产生、传递、变换、利用等各个环节的规律,而且也是要撇开具体的对象研究一般性的规律。

系统和信息是分不开的。在研究控制系统时,要分析研究系统中的信号变换过程。在处理社会、经济、环境、科技系统的计划、设计、运行管理时,也离不开信息处理。例如,制订经济发展规划,需要资源、生产能力、社会条件等各方面大量的信息。设计大型系统或成套设备时,需要各方面的大量技术、经济数据信息。企业管理也是如此。由于企业规模日益扩大、分工日益精细,企业内部各部门与企业之间的联系交往越来越多而且越来越复杂,所以企业中的信息是大量的,庞杂的,流通渠道也是纵横交织在一起的,这就要求我们及时准确地加以处理利用,并妥善加以管理。

由于系统中的信息总是要和人打交道的,而人又具有认识和思维的能力,因此,人们在表述事物运动状态和方式时,就自然而然地给这些状态和方式赋予他所理解的含义和他所认识的价值。这样一来,信息就出现了“语法”“语义”“语用”三个层次。在语法层次上,信息是事物运动的状态和方式,随着事物运动状态和方式的不同,有连续与离散、确定与随机等不同类型的信息;在语义层次上,信息是事物运动状态和方式的含义,所以它的描述要能表现事物运动状态和方式在逻辑上的真伪性和关联性,这样就需要借助数理逻辑工具;在语用层次上,涉及事物运动的状态和方式对于观察者所提供的效用或价值。当然,这类效用和价值与事物运动的状态和方式有关,并和它们的含义有关,所以问题也最复杂。

对于人来说,这三个方面是三位一体的。但从它们本身来说,语法层次是最抽象的层次,它不同信息的内容和价值;语用层次则是最实际的,对于人的决策有重大意义;语义层次则介乎两者之间,是一个承上启下的层次。当前,由于信息科学的研究是从通信开始的,因此对语法层次研究得比较成熟。语义层次的研究是目前人工智能研究的重点之一,在那里这个问题归于"知识表示"问题。至于语用层次,一方面由于它的复杂性,另一方面也由于人们没有把它提到科学高度,因此研究得较少,而且缺乏系统的理论。

前面简单介绍了信息的概念,最后我们应该指出的是,信息是一种资源,而且是一种重要的资源。正确、贴切、及时、完备的信息是指导人类进行生产和其他社会活动的重要依据,是用来管理其他资源的工具。虽然自从有了人类以来就和信息打交道,但科学地认识信息却要比科学地认识物质、能量晚得多,对信息资源的重视、利用和管理还没有给予充分的注意。信息的利用程度关系到现代化的进展程度,而信息资源管理本身又是一项复杂的系统工程,不能不引起我们的重视。

3.11.2 系统与控制的关系

控制也是一个日常生活中经常使用的名词,一般理解为人们有目的地作用于某一对象或者过程,使它们按预期的方向变化的活动。例如,驾驭马车、操纵船舶、操作机器等。到了 20 世纪 40 年代,控制论这门学科产生以后,就使控制的概念有了很大的扩展。经过控制论等有关学科的研究,人们认识到,在工程技术系统、生命系统以及人类社会系统中,都存在着本质上相同的控制过程。所谓控制,就是在获取、加工和利用信息的基础上,控制主体对被控制的客体进行合乎目的的动作。下面我们将把这一提法进一步展开。

(1)控制是控制主体对被控制的客体的一种作用。控制主体是实施控制的一方,被控制客体是接受控制、受控制主体支配的一方,两者相结合,形成控制系统。在工程技术系统中,控制主体可以是人,也可以是自动控制装置或计算机,被控制的客体是生产过程或加工装置。在管理系统中,控制主体是上级领导,被控制客体是下属基层组织和人员。

(2)控制具有明确的目的性。对某一系统进行控制,就是要使它在变化的环境中实现某种既定目标,使它的行为表现出目的性。如果系统已达到所需状态时,则力图保持这种状态;如果不是处在所需状态时,则要引导系统从现在的状态转变到所需状态;如果被控制的客体面临多种可能的状态时,控制作用应该使系统选择某一特定状态或状态序列,以实现原定目标。对于复杂的系统来说,随着环境的变化和系统本身的发展,系统的目的、目标也随着改变,高级的控制系统应该具备这种功能。

(3)控制过程是获取、加工和利用信息的过程。为了使被控客体能按所需要求工作,先要获取有关它的信息,再和预定的变化要求相比较,并结合外界环境的信息,形成动作指令信息。所以整个控制过程是获取、加工和利用信息的一系列信息处理过程。

按照控制的上述定义,我们可以说管理也是控制,和对机器的控制一样,都是有目的的干预。

控制的主要方式有两种(图 3-7)。一种称为反馈控制(图 3-7(a)),它是把被控对象 O 的实际情况反送回来,与目标值相比,有了偏差后通过控制装置 C 去进行控制。这种反馈是负反馈,即实际值与目标值相比较以求出差异。可以说,反馈控制是利用误差去消除或减少误差。在工程技术系统中,这类又称为自动调节的反馈控制使用得很广。例如,在飞机自动驾驶仪系统中,控制器使飞机保持预定的航向,发现偏离航向时就自动加以矫正。又如轧钢机控制系统中,利用检测装置测取轧出钢板的厚度,如果与预定值有偏差,就改变轧辊位置进行校正。在生产管理中也有这种控制。例如,发现产品质量偏离原定指标,就应该寻找造成偏离的原因并加以纠正,使质量恢复到原来水平。

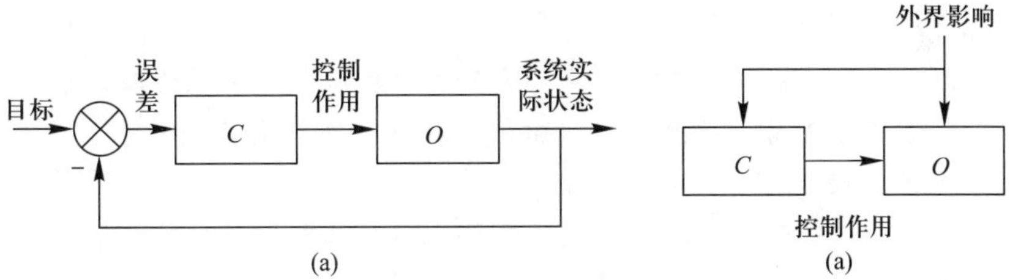

图 3-7　控制流程图

另一种控制方式称为前馈控制或预测控制,如图 3-7(b)所示。外界影响会使控制对象 O 的状态偏离预期值,控制装置根据它所接收的外界影响信息,进行推算,看加上多大控制作用,就能补偿外界作用对 O 的影响而使它的状态尽可能达到或接近预期值。例如,一个锅炉的气温控制系统,当锅炉负荷增加时,把负荷增加信息送到控制器 C,去推算需要增加多少燃料,才能在负荷增加后仍保持原来气温。这种控制不像反馈控制那样需要等气温下降产生偏差后才产生控制动作。再如一个企业,当预料到明年产品数量有所增加时,就应及早增加原料的储备。

两种控制各有优缺点:反馈控制不论什么原因产生偏差都能进行纠正,这是优点。但要在偏差形成后才能产生纠偏动作,不够及时,这是缺点。前馈控制动作及时,这是优点。但只能根据测量到的信息进行测算,无法应付各式各样的扰动,这是它的缺点。如果把两者结合起来形成复合控制就完善了。

除了上述两种基本控制方式外,还有一些较高级的控制方式。例如,自适应控制,就是从生物的"适应"特性得到启发、建立起来的一种能自动适应外部环境或条件、参数的系统。这种系统能自动识别外部环境或系统本身参数的变化，按照一定的策略，改变系统的参数或信号，以适应变化，使系统在环境变化时保持满意的性能。又如，自组织系统能够自动改变自己的结构使系统从无序变到有序，自学习系统能够运用过去学习到的经验，以最优方式动作等。

任何一个有目的之系统必然有控制，所以系统与控制是分不开的。前面已提到系统与信息关系密切，而信息与控制也有密切关联。因此，系统、信息、控制三者之间有着千丝万缕的联系，无怪乎带有方法论特点的系统论、信息论、控制论经常被人相提并论，而且三者内容有很多交叉。目前希望在三类学科之间划清界限也不可能，而且这也并不妨碍三者的相互促进发展。更重要的是，人们怎样能充分利用三方面的基本思想，独具慧眼地从那些难以辨认出来的系统中把它们识别出来，用系统分析方法加以处理，能从众多纷繁的信息中选取有用的信息加以利用，并能有效地利用各种控制手段以达到既定的目的。

复习思考题

1. 什么是系统工程方法论？为什么要研究系统分析过程的逻辑结构？

2. 硬系统方法论、软系统方法论、综合集成法等方法各有什么特点？试对这些方法论进行比较。

3. 什么是系统分析？系统分析包括哪些基本内容？

4. 系统模型与系统仿真的作用是什么？对模型的要求是什么？

5. 系统评价在系统工程中具有什么样的重要性？

第 4 章　系统的描述与模型建立

4.1　系统的描述

4.1.1　系统描述语言

在进行系统分析时，总要对所研究的系统进行描述。这里所说的描述，包括从开始确定问题时所写的问题剖析报告，直到具体的数学模型公式或计算机程序。无论哪一种形式，都是为了使我们确立对系统的认识和便于和其他人进行交流、讨论。

人们最初用来描述客观世界的是自然语言。即使到今天，在某些报告（如问题剖析报告）中，用的仍是自然语言。这种常用的语言能够形象地说明事物，特别是一词多义、一义多词、丰富多彩、富有表现力，使人一下子能对事物的许多表面现象与性质获得具体了解。但随着认识过程由现象深入到本质，由定性转变到定量，就要求描述事物的语言应该高度精确，十分明晰，而自然语言却很难达到精确化与明晰化，同一句话可以有不同的理解，造成表达上的混乱。这自然也是由于自然语言的结构比较松散，语句中的逻辑关系不十分明显，用它来表达复杂的科学技术对象，含义不容易准确理解。因此，需要有适合近代科学技术使用的新的语言形式。

最初从自然语言中分化出来的科学语言，应该说是科学术语。科学术语是用精练、浓缩的形式集中表现大量知识的手段。比起自然语言来，具有较大的概括性。尤其是它具有单义性，即每一个科学术语，用来描述一个客体，或表述一个抽象的概念，表述一种关系，都有它自己明确的规定性。术语和它所表达的思维内容之间，具有唯一确定的对应关系。

每一门学科在使用它的科学术语之前，先要对术语加以定义。系统工程作为一门跨领域的学科，当然需要一方面借用其他学科的科学术语，另一方面也要建立一些本学科自己特有的术语。在借用术语和建立术语时，需要注意不要产生混淆。例如“闭系统”的概念，在系统科学与物理学中定义就不一样，在系统科学中指与环境无任何交换的系统；而在物理学中指与环境无物质交换但有能量交换的系统，所以在使用“闭系统”术语时，必须说明是指其中的哪一个。

科学术语因为是从自然语言中分化出来的，而在使用时又离不开自然语言体系这一母体，总是夹杂在自然语言中来描述客观事物，所以它的精确性与明晰性仍然受到限制。于是，人们（主要是西方的科学家）又利用古希腊学者（亚里士多德、欧几里得）所创造的符号语言，当时就将这种语言用于逻辑学与数学。这种代码符号可以代替科学术语以及语法关系词，使科学语言以更加简明、更加抽象的形式出现，使符号的信息承载量大大增加。在那个时候，还是自然语言与代码符号混合使用，直到16世纪，才专门使用字母和符号来描述和运算方程式，用符号间的关系来推断数学中复杂的逻辑关系。这种方式后来又渗透到物理、化学等领域，加速了自然科学的发展。因为符号语言通用性好，一经约定，不同国家、不同民族的人都可以使用。例如，加、减、乘、除、积分、化学分子式等。这些形式不仅在书刊、报告中被采用，而且在计算机高级语言中也采用了类似的形式。

除了符号语言外，图形语言也用得很广。例如，交通管制的路标、计算机程序框图、电子线路图等。图形语言的特点在于鲜明生动。例如，看一堆数字或数学表格就不如看直方图或扇形图方便。在系统分析中，不仅使用像直方图、扇形图之类的图形表示数字和用框图来表示结构和空间、时间关系，而且还因系统分析工作涉及全体、部分、个体等，所以文氏图、卡诺图、树形图也是很常用的。

现代物理学、化学、工程技术科学的规律是，借助于符号、图形语言就可以对客观事物的某些本质属性以及事物间的关系加以描述了。由于任何事物及其运动的属性都是质和量的统一，因此上述描述既有定性的一面，又有定量的一面。

上述描述工具对工程技术系统来说是很好用的，但遇到社会经济、生态、教育一类软系统，就又产生了问题。以科学术语来说，力这个概念，在物理学中有明确定义，有度量的单位和方法，应用到工业技术各领域中都是统一的。但在社会生活中，说到人力、物力、财力，就笼统了。例如，人力是指人数呢还是指考虑每个人的能力，能力又指哪些方面，怎样度量。至于说到人的理解力，一个组织的凝聚力，就更加笼统、含糊了。可是，我们在系统分析中不可避免地要和人的因素打交道，就不能回避对上述因素的描述。目前，人们正在探索怎样对这些因素进行描述和度量，即使是使用自然语言进行描述，又怎样和符号语言沟通。两者的沟通不仅使系统的描述得到统一，而且也有利于人和计算机的合作。在系统分析工作中，那些能用符号语言的尽量用符号语言，特别是可以用数学描述的尽量用数学方法定量描述；而对那些难以用符号语言描述的（特别是对情景和人的态度的描述），虽用自然语言描述，但也要和符号语言表述部分有机地结合起来。

4.1.2 建模也是一种系统描述

前面我们提到的为系统建立模型，实际上就是对系统的某些属性加以描述，特别是用符号语言来描述。所以,“建模”与“系统描述”几乎是同义语,只是系统描述含义更广泛一些。

在描述系统各部分之间以及与环境之间的作用时,有些情况是因果关系比较确定。特别是在工程技术系统中,这些关系可以利用物理学、化学、工程技术科学中的一些确定性的规律来加以描述。这些规律有的可以定量描述。例如,使用公式或曲线甚至计算机程序来描述,有些就只能用自然语言来描述。

在一部分从事科学技术工作的人的心目中,总以为能够建立定量描述才算对问题认识深入,这当然是有道理的。但如前所述,有一些非常复杂或者含有人的主观因素的对象,很难甚至根本无法进行定量描述,就只能用自然语言、图像或者动态影像来描述。即使能用定量描述的,如果仅用公式而不加任何定性说明,那只有内行才能看懂。而系统工程工作常常是跨学科的,要想使别的学科理解你的公式,显然还得加上一些解释说明。因此可以说,用自然语言做定性描述是不可少的。任何问题的描述,总是以语言的定性描述开始的。

另外,人们还常常遇到一些因果关系不太确定的复杂情况。造成这种不确定性的原因有两大类:一大类是由于某些偶然性的因素起作用的,如某一轮船在一固定航线上的航行时间受到风和浪的方向与大小(均带有偶然性)的影响;另一大类则是由于信息的不完备性(模糊、笼统),这时如果仍旧沿用确定性的规律加以描述,就会产生困难。为了对这些不确定的量或者现象进行描述,人们也找到了一些工具。例如,对于偶然性现象,利用概率、统计等学科去研究它的统计规律性。对于笼统与模糊现象,利用模糊数学方法去处理。本章后面都会讲到。下面先讨论在进行定量描述或建立定量模型时的量化与尺度问题。

4.2　量化与尺度

前面提到,我们在系统分析中,应该尽量进行定量研究。也就是尽可能把事物的属性以及它们之间的关系用定量的形式描述出来,或者建立定量的模型,这样可使系统分析建立在更严密的基础之上。为此,需要将各种因素进行量化。而在系统工程中,不仅涉及“物”,而且涉及“人”,量化的对象不仅有客观属性与联系,而且还有人的主观因素(价值观、心理因素等),显然这要比自然科学来得困难。

我们所谓量化,就是按照一定规则,把一个数指派给某一事物。通常用的量化尺度有下列 4 种。

(1)标称(标识)尺度。这种尺度的作用就是把一个数指派给某一对象,仅仅是为了作为一个代号以利于识别。例如,球队每个队员的号码就是这类,号码仅仅为了当作队员的代号,除此别无他意,不是说 1 号队员技艺比 2 号高,或者 2

号的身高是 1 号的 2 倍。又如，我国居民身份证号码最后一位数，1 代表男性，2 代表女性，仅仅为了区分性别（如果当初选定时就以 1 代表女性、2 代表男性也无不可）。

（2）次序尺度。这种尺度所起的作用是对不同客体的某一属性的大小、高低、优劣进行排序。例如，各种比赛或考试中成绩的名次排列。这里的第 1 名、第 2 名……仅仅是次序，并不意味着有其他什么量的规定。例如，第 1 名比第 2 名高出的成绩与第 2 名比第 3 名高出的成绩之间完全没有什么规律（不一定是等距的或者是有其他规律的）。

（3）差距尺度。这种尺度主要反映量的差距特征，没有自然零点。它的零值是人为设定的。例如，温度测量的尺度便是如此，36℃与 37℃之间差 1℃，99℃与 100℃差 1℃，两者是等距的。摄氏尺度与华氏尺度具有不同的等差距，而且零点也不同。

（4）比值尺度。这种尺度的主要特点可以反映量的绝对大小，有自然零点。在物理学中使用的量，多半是这种尺度。例如，3m 的长度是作为单位的 1m 长的 3 倍。不论英制还是公制，长度、重量等均有自然零点。

按上述第 1 种尺度进行量化，可称为定类型量化，因为用它只是为了进行分类。对它进行的运算只有"相等"与"不相等"。相等成立就表示它是同一类，否则不是同一类。例如，按身份证最后一位数判断性别，当这位数等于 1 时就是男性。

按第 2 种尺度量化可称为定序型量化，可进行的运算比第一种多了大于">"与小于"<"操作。按值的大小关系进行排序，例如，按人的身高排队，1.80m 的人排在 1.75m 的前面，因为 1.80>1.75。

按第 3 种尺度量化可称为定距型量化，因为它主要反映了差距，运算中多了"加"与"减"。

按第 4 种尺度量化可称为定比型量化，运算又多了"乘"与"除"。

上述 4 种尺度各有其适用范围，标称尺度用来给不同的对象加上代号，这在日常生活中是很常见的。次序尺度用于排序，也很常见。后面我们在介绍一些用比优劣或排名次的办法解决难以精确定量的问题时就用的是这种尺度。这两种尺度下的数是不能互相进行算术运算的，因为前者仅是一个代号，后者仅代表一个次序。第 4 种是可以进行算术运算的，我们在许多定量分析中用的便是这种尺度。第 3 种利用差距作尺度，虽然比次序尺度进一步接近了数的大小概念，但在这种尺度下的数是仅仅用来进行大小比较（例如，在心理学的某些测评中，对人的偏好的量度），而不是可以轻易加以算术运算的。

对系统的某些属性进行描述，还有一个分辨程度的问题。分辨过细有时过于烦琐，而过粗又反映不了事物的"度"。例如，风向，一般生活中常常就分东、南、西、北 4 种,再细一点便是北、东北、东、东南、南、西南、西、西北 8 个方向,当然还可以再细分为 16 个方向,这就要看实际需要了。就像考试评分有百分制,又有 5 级分制一样,很多事物描述也是可粗分也可细分的。如果仅仅为了知其大概,粗分是方便的,而欲知其细节则细分是必要的。但细分却会带来计算、比较等方面过多的工作量。

从上面关于量化尺度的讨论看来,数字的应用已经超出了算术中的应用范围,我们在日常生活中已经习惯了上述 4 种尺度的不同应用。但这是不自觉的,因为从小就只把数字和算术习惯地联系在一起,所以一想到数字,就联想到算术运算。

后来人们也不知不觉地把这 4 种尺度移植到计算机系统上来了。例如,在管理业务中,给不同的人、事、物以不同的数字编码以利于分类,给文档编号以利于检索等。

所有这些数字都属于计算机技术中所谓的数据。但计算机技术中的数据所包含的还不止这些。例如,一幅图像由于可以分解成一些不同灰度或不同颜色的像素点,每个点的灰度或颜色可用一个数来表示(即可以进行量化),所以这幅图像也可以看作是数据的集合。因此,我们通常说到量化,有广义与狭义之分,狭义仅指前面 4 种尺度中的后两种,广义的则包括所有的 4 类以及图形图像。

4.3　数据的管理

4.3.1　数据的类型

不论依靠什么量化的方法用一些数来代表或描述系统的各个方面,我们总要和这些数打交道,这就要求我们能够对数据(上述各种数的统称)进行管理。

数据的类型很多,如果从来源分,可分为直接数据和间接数据。

直接数据:来自生产现场、科学研究实验室、车间、管理部门等。

间接数据:来自各种统计报表、年鉴期刊、手册、报告等。

如果从数据的跨度来分,可分为纵断面数据和横断面数据。

纵断面数据:历史时间序列数据,是按时间顺序排列的。

横断面数据:不同空间(地区、部门)或不同属性的数据。

从人们采集与利用数据的时机来说,可分为常规性数据和偶然性数据。

常规性数据:定期或按一定规程采集的数据。

偶然性数据:由于偶然原因采集的数据。

总起来说,数据可以看作是事物的属性、数量、位置与相互关系等的抽象表示。由于自然语言经过编码也变成了数据,特别是二进制数据代码,因此广义的数据也包括了经过编码的文字。

由于数据分散在各个来源处,无论是采集、整理还是利用,都需要有组织、有计划、有步骤地进行管理。

4.3.2 数据的管理

这里所谓数据的管理,包括下面这样一些内容:

- 数据管理
  - 数据获取
    - 数据测量
    - 数据搜集
  - 数据处理
    - 数据掌握
    - 数据分析

数据的测量是指对客观事物的属性的表征量进行测取。对工程技术系统的各种物理、化学参量可以利用仪器测量。对于环境污染、水土流失的测量就困难一些。而对一些社会福利、心理状态的测量就更困难。因为在测量之前先有一个是否可测的问题。我们不能选择那些不可测的量作为表征量,但也不能选那些虽然可测,但没有表征意义的量来描述客观事物。

数据的搜集是指从已经存在的数据源处取得数据。例如,从统计年鉴、政府公报、生产记录、各种账目中采集有关的数据,或者向有经验的专家征集有关的数据。对于生产过程中单位产品的原料、电力消耗量,可以从生产单位的运行记录或有关职能部门的统计报表中去查,也可以征求有经验的生产第一线人员的意见,最好对两者都去搜集,相互佐证。对于某些经济数据,西方国家倾向于从统计资料中去查,因为这些国家统计资料比较齐全。而有些国家倾向于征求有经验的专家意见,因为专家积累了丰富的实践经验,而统计数据中有时受到政治、社会等因素影响从而有失实的地方,这些失实之处专家们心里是一清二楚的。我们可视具体情况对上述两种方法加以选择或综合使用。

数据的掌握包括两个方面:数据的整理与数据的存储。数据的整理为的是把没有组织的数据加以组织,变无序为有序。像数据的规格化、分类、汇总、累计等全属于这一类工作。数据存储除了可以放到纸面上的表格中以外,计算机的数据文件和数据库是有力的工具。特别是现代计算机都配备数据库管理系统(DBMS),更可以把存储、整理、检索等功能统一在一个管理体系之下。

为了更好地进行管理,必须建立数据的表示、组织、存储和处理的模式,也就是要建立数据“模型”。常用的模型有记录模型、关系模型、层次模型、网络模型、规则模型等。

数据的分析则是从一大堆原始数据中抽出有意义的结果。像前一章讲述预测方法时提到的回归分析、曲线拟合等全属于数据分析。我们在后面专门有一节讨论一些统计分析方法。

上面几类工作都是互相联系的，构成了数据工作的整体，必须统一加以管理。

4.3.3　必须重视数据工作

最后应该强调的是，在系统分析中，必须十分重视数据工作。因为要想准确地描述一个系统，必须十分重视量的侧面，而数据则是它的基础。没有数据，谈不到建立数学模型，而数学模型的繁简、粗细，在很大程度上又取决于可取得的数据。即使对于那些难以定量建模分析的系统，有时候，数据也能给决策者、系统分析人员提供许多情况，形成许多概念。对于系统分析人员来说，切不可认为数据工作无关宏旨，是其他人的事，自己坐等别人把数据送上门来，而应该眼睛向下，从实际出发，在数据的收集、整理、分析、利用各方面下一番苦功夫，才能使系统分析工作见诸实效。无论决策者还是决策分析、系统分析人员，千万不要做“情况不明决心大，心中无数主意多”的人。

数据工作是一项艰苦细致的工作，不但技术性强，而且对于社会经济、管理系统来说，涉及人的因素也很多，如何去伪存真、去粗取精，需要多方面加以研究考虑。计算机作为数据管理工具是很有用的，我们应该充分利用它。

4.4　指标与指标体系

4.4.1　指标与指标体系

在进行系统分析时所接触的量，一部分是描述系统基本结构或功能特点的技术参量（如尺寸、功率、容量等），一部分是描述系统中有关因素变化情况的变量（如电流、转速、日产量、空气中 SO_2 含量等）。这些量常常是可以测量的。但为了表述系统的综合性能，还要用一些指标量，这些指标量是从已有参量或变量推算出来的。例如，对于能源转换设备（发电机、电动机、内燃机、加热炉）来说，效率就是一个性能指标，是从输出与输入功率（或能量）的比而得出的。又如，宏观经济系统运行的好坏，可以用国内生产总值（GDP）、全员劳动生产率等指标来判断。系统目标的具体化和量化，就可以通过使用几个主要指标来体现，这几个指标形成指标体系。

但是，主要指标的选择是一个非常复杂和困难的工作，指标数目越少，就越有综合性。将来分析与优化起来也容易一些；然而指标过于笼统或者过于集中又反映不了多方面的情况，因此，数目要选得适当。另外，哪些可以作为主要指标也是很不容易确定的，它不仅涉及行业领域（经济、技术）的知识与经验，还涉及系统分析的要求，它又是一个政策性极强的问题。这里试以宏观经济指标体系为例来讨论一下选择问题。

宏观经济分析以国民生产活动为对象，涉及生产活动水平的衡量问题。不局限于物质生产部门，还包括我们通常所说的非物质生产部门，即服务业（包含商品零售）、城市公用事业、金融保险业、旅游业、科教文卫、政府、军队、宗教与其他团体等。主要指标如国内生产总值（GDP，指一个国家所有常驻单位在一定时期内生产活动的最终成果）、工业总产值（以货币表现的工业企业在一定时期内生产的已出售或可供出售的工业产品总量，它反映一定时期内工业生产的总规模和总水平）、财政收入（国民财政参与社会产品分配所取得的收入，是实现国家职能的财力保证）等。

我们在前面说到，对于一个国家或地区，研究宏观经济活动时使用像总产值、国民收入这样的总量指标是有代表性的。但各国或各个地区人口数量不同，所以要进行比较研究时，不如用人均总产值、人均国民收入的指标更好一些。如果进一步要知道付出的代价，则应该把投入量也作为指标，如用投入产出之比也行。

除了经济指标外，有时还需要社会发展指标来反映人民物质生活水平的提高。例如，可以用人均教育设施（人均校舍面积）、人均医疗设施（人均病床数）、人均文化设施（如人均影剧院座位数）、人均生活设施（人均住宅面积）等。作为结果，也可用居民平均寿命的变化、死亡率、职工工作时间、休假日等表示。

4.4.2 指标体系举例

下面列举某城市发展战略研究所用的指标体系作为例子。

- 经济效益
  - 经济水平
    - 国民收入（亿元/年）
    - 人均消费（元/人年）
  - 资源利用率
    - 吨水创造国民收入（元/吨）
    - 吨能创造国民收入（元/吨）
- 社会活动
  - 人口状况
    - 总人口（万人）
    - 城市常住人口（万人）
    - 老龄比例（老龄人口/总人口）
    - 就业率（在业人口/适龄人口）
  - 科技教育水平
    - 科技因素比重（%）
    - 万人大学生数（在校大学生数/万人）

- 环境质量
  - 基础设施水平
    - 人均居住面积(平方米/人)
    - 道路密度(千米/平方千米)
    - 公交客运量(亿人次/年)
    - 电话普及率(台/百人)
    - 对外货运量(万吨/年)
  - 污染境况-综合污染指数

4.5　系统的定性描述与知识表示

4.5.1　知识表示用于系统的定性描述

前面说到对系统的描述需要使用自然语言做定性表述,这种表述的内容相当多的都是知识,所以可以借助于人工智能和知识工程中的知识表示方法。

研究知识表示,就是设法找到可行的、有效的、通用的能够用工具(如在计算机上)表达知识的原则和方式方法,就其实质而言,就是探讨知识符号化和形式化的方式方法。

理想的知识表示方法应该具备下列特性。

简洁性:要求表达方式足够简洁,以便为知识库的访问与修改提供灵活性。当然,这需要概念的简单性和一致性来保证。

明确性:要求表达方式能明确表示各类知识,便于检查调试,提高解决问题的效率。

可理解性:所表达的知识应易读易懂,便于获取、存储和利用。

可扩充性:应该在不做硬件或控制结构修改的条件下,就能对知识库进行扩充。

知识可分为确定性与不确定性两类。下面列举几种常用的确定性知识表示方法。

4.5.2　逻辑表示法

这是在人工智能领域中最早使用的一种方法,它使用命题演算、谓词演算等知识来描述一些事实,并根据已有事实推出新事实。

这里先说命题演算。命题演算使用命题公式来表达知识。

前面说过,把一个意义明确、可以分辨真假的陈述句称为命题。对任一命题,可以根据实际情况给它赋以“真”值(用 T 表示)或“假”值(用 F 表示)。例如,“3 大于 2(T)”“3 小于 2(F)”。

在自然语言中,常用“或”“与”“否则”等连接词把单个语句组合成复杂语句。在命题演算中,使用逻辑连接词来把单个命题组合成复合命题。连接词有 5

种,可用逻辑符号表示如下:

∨　　合取(与)

∧　　析取(或)

-　　否定(非)

→　　蕴含

≡　　等价

利用上述连接词构成复合命题,其真值与单个命题(A,B)的真值关系如表4-1所列。

表4-1　真值关系表

A	B	A∧B	A∨B	A→B	A≡B	-A
T	T	T	T	T	T	F
T	F	F	T	F	F	F
F	T	F	T	T	F	T
F	F	F	F	T	T	T

命题演算与算术演算一样,有一定的演算规律。

下面再简单说一下谓词演算。

在实际问题中,不仅需要有命题及其演算,而且还涉及实体与实体之间的关系,因此,引入了谓词的概念。

一个命题由主语和谓词两部分组成。主语一般是可以独立存在的具体或抽象的实体。谓词是用于刻画实体的性质或关系的。用谓词表达的命题必须包括实体和谓词两个部分。

一般用大写字母表示谓词,小写字母表示实体名称。例如,用e表示"开关",P表示"是接通的",那么,"开关是接通的"可以表示为P(e)。这是一元谓词,因为只有一个实体。如果有两个实体a与b,而谓词Q表示"相等",那么,"a等于b"可表示为Q(a,b)。

为了对谓词加以限定,还使用两个全称量词:"∀"表示"所有的","∃"表示"存在一个"。

多元谓词表示多个实体之间的关系。为了对谓词加以限定,还可以引用量词。

谓词演算中有一些基本的公式,称为原子公式。

用谓词逻辑表示法,就是用命题逻辑与谓词逻辑来描述知识(这里限于篇幅与书的主题,不做介绍,请参看有关著作)。

4.5.3 关系表示法(特征表表示法)

一个关系可以认为是一个谓词的外延表示,而一个谓词反过来又可以是一个关系的内涵表示。根据这种对应关系,可以想象,关系也是一种用来表示知识的方法。

一个关系表面上看来就是一张二维表,用表格形式来表示知识的例子很多,如航空公司的客运、货运价格表、国内国际邮费表等。

用关系表示知识,就使人们有可能采用关系型数据库管理系统(这是当前使用最多的一类)的功能来处理知识,用查询来代替推理,这样可以大大提高效率,而且有利于把数据库与知识库结合起来,把数据处理作为知识处理的一个有机组成部分。

4.5.4 产生式规则表示法

产生式规则表示法是当前专家系统中应用最广泛的一种表示方法,每一条产生式对应一条规则,最基本的形式是

$$\text{IFa THEN b}$$

或

$$a \to b$$

其中:a 称为前提(条件)或称前件(左部),b 称为结论(行动)或称后件(右部)。

通常前提是若干项的逻辑积

$$\text{IF } a_1 \text{ AND } a_2 \text{ AND } \cdots \text{ AND } a_n$$
$$\text{THEN } b_1, b_2, \cdots, b_n$$

大量产生式规则可以构成一个知识库,求解问题时将输入与各规则的前提对比,逐步进行推论。这种方法的优点是与人的思维方式接近,人们易于理解其内容、便于知识获取。规则具有独立性,易于修改、扩充。缺点是求解复杂问题时效率低。

4.5.5 语义网络表示法

语义网络是由节点和连接节点的弧线所组成的有向图。其中的节点表示对象、概念、事件、行为等,弧线表示节点间的关系。由于关系可以是各式各样的,这就使语义网络的表示能力大大加强。图4-1是一个最简单的语义网络的例子。

语义网络表示法的优点是表示方式直观,易于理解,可把实体间的结构、属性、因果关系简单明了地表达出来,有利于认识的深化。

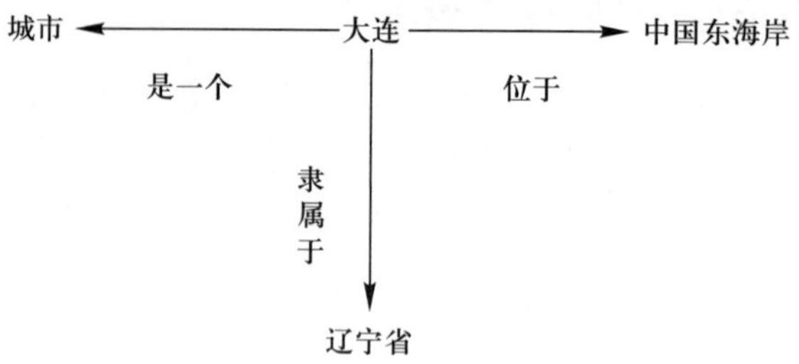

图 4-1　语义网络图

它的缺点是节点所表示的概念没有意义上的约定，一些非线性、网络状、递归的联系会使存储与检索效率降低。

4.5.6　框架表示法

框架是一种描述事物形态的数据结构，把人们头脑中的不同概念看成是一定的知识体或数据结构。一个框架中可以有任意有限数目的槽，一个槽可以有任意有限数目的侧面，而一个侧面又可以有任意有限数目的值，框架、槽、侧面可以描述各种各样的信息，而且侧面值也可以是其他框架。下面是一个最简单的框架的例子。

框架名：DU 1200 微型计算机

处理器：	P4
内存：	128MB
硬盘：	40G
操作系统：	LINUX

框架可以看成是一个复杂的语义网络，因为它可看成是一些表示对象的节点以及节点间的关系。但它们仍是有区别的，语义网络突出了节点间的关系而框架突出了状态。

框架也可通过继承与匹配进行推理。框架的优点是对知识可以进行深化表达，因为它可用嵌套结构从多方面、多重属性对事物进行描述。缺点是框架内部不具备推理所需的一些规则。

4.5.7　面向对象的表示法

面向对象的方法是 20 世纪 80 年代发展起来的一种方法，它不仅用于程序设计、知识表示，而且逐渐形成了一种认识事物、分析事物的方法，现在已被成功地用在许多方面。

前面在讲到数据库时曾经提到面向对象方法,这里只介绍它如何用于知识表示。

面向对象方法中有三个最基本的概念:对象、消息、类。按照这种方法,世界上的各种事物都可以视为对象,复杂的对象可以由简单的对象以某种方式组成,推而广之,整个世界也可以认为是一个最复杂的对象。

对象具有各种属性。从概念上来说,对象是世界上具有相同属性、服从相同规则的事物的抽象。例如,一个车间、一台计算机、一份生产计划都可看作对象。

对象的结构特征可用它的属性来表示,它的每个操作称为“方法”。一个对象可以向其他对象发送“消息”以激活它的方法,对象的每个方法都对应而且仅对应一条消息。

对象之间除了互通消息之外,不再有任何其他联系。对象内部的信息和实现方法都封装在一起,不向对象的外面暴露,这就是所谓对象的封装性,或信息的隐藏性。因此,这样做的模块化程度是很高的。

具有相同属性和操作的对象构成了对象“类”,类具有层次结构,某些类从属于其他类,称为子类,类的上层的更广泛的类,称为超类。在这种层次结构中,上一层对象所具有的属性或特征,可被下一层继承,这就避免了描述中的信息冗余。

从上面三个概念:对象、消息、类的相互关系中可以看出面向对象的知识表示法的一些特点。

由简单对象构成复杂对象可用对象间的运算来实现。现在有些面向对象的程序设计语言可用来按上述概念表示知识和进行对象的运算。

除了上面几种知识表示法之外,还有一些表示方法,如状态空间表示法、过程表示法、定性物理模型方法等。所有上述的这些方法,都是在人工智能学科发展过程中,以基于逻辑为主线产生出来的,它们都不能或不善于表示不完全、不精确和不确定的信息。

4.6　不确定性描述(一)——随机性

4.6.1　随机性描述

前面我们曾谈到系统中的不确定性,说到有两大类不确定性,一类是由偶然因素起作用的,另一类是由于模糊性的存在。如果再细分一下,前一类(我们也可以称为概率型)的不确定性又可分为两个子类:一类是传统概率论意义下的随机性,其基本概念是偶然事件的概率,而这种概率的概念建立在可重复出现的偶然事件的频率基础之上,在条件大量重复出现时,出现频率便是概率的客观基础,因此,可称这种概率为客观概率或统计意义下的概率。另一类偶然性事件是一次性事件,在任何条件下都不可能重复出现(例如,不可能在同一地点、发生同一震级的地震),这就谈不上统计意义下的概率,但却有可能根据人的判断估计它发生的可能性大小,我们可以称它为主观概率。以上都是随机的不确定性。

另一类不确定性属于模糊型的,它也可以细分成两种类型:一种是模糊性,是由于客观事物信息的不完备,使人们无法形成精确的直觉或概念;另一种是笼统性,也是由于客观事物信息的不完备,只知道它处于一定范围内,知道它的区间,所以也有人称之为区间不确定性。但有的人认为,上面两种类型没有区分的必要,统称为模糊性。

现代的系统分析所面临的不确定性越来越多,这是因为系统越来越大,越来越复杂,许多影响因素我们无法发现或度量。例如,人的价值观、对事物好坏的评价,有时不是用一个或几个数字能准确描述的,而且有时候也没有必要准确描述。也有些是无法预料它们发生与否的,所以不论是随机型还是模糊型的不确定问题,都需要认真对待。

本节先讨论随机型不确定性的描述,4.7 节再讨论模糊型不确定性的描述。

在研究带有偶然性因素的系统时,需要研究有随机因果关系的事物。这时自变量(因)与因变量(果)之间不能用确定性的因果规律描述。这里因变量是随机变量,如研究物价对居民购买力影响时,居民购买力便是随机变量,因为它除了受物价影响外,还受其他偶然因素的影响,我们要了解居民购买力情况,就要进行抽样调查。我们把所调查的事物或现象的全体称为总体(或母体),而组成总体的各个元素称为个体。如研究某市居民购买力,则该市全体居民购买力情况就是总体。在总体中抽取的一部分个体的集合称为样本。由于总体中元素数量过多,因此只能抽样观测,一般要进行多次观测,才能呈现出统计规律性。每进行一次观测,如果 P 取个样本,就得出一次观测值$(x_1,x_2,\cdots,x_p)$,它是一个 p 维随机向量。

我们希望得到总体的数字特征,但因无法把总体各元素都测到,只能测取和计算出样本的数字特征,所以只能以样本的数字特征来推断总体的特征。

主要的数字特征有下列三种:如果有一组独立的随机样本$(A_1,\cdots,A_n)$,则样本均值(或称数学期望值)为

$$x = \frac{1}{n}\sum_{i=1}^{n} x_i \tag{4-1}$$

而样本方差为

$$s^2 = \frac{1}{n-1}\sum_{i=1}^{n}(x_i - x)^2 \tag{4-2}$$

样本标准差为

$$s = \sqrt{\frac{1}{n-1}\sum_{i=1}^{n}(x_i - x)^2} \tag{4-3}$$

反映随机变量特征的另一个因素是它的分布，最常见的是正态分布，它的一元密度函数为

$$f(x) = \frac{1}{2\pi\sigma}\exp(-\frac{1}{2}\frac{(x-\mu)}{\sigma})^2 \tag{4-4}$$

式中：参数 μ 和 σ 分别为均值和方差。

在复杂的系统中，作为结果的因变量常常受到作为原因的多个自变量的影响，这些自变量都是随机变量，彼此之间也有关联，我们可以用 P 维变量来表示：

$$\boldsymbol{x} = [x_1 x_2 \cdots x_p]^{\mathrm{T}} \tag{4-5}$$

式中：x_i 为各个自变量。$\boldsymbol{x}$ 的均值 $\boldsymbol{\mu}$ 也是向量。

$$\boldsymbol{\mu} = [\mu_1 \mu_2 \cdots \mu_p]^{\mathrm{T}} \tag{4-6}$$

式中：每个分量 μ_i 正是 x_i 的均值。

因为各分量之间也互相影响，所以对应于单变量的方差，这里需要协方差 $\sum$ 作为特征。

$$\sum = E[x-\mu][x-\mu]^{\mathrm{T}} = \begin{bmatrix} \sigma_{11} & \sigma_{12} & \cdots & \sigma_{1p} \\ \vdots & \vdots & & \vdots \\ \sigma_{p1} & 6_{p2} & \cdots & \sigma_{pp} \end{bmatrix} \tag{4-7}$$

其中

$$\sigma_{ij} = E(x_i = \bar{x}_i)(x_j - \bar{x}_i) \tag{4-8}$$

多元随机变量也有一定的分布，最常见的多元正态分布形式为

$$f(x_1, x_2, \cdots x_p) = \frac{1}{\sqrt{\left|\sum\right|}\sqrt{(2\pi)^p}}\exp(-\frac{1}{2}(x-\mu)^{\mathrm{T}}\sum{}^{-1}(x-\mu)) \tag{4-9}$$

式中：$\left|\sum\right|$为 $\sum$ 的行列式。

通过对实际样本的统计来估计总体的参数，称为参数估计，其具体方法可参看有关数理统计书籍。

4.6.2　回归分析

为了寻找自变量与因变量之间的关系，方法之一是应用回归分析方法。

一元线性回归法处理自变量 x 对因变量 y 的线性影响关系为

$$y=a+bx \tag{4-10}$$

当我们有大量 x 与 y 的统计数据 x_1、$y_i(i=1,2,\cdots,n)$时，可按下式确定关系式中的关系数 a、b：

$$b=\frac{\sum_{i-1}^{n} x_i y_i - \overline{X}\sum_{i-1}^{n} y_i}{\sum_{i-1}^{n} x_i^2 - \overline{X}\sum_{i-1}^{n} x_i} \quad a=\bar{y}-b\bar{x} \tag{4-11}$$

其中

$$\bar{x}=\frac{1}{n}\sum_{i-1}^{n} x_i \quad \bar{y}=\frac{1}{n}\sum_{i-1}^{n} y_i \tag{4-12}$$

有了 a、b 值，便可按未来的 x 值测算未来的 y 值。

多元线性回归法处理多个自变量的情况

$$y=a+b_1x_1+b_2x_2+\cdots+b_mx_m \tag{4-13}$$

在已知统计数据 $x_{1i},x_{2i},\cdots,x_{mi},y_i,(i=1,2,\cdots,n)$时，求系数 $a,b_1,\cdots,b_m$，可以按下列方程计算：

$$\boldsymbol{b}=\boldsymbol{L}^{-1}l_0 \tag{4-14}$$

$$\boldsymbol{a}=\bar{y}-\sum_{i-1}^{n} b_i x_i \tag{4-15}$$

其中

$$\boldsymbol{b}=[b_1 \quad b_2 \quad \cdots \quad b_m]^{\mathrm{T}} \tag{4-16}$$

$$\boldsymbol{l}_0=[l_{10} \quad l_{20} \quad \cdots \quad l_{m0}]^{\mathrm{T}} \tag{4-17}$$

$$\boldsymbol{L}=\begin{bmatrix} l_{11} & l_{12} & \cdots & l_{1m} \\ l_{21} & l_{22} & \cdots & l_{2m} \\ \vdots & \vdots & & \vdots \\ l_{m1} & l_{m2} & \cdots & l_{mm} \end{bmatrix} \tag{4-18}$$

而

$$l_{i0}=\sum_{j=1}^{n}(x_{ji}-\overline{x_i})(y_i-\bar{y}) \tag{4-19}$$

$$l_{ij}=\sum_{k=1}^{n}(x_{ik}-x_i)(x_{jk}-x_j) \tag{4-20}$$

非线性回归法中有一类是可化成线性回归解算的，另一类是直接算系数的方法，这里限于篇幅不做介绍。

4.7　不确定性描述(二)——模糊性

4.7.1　模糊性

前面曾经说过，另一种不确定性是所谓的模糊性。模糊性的对立面是精确性、清晰性。远古时期，人们对现实事物的数量关系和空间形式只有非常模糊的认识，经过长期的生产和生活实践，才产生了数和形的概念，学会了精确思维。随着精确方法在科学技术发展中日益取得成功，人们形成了一种概念，认为精确总是好的，模糊总是不好的，越精确越好，模糊的方法是无法精确化的权宜之计，“精益求精”是科学工作者的美德。但是精确方法曾经起过积极作用的学科，研究的全是无生命的机械系统，界限分明的清晰事物。至于有关生命现象、社会现象、心理因素的学科，由于它们所研究的对象大多是没有明确界限的模糊事物，很难进行精确的测量，就很难使用精确的定量方法。而对于那些无生命的系统来说，一旦系统庞大复杂了，要想精确地进行测量、分析，也很困难。这就在精确性与可行性之间产生了矛盾。另外，人类活动中也并不是事事、处处需要精确化。例如，你要求某人在人群中找出你需要找的一个人，你只要告诉他这个人的高矮、胖瘦、面部特征或衣着特点就行了。如果你告诉他这个人身高多少厘米、体重多少千克，反而使他为难起来。由此可见，人类在日常生活中，经常接触模糊事物(如今天是晴天、阴天、气温偏高或偏低……)，随时要识别模糊事物，按照模糊准则(好一点、差一点、舒适一点、满意一些)来做出决策。于是，在发展了精确思维的同时，也发展了模糊思维的能力。特别是现代科学发展的总趋势，是从以分析为主对确定性现象的研究，进到以综合为主对不确定现象的研究，就必须对模糊性现象进行系统的说明和处理，建立系统的理论和方法。近年来，由著名的系统科学家扎德建立的模糊集合和模糊系统理论，正是这样的方法性学科。

模糊性是事物类属的不清晰性。为了识别事物，人类总要按一定标准对它们进行分类。有些事物可分为界限分明的类别，可称为清晰事物。但也有一些事物无法找到精确分类标准，如高山、大河、感觉良好、事业心强等，只能在类属问题上区别程度、等级。这些事物可称为模糊事物。在类属划分上，清晰事物是非此即彼的(如入学考试结果只有录取、不录取，每一个考生只属于其中的一类)，而模糊事物是亦此亦彼的(例如，一个中等学习成绩可以认为是较好，也可以认为是较差)。造成模糊性的原因，一是由于事物在两极之间具有较宽的中间过渡(例如，人的身高，从高到矮有相当一段是不高不矮)；二是由于事物的复杂性，即要素的多样性和关系的复杂性,使得综合评价无法精确进行;三是由于事物的发展变化难以精确把握。

下面用日常生活中的例子介绍模糊系统理论怎样描述模糊事物。这里先介绍两个概念:语言变量和模糊数。

1.语言变量

顾名思义,语言变量的值不是用数来表示的,而是用自然语言中的词句来表示的。例如,对一个人身高的描述,“不是非常高”可以看作语言变量“身高”的一个语言值。同样,“很高”也是一个语言值。当然,用词句代替数字是降低了精确度的,但有时候我们不需要高精度,像在日常生活中那样,用语言值也就够了。又如,人的年龄,如果用数字表示,取值在[0,150]岁区间。但如果用语言变量,则可用“年轻”“不年轻”“非常年轻”“不是非常年轻”“非常非常年轻”“老”“不非常年轻也不非常老”……这些值来表示。上述每一个值都对应于论域$\mu=[0,150]$中的一个模糊子集。而模糊子集可用类属函数(或称隶属函数、资格函数)来表征。

对于一般集合A来说,某一元素a或是属于A,或是不属于A,我们称a属于A时,它对A的类属度为$\mu_A(a)=1$;a不属于A时,它对A的类属度为$\mu_A(a)=0$。

但是对模糊子集合$\underset{\sim}{A}$(一般我们用~作为模糊化记号)来说,某一元素x除了可能肯定属于它($\mu=1$)或肯定不属于它($\mu=0$)之外,还可能在一定程度上属于($0<\mu<1$)。例如,对于小于10的自然数来说,小于5的数的集合为$A=\{1,2,3,4\}$。

或者说1、2、3、4的$\mu_A=1$,而5,6,7,8,9的$\mu_A=0$。但如果我们说对小于10的自然数(这是我们的论域)来说,“比较小的数”构成了一个模糊子集合,因为1、2、3肯定属于这个集合($\mu=1$),4与5也有很大的可能,6与7就不太可能,8与9就根本不可能。如果我们用A表示这个子集合,用模糊数学的表示方式可写为

$$A=\frac{1.0}{1}+\frac{1.0}{2}+\frac{1.0}{3}+\frac{0.8}{4}+\frac{0.5}{5}+\frac{0.2}{6}+\frac{0.1}{7}+\frac{0}{8}+\frac{0}{9} \tag{4-21}$$

式(4-21)右边并不是分式相加,每项的分母是论域中的元素,分子是元素对A的类属度。从这里可以看出,模糊子集合(式(4-21)右边是它的汇总)的边界是模糊的,有些元素是亦此亦彼的。

类属关系也可用函数形式描述,这种函数就称为模糊子集的类属函数。例如,年龄的“年轻”可用下列类属函数来表征,即

$$\mu_{\text{年轻}}(u)=[1+(\frac{u}{30})^2]^{-1}, u\in[0,150] \tag{4-22}$$

例如,$u=30$岁的人属于年轻的类属函数值为0.5,$u=15$岁的类属函数值为

0.8，等等。年龄的语言值可以列出如下：

年轻	老	不年轻也不老
不年轻	不老	不非常年轻也不非常老
非常年轻	非常老	年轻或老
不是非常年轻	不是非常老	不年轻或不老
非常非常年轻	非常非常老	等等
多少有些年轻	多少有些老	
特别年轻	特别老	
等等	等等	

上面这些语言值是对年龄而言，如果用“高”代替“年轻”，“矮”代替“老”，就变成“身高”的语言值了；用“重”代替“年轻”，“轻”代替“老”，就变成“体重”的语言值了，当然还可以有速度（“快”与“慢”）等的语言值。其中“年轻”“老”“重”“轻”，可以认为是原词，“非常”就是程度词，“非常老”是合成词，可由原词与程度词按照一定规则进行类属函数的运算而得出它的类属函数值来，例如：

$$\mu_{不是非常年轻}(u) = 1 - \mu^2_{年轻}(u) = \left[1 + \left(\frac{u}{30}\right)^2\right]^{-2} \tag{4-23}$$

语言变量体系包括 5 个方面：语言变量 x、语言值集合 $T_{(x)}$、论域 U、语法规则 G、语义规则 M，它们之间的相互关系如图 4-2 所示。

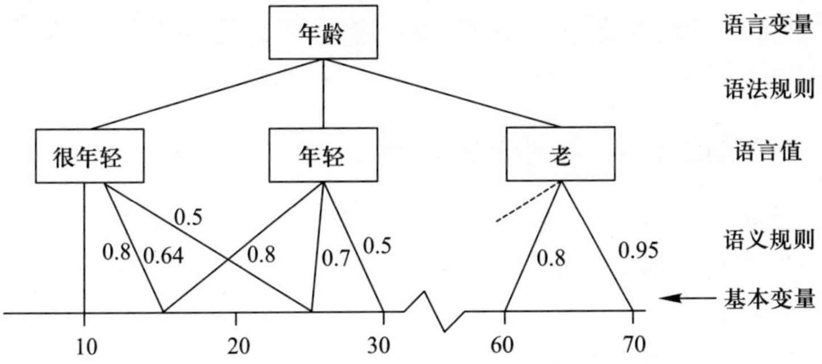

图 4-2　语言变量体系的相互关系

2.模糊数

另一个重要概念是模糊数。我们在日常生活中常说的某件物品的价格是 5 元钱左右，或者说某人 8 点前后会来，其中的两个数就是模糊数，它对应于实数轴上某一个模糊子集合（可具有三角形、矩形、钟形等类属函数）。模糊数也可以进行二元运算，在运算中常常具有形状不变性。

语言变量是从人类的言语实践中提炼出来的概念，除了语言变量和语言值之外，还需要语法规则与语义规则。

使用语言变量实际上进行了数据压缩，将年龄数值1~100岁分为100级，就不如老、中、青三级来得简便。这实际上可以说是通过“块粒化”进行了数据压缩，如图4-3所示。

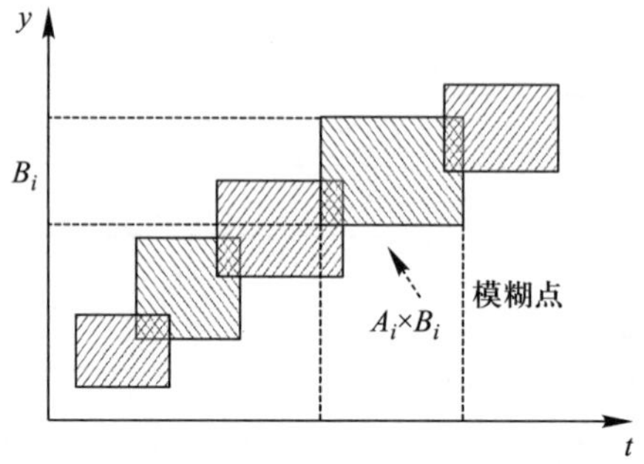

图4-3 数据压缩示意图

图4-3中对应的模糊点实际上应该像一团云那样，图中画成矩形是为了看着方便。

像年龄这样的语言变量可以用一岁一岁的基本变量来描述。而有一些语言变量，如“美丑”“满意不满意”就没有可精确度量的基本变量，但可以在程度上加以区别，或通过主观上打分来描述。

最后介绍模糊语言算子。在自然语言中，有些语气词，如“很”“稍许”“非常”“比较”“特别”等，加在单词前面，就调整了词义的肯定程度，把原来的词变成一个新词。上述那些词可以看作一种算子，称为语气算子。

4.7.2 模糊逻辑与模糊模式识别

扎德(L.Zadeh)还发展了多值逻辑的思想，建立了模糊逻辑，他的巨大贡献在于模糊逻辑中处理的真值不限于数值，而可以是模糊量词，这就和人们日常的思维习惯更加接近了。

模糊逻辑与传统逻辑有着密切联系，使用的概念、术语和方法，大多是从传统逻辑借用过来加以模糊化而形成的。模糊化的基本工具还是模糊集合论。

与系统描述有关的另一类模糊知识处理，是模式识别。模式是一个含义很广的名词，对于一些有形状的物品来说模式的意义是式样、形象，而对于抽象事物来说，模式意味着一种结构组成，一种格局。模式识别，对前者来说，就是从式样、形态上识别出它属于哪一类。例如，识别水果是梨还是苹果，从表皮颜色判断水果的生熟，从手写的字判断是什么字符，或者是谁写的，等等。而后者的例子如从一个国家的工、农业各占多大比重判断它是工业国还是农业国，经济发展水平如何，等等。

由于人们认识事物有许多都是从模式着眼的，因此模式识别是人类生活中重要的信息处理过程。从看人的大概轮廓判断出他是谁，听孩子哭的声音判断出是不是自己的孩子，直到利用人造卫星拍摄的照片进行大气形势分析，无一不用模式识别。除了利用人的器官进行识别外，人们还在各个领域中建造许多包含计算机在内的自动识别系统，用以帮助进行识别工作。识别的方法很多，例如，统计模式识别就是目前用得很多的一种方法。近年来，国内外都在研究使用模糊理论进行模式识别，并已经有了一些方法。

最后我们还要强调一点，利用模糊方法的最大一个优点就是它把语言描述和数值描述沟通起来，把一些不精确的事物的性态和关系用数值和数值计算方式来加以处理。这在系统分析的定量化、信息化方面有着很大的发展前途。

4.7.3　模糊关系

除了语言变量、模糊数之外，模糊关系也是一个重要的概念。在客观事物中，除了清晰确定的关系外，还存在着大量不大清晰或不完全确定的关系。例如，有经验的人从烟囱冒出的烟的颜色可以判断锅炉燃烧得完全与否，从人的面貌相似可以判断父母与子女的关系等，这些关系便是模糊关系。模糊关系也是可由类属函数描述的模糊子集合，类属函数值代表关系的密切程度。关系也可以进行复合，形成新的关系。

在日常生活中，人们在描述一件事情的真假程度时也常用非常真、有点真、基本上真、完全假这一类表达方式，它和前面谈到的语言变量的值相似。因此，把真假作为语言变量处理就得到了模糊逻辑。在人类的实践活动中，常常使用近似推理，其中的真假值和推论规则是模糊的而不是精确的。这种推理在许多方面（特别是复杂系统和包含人的主观因素在内时）应用得很广泛，模糊逻辑为近似推理提供了基础。

长期以来，人们误认为模糊事物本身是有精确解的，只是因为过于复杂，暂时近似地用模糊方式描述处理。这是把模糊性与近似性混为一谈了。应该说，近似性是一种模糊性，但模糊性不限于近似性。有一些事物的固有性态就存在不精确性。例如，又阴又晴的天气，花布的好看与否（颜色、图案交织在一起）。所以，如果说数学上的近似方法只是量的方面的近似，而模糊性不属于这一类，倒不如说它是在质的方面的一种近似。

也有人把模糊性与随机性混同起来，实际上这是两种不同类型的、不同性质的不确定性。随机性是在事件是否发生上面的表面条件不确定性，而事物本身的性态和类属是确定的。而模糊性却是事物自身性态和类属的不确定性。随机性是外在的不确定性,而模糊性是内在的不确定性。模糊性比随机性更广泛地存在于事物中,尤其是主观认识领域。当然也有既是随机的又是模糊的情况。

模糊性也不同于含混性,模糊性只是类属上的不清晰性,而含混性还包含二义性,即可能有不同的理解。

最后应该提到的是模糊性与系统复杂性的联系。众所周知,随着社会的发展,系统变得越来越复杂,而人类对系统的了解和掌握的要求也越来越迫切,总希望能尽可能精确描述系统。近年来,模糊集和模糊系统的创建者扎德提出过一个非正式的不相容性原理:随着系统复杂性的增加,我们做出关于系统行为的精确而有意义的陈述的能力将降低,越过一定阈值,精确性和有意义(或适用)几乎成为相互排斥的特性。这提醒我们在处理大而复杂的系统时,不能过于追求细致与精确,有时需要另辟蹊径,使用模糊方法便是途径之一。

4.8 建模问题

4.8.1 模型方法

人类在远古时期由于活动范围的限制,面临的问题比较简单,所以采用直观认识的方法去进行分析和寻求答案。但随着生产和生活范围的日益扩大,面对的实际问题越来越复杂,单凭直观方法已无法探求事物的内在规律,这时就必须使用科学的抽象思维方法,模型方法就是抽象思维方法中有效的一种。特别是建立理想模型,突出事物和过程的主要特征,使所研究的具体问题得到更简单的表述,以利于逻辑推理和判断。这种理想化表现在物理学中,建立了只有质量不占空间的“质点”、只含电量不占空间的“点电荷”、在外力下无形变的“刚体”、化学中的“纯净物质”“理想溶液”等概念,使我们能抓住事物的主要方面,从而揭示事物的基本特性,加上某些补充条件和必要的修正就接近了实际事物和过程。因此可以说,模型方法是人类认识客观事物的桥梁。现代科学技术的发展得益于模型方法之处是非常多的。

系统分析也常常使用模型方法。但系统分析不仅涉及像工程系统这样的硬系统,还涉及社会、心理等软系统。如果说由于自然科学和技术科学的发展,使我们有可能洞察系统内部的细节,硬系统的模型方法能从系统中各要素的规律描述综合出系统整体的模型,那么,软系统的模型方法却无法使我们像对待硬系统那样容易得到系统从局部到整体的描述,这是因为软系统中的一些事物和过程涉及人的因素,无法精确描述,而各要素间的因果关系也不像硬系统中的齿轮啮合、电子线路连接那样明显和确定。因此,对软系统我们可以建立定性的模型,却不一定能建立定量模型。有时能建立确定型的数学或逻辑模型,有时只能建立随机型或模糊型模型。硬系统与软系统不是有着明确界限的,还有一些系统,尽管不含人的因素,但也因其复杂而无法精确描述。为了详细说明这一点,沿用前面的说法,把内部不很清晰明确的系统看作黑箱,而把内部清晰明确的系统看作白箱(透明的),则不同的系统在黑白之间的分布如图 4-4 所示。

从图 4-4 中可以看出,像一些机电系统,由于系统中各要素关系确定,要素又可定量描述,经过组合就很容易构成系统模型,所以近乎白箱;至于化工过程就复杂一些了,有些子系统难以分解成要素;水文与空气污染就更复杂一些;再沿着图向左,生态、经济、社会系统愈来愈复杂,要素很难明确分解,要素间的关系也不是一下子就能明确认识到,要想按机电系统那样建立模型是极困难的,目前几乎是不可能的;至于再向左到神经网络、人的思维,就更难细致认识了,只能把整个系统当作黑箱,从输入与输出的关系上研究其功能,建立较简单的功能模型。系统工程涉及这一整个的模型"谱",所以既要有处理白箱的方法,又要有处理黑箱的方法。由于各门技术学科都自有一套处理各自白箱问题的方法,因此系统分析更应着重研究处理黑箱的方法。

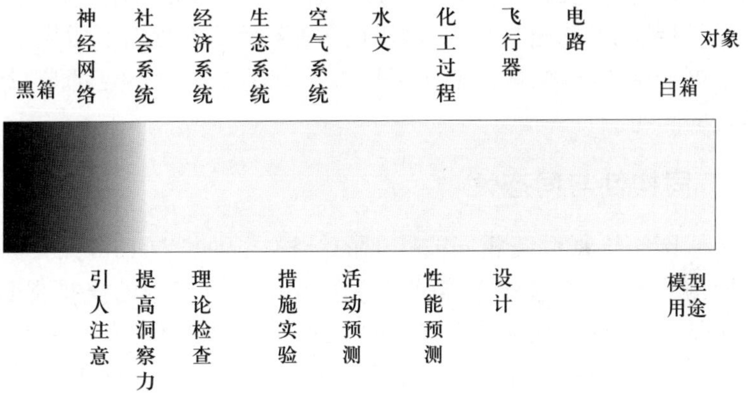

图 4-4　不同的系统在黑白之间的分布

4.8.2　概念模型与结构模型

对于研究社会、环境、心理等复杂系统来说,问题还不止于此。因为对这类软系统(或者含有软因素的系统)来说,在进行系统分析之初,有时连问题是什么还不清楚。在开始工作时,决策者或任务委托人与系统分析工作者在一起谈到的是议题(issues),而不是问题,因为问题(problems)是要比议题更为明确、更为集中的人类思维产物,多半是在有了理想情况或有了目标后,拿现实与理想进行对比,发现差距,才明确问题之所在。而在软系统分析时,由于不同的人所处地位不同,价值观也不一样,因此对问题的看法也不一样,不是一下子就明确问题的,常常是在开始时经过反复研究讨论,取得共识,初步弄清了目标是什么,问题何在,所研究的系统包括哪些因素,处于什么环境之下。这样逐步形成一些概念,所以可以说在系统分析的开始阶段,人们自觉不自觉地建立着所谓概念模型,这种模型从概念上明确了问题所在,划定了系统的边界,大体上确定了目标和约束条件,这样等于勾画出系统的轮廓。实际上这时系统的结构与功能也已逐渐有了眉目。尽管我们没有正式用公式、图形来对它加以描述,但在系统分析工作者的头脑中或在一些初步形成的报告中已经有了雏形。这样一种模型的建立是十分必要的,它是下一步具体建模的前提,尽管这时系统的边界不一定十分清晰,目标也不一定非常明确,今后都可能有变化,但总算有了一个建模的起点与开端。

下一步应该建立系统的结构模型,这类模型描述了系统各组成部分之间以及系统与环境之间存在关联与否,是一种定性的模型,但却是走向定量或更细致定性的桥梁。上面说到的关联,在技术系统中比较明确,因此容易建立结构模型,而在软系统中也不是一目了然的,需要通过一些间接关系加以推断。但理清这些关系(建立这种模型),对进一步分析(不论是定性还是定量)都是必要的。有时我们不仅要研究各部分间的关系,还要研究关系的关系。例如,诸葛亮在隆中决策时,不但考虑了蜀国与吴国、魏国的关系,而且还考虑了蜀吴与蜀魏两种关系中哪个更重要的问题,因而制定了联吴抗魏的总方针。这都是在建立结构模型时考虑的问题。

4.8.3 同构性与同态性

模型必须具备与原系统相同或相似的结构。因此,同构性是建模的基础。所谓两个同构的系统,系统中要素间关系的数目以及它们的安排都是一样的。可以从图 4-5 中看出,系统 1 中的要素以及关系均映射于系统 2 中的要素与关系之上。这种映射是双射,是一一对应的。因为系统 1 的每个要素都指派到系统 2 的一个要素上,而且关系也相应地进行映射(如 A、B 间的关系 I 映射到 a、b 间的关系 1 上)。这种映射是可以双向进行的,对称的。

另外一个重要的概念是同态性,从图 4-6 中可以看出同态映射的特点。

同态映射是“多对一”的映射,只在单方向有意义,不是对称的。

同构性可以看作同态性的一种特殊情况。

上面提到,同构性是建模的基础,我们可以用一个和原系统同构的实物(如尺寸较小的同样系统或其他系统)或形式化的逻辑,或数学表达式作为模型,在模型上研究系统的性态要方便得多。但由于我们对系统的研究并不是对其中每一个细节都做深入的研究,常常是有些地方细,有些地方粗,这样用同态的模型更方便一些。因为在同态的模型中,有些要素和关系是被集结了的,这样就简化

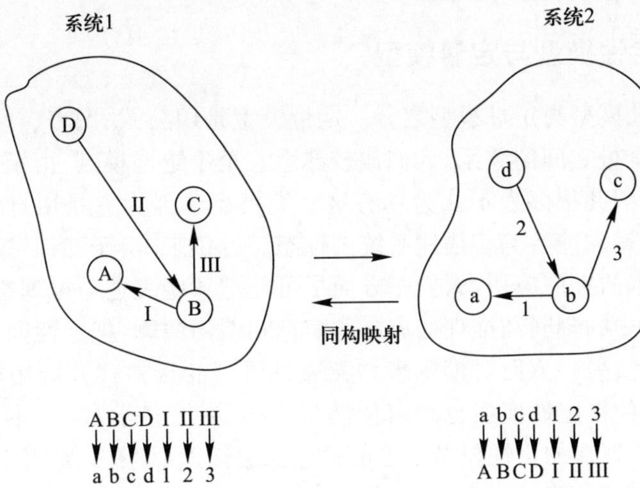

图 4-5　同构映射

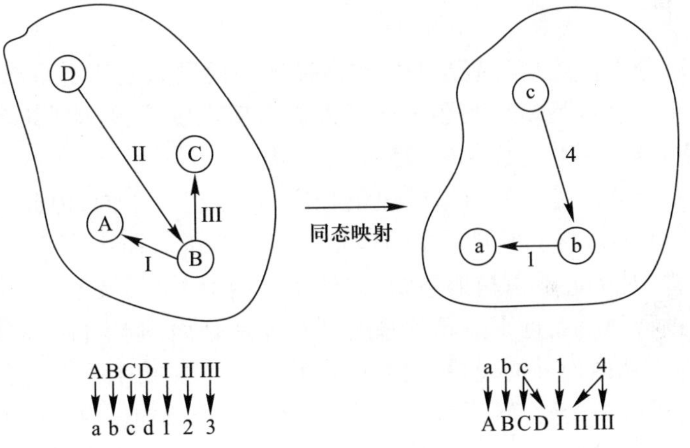

图 4-6　同态映射

了结构而对原来的性质保持不变。

一般来说,我们在日常工作中运用的模型多半是同态模型,但同构性是研究建模的出发点,所以,同构性与同态性都是建模的基本思想。

在系统分析工作中,结构常常不是指空间相互位置的关系,而是指性能上的关系,这是我们在今后需要加以注意的。

有了结构模型,就应该进一步考虑为系统建立更详尽的模型问题。复杂的系统最后能分解成较小的子系统,或按不同的性态分别建模,然后再综合起来。但系统按空间或按时间分解是有条件的,不能割断它们之间的关联。按不同属性建立不同的模型也有这个问题。

4.8.4 定性模型与定量模型

模型有定性模型与定量模型之分。定量模型是用公式、图表、计算机程序来描述系统中各个量之间的关系,人们比较熟悉。至于定性模型,由于它没有明确的定义与界限,因此很多人不认为真有这一类模型。因为它是用自然语言表述的,所以人们怀疑它能否确切描述系统的性态。近年来,由于知识工程的发展以及专家系统技术的推广应用,人们一方面尽可能把某些表述与推理符号化、形式化,把形式逻辑中的判断和推理变成命题演算和谓词演算,把定性问题也用严格的规律进行描述;另一方面对模糊事物又通过语言变量描述并应用模糊逻辑进行推理判断,就使得定性模型也和定量模型一样,有了科学基础,并可借助于计算机进行分析。现在的定性模型尽可能描述深层知识(即有一定因果关系,能进行推理的知识,不限于经验、直观),通过模型运行,可以预估系统的行为,由于知识工程的进展,现在已有了从系统观点出发提出的以部件为主的模型,以约束为主的模型和以进程为主的模型。与此同时,人们还正在研究定性与定量模型耦合的方式方法。

模型又可分为描述型与规范型两类。描述型模型只表达了系统中各因素之间的因果关系。规范型模型则还表达了人们希望系统应该达到什么目标,怎样算好,怎样算不好。例如,优化模型就是这一类。

不同的系统可以建立的模型的粗细程度、详略程度不同,因此,模型用途也不一样,图 4-4 中列出了不同对象的模型的应用范围。而不同类型系统的建模方式也不一样,对于近乎白箱的系统,建模是自内而外,沿要素、子系统、系统这样一个顺序进行的。而近乎黑箱的系统则只能从外而内(实际上只能尽可能向内)进行。对于从内而外的建模,要素的参数是可以从技术手册、测试数据经过计算得出的,所以整个建模过程是可以用解析方法进行的。对从外而内的,则需要进行系统参数辨识,利用加上输入并观测输出变化,然后推算输入、输出关系的办法得出系统参数。

4.8.5 系统建模过程

系统建模过程需要系统分析人员与有关专业人员协同进行。一般来说,专业人员有丰富的本专业知识,但对系统分析的具体要求不太明确,而系统分析人员常常不熟悉专业,因此,必须互相配合、取长补短。特别是一些含有经验成分的知识,怎样从专业人员零散的叙述中梳理出规则来,确实不是很容易。系统的建模经常需要经过多次反复才能完成,如图 4-7 所示是系统建模过程的流程图,可以作为建模步骤的参考。

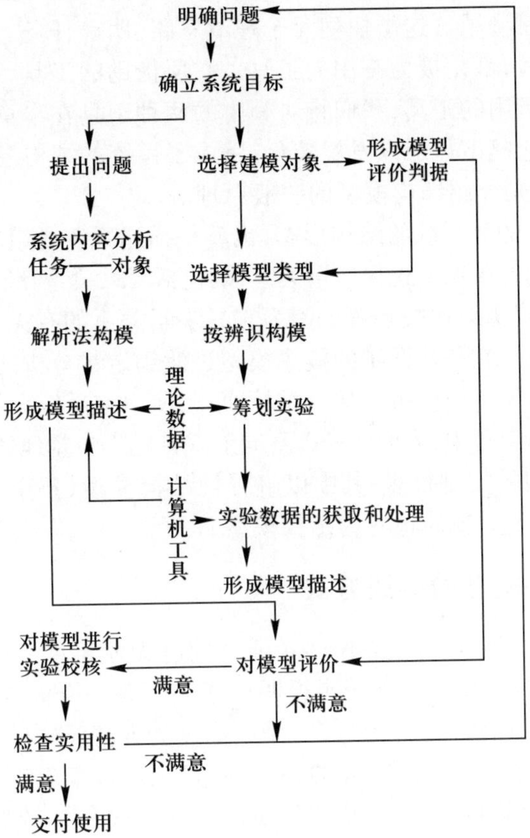

图 4-7　系统建模过程的流程图

4.9　概念模型与结构模型

4.9.1　从概念模型到结构模型

我们在第 3 章讨论到建模问题时曾经说到，人们在阐明问题、构思系统时，首先用到的是概念模型，这种模型使用自然语言或者鲜明的图形，描述问题的概貌和系统的轮廓。它所反映的是任务委托人和利益相关者的需求，根据需求初步确定的系统功能，以及设想的系统总体结构。这些内容在系统筹划阶段就已经陆陆续续加以明确了，反映在类似立项报告、任务要求说明书等文件中。这些乍看不像是所谓模型的东西，从系统的观点来看，实际上已经从现实的具体情况抽象出问题的要点，在概念上形成系统的构想，构建出概念模型了。

如果再用一些可视化的方式,借助一些结构化的工具,把它表述出来,就是比较正规的概念模型了。这类模型对于理清思路、明确任务、与任务委托人和利益相关者进行沟通,都是极为有用的工具。它所借助的工具,有许多就是本章所要讲的结构模型所用的工具,我们将对其中的两种工具在本章的最后加以介绍。这种结构化的概念模型再加以发展转化,就成了系统的结构模型了。

在这一章中,先介绍结构模型的一般原理。

结构模型描述的是系统的结构形态,也就是描述系统各组成部分之间以及它们与外界环境之间的关系。这里所谓关系,既包括因果关系、顺序关系、联系关系、隶属关系,也包括优劣对比关系等。因为它只表示关系的有无,不涉及量的大小,所以比较简单直观。它是从系统的概念模型过渡到定量分析的中介,而且即使对那些难以量化的系统来说也可以建立结构模型,所以在系统分析和系统综合中应用很广泛。在各门学科中,人们已经以不同形式自觉不自觉地使用过它们。

系统结构模型的类型很多,其中以解释性结构模型(ISM)应用最广,下面主要介绍这种模型(今后就简称它为结构模型)。

4.9.2 结构模型的描述方式

系统的结构模型描述的是系统各单元之间有无联系。一种最方便的描述方式是利用图形,让我们用一个例子来说明。图4-8是一个混合器,料液从上面流入,流量为F_1,从下面流出,流量为F_2,液面高度为H,容器内气体的密度为D,压力为P。H的大小要受到F_1与F_2的影响,而H又反过来影响F_2,H和D都会影响P,为了表述这种影响关系,我们可以画出像图4-9所示的那样的图形。从图中可以看出,每一个圆圈代表一个物理量(一个因素),圆圈中标有该物理量符号,带有箭头的线段表示影响,如从F_1到H的箭头线段表示F_1对H有影响。在F_2与H之间有两个带箭头的线段,箭头方向相反,这表示F_2对H有影响,而H对F_2也有影响。

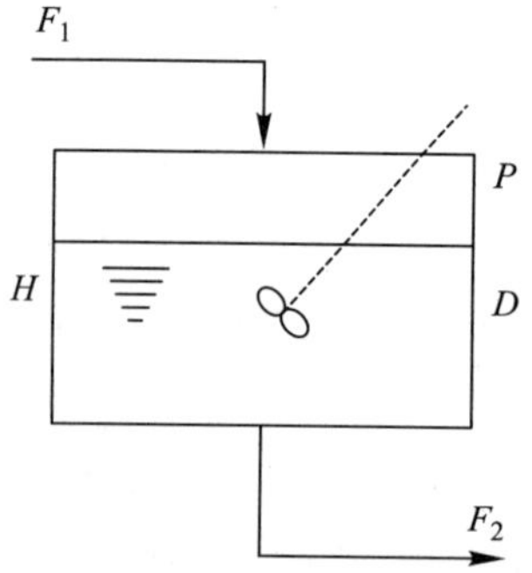

图4-8 混合器

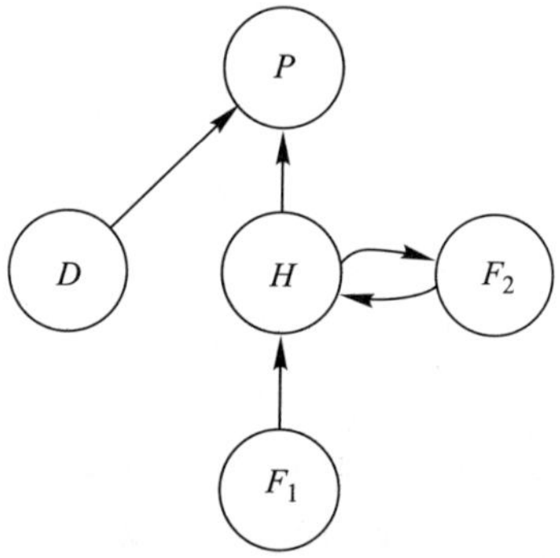

图4-9 影响关系

不仅是工程系统可以用这种图形表示，一些带有社会因素的系统也可这样表示。图 4-10 画出了一个地区发电供电与工厂、人口、环境之间的关系。从图中可以看出，工厂数对用电量有影响，对职工数也有影响，职工数影响到人口数，又影响到用电量。前者是直接影响，后者是通过另两个因素间接影响，这些都可以从图中看出。对于上面这样的图形，如果用图论的名词术语来解释，就是系统的结构可以用“图”表示。图由一些节点（或称顶点）和一些边（或称支路、弧）组成。在图 4-9 与图 4-10 中代表每一个物理量或因素的圆圈便是节点，表示影响的线段便是边。由于这种作用和影响是有方向的，可用箭头表示作用方向，因此这种图称为有向图。

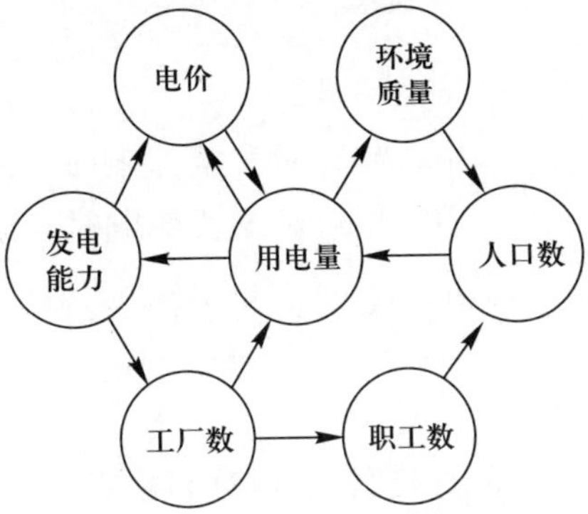

图 4-10　有向图

除了用图形表示系统结构之外，还可以使用与有向图相对应的矩阵结构来表示，其中最直接的一种称为邻接矩阵（Adjacency Matrix）。例如，对图 4-9 来说，构成下列矩阵：

$$
\begin{array}{c} \\ P \\ D \\ H \\ F_2 \\ F_1 \end{array}
\begin{array}{c} \begin{array}{ccccc} P & D & H & F_2 & F_1 \end{array} \\ \begin{bmatrix} 0 & 0 & 0 & 0 & 0 \\ 1 & 0 & 0 & 0 & 0 \\ 1 & 0 & 0 & 1 & 0 \\ 0 & 0 & 1 & 0 & 0 \\ 0 & 0 & 1 & 0 & 0 \end{bmatrix} \end{array}
\tag{4-24}
$$

这是一个 5×5 的方阵，它的每一行和每一列都对应图中的一个节点（一个物理量或因素）。如果某一个量（如 D）对另一个量有直接影响（如对 P 有影响），则 D 行 P 列的元素为 1；如果没有影响（如 D 对 H），则该元素（D 行 H 列）为 0。由于它表示的是各邻接单元的直接关系，因此称为邻接矩阵。这是一个布尔矩阵,它的元素只能是 0 或 1。

在一般情况下,系统 $\boldsymbol{S}$ 共有 n 个单元

$$\boldsymbol{S}=[S_1,S_2,\cdots,S_n] \tag{4-25}$$

则邻接矩阵为

$$\boldsymbol{A}=\begin{array}{c} \\ S_1 \\ S_2 \\ \vdots \\ S_n \end{array}\begin{array}{c} \begin{array}{cccc} S_1 & S_2 & \cdots & S_n \end{array} \\ \begin{bmatrix} a_{11} & a_{12} & \cdots & a_{1n} \\ a_{21} & a_{22} & \cdots & a_{2n} \\ \vdots & \vdots & & \vdots \\ a_{n1} & a_{n2} & \cdots & a_{nn} \end{bmatrix} \end{array} \tag{4-26}$$

其中

$$a_{ij}=\begin{cases} 1, \text{当 } S_i \text{ 对 } S_j \text{ 有影响时} \\ 0, \text{当 } S_i \text{ 对 } S_j \text{ 无影响时} \end{cases} \tag{4-27}$$

也就是说,在结构模型图中有从 S_i 到 S_j 的箭头,则 a_{ij} 为 1,否则为 0。

4.9.3 运算

邻接矩阵表示了各单元的直接联系,但对邻接矩阵进行某些运算,可以得到更多的有关系统结构的信息。由于它是布尔矩阵,因此在进行运算前,先介绍一下布尔矩阵的运算法则。

如果 $\boldsymbol{A}$ 和 $\boldsymbol{B}$ 都是布尔矩阵,则的 $\boldsymbol{A}$、$\boldsymbol{B}$ 逻辑和为

$$\boldsymbol{A}\cup\boldsymbol{B}=\boldsymbol{C} \tag{4-28}$$

$\boldsymbol{C}$ 也是 $n\times n$ 布尔矩阵。$\boldsymbol{C}$ 的各元素 c_{ij} 与 $\boldsymbol{A}$、$\boldsymbol{B}$ 各元素 a_{ij}、b_{ij} 的关系为

$$c_{ij}\triangleq a_{ij}\cup b_{ij}\triangleq \max\{a_{ij},b_{ij}\} \tag{4-29}$$

式(4-29)表示取 a_{ij} 与 b_{ij} 中最大的一个。只要两个中有一个是就是 1,c_{ij} 就是 1;a_{ij}、b_{ij} 全为 0 时,c_{ij} 才为 0。

$\boldsymbol{A}$ 和 $\boldsymbol{B}$ 的逻辑乘为

$$\boldsymbol{A}\cap\boldsymbol{B}=\boldsymbol{C} \tag{4-30}$$

$\boldsymbol{C}$ 也是 $n\times n$ 布尔矩阵。它的元素为

$$c_{ij}\triangleq a_{ij}\cap b_{ij}\triangleq \min\{a_{ij},b_{ij}\} \tag{4-31}$$

式(4-31)表示取 a_{ij} 与 b_{ij} 中最小的一个。元素逻辑乘可简写做 $a_{ij}b_{ij}$。

$\boldsymbol{A}$ 和 $\boldsymbol{B}$ 的乘积(注意它和 $\boldsymbol{A}\cap\boldsymbol{B}$ 不同)为

$$AB = D \tag{4-32}$$

也是 $n \times n$ 布尔矩阵，$\boldsymbol{D}$ 的各元素为

$$d_{ij} \triangleq a_{i1}b_{1j} \cup a_{i2}b_{2j} \cup \cdots \cup a_{in}b_{nj} \bigcup_{k=1}^{n} a_{ik}b_{kj} =$$
$$\max\{\min(a_{i1}, b_{1j}), \min(a_{i2}, b_{2j}), \cdots, \min(a_{in}, b_{nj})\} \tag{4-33}$$

现在来研究邻接矩阵 $\boldsymbol{A}$ 的一些性质。

(1)邻接矩阵和系统结构模型图是一一对应的，有了图，邻接矩阵就唯一确定了，反之亦然。

(2)邻接矩阵 $\boldsymbol{A}$ 转置后得到的矩阵 $\boldsymbol{A}^{\mathrm{T}}$，是结构模型图所有箭头反过来之后的图所对应的邻接矩阵。

(3)在邻接矩阵中，如果有一列元素(如第 i 列)全是 0，则 S_i 是系统的源点，例如，图 4-2 中的 $\boldsymbol{D}$，F_1；如果有一行(如 k 行)元素全为 0，则 S_k 是系统的汇点，如图 4-2 中的 P。

(4)如果从 S_i 出发，经过 K 段支路到达 S_j，我们说 S_i 和 S_j 间有"长度"为尺的通路存在。计算 A^k，得出 $n \times n$ 方阵中各元素表示的便是相应各单元间有无长度为 K 的通路存在。

以图 4-9 为例：

$$\boldsymbol{A}^2 = \begin{bmatrix} 0 & 0 & 0 & 0 & 0 \\ 1 & 0 & 0 & 0 & 0 \\ 1 & 0 & 0 & 1 & 0 \\ 0 & 0 & 1 & 0 & 0 \\ 0 & 0 & 1 & 0 & 0 \end{bmatrix} \begin{bmatrix} 0 & 0 & 0 & 0 & 0 \\ 1 & 0 & 0 & 0 & 0 \\ 1 & 0 & 0 & 1 & 0 \\ 0 & 0 & 1 & 0 & 0 \\ 0 & 0 & 1 & 0 & 0 \end{bmatrix} = \begin{bmatrix} 0 & 0 & 0 & 0 & 0 \\ 0 & 0 & 0 & 0 & 0 \\ 0 & 0 & 1 & 0 & 0 \\ 1 & 0 & 0 & 1 & 0 \\ 1 & 0 & 0 & 1 & 0 \end{bmatrix} \tag{4-34}$$

表明了系统中有哪些长度为 2 的通路，如第 3 行第 3 列的 1 表明 H 对 H 有经过 F_2 的间接影响，H 对 H 本身的影响成了一个回路。第 4 行第 1 列的 1 表明 F_2 对尸(经过 H)的间接影响……。同样，如果再算：

$$\boldsymbol{A}^3 = \boldsymbol{A}^2\boldsymbol{A} \begin{bmatrix} 0 & 0 & 0 & 0 & 0 \\ 0 & 0 & 0 & 0 & 0 \\ 0 & 0 & 1 & 0 & 0 \\ 1 & 0 & 0 & 1 & 0 \\ 1 & 0 & 0 & 1 & 0 \end{bmatrix} \begin{bmatrix} 0 & 0 & 0 & 0 & 0 \\ 1 & 0 & 0 & 0 & 0 \\ 1 & 0 & 0 & 1 & 0 \\ 0 & 0 & 1 & 0 & 0 \\ 0 & 0 & 1 & 0 & 0 \end{bmatrix} = \begin{bmatrix} 0 & 0 & 0 & 0 & 0 \\ 0 & 0 & 0 & 0 & 0 \\ 1 & 0 & 0 & 1 & 0 \\ 1 & 0 & 1 & 0 & 0 \\ 1 & 0 & 1 & 0 & 0 \end{bmatrix} \tag{4-35}$$

各元素表明长度为 3 的通路，可以看出，这种通路已在 H，F_2 间绕圈子了。当然还可再算下去，对有回路的系统来说，当 K 增大时，A^k 形成一定的周期性重复情况(绕圈子)。

(5)如果需要知道从某一单元 S_i 出发都可能到达哪些单元,可以 $\boldsymbol{A}$(直接的),$\boldsymbol{A}^2$,$\boldsymbol{A}^3$,…(间接的)结合在一起进行研究,取

$$\boldsymbol{R}=\boldsymbol{A}\cup\boldsymbol{A}^2\cup\boldsymbol{A}^3\cup\cdots\cup\boldsymbol{A}^n \tag{4-36}$$

有时为了方便起见,我们认为任何 S_i 到它本身也是可以达到的,这样应再加一单位阵,取

$$\boldsymbol{R}=\boldsymbol{I}\cup\boldsymbol{A}\cup\boldsymbol{A}^2\cup\boldsymbol{A}^3\cup\cdots\cup\boldsymbol{A}^n \tag{4-37}$$

我们把 $\boldsymbol{R}$ 称为系统的可达矩阵(Reachability Matrix)。$\boldsymbol{R}$ 也是 $n\times n$ 方阵。它的每个元素 r_{ij} 表明 S_i 能否达到 S_j(不论路有多长)。

4.9.4 可达矩阵

利用上面的公式 $\boldsymbol{R}$ 计算是很麻烦的,尤其是在计算机上计算,$\boldsymbol{A}$,$\boldsymbol{A}^2$,$\boldsymbol{A}^3$,…都要存起来,要占许多存储单元。为了使计算简便,可以用以下方法:考虑到

$$(\boldsymbol{I}\cup\boldsymbol{A})^2=[\boldsymbol{I}(\boldsymbol{I}\cup\boldsymbol{A})]\cup[\boldsymbol{A}(\boldsymbol{I}\cup\boldsymbol{A})]=\boldsymbol{I}\cup\boldsymbol{A}\cup\boldsymbol{A}^2 \tag{4-38}$$

依此类推

$$(\boldsymbol{I}\cup\boldsymbol{A})^n=\boldsymbol{I}\cup\boldsymbol{A}\cup\boldsymbol{A}^2\cup\cdots\cup\boldsymbol{A}^n=\boldsymbol{R} \tag{4-39}$$

所以只要计算 $(\boldsymbol{I}\cup\boldsymbol{A})^n$ 就行了,这时不仅计算量小,而且需要存储的中间结果也少,如:

$$\boldsymbol{R}=(\boldsymbol{I}\cup\boldsymbol{A})^5=\left[\begin{bmatrix}1&0&0&0&0\\0&1&0&0&0\\0&0&1&0&0\\0&0&0&1&0\\0&0&0&0&1\end{bmatrix}\cup\begin{bmatrix}0&0&0&0&0\\1&0&0&0&0\\1&0&0&1&0\\0&0&1&0&0\\0&0&1&0&0\end{bmatrix}\right]=\begin{bmatrix}1&0&0&0&0\\1&1&0&0&0\\1&0&1&1&0\\1&0&1&1&0\\1&0&1&1&1\end{bmatrix} \tag{4-40}$$

它表明 P 只能到达它本身,D 可以达到 P 与 D 本身,H 与 F_2 都能到达 P、H、F_2 和它本身。

如果有回路存在,$\boldsymbol{R}$ 中必然有子矩阵是满阵。例如上面的 $\boldsymbol{R}$ 中第 3、第 4 行与第 3、第 4 列的 4 个元素都是 1,对应于 H 与 F_2 的回路。我们把从 H 到 F_2 与 F_2 到 H 都有连接的关系称为强连接。

为了能够突出显示出回路,我们可以计算:

$$\boldsymbol{R}\cap\boldsymbol{R}^{\mathrm{T}} \tag{4-41}$$

这样得出的矩阵中除自身关系外就只留下回路部分了,即

$$\boldsymbol{R}\cap\boldsymbol{R}^{\mathrm{T}}=\begin{bmatrix}1&0&0&0&0\\0&1&0&0&0\\0&0&1&1&0\\0&0&1&1&0\\0&0&0&0&1\end{bmatrix}\tag{4-42}$$

便是例证。

如果计算出 $\boldsymbol{R}$ 是满阵(各元素 γ_{ij} 全是 1),那么,整个系统是强连接的。

(6)如果结构模型图中没有回路,则必然有这样一个 $v(v\leqslant n)$ 存在,使

$$A^k=0,K\geqslant v\tag{4-43}$$

如果从可达矩阵来看,则必然是

$$\boldsymbol{R}\cap\boldsymbol{R}^{\mathrm{T}}=\boldsymbol{I}\tag{4-44}$$

以上介绍了邻接矩阵、可达矩阵及其与结构模型图之间的关系。下面再介绍一下怎样利用邻接矩阵对大型系统的结构进行分解。

4.10　系统结构模型的分解

4.10.1　结构模型的分解

先看两个简单的例子。图 4-4(a)是一个由 4 个单元组成的系统,它包含了两个子系统,它的邻接矩阵为

$$\boldsymbol{A}=\begin{array}{c}\\S_1\\S_2\\S_3\\S_4\end{array}\begin{array}{c}\begin{matrix}S_1&S_2&S_3&S_4\end{matrix}\\\begin{bmatrix}0&0&0&0\\0&0&1&0\\0&1&0&0\\1&0&0&0\end{bmatrix}\end{array}\tag{4-45}$$

如果我们把行和列的顺序加以改变,让行与列的顺序自左而右与自上而下改为 S_2、S_3、S_1、S_4,这时邻接矩阵变成

$$\hat{\boldsymbol{A}}=\begin{array}{c}\\S_2\\S_3\\S_1\\S_4\end{array}\begin{array}{c}\begin{matrix}S_2&S_3&S_1&S_4\end{matrix}\\\left[\begin{array}{cc:cc}0&1&0&0\\1&0&0&0\\\hdashline0&0&0&0\\0&0&1&0\end{array}\right]\\\text{子系统 I}\qquad\text{子系统 II}\end{array}\begin{array}{l}\\\text{子系统 I}\\\\\\\text{子系统 II}\end{array}\tag{4-46}$$

用虚线把它分成分块对角阵,可以看得很清楚,左上角的子矩阵对应于由 S_2 与 S_3 所构成的子系统 I,右下角的子矩阵对应于由 S_1 与 S_4 组成的子系统Ⅱ,两个子系统之间没有联系。两个子矩阵分别是两个子系统的邻接矩阵。显然矩阵经过这样一个变换,在邻接矩阵上就把子系统分开了。

再来研究图 4-11(b),同样是由 4 个单元组成的系统,但它的关系与图 4-11(a)不同。

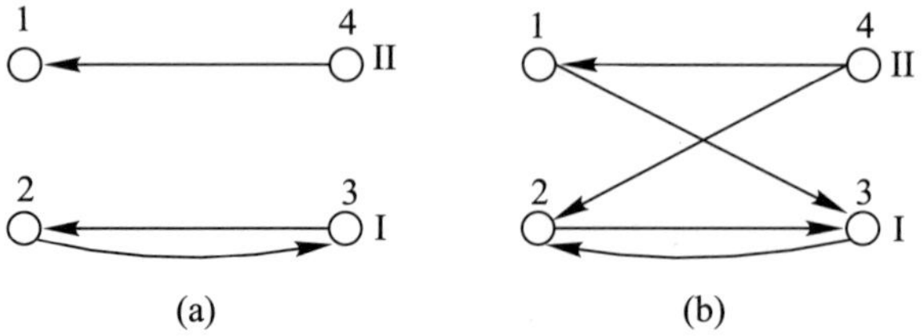

图 4-11 系统关系图

这时,如果我们也像前面那样把它的邻接矩阵:

$$
\boldsymbol{A}=\begin{array}{c} \\ S_1 \\ S_2 \\ S_3 \\ S_4 \end{array}\begin{array}{c} \begin{matrix} S_1 & S_2 & S_3 & S_4 \end{matrix} \\ \begin{bmatrix} 0 & 0 & 1 & 0 \\ 0 & 0 & 1 & 0 \\ 0 & 1 & 0 & 0 \\ 1 & 1 & 0 & 0 \end{bmatrix} \end{array} \tag{4-47}
$$

变换成

$$
\hat{\boldsymbol{A}}=\begin{array}{c} \\ S_2 \\ S_3 \\ S_1 \\ S_4 \end{array}\begin{array}{c} \begin{matrix} S_2 & S_3 & S_1 & S_4 \end{matrix} \\ \left[\begin{array}{cc:cc} 0 & 1 & 0 & 0 \\ 1 & 0 & 0 & 0 \\ \hdashline 0 & 1 & 0 & 0 \\ 1 & 0 & 1 & 0 \end{array}\right] \\ \text{子系统 I} \qquad \text{子系统 II} \end{array}\begin{array}{l} \text{子系统 I} \\ \\ \\ \text{子系统 II} \end{array} \tag{4-48}
$$

这时,再用虚线分块,便是一个下三角分块矩阵。左上与右下子矩阵还和前面一样,是子系统Ⅰ和Ⅱ本身的邻接矩阵;左下角的子矩阵表示的是子系统Ⅱ对子系统Ⅰ的影响;右上角是零矩阵,表示子系统Ⅰ对子系统Ⅱ无影响。这样一来,我们可以看到,把邻接矩阵 **A** 加以变换,有利于子系统的分解。由于情况不同,分解可能实现得了,也可能实现不了。

4.10.2　分解方法

分解的方式也有两种，一种是像图 4-11(a)那样分成相互无关的子系统，另一种是像图 4-11(b)那样分成子系统间有一定方向影响的几个子系统。后一种情况实际上是把子系统的层次分出来了。

上面进行的变换实际上是把邻接矩阵的列和行的顺序加以更换，因此，我们需要研究在什么条件下，邻接矩阵可以变成分块对角阵；在什么条件下，它可以变成下三角分块阵；单元的顺序应该怎样变更，才能做到。

行与列的顺序变更，是按一定的对应关系进行的。如果 $\boldsymbol{A}$ 矩阵各列(行)顺序为 $1,2,\cdots,n$，现在要用 $\hat{\boldsymbol{A}}$ 矩阵各列(行)$i_1,i_2,\cdots,i_n$ 去代替它，我们把这种代替关系用箭头表示为

$$\begin{array}{ccccc} i_1 & i_2 & i_3 & \cdots & i_n \\ \downarrow & \downarrow & \downarrow & \cdots & \downarrow \\ 1 & 2 & 3 & & n \end{array}$$

$i_1,i_2,\ldots,i_n$ 是 $1,2,\cdots,n$ 几个数的某种排列，比如，$\hat{\boldsymbol{A}}$ 的 $i_1=4,i_2=5,\cdots$，就表明 $\hat{\boldsymbol{A}}$ 的第 1 列(行)是 $\boldsymbol{A}$ 的第 4 列(行)，$\hat{\boldsymbol{A}}$ 的第 2 列是 $\boldsymbol{A}$ 的第 5 列，等等。也可用公式表示这种变换，从矩阵理论中知道，将原矩阵 $\boldsymbol{A}$ 的列按(^“2,…,○次序排列所得的结果应等于矩阵 $\boldsymbol{A}$ 右乘 $n\times n$ 矩阵。

$$\boldsymbol{P}=|e_{i1},e_{i2},\cdots,e_{in}| \tag{4-49}$$

其中

$$e_{ik}=\begin{bmatrix}0\\ \vdots\\ 0\\ 1\\ 0\\ \vdots\\ 0\end{bmatrix}\leftarrow 第\ i_k\ 行 \tag{4-50}$$

矩阵的行再进行上述排列的结果相当于再左乘 $\boldsymbol{P}^{\mathrm{T}}$，所以

$$\boldsymbol{A}\to\hat{\boldsymbol{A}}=\boldsymbol{P}^{\mathrm{T}}\boldsymbol{A}\boldsymbol{P} \tag{4-51}$$

现在问题变成了：当 $\boldsymbol{A}$ 为已知时，在什么条件下，有 $\boldsymbol{P}$ 存在，能使

$$\hat{\boldsymbol{A}}=\boldsymbol{P}^{\mathrm{T}}\boldsymbol{A}\boldsymbol{P} \tag{4-52}$$

变成分块对角阵或下三角分块阵？

如果使 $\boldsymbol{P}^{\mathrm{T}}\boldsymbol{AP}$ 变成分块对角阵的 $\boldsymbol{P}$ 存在,我们就说这个系统是可分离的;如果使 $\boldsymbol{P}^{\mathrm{T}}\boldsymbol{AP}$ 变成下三角阵分块阵的 $\boldsymbol{P}$ 存在,则系统是可分级的,否则称为不可分级的。

在有向图中,当任意两点 i 与 j 间既有 i 到 j 通路,又有从 j 到 i 的通路时,这种图称为具有强连接性的图。不是强连接性的图是可以分级的。

4.11 索引矩阵与出现矩阵

4.11.1 索引矩阵

结构模型除了可用邻接矩阵表示之外,还有两种矩阵表示形式,其中一种称为索引矩阵(Index Matrix),它是邻接矩阵的一种变形。我们从前面的例子中已经看到,邻接矩阵中 0 元素很多,能否构成一种新的表达形式,只记载矩阵中的 1,而不去记 0,这样在计算机中可以省掉许多内存容量,而在手算时也省不少事。索引矩阵就是按照这种要求构成的,矩阵只有两列,每一行表明单元间的一个邻接关系($a_{ij}=1$)。例如,图 4-11(b)所示的系统,它的索引矩阵是

$$\boldsymbol{J}=\begin{bmatrix}1&3\\2&3\\3&2\\4&1\\4&2\end{bmatrix}\tag{4-53}$$

这表明 S_1 对 S_3 有作用(因此第 1 行左元素为 1,右元素为 3),S_2 对 S_3 有作用,……,S_4 对 S_1 有作用,S_4 对 S_2 也有作用。各元素的数字是系统中单元的号码,因此,起着索引的作用。同样也可用 $J^{(2)}$,$J^{(3)}$,……表明经过两步、三步的间接作用。例如,图 4-8 所示的系统,当各单元 P、D、H、F_2、F_1 的序号分别为 1,2,3,4,5 时的索引矩阵为

$$\boldsymbol{J}=\begin{bmatrix}2&1\\3&1\\3&4\\4&3\\5&3\end{bmatrix}\boldsymbol{J}^{(2)}=\begin{bmatrix}3&3\\4&1\\4&4\\5&1\\5&4\end{bmatrix}\boldsymbol{J}^{(3)}=\begin{bmatrix}3&1\\3&4\\4&3\\5&3\end{bmatrix}\boldsymbol{J}^{(4)}=\begin{bmatrix}3&3\\3&4\\5&1\\5&1\end{bmatrix}\boldsymbol{J}^{(5)}=\begin{bmatrix}3&1\\3&4\\4&3\\5&3\end{bmatrix}\tag{4-54}$$

我们同样可从 $\boldsymbol{J}^{(k)}$ 的周期性重复来检查出回路来。邻接矩阵的一些性质在索引矩阵中也有类似的情况。

4.11.2　出现矩阵

另一种矩阵形式称为出现矩阵(Occurrence Matrix)。如果系统方程为

$$
\begin{aligned}
&f_1(x_1,x_3)=0\\
&f_2(x_2,x_4)=0\\
&f_3(x_2,x_4)=0\\
&f_4(x_1)=0
\end{aligned}
\tag{4-55}
$$

假如我们构成这样一个矩阵,它的每一行对应一个方程式,每一列对应一个变量矩阵各元素为

$$
c_{ij}\begin{cases}1 & \text{当变量 } x_j \text{ 出现在方程式 } f_i \text{ 中时}\\ 0 & \text{当变量 } x_j \text{ 不出现在方式式 } f_i \text{ 中时}\end{cases}
\tag{4-56}
$$

这样的矩阵就称为出现矩阵。如上例出现矩阵为

$$
\begin{array}{c} \\ f_1\\ f_2\\ f_3\\ f_4\end{array}
\begin{array}{c}
\begin{array}{cccc} x_1 & x_2 & x_3 & x_4\end{array}\\
\begin{bmatrix}1 & 0 & 1 & 0\\ 0 & 1 & 0 & 1\\ 0 & 1 & 0 & 1\\ 1 & 0 & 0 & 0\end{bmatrix}
\end{array}
\tag{4-57}
$$

如果把这个矩阵的各行各列加以适当调换,可以得到如下矩阵:

$$
\begin{array}{c} \\ f_4\\ f_1\\ f_3\\ f_2\end{array}
\begin{array}{c}
\begin{array}{cccc} x_1 & x_3 & x_2 & x_4\end{array}\\
\left[\begin{array}{cc:cc}1 & 0 & 0 & 0\\ 1 & 1 & 0 & 0\\ \hdashline 0 & 0 & 1 & 1\\ 0 & 0 & 1 & 1\end{array}\right]
\end{array}
\tag{4-58}
$$

其中用虚线分成了分块对角阵,表明可分离成两个子系统:x_1 与 x_3 在一个子系统内,由 f_1 与 f_4 联系;x_1 与 x_4 在一个子系统内,由 f_2 与 f_3 联系。对于不像上例那样容易划分的系统来说,可按下列步骤加以分解。

(1)在出现矩阵(假设为 $m\times m$)中选出非零元素最多的一列——第 k 列,如上例可选 $k=1$。

(2)构成一个新的 $j\times m$ 布尔矩阵 $\boldsymbol{M}^{(0)}$:保留原出现矩阵中第 k 列内每个为 0 的元素所对应的各行,而把各个为 1 的元素所对应的行进行布尔代数加法,放在后面几行,例如上面的例子,经过这样处理,得出了 3×4 矩阵。

$$
\begin{array}{c} \\ f_2 \\ f_3 \\ f_1 \cup f_4 \end{array}
\begin{array}{c} \begin{array}{cccc} x_1 & x_2 & x_3 & x_4 \end{array} \\ \begin{bmatrix} 0 & 1 & 0 & 1 \\ 0 & 1 & 0 & 1 \\ 1 & 0 & 1 & 0 \end{bmatrix} \end{array} \tag{4-59}
$$

(3)再重复步骤(1)和(2),又得到一个新的矩阵 $\boldsymbol{M}^{(1)}$。然后从 $\boldsymbol{M}^{(1)}$ 得到 $\boldsymbol{M}^{(2)}$,直到最后得到 $\boldsymbol{M}^{(n)}$ 为止,这个 $\boldsymbol{M}^{(n)}$ 每一列只含一个非 0 元素,它的每一行对应原系统中一个子系统,如上例 $\boldsymbol{M}^{(n)}$ 为下式:

$$
\begin{array}{c} \\ f_1 \cup f_4 \\ f_2 \cup f_3 \end{array}
\begin{array}{c} \begin{array}{cccc} x_1 & x_2 & x_3 & x_4 \end{array} \\ \begin{bmatrix} 1 & 0 & 1 & 0 \\ 0 & 1 & 0 & 1 \end{bmatrix} \end{array} \tag{4-60}
$$

4.12 结构模型的建立(一)

4.12.1 结构模型建立的过程

前面讲的这些方法适用于邻接关系很清楚的系统。例如,许多工程系统,其中各单元的联系很明确,像使用机械零件、管路、线路等进行连接的系统,很容易得出邻接矩阵。即使系统规模很大,有了邻接矩阵,也可用上面讲过的方法分离成独立子系统,或分解成有层次的一些子系统。

但是结构模型更有用处的却是在一些社会、经济、环境、生态等系统中,这时每个单元不一定是某一实物或物理、工程参量,而是一些社会、经济因素,它们要比工程系统中的单元抽象得多,而各因素之间的关系有时并不明确,更不容易分辨出它们之间究竟是直接关系(邻接关系)还是间接关系。因此,常需要根据已知的不完整的可达关系先找出可达矩阵,再设法求邻接矩阵,构成结构模型。下面介绍这种问题的解法。

在深入分析一个系统时,需要首先建立系统的结构模型。我们面临的任务是在知道了系统的各个组成单元之间的全部或部分关系后,怎样确定系统的结构模型图,或者确定与这个结构模型相对应的邻接矩阵与可达矩阵。

结构模型的建立,可像图 4-5 那样,由人和计算机经过多次对话来逐渐构成(对于简单的模型,不用计算机完全用人工计算与推理也能进行)。参加制定模型的人员,根据对系统及其组成部分的了解和调查,在意识中已经形成了一些不完整的有关系统结构的知识。也就是说,对于系统各组成单元 $S_1, S_2, \cdots, S_n$ 之间的相互关系有了相当程度的掌握,能够回答所有或大部分"S_i 是否可达 S_j",即回答

“S_iRS_j? $(i=1,2,\cdots,n;j=1,2,\cdots,n)$ ”的问题。我们就利用这些知识(可以称为意识模型)经过互相之间的讨论,形成一致的或大体一致(求同存异)的看法,把这些关系输入计算机去构成结构模型所对应的矩阵。我们知道,对应的矩阵有邻接矩阵与可达矩阵两种,对一般工程系统来说,它是由各个零部件或子系统按一定方式组合而成的,比较直观,所以邻接矩阵不难得到。但对于复杂系统,特别是含有社会因素的系统来说,反倒是可达矩阵容易得到。因为我们容易知道 S_i 与 S_j 有无关系,至于这种关系是直接的(邻接的)还是间接的(通过一些中间单元)却并不清楚。在这种情况下,可以通过人—机对话先构成可达矩阵,再经过一定的处理,得出结构模型。从图 4-12 中可以看出,这种过程是一个多次人—机对话的过程,通过反馈来逐步完善这个模型。这个过程,也是一个统一工作人员思想、提高工作人员认识的过程。

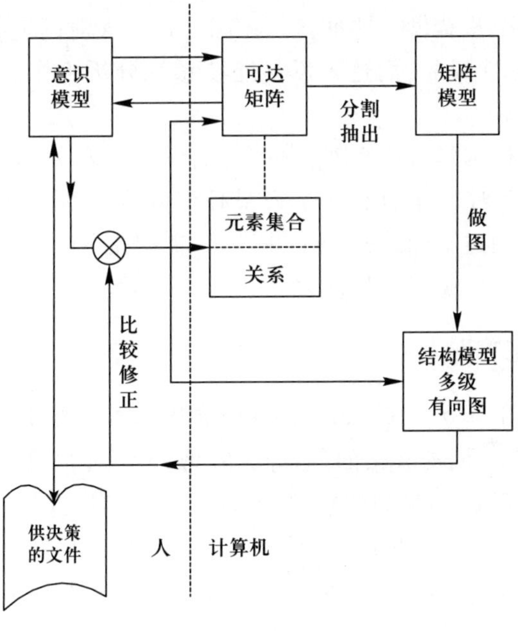

图 4-12　人—机对话的过程

4.12.2　具体做法

上述工作的具体做法可分下列 6 步。

(1)组织小组,挑选一个 8~10 人的成员班子,这些人对系统比较熟悉,而且热心主动,观点并不一定都一致。最好有决策者或项目委托人、其他负责人参加。

(2)明确问题,前面已经讨论过,这里不再重复。

(3)选择构成问题的要素,这些要素正是结构模型图中节点代表的单元、属性。为了选择适当,应该把个人想法与小组的集体创造性思考很好地结合起来。先要求每个成员尽可能把他在脑子里浮现的事物写出来,然后公之于众,让大家边看边议论,逐步明确,把讨论结果整理后再公布,最后讨论定案。

(4)确定要素间的关系,这是最重要的一步,即确定前面说的 S_i 与 S_j 有无关系。为此首先要明确关系指的是什么,然后,同样是由小组成员各抒己见,能统一则统一,不能统一则把它先记下来,以后反复研究,最好用投影仪或计算机屏幕把各因素两两对比显示,让大家发表意见。

(5)构成可达矩阵。

(6)进行必要的变换,求出邻接矩阵。

在(5)、(6)两步中如遇到一些问题与矛盾,或者有新的发现,可以再回到步骤(3)去。

利用这种讨论的方法可以集思广益,也容易激发大家的主动性与创造性,为系统分析的后面几个步骤做一些准备。正因为每个人对问题的了解及评价标准不一样,所以会有多次反复,而这种反复能使系统分析工作做得更全面更细致,避免或减少许多失误。

现在先介绍怎样构建可达矩阵。对于一个有 n 个单元的系统来说,要构成~可达矩阵,除已知 S_i 对 S_j 本身有 n 个关系必定可达以外,还有 $n(n-1)$ 个关系。但实际上我们可以通过下面这样一个办法,不需要把 $n(n-1)$ 个关系逐个考虑,而可以根据推理的方法加以分析简化。

4.12.3 简化方法

对于任何一个单元 S_i 来说,它和其他所有单元 S_j(j 不等于 i)之间,必定存在下列几种关系中的一种,即其余的各单元必定属于下列情况之一。

(1)有一些单元,S_i 要影响到它们,也就是说,在有向图上,可从 S_i 到达这些单元,我们把所有这些单元的集合称为“上位集”,S_i 的上位集用 $L(S_i)$ 表示。

(2)有一些单元,它们影响到 S_i,也就是说,在有向图中,可从它们到达 S_i,我们把这类单元的集合称为“下位集”。S_i 的下位集用 $D(S_i)$ 表示。

(3)还有一些单元,既不影响 S_i,也不受 S_i 所影响,我们把这类单元的集合称为“无关集”,S_i 的无关集用 $V(S_i)$ 表示。

$L(S_i)$ 如果再细分,又可分成两个子集:

(1)无反馈上位集,用 $NF(S_i)$ 表示;

(2)反馈上位集,用 $F(S_i)$ 表示。

S_i 和所有各个集合的关系可以用图 4-13 表示。

我们来研究一下,当可达矩阵按一定行列顺序排列时,S_i 和各个集的关系。如下面安排好的矩阵所示,我们取 S_i 这一行和 S_i 这一列,得到下面的可达矩阵划分关系。

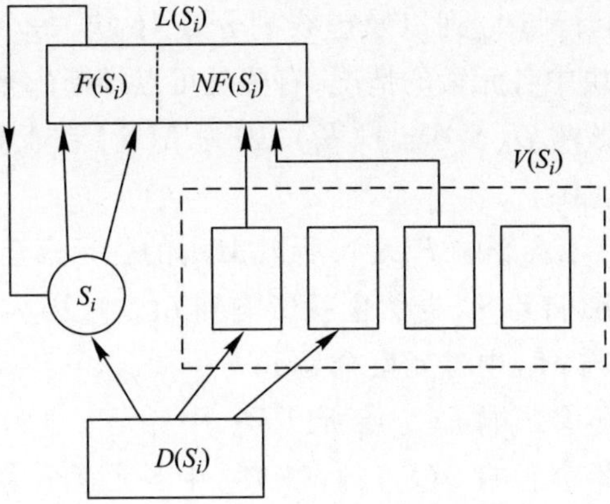

图 4-13　S_i 和所有各个集合的关系图

$$
\begin{array}{c|c|c|c|c|c}
 & \overbrace{NF(S_i)\quad F(S_i)}^{L(S_i)} & & S_i & V(S_i) & D(S_i) \\
\hline
L(S_i)\begin{cases} NF(S_i) \\ F(S_i) \end{cases} \; NF & \boldsymbol{M}_{\text{NFNF}} & (0)\ \boldsymbol{M}_{\text{NFF}} & 0\ 0\ 0\ 0 & (0)\ \boldsymbol{M}_{\text{NFV}} & (0)\ \boldsymbol{M}_{\text{NFD}} \\
\hline
F & (1)\ \boldsymbol{M}_{\text{NFN}} & (1)\ \boldsymbol{M}_{\text{FF}} & 1\ 1\ 1\ 1 & (0)\ \boldsymbol{M}_{\text{FV}} & (0)\ \boldsymbol{M}_{\text{FD}} \\
\hline
S_i & 1\ 1\ 1\ 1\ 1 & 1\ 1\ 1\ 1\ 1 & 1 & 0\ 0\ 0\ 0\ 0 & 0\ 0\ 0\ 0\ 0 \\
\hline
V(S_i) & \boldsymbol{M}_{\text{VNF}} & (0)\ \boldsymbol{M}_{\text{VF}} & 0\ 0\ 0\ 0 & \boldsymbol{M}_{\text{VV}} & (0)\ \boldsymbol{M}_{\text{VD}} \\
\hline
D(S_i) & (1)\ \boldsymbol{M}_{\text{DNF}} & (1)\ \boldsymbol{M}_{\text{DF}} & 1\ 1\ 1\ 1 & \boldsymbol{M}_{\text{DV}} & \boldsymbol{M}_{\text{DD}}
\end{array}
\qquad (4-61)
$$

为了解释这个矩阵，我们从 S_i 这一行看起，它和 $L(S_i)$ 各列对应的各元素都是 1，和 $V(S_i)$ 与 $D(S_i)$ 各列对应的各元素都是 0，对应 S_i 列的当然是 1。再看 S_i 这一列：它和 $D(S_i)$ 各行以及 $F(S_i)$ 各行对应的元素都是 1，和 $V(S_i)$ 各行以及

$NF(S_i)$各行对应的元素都是 0。

上面的矩阵被 S_i 行与 S_j 列以及虚线划分成 16 块,每个分块的代号如矩阵中所标出的。这 16 块中各元素的情况,有些是可以推断出来的,例如:

(1)$L(S_i)$不会影响 $D(S_i)$与 $V(S_i)$,因为 $L(S_i)$在上位,所以 $\boldsymbol{M}_{\mathrm{NFV}}$,$\boldsymbol{M}_{\mathrm{FV}}$,$\boldsymbol{M}_{\mathrm{NFD}}$,$\boldsymbol{M}_{\mathrm{FD}}$各元素全是 0;

(2)因为 $NF(S_i)$不会影响 $F(S_i)$,所以 $\boldsymbol{M}_{\mathrm{NFF}}$的各元素全是 0;

(3)因为 $F(S_i)$影响到 S_i,当然也就影响到 $L(S_i)$,因为 $L(S_i)$包括 $NF(S_i)$与 $F(S_i)$,所以 $\boldsymbol{M}_{\mathrm{FNF}}$与 $\boldsymbol{M}_{\mathrm{FF}}$中各元素全是 1;

(4)因为 $V(S_i)$不会影响 $F(S_i)$,所以 $\boldsymbol{M}_{\mathrm{VF}}$中各元素全为 0;

(5)因为 $V(S_i)$不会影响 $D(S_i)$,所以 $\boldsymbol{M}_{\mathrm{VD}}$中各元素全为 0;

(6)因为 $D(S_i)$影响到 $L(S_i)$,所以 $\boldsymbol{M}_{\mathrm{DNF}}$和 $\boldsymbol{M}_{\mathrm{DF}}$中各元素全是 1。

这样一来,16 个分块中有 11 个可以推断其为 0 阵或满阵。另外 5 个分块中,$\boldsymbol{M}_{\mathrm{NFNF}}$,$\boldsymbol{M}_{\mathrm{VV}}$,$\boldsymbol{M}_{\mathrm{DD}}$在主对角线上,因此,它们 3 个可以称为可达子矩阵(其对角线元素均为 1,而阶次都较低),可以按照这种方法再去化简,另外两个是相互作用矩阵 $\boldsymbol{M}_{\mathrm{VNF}}$与 $\boldsymbol{M}_{\mathrm{DV}}$,其求法将在下面介绍。

从上面介绍的方法可以知道,只要我们选定一个典型的 S_i,而把其余所有 $S_j(i\neq j)$按它与 S_i 的影响关系分成 $L(S_i)$(又可分为 $NF(S_i)$与 $F(S_i)$)、$D(S_i)$、$V(S_i)$几组,按上面给出的矩阵形式,把行和列加以适当安排,就可以很快确定可达矩阵中的大多数元素了。

4.12.4 实例

让我们用一个简单的例子来说明这一方法的应用。设有一系统,其最后结构模型如图 4-14 所示。但我们事先并不知道这个结构,只知道对单元 S_3 来说,上位集 $L(S_3)$中包含 S_1 与 S_2,其中 S_1 属于无反馈上位集 $NF(S_3)$,S_2 属于反馈上位集 $F(S_3)$;下位集 $D(S_3)$中包含 S_4;无关集 $V(S_3)$中包含与 S_5 与 S_6。

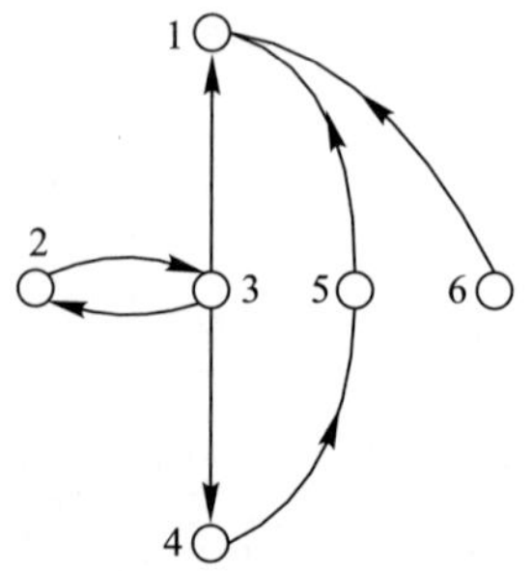

图 4-14　结构模型

在了解了上面这些情况的条件下，我们按上面讲过的方法，把这个系统的可达矩阵排成这样

			L: NF	L: F		V	V	D
			S_1	S_2	S_3	S_5	S_6	S_4
L	NF	S_1	1	(0)	0	(0	0)	(0)
L	F	S_2	(1)	(1)	1	(0	0)	(0)
		S_3	1	1	0	0	0	(0)
V		S_5	1	0	0	1	0	0
V		S_6	1	0	0	0	1	0
D		S_4	(1)	(1)	(1)	1	1	1

（4-62）

这时再按前面讲过的方法确定11个分块中的元素（矩阵中画括号部分），还剩下5个分块，需要再问以下5组问题。

（1）S_5 与 S_6 的关系：如果回答是 $S_5\overline{R}S_6$，及表明不可达，因此，在 $\boldsymbol{M}_{\mathrm{VV}}$ 分块中右上角元素为0；S_6 与 S_5 的关系：如果回答是 $S_5\overline{R}S_6$，$\overline{R}$ 及表明不可达则在 $\boldsymbol{M}_{\mathrm{W}}$ 分块中左下角元素为0。

（2）S_6 与 S_1 的关系：如果回答是 S_6RS_1，则在 $\boldsymbol{M}_{\mathrm{VV}}$ 分块的下一元素为1；S_5 与 S_1 的关系：如果回答是 S_5RS_1，则在 $\boldsymbol{M}_{\mathrm{VNF}}$ 分块中上一元素为1。

（3）S_4 与 S_5 的关系：如果回答是 S_4RS_5，则在 $\boldsymbol{M}_{\mathrm{DV}}$ 分块中左一元素为1。S_4 与 S_6 的关系：如果回答是 S_4RS_6，则在 $\boldsymbol{M}_{\mathrm{DV}}$ 分块右一元素为1。

（4）S_1 与 S_1 的关系：这自然是，因此，$\boldsymbol{M}_{\mathrm{NFNF}}$ 的唯一元素为1。

（5）S_4 与 S_4 的关系：同样是 S_4RS_4，$\boldsymbol{M}_{\mathrm{DD}}$ 的唯一元素也是1。

以上5组问题中真正需要回答的是6个问题，连同原来已知的与 S_3 的关系中的5个问题，总的问题数要比可达矩阵元素少。因此，手续简便。这里比较关键的地方是 S_i 的选择。S_i 要选择能够承上启下的单元。

4.12.5　待定元素求法

下面介绍上面留下来的 $\boldsymbol{M}_{\mathrm{DV}}$ 与 $\boldsymbol{M}_{\mathrm{VNF}}$ 各元素的求法。

我们从上面的可达矩阵中抽取出如下子矩阵：

$$\boldsymbol{M}_1=\begin{bmatrix}\boldsymbol{M}_{\mathrm{NFNF}} & \boldsymbol{0}\\ \boldsymbol{M}_{\mathrm{VNF}} & \boldsymbol{M}_{\mathrm{VV}}\end{bmatrix} \text{或} \boldsymbol{M}_2=\begin{bmatrix}\boldsymbol{M}_{\mathrm{VV}} & \boldsymbol{0}\\ \boldsymbol{M}_{\mathrm{DV}} & \boldsymbol{M}_{\mathrm{DD}}\end{bmatrix} \tag{4-63}$$

显然，它们全是

$$\boldsymbol{M}=\begin{bmatrix}\boldsymbol{A} & \boldsymbol{0}\\ \boldsymbol{X} & \boldsymbol{B}\end{bmatrix} \tag{4-64}$$

这样的类型，$\boldsymbol{A}$ 与 $\boldsymbol{B}$ 是可达矩阵，由于可达矩阵具有下列性质

$$\boldsymbol{M}^2=\boldsymbol{M} \quad \boldsymbol{A}^2=\boldsymbol{A} \quad \boldsymbol{B}^2=\boldsymbol{B}$$

而我们知道

$$\boldsymbol{M}^2=\begin{bmatrix}\boldsymbol{A} & \boldsymbol{0}\\ \boldsymbol{X} & \boldsymbol{B}\end{bmatrix}\begin{bmatrix}\boldsymbol{A} & \boldsymbol{0}\\ \boldsymbol{X} & \boldsymbol{B}\end{bmatrix}=\begin{bmatrix}\boldsymbol{A}^2 & \boldsymbol{0}\\ \boldsymbol{XA}+\boldsymbol{BX} & \boldsymbol{B}^2\end{bmatrix}=\boldsymbol{M}\begin{bmatrix}\boldsymbol{A} & \boldsymbol{0}\\ \boldsymbol{X} & \boldsymbol{B}\end{bmatrix} \tag{4-65}$$

由式(4-65)可知

$$\boldsymbol{XA}+\boldsymbol{BX}=\boldsymbol{X} \tag{4-66}$$

这是一个布尔矩阵特征方程，也称为自蕴涵方程，可以利用这个关系求 $\boldsymbol{X}$。让我们用一个例子来说明(图 4-15)

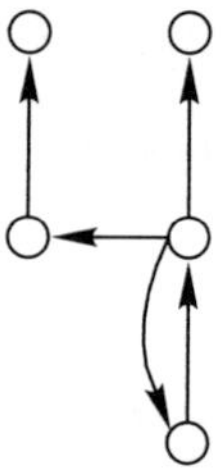

图 4-15　关系图

$$\boldsymbol{M}=\begin{array}{c} \\ S_1\\ S_2\\ S_3\\ S_4\\ S_5\end{array}\begin{array}{c}\begin{array}{ccccc}S_1 & S_2 & S_3 & S_4 & S_5\end{array}\\ \left[\begin{array}{cc|ccc}1 & 0 & 0 & 0 & 0\\ 1 & 1 & 0 & 0 & 0\\ \hline x_1 & x_4 & 1 & 0 & 0\\ x_2 & x_5 & 1 & 1 & 1\\ x_3 & x_6 & 1 & 1 & 1\end{array}\right]\end{array}=\begin{bmatrix}\boldsymbol{A} & \boldsymbol{0}\\ \boldsymbol{X} & \boldsymbol{B}\end{bmatrix} \tag{4-67}$$

由于

$$\boldsymbol{XA}+\boldsymbol{XB}=\boldsymbol{X} \tag{4-68}$$

代入式(4-67)各分块的值，得

$$\begin{bmatrix} x_1 & x_4 \\ x_2 & x_5 \\ x_3 & x_6 \end{bmatrix}\begin{bmatrix} 1 & 0 \\ 1 & 1 \end{bmatrix}+\begin{bmatrix} 1 & 0 & 0 \\ 1 & 1 & 1 \\ 1 & 1 & 1 \end{bmatrix}\begin{bmatrix} x_1 & x_4 \\ x_2 & x_5 \\ x_3 & x_6 \end{bmatrix}=\begin{bmatrix} x_1 & x_4 \\ x_2 & x_5 \\ x_3 & x_6 \end{bmatrix} \tag{4-69}$$

从上面的方程式可得

$$x_1+x_4+x_1=x_1 \tag{4-70a}$$
$$x_2+x_5+x_1+x_2+x_3=x_2 \tag{4-70b}$$
$$x_3+x_6+x_1+x_2+x_3=x_3 \tag{4-70c}$$
$$x_4+x_4=x_4 \tag{4-70d}$$
$$x_5+x_4+x_5+x_6=x_5 \tag{4-70e}$$
$$x_6+x_4+x_5+x_6=x_6 \tag{4-70f}$$

式(4-70)中的(4-70d)并未提供信息。根据布尔代数运算法则,上式可简化成

$$x_1+x_4=x_1 \tag{4-71a}$$
$$x_1+x_2+x_3+x_5+x_2=x_2 \tag{4-71b}$$
$$x_1+x_2+x_3+x_6+x_3=x_3 \tag{4-71c}$$
$$x_4+x_5+x_6=x_5 \tag{4-71d}$$
$$x_4+x_5+x_6=x_6 \tag{4-71e}$$

我们知道,有许多组解可以满足上述方程。我们要得出一组解,需经过试探。从式(4-71)中的(4-71a)可知,如果令 $x_1=0$,可解出 $x_4=0$(如果令 $x_1=1$,则无法确定 x_4)。这时根据实际情况判断 x_1 可能的值,假设它是 $x_1=0$,则 $x_4=0$。如果再按经验判断 $x_5=1$,则从式(4-71e)可知 $x_6=1$。这样式(4-71b)为

$$\begin{cases} x_2+x_3+1=x_2 \\ x_2+x_3+1=x_3 \end{cases} \tag{4-72}$$

由此可解出

$$\begin{cases} x_2=1 \\ x_3=1 \end{cases} \tag{4-73}$$

这样得到

$$X=\begin{bmatrix}0 & 0\\1 & 1\\1 & 1\end{bmatrix} \tag{4-74}$$

从上面可以看出，这里需要从实际情况对两个 x 做出估计。

4.13 结构模型的建立(二)

4.12 节介绍了怎样求取可达矩阵，这里介绍怎样由可达矩阵寻求结构模型。可达矩阵给出了各单元之间的关系，为了构成结构模型，我们需要把这些关系加以划分，以明确系统的层次和结构细节。

下面介绍的方法中，共进行 5 种划分。

4.13.1 关系划分 $\prod_1(S\times S)$

这种划分就是把所有各个单元之间是否可达的关系划分成两大类 Z 与 $\bar{Z}$ 类包括所有可达关系，$\bar{Z}$ 类包括所有不可达关系。有次序的一对单元 S_i 与 S_j，如果 S_i 可达 S_j，则这一关系属于 Z 类；如果 S_i 不可达 S_j，则这一关系属于 $\bar{Z}$ 类。其实，从可达矩阵各元素是 1 还是 0 就很容易进行划分。

这种划分用公式表示为

$$\prod_1(S\times S)=\{Z\};\{\bar{Z}\} \tag{4-75}$$

我们试用一个例子来加以说明。设某一系统的可达矩阵已求得

$$\begin{array}{c} \\ S_1\\S_2\\S_3\\S_4\\S_5\\S_6\\S_7\end{array}\begin{array}{c}\begin{array}{ccccccc}S_1 & S_2 & S_3 & S_4 & S_5 & S_6 & S_7\end{array}\\ \begin{bmatrix}1&0&0&0&1&0&1\\0&1&0&0&0&0&0\\0&0&1&0&1&1&0\\0&1&0&1&0&0&0\\0&0&0&0&1&0&0\\0&0&1&0&1&1&0\\0&0&0&0&1&0&1\end{bmatrix}\end{array} \tag{4-76}$$

其中共有 49 个元素，有 15 个 1 和 34 个 0。划分后，有

$\prod_1(S\times S)=\{Z\};\{\bar{Z}\}$

$=\{(1,1),(1,5),(1,7),(2,2),(3,3),(3,6),(4,2),$
$(4,4),(5,5),(6,3),(6,5),(6,6),(7,5),(7,7)\};\{(1,2),$

$$(1,3),(1,4),(1,6),(2,1),(2,3),(2,4),(2,5),(2,6),$$
$$(2,7),(3,1),(3,2),(3,4),(3,7),(4,1),(4,3),(4,5),$$
$$(4,6),(4,7),(5,1),(5,2),(5,3),(5,4),(5,6),(5,7),$$
$$(6,1),(6,2),(6,4),(6,7),(7,1),(7,2),(7,3),(7,4),(7,6)\} \tag{4-77}$$

4.13.2　级别划分 $\prod_2 S$

对于每一个单元 S_i，我们把 S_i 可以到达的单元汇集成一个集合，称为 S_i 的可达集（或后果集）$R(S_i)$；再把所有可能到达 S_i 的单元汇集成一个集合，称为 S_i 的前因集 $A(S_i)$，即

$$R(S_i)=\{S_j\in S \mid r_{ij}=1\}$$
$$A(S_i)=\{S_j\in S \mid r_{ji}=1\} \tag{4-78}$$

式中：S 为全部单元的集合；r_{ij} 为可达矩阵的元素。

从可达矩阵很容易得到这两个集合。顺着矩阵的 S_i 行横看过去，凡是元素为 1 的列所对应的单元都在 $R(S_i)$ 之内；再顺着可达矩阵 S_i 这一列竖看下来，凡是元素为 1 的行所对应的单元都在 $A(S_i)$ 之内。

对于上面举过的例子来说，表 4-1 的第 2 列给出了各单元的 $R(S_i)$，第 3 列给出了各单元的 $A(S_i)$。

在一个多级结构的最上一级（最后一级）的单元，没有更高的级可以到达，所以它的可达集 $R(S_i)$ 中只能包括它本身和与它同级的某些强连接的单元。这个最上级的单元的前因集 $A(S_i)$，则包括它自己、可以到达它的下级各单元以及它上面的强连接单元。这样一来，$A(S_i)$ 与 $R(S_i)$ 的交集，对最上一级的单元来说，就和它的 $R(S_i)$ 是一样的。因为如果不是最上级中的单元，它的可达集中还有更高级中的单元，这不会出现在它的可达集与前因集的交集之内。所以，我们可得出 S_i 为最上级单元的条件为

$$R(S_i)=R(S_i)\cap A(S_i) \tag{4-79}$$

得出最上级各单元后，把它们暂时去掉，再用同样方法便可求得次一级（也就是去掉上一级后的最上级）诸单元，一直这样做下去，便可一级级地把各单元划分开。如果我们用 $L_1,L_2,\cdots L_k$ 表示从上到下的各级，级别划分可用下式表示

$$\prod\nolimits_2(S)=\{L_1,L_2,\cdots,L_k\} \tag{4-80}$$

如果我们为了表达方便，再引入一个零级 L。它是一个空集，则各级中元素的迭代求法可用下式表述，即

$$L_j = \{ S_i \in S-L_0-L_1-\cdots-L_{j-1} \mid R_{j-1}(S_i) \cap A_{j-1}(S_i) \} \tag{4-81}$$

其中:$R_{j-1}(S_i)$与$A_{j-1}(S_i)$分别表示从$(S-L_0-L_1-\cdots-L_{j-1})$子集中求得的$S_i$的可达集与前因集。这个公式的实际应用以列表最为方便醒目,如上面例子的计算,第一级情况如表 4-2 所列。

表 4-2

单元 S_i	可达集 $R(S_i)$	前因集 $A(S_i)$	$R(S_i) \cap A(S_i)$
1	1,5,7	1	1
2	2	2,4	2
3	3,5,6	3,6	3,6
4	2,4	4	4
5	5	1,3,5,6,7	5
6	3,5,6	3,6	3,6
7	5,7	1,7	7

从表 4-2 中可以看出,单元 2 与 5 是上级的单元,即

$$L_1 = \{2,5\} \tag{4-82}$$

现在暂时去掉L_1,求$(S-L_0-L_1)$的最上级单元,也就是去掉 2,5 两个单元,而只考虑 1,3,4,6,7 各单元。我们仍旧用列表的方法求解,如表 4-3 所列。

表 4-3

单元(S_i)	可达集 $R(S_i)$	前因集 $A(S_i)$	$R(S_i) \cap A(S_i)$
1	1,7	1	1
3	3,6	3,6	3,6
4	4	4	4
6	3,6	3,6	3,6
7	7	1, 7	7

从表 4-3 中看出,单元 3,4,6,7 是这时的最上级,也就是总的第二级

$$L_2 = \{3,4,6,7\} \tag{4-83}$$

然后再去掉单元 3,4,6,7,按照$(S-L_0-L_1-L_2)$去找,这时因只有一个单元 1,排出来很简单,如表 4-4 所列。

表 4-4

单元(S_i)	可达集 $R(S_i)$	前因集 $A(S_i)$	$R(S_i)\cap A(S_i)$
1	1	1	1

因此

$$L_3=\{1\} \tag{4-84}$$

这样一来,7 个单元都已划分完毕,最后划分结果为

$$\prod_2(S)=\{[2,5];[3,4,6,7];[1]\} \tag{4-85}$$

也就是说分成了三级。

4.13.3　分部划分 $\prod_2(S)$

有的系统从结构上可以划分成几个部分,每个部分之间相互独立,没有什么直接或间接联系。分部划分 $\prod_3(S)$ 就是进行这种划分的。

如果说,级别划分是自上而下来考虑的,那么分部划分则是自下而上来考虑的。为此我们先定义一种底层单元,所谓底层单元,就是那些前因集 $A(S_i)$ 和它的前因集 $A(S_i)$ 与可达集 $R(S_i)$ 的交集相同的单元

$$A(S_i)=A(S_i)\cap R(S_i) \tag{4-86}$$

显而易见,如果 S_i 是底层单元,则前因集 $A(S_i)$ 中包含它本身以及与 S_i 有关的强连接单元。可达集包含它本身、与 S_i 有关的强连接单元和可从 S_i 到达的单元。如果有一个单元在 S_i 的下层,它只能包含在 $A(S_i)$ 中而不能包含在 $A(S_i)\cap R(S_i)$ 中。所以符合上述条件的一定是底层单元。

应该注意的是,在一个级数为 l 的多级系统中,底层单元并不都是在第 l 级,它可能在任何一个 $k<l$ 上,只要它下面不再有单元。

如果有两个底层单元的可达集是相同的,那么这两个单元在一个部分之内(也就是在一个有向图之中),否则就不在一个部分内。

现在我们来进行分部划分,如果该系统可以划分成 m 个部分,即

$$\prod_3(S)=\{D_1,D_2,\cdots,D_m\} \tag{4-87}$$

我们先来找出底层单元集 B,即

$$B=\{S_i\in S|A(S_i)=A(S_i)\cap R(S_i)\} \tag{4-88}$$

例如,在上面那个例子里,从表 4-1 可以看出,1,3,4,6 这 4 个单元合乎

$A(S_i)$与$A(S_i)\cap R(S_i)$的相同条件，所以它们是底层单元：

$$B=\{1,3,4,6\} \tag{4-89}$$

然后，我们从这些单元出发，寻找哪些单元和它们是在一个部分（有向图）之内。

我们知道，两个单元S_i、S_j如果它们的可达集有共同的单元，也就是它们的可达集$R(S_i)$，$R(S_j)$的交集不是空集，即

$$\{R(S_i)\cap R(S_j)\}\neq\varnothing \tag{4-90}$$

则它们是在一个部分之内。

例如，上例中，$R(1)$，$R(3)$，$R(6)$中有共同单元S_5，即

$$R(1)\cap R(3)\cap R(3)\cap R(6)=\{5\}\neq\varnothing \tag{4-91}$$

所以S_1、S_3、S_6、S_5在一个部分里。但$R(S_4)$中与S_1、S_3、S_6无共同的单元，所以可以肯定S_4不在这一部分之内。

$$\{R(1)\cap R(4)\}=\{R(3)\cap R(4)\}=\{R(6)\cap R(4)\}\neq\varnothing \tag{4-92}$$

我们再根据各可达矩阵中的单元，就可以确定S_5与S_7是在哪一部分里，S_1、S_3、S_6在哪一部分里，S_2在S_4哪一部分里。

因此

$$\prod\nolimits_3(S)=\{[1,3,5,6,7];[2,4]\} \tag{4-93}$$

我们把7个单元划分为两块（分成两个有向图）。如果说级别划分从纵的方面排出了级次，那么这里就从横的方面划分了部组。

4.13.4 是否强连接单元的划分$\prod_4(S)$

当按$\prod_2(S)$进行级别划分之后，在每一层内的各单元有可能是强连接部分的单元，也可能不是。如果某单元不属于强连接部分，则对本层来说，它的可达集正是它本身，即

$$S_i=R_{\mathrm{Lk}}(S_i) \tag{4-94}$$

其中，R_{Lk}的脚注Lk表明只是对第k级这一层来说的。这样，我们把各层（各级）单元分成两类，一类是不在强连接内的，称为I类；另一类是在强连接内的，称为K类，即

$$\prod\nolimits_4(L_k)=\{I,K\} \tag{4-95}$$

I 和 K 中很有可能有一个是空集，但不会都是空集。

在上例中，对第一级来说，有

$$R_{L1}\quad(2)\quad=2\quad R_{L1}\quad(5)\quad=5 \tag{4-96}$$

而这一集只有 S_2、S_5 两个单元，所以

$$\prod{}_4(L_1)=\ \{[2,5],[\varnothing]\} \tag{4-97}$$

对第二级来说，有

$$\begin{aligned}&R_{L2}(3)=\{3,6\}\quad R_{L2}(7)=7\\&R_{L2}(4)=4\quad R_{L2}(6)=[3,6]\end{aligned} \tag{4-98}$$

因此

$$\prod{}_4(L_2)=\ \{[4,7],[3,6]\} \tag{4-99}$$

对第三级来说，有

$$R_{L3}(1)=1 \tag{4-100}$$

因此

$$\prod{}_4(L_3)=\ \{[1],\varnothing\} \tag{4-101}$$

从上面的划分可以看出，1，2，4，5，7 全不在强连接内，3，6 在强连接之内。而 3，6 又在第二级，所以第二级有一个强连接。

4.13.5　强连接子集的划分 $\prod{}_5(S)$

利用 $\prod{}_4(S)$ 可以划分出哪些单元属于强连接，这里的划分则是要把具有强连接的子集（回路）划分出来，即

$$\prod{}_5\,(S)=\{c_1,c_2,\cdots,c_y\} \tag{4-102}$$

式中：c_i 为一个最大回路集、y 为这种集的数目。这里的所谓“最大”是指如果在这个集合中再增加一个元素，就会破坏回路的性质，而回路已如前面所讲，就是指构成它的元素中互相都是可达而且互为前因的，这可从可达矩阵识别出来。构成回路最少的元素数目是 2，如上式中 3，6 就是一个最起码的回路。

有了以上 5 种划分，就可以构成结构模型了。例如前面的例子里：

(1) 从 $\prod{}_2(S)$ 划分已知 7 个单元分在三级之内，如图 4－16 所示，2，5 在第一级，3，4，6，7 在第二级，1 在第三级，图中已按上下顺序画出。

(2) 从 $\prod{}_3(S)$ 划分可知，该系统可分成两个独立的部分，1，3，5，6，7 为一部

分,2,4 为一部分,图中划分在左、右两边。

(3) 从 $\prod_4(S)$ 与 $\prod_5(S)$ 划分可知 3,6 为强连接回路。

(4) 再从 $\prod_4(S \times S)$ 可知,有下面这些关系。

$$1 \to 7;3 \to 5;6 \to 5;7 \to 5;4 \to 2$$

我们把它们利用起来,画到图上,便逐渐得到了待求的结构模型。

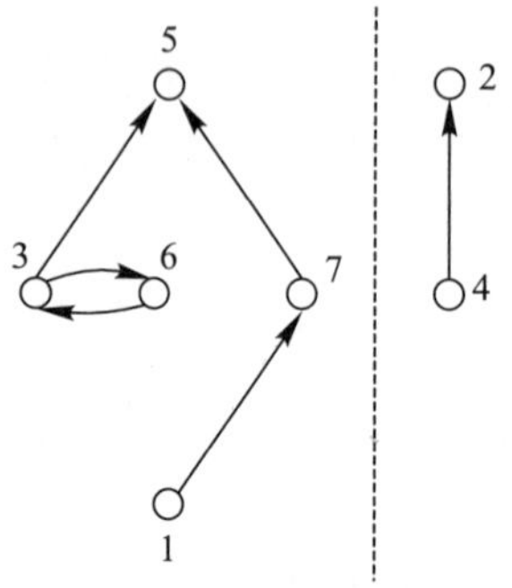

图 4-16　结构模型

4.13.6　可达矩阵的变换

下面讨论怎样利用上述划分来把可达矩阵加以变换。如果按划分级别在矩阵的行的方面从上到下,在列的方面从左到右来安排各单元,而在同级之内,又按强连接的情况依 I 与 K 次序排列,则上面的例子中,我们把可达矩阵排成

		I_1		I_2		K_2		I_3
		S_2	S_5	S_4	S_7	S_3	S_6	S_1
I_1	S_2	1	0	0	0	0	0	0
	S_5	0	1	0	0	0	0	0
I_2	S_4	1	0	1	0	0	0	0
	S_7	0	1	0	1	0	0	0
K_2	S_3	0	1	0	0	1	1	0
	S_6	0	1	0	0	1	1	0
I_3	S_1	0	1	0	1	0	0	1

(4-103)

也就是说,从上到下,从左到右,按 $I_1, K_1, I_2, K_2, I_3, K_3, \cdots$ 排列。这样得到的可达矩阵,称为标准形式或正则形式的可达矩阵。

当它排成这种形式后,结构模型的许多性质就可以看出来了。

我们先沿主对角线从上向下取子阵,要求子阵的右边一定是 0,划分后的情

况如上面虚线所示，这样分出的矩阵块为

$$
\boldsymbol{M}=\begin{bmatrix} M_{11} & 0 & 0 & \cdots & 0 \\ M_{21} & M_{22} & 0 & \cdots & 0 \\ \vdots & \vdots & \vdots & & \vdots \\ M_{l1} & M_{l2} & M_{l3} & \cdots & M_{ll} \end{bmatrix} \tag{4-104}
$$

这是下三角分块形式，在上面的例子中：

$$
M_{11}=M_{22}=M_{33}=M_{44}=M_{66}=1 \tag{4-105}
$$

都是 1×1 的，只有 $\boldsymbol{M}_{55}$ 为

$$
\boldsymbol{M}_{55}=\begin{bmatrix} 1 & 1 \\ 1 & 1 \end{bmatrix} \tag{4-106}
$$

是一个满阵，对应于回路（在 3、6 构成）。

如果可达矩阵 $\boldsymbol{M}$ 是非对称的，则 $\boldsymbol{M}_{11}, \boldsymbol{M}_{22}, \cdots$ 全是 1×1 的，这种结构无回路，称为纯分级结构。有回路则不算纯分级结构。

可达矩阵还可以按级来排列，如排成：

$$
\boldsymbol{K}_L=\begin{array}{c} \\ L_1 \\ L_2 \\ \vdots \\ L_l \end{array}\overset{\begin{array}{cccc} L_1 & L_2 & \cdots & L_l \end{array}}{\begin{bmatrix} N_{11} & 0 & \cdots & 0 \\ N_{21} & N_{22} & \cdots & 0 \\ \vdots & \vdots & & \vdots \\ N_{l1} & N_{l2} & \cdots & N_{ll} \end{bmatrix}} \tag{4-107}
$$

像上面的例子，我们 L_1、L_2、L_3 按三级排列，得出

		L_1		L_2				L_3
		S_2	S_5	S_3	S_4	S_6	S_7	S_1
L_1	S_2	1	0	0	0	0	0	0
	S_5	0	1	0	0	0	0	0
L_2	S_3	0	1	1	0	1	0	0
	S_4	1	0	0	1	0	0	0
	S_6	0	1	1	0	1	0	0
	S_7	0	1	0	0	0	1	0
L_3	S_1	0	1	0	0	0	1	1

（4-108）

它也是下三角分块阵，因为上层不能达到下层。每一个子矩阵 $\boldsymbol{N}_{11}, \boldsymbol{N}_{22}, \cdots$ 表明各级之内的可达情况。如果 $\boldsymbol{N}_{11}, \boldsymbol{N}_{22}, \cdots$ 是单位阵，就表明其中无回路。

左下角的子阵表明级间的联系。

上面介绍的是由系统的可达矩阵出发,构成系统结构模型的一种方法,这种方法是用了多次划分,分出级别,分出独立部分,找出回路,再添补上单元间的关系而得出结果的。另一种方法是通过由可达矩阵求邻接矩阵,而有了邻接矩阵画结构模型图就省事多了。但由可达矩阵求邻接矩阵也并不省事。

这里再介绍一个方法。这个方法的大致步骤是:

(1) 先利用$\prod_2(S)$ 划分法,分出级别,把各单元的级次定出来。

(2)再按前面介绍的把可达矩阵按级次排列的方法,得出子阵$\boldsymbol{N}_{11}$、$\boldsymbol{N}_{22}$、$\boldsymbol{N}_{21}$,…。

(3)利用前面讲过的方法找出回路来。

(4)再从$\boldsymbol{N}_{i+1}$这样的子阵入手,因为这样的子阵表明相邻两级间的各元素的联系,$\boldsymbol{N}_{i+1,i}$各元素中是1的,便把相应的箭头画上,但有一点是例外的,即如果下一级里面有回路,则只要从回路中一个单元画到上一级去就行了。例如,前面例子中,$\boldsymbol{N}_{21}$中有4个是1的元素,其中3→5与6→5只要画一条就行了,如只画3→5(当然画6→5也行,无所谓)。又如,$\boldsymbol{N}_{32}$中有一个1,则画1→7。

(5)再看$\boldsymbol{N}_{i+2,i}$这样的子阵,其中为1的元素表明有跨级联系。但这条线是否要画,需要检查上一步是否已画上了邻级之间的线可以代替这条线。例如,上例中$\boldsymbol{N}_{31}$有一个元素为1,应画1→5,但由于已画了1→7和7→5,已能代替1→5,所以就不画了。

一直这样画下去,直到所有子阵处理完毕为止。

上述方法从人们辨识单元间关系开始,通过讨论、推演、分析,直到得出已经层次化了的结构模型图为止,是一套完整地建立结构模型的方法。

这种方法有一个局限性,就是在划分层次遇到强连接回路时,只把它当作一个单元看待。如果要克服这一局限性,可使用后来有人提出的层次结构分析方法,4.14节将简单介绍这种方法。

4.14 层次结构分析

4.14.1 层次结构分析法

层次结构分析是以系统的邻接矩阵$\boldsymbol{A}$为基础的。先求出一个新矩阵$\boldsymbol{N}$:

$$\boldsymbol{N}=\boldsymbol{A}+\boldsymbol{I} \tag{4-109}$$

$\boldsymbol{I}$为单位阵,然后根据$\boldsymbol{N}$的各个元素n_{ij},求出每个单元S_i的可达集(后果集)$R(S_i)$与可溯集(前因集)$A(S_i)$,即

$$\begin{aligned} R(S_i)&=\{S_j\in S \mid n_{ij}=1\} \\ A(S_i)&=\{S_j\in S \mid n_{ji}=1\} \end{aligned} \tag{4-110}$$

可以按下列算法依次求出各层的单元集合 $L_1, L_2, \cdots$来。

第 1 步:算出所有 S_i 的 $R(S_i)$与 $A(S_i)$,并令

$$l=1 \tag{4-111}$$

第 2 步:确定第 l 层的元素集合 L_1,L_1 满足

$$R(S)\cap A(S)=R(S) \tag{4-112}$$

如果:

(1) $L_1=0$ 而 $l=1$ 时,转第 5 步;$l\neq 1$ 时,转第 3 步。

(2) $L_1\neq 0$ 而 $l=1$ 时,把满足 $R(S)\not\subset L_1$ 的单元从中除去,然后当 $L_1=0$ 时,转第 5 步;当 $L_1\neq 0$ 时,转第 7 步。

(3) $L_1\neq 0$ 而 $l\neq 1$ 时,把与第 1 层以上的单元中无直接可达的单元从 L_1 中去掉,然后当 $L_1=0$ 时,转第 3 步;当 $L_1\neq 0$ 时,转第 7 步。

第 3 步:确定补集 C,把与已选出的第(1-1)层以上的单元直接可达的单元挑出来,作为补集 C。

当 $C=0$ 时,则转第 5 步;当 $C\neq 0$ 时,则设 $K=2$,转第 4 步。

第 4 步:确定反馈弧(回路的组成部分):

$$A^k(S): A^k(S)=A(S)\bigcup_{S_i}A(S_i)$$

其中 $S_i\in A^{k-1}(S)$,$S\in C$。

把满足下式的单元找出来,作为第 1 层的单元。

$$R(S)\cap A^k(S)=R(S), S\in C$$

然后再看:

(1) 当 $L_1=0$ 而且 C 中元素至少有一个满足 $A^k(S)\neq A^{k-1}(S)$ 时,置 $k+1\rightarrow k$ 重复本步骤。

(2) 当 $L_1=0$ 而对于 C 中所有元素都有 $A^k(S)=A^{k-1}(S)$ 时,转第 5 步。

(3) 当 $L_1\neq 0$ 时,转第 7 步。

第 5 步:重新定义 C,把不属于各层的所有单元作为 C,设 $k=2$。

第 6 步:将全部回路层次化。与第 4 步一样,按 $R(S)\cap A^k(S)=R(S)$,$S\in C$ 确定 L_1。

(1) 当 $L_1=0$ 时,置 6+1—重复本步骤。

(2) 当 $L_1\neq 0$ 时,对所有的单元,如果 $R(S)\not\subset L_1$ 的单元,则将其从 L_1 中去掉,重复做下去,直到 L_1,所有的单元或满足 $R(S)\subseteq L_1$,或是 $L_1=0$;

若 $L_1\neq 0$,则转第 7 步;

若 $L_1=0$,置 $k+1\rightarrow k$,重复本步骤。

第 7 步:去掉第 i 层的单元。

从 $R(S)$、$A(S)$ 及单元集合 S 中去掉第 l 层的单元。如果还存在不属于那一层的单元,置 $l+1 \to l$,返回第 2 步;分割完了的话,重新排列 N。

4.14.2 举例

下面用一个例子来说明这一方法的应用。

某一系统,它的邻接矩阵 $\boldsymbol{A}$ 具有下列形式

$$\boldsymbol{A}=\begin{bmatrix}0&0&0&0&0&0&0&0&0&0\\1&0&0&0&0&0&0&0&0&0\\1&0&0&0&0&1&0&0&0&0\\0&0&1&0&0&0&0&0&0&0\\0&0&0&1&0&0&0&0&0&0\\0&0&0&0&1&0&1&0&0&0\\0&0&1&0&0&0&0&0&0&0\\0&0&0&0&0&0&1&0&0&0\\0&0&0&1&0&0&0&0&0&0\\0&0&0&0&1&0&0&0&0&0\end{bmatrix} \tag{4-113}$$

用上述方法加以层次化时,可以算出 L_1 中只有单元 S_1,L_2 中只有 S_2,算到第三层时,情况开始复杂了,进入了第 3 步与第 4 步,这时的各个集合情况如表 4-5 所列。

表 4-5 集合表

i	$R(S_i)$	$A(S_i)$	$A^2(S_i)$	$R(S_i)\cap A^2(S_i)$
3	3,6	3,4,7	3,4,5,6,7,8,9	3,6
4	3,4	4,5,9	4,5,6,9,10	4
5	4,5	5,6,10	3,5,6,10	5
6	5,6,7	3,6	3,4,6,7	6
7	3,7	6,7,8	3,6,7,8	3,7
8	7,8	8	8	8
9	4,9	9	9	9
10	5,10	10	10	10

一直这样算下去,最后可得到如图 4-17(a)所示的层次结构图。

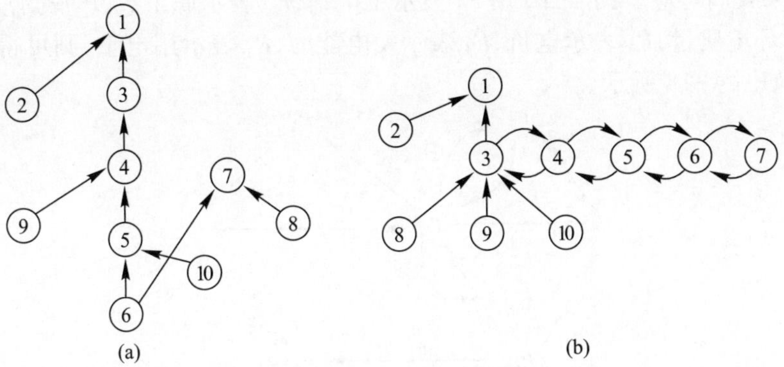

图 4-17　层次结构图

图 4-17(b)为使用 4.14.1 节所讲的方法加以划分时的结果。从图中可以看出 S_3、S_4、S_5、S_6、S_7 在一个层次上。

对比之下，可以看出本节所讲方法可以对回路进行更细的层次划分。

4.15　认知图与思维导图

4.15.1　认知图

这里介绍两种使用简单结构模型原理构成的结构化的系统概念模型。

前面介绍的解释性结构模型中，我们仅注意到各单元(要素)之间有无关系的问题，至于这种关系是有利还是有害、是积极影响还是消极影响是不考虑的。但如果能把这些考虑进去，哪怕是给有向图的每一个边加上一个正号(积极、促进)或负号(消极、有害)，或给矩阵中是 1 的元素之前加一个正号或负号(因而使矩阵中有+1.0、-1 三种元素)，则可以得到更多的信息。本节所介绍的认知图(cognitive map)，便是使用这一方法的结构模型。

在认知图中，同样也只有两种基本构成元素：一种是代表事物属性、措施等的变量(一般用自然语言或符号描述)，一种是代表因果关系的箭线，箭线上标以正负号，说明其作用性质。

例如，新技术的采用会引起生产率的提高，可表述为

$$\text{新技术的采用}\xrightarrow{+}\text{生产率} \tag{4-114}$$

又如以 C_1 表示发电量，C_2 表示环境质量，若发电量增加导致环境质量降低，则可表示为

$$C_1 \xrightarrow{-} C_2 \tag{4-115}$$

如果我们对应于图 4-10 用 P_1 表示工厂数，P_2 表示职工数，P_3 表示人口数，P_4 表示环境质量，P_5 表示电价，P_6 表示发电能力，P_7 表示用电量，则可得相应的认知图如图 4-18 所示。

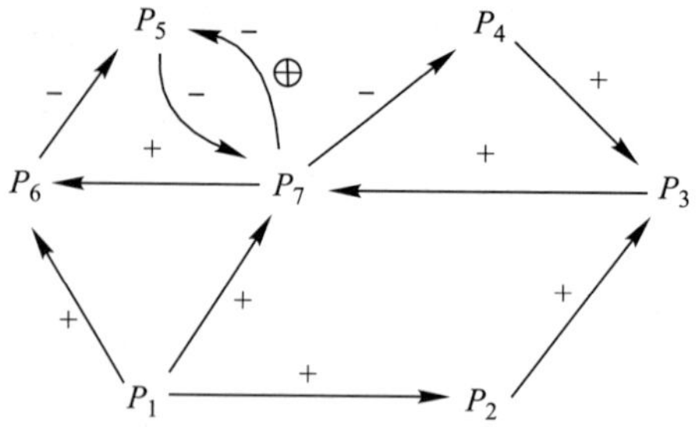

图 4-18　认知图

通过认知图，就可以分析某一因素的变化会引起哪些因素向哪个方向变化，这种变化不仅是一根箭线所表示的，而且可以沿着箭线方向一直追溯下去，如图 4-18中，P_1 对 P_3 也有正影响（工厂多了人口也要增多）。而沿多箭线查找，也符合“正正得正、正负得负、负负得正”的规律。如果图中出现回路，则可沿回路看总的正负，而某一点对另一点如有不止一条影响通路时，则总影响为各分影响的总和（如各影响均为正，则总影响为正；各影响均为负，则总影响为负；但如有正有负，则无法肯定）。

利用认知图进行一些定性判断是很方便的，特别是其中某些变量是决策变量时可以研究它们所引起的后果是什么（有利还是有害），以决定取舍。此外，有时也可通过调整政策措施来改变箭线上的符号再进行分析。例如，图 4-18 中 P_5（电价）对 P_7（用电量）的影响是负的（电价越低用电量越多），而 P_7 对 P_5 也是负的（用电越多电价越低），这样负负得正，会使用电量增长过多；如果我们改变政策，即用电越多则电价越高，如图 4-18 中小圆中正号所示，则可以起到抑制过多用电的作用。

认知图作为一种简单的结构模型，在日常工作中经常为人所用（只是不叫这个名字）。后来有人把它又增加上数量信息、时间延迟等，作为一种带有定量、动态特点的模型使用，反而失去了它鲜明、生动、简单的优点。

4.15.2　思维导图

下面再介绍一种称为“思维导图”的概念模型。这种模型也是一种基于网络的简单结构模型。它的基本思路和一般的结构模型一样，是以节点代表概念，而以连线代表概念之间的关系。两个概念通过连接形成命题，也就是形成了有意义的关系。然后依次把所想到的概念一一联系起来，就逐渐把所要研究的问题逐步展开，可以直观地把各种要素或者属性之间的关系梳理清楚。

我们可以在纸面或计算机的屏幕上用图形把这种概念网络逐步画出来。先从所研究的主题开始，在纸面或屏幕的中央用文字（主题名称或表达核心意思的关键字）或图形把它标记出来；然后列出有关的次主题，把它们和主题连接起来；再从各个次主题联想各有关因素，把它们画出来并与相关的各次主题加以连接；最后把与各因素有关的次一级因素（细节）画出并连接起来，这样就形成了一个概念网络。它直观地反映了问题所涉及的因素或属性，使人对问题有一个全面的整体了解。

这里用一个例子来说明一下思维导图的结构形式。这个例子是要研究修建一个热电厂会对各方面有什么影响。先把主题"修建热电厂"画在图4-19的中央，然后考虑它所造成的影响，例如，可以向电网供电，向工厂和住宅供热，但它本身又会造成空气污染，我们依次把它们画出来。

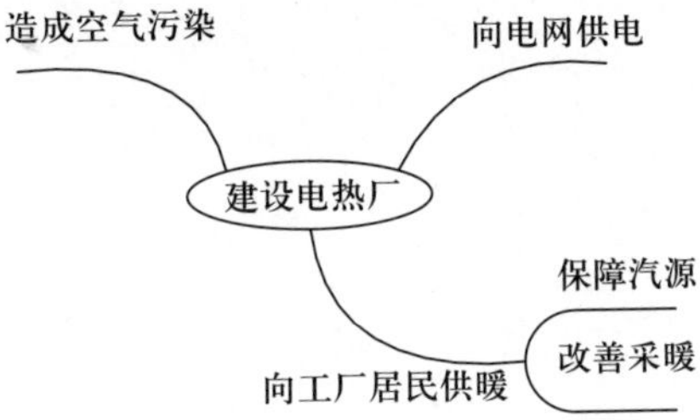

图4-19　思维导图的结构形式

当然再向下还可以列出更详细的影响，例如，向工厂和居民供热可以改善居民的采暖条件，保证工厂所需的蒸汽来源，这样一层层画下去，便可把有关的因素及其相互关系逐渐都列举出来。对个人来说，可以理清思路；而对一个团队或者一个讨论会来说，可以大家提意见，由一个人画图。这有利于互相启发，有利于把隐性知识（意会性知识）通过讨论转化为显性（言传性）知识。不论是个人还是集体，一经开始，就应该让思维流程不间断地发展下去，不要间断。当然也可以分别讨论画图，然后再拼接起来。

这种图形看起来好像是一种分层的树型结构，但如果在同一层各因素之间甚至于跨层的因素之间有关联，也可以用线连起来。一些错综复杂的关系用语言文字难以表达清楚的，在这里可以使人一目了然。

思维导图不仅可以用在系统分析上，而且可以用在其他许多方面。例如，波音公司在设计波音747时，由于使用了思维导图，使其设计工作在半年内完成。如果按传统方法，将需要6年的时间。现在有一些现成的软件工具，可用来绘制这种图形。

这种思维导图的绘制过程是把新的概念或想法逐步添加到或者融入到已有的认知结构中，是一种引导思维的过程，所以也能起到引导创新的作用。在系统工程的初始阶段,还可以作为一种沟通工具,使任务委托人或利益相关者与系统分析人员更方便地进行思想和观点的交流。它的形式也可以是各式各样的,因为这只是一种概念模型,不必拘于形式,只要有利于厘清思路就行。

复习思考题

1. 系统描述的主要目的与作用是什么?
2. 如何对系统进行定性描述、不确定性描述?
3. 系统模型分为哪些类型? 它们各具有什么特点?
4. 系统结构模型建立的过程包含哪些步骤?

第 5 章　系统分析

系统分析既是系统工程解决问题过程中的一个环节,更是系统工程处理问题的核心内容。系统分析的目的是帮助决策者对将要决策的问题逐步清晰,透彻分析,提供可能得到的解决问题的依据,起到辅助决策的作用;其方法是采用系统的观点和方法,对系统的结构和状态进行定性和定量的分析,提出各种可行的备选方案,并进行比较、评价和协调;其任务是向决策者提供系统方案和评价意见,以及建立新系统的建议,便于决策者选择方案。凡是需要确定目标和设计行动方案的活动,都可以使用系统分析的方法。

系统分析(system analysis)一词来源于美国的兰德(Research and Development,RAND)公司。该公司由美国道格拉斯飞机公司于 1948 年分离出来,是专门以研究和开发项目方案以及方案评价为主的软科学咨询公司。长期以来,兰德公司发展并总结了一套解决复杂问题的方法和步骤,他们称之为"系统分析"。第二次世界大战后,系统分析逐步由武器系统分析转向国防战略和国家安全政策的系统分析。20 世纪 60 年代以来,系统分析才逐渐运用到政府机构和企业界政策与决策问题研究。目前,已广泛应用于社会、经济、能源、生态、城市建设、资源开发利用、医疗、国土开发和工业生产等领域。

5.1　系统分析概述

目前,对于系统分析的定义有广义和狭义之分。广义的解释是把系统分析作为系统工程的同义语,认为系统分析就是系统工程。狭义的解释是把系统分析作为系统工程的一个逻辑步骤,系统工程在处理大型复杂系统的规划、研制和运用问题时,必须经过这个逻辑步骤。由此可见,无论是哪种解释,系统分析都是相当重要的。

5.1.1　系统分析意义

在当今科学技术高度发达的现代化社会里,事物间的联系日趋复杂,出现了形式多样的各种大系统,这类大系统通常都是开放系统,它们与所处的环境即更大的系统发生着物质、能量和信息等的交换关系，从而构成环境约束。系统对环境的任何不适应即违反环境约束状态或行为都将对系统的存在产生不利影响，这是系统的外部条件要求。从系统内部看，它们通常由许多层次的分系统组成。系统与子系统之间存在复杂的关系，如纵向的上下关系，横向的平行关系，以及纵横交叉的相互关系等。但是无论这些关系如何复杂，有一条基本原则是不变的，那就是下层系统以达成上层系统的目标为任务，横向各分系统必须用系统总目标来协调行动，各附属新系统要为实现系统整体目的而存在。因此，任何子系统的不适应或不健全，都将对系统整体的功能和目标产生不利的影响；系统内各子系统的上下左右之间往往会出现各种矛盾和不确定因素，这些因素能否及时被了解、掌握和正确处理，都将影响系统整体功能和目标达成。系统本身的功能和目标是否合也有研究分析的必要，不明确和不恰当的系统目标和功能，往往会给系统的生存带来严重后果，系统的运行和管理，要求有确定的指导方针。上述情况表明，不论从系统的外部或内部，还是设计新系统或是改进现有系统，系统分析都是非常重要的。

系统分析不是最终目的，最终目的是为系统决策服务。因此，系统分析应为系统决策提供各种分析数据、各种可供选择方案的利弊分析和可行条件等，使决策者在决策之前做到心中有数，有权衡选择、比较优劣的可能性，从而能提高决策的科学性和可行性。但是，系统决策的正确与否与系统分析的水平和质量关系极为密切。如果说决策的正确与否关系到事业的成败，那么系统分析则是构造这些成败的基石。

此外，系统设计的基础是由系统分析提供的。所谓系统设计就是在系统分析的基础上，用系统思想综合运用各有关学科的知识、技术和经验，通过总体研究和详细设计等环节，落实到具体工作上，以创造满足设计目标的人造系统。因此，系统设计的任务就是充分利用和发挥系统分析的成果，并把这些成果具体化和结构化。

例如，某大型水电建设，它是以发电为目标，它的任务并不是简单的拦江、建大坝、装发电机组、架设输电线等，而是一个综合性工程，必须仔细全面地考虑各种闪素，进行系统分析和设计，才可能设计出一个满意可行的系统方案。它可能包括众多的分系统，如建大坝还要考虑轮船航运系统、水利截流系统、生态系统、村民的迁移、对上中下游的经济发展的影响等，这些都需要进行分析和论证，以确定设计方案。没有全面的系统设计，将会造成重大失误。

5.1.2 系统分析定义

所谓系统分析，就是为了发挥系统的功能及达到系统的目标，利用科学的分析方法和工具，对系统的目的、功能、结构、环境、费用与效益等问题进行周密的分析、比较、考察和试验，而制定一套经济有效的处理步骤或程序，或提出对原有系统改进方案的过程。它是一个有目的、有步骤的探索和分析过程，为决策提供所需的科学依据和信息。因此，系统分析包括系统目标分析、系统结构分析、系统环境分析等。具体地说，系统要明确主要问题，确定系统目标，开发可行方案，建立系统模型，进行定性与定量相结合的分析，全面评价和优化可行方案，从而为领导者选择最优方案或满意方案提供可靠的依据。

采用系统分析方法对事物进行探讨时，决策者可以获得对问题的综合的和整体的认识，既不忽略内部各因素的相互关系，又能顾全外部环境变化所可能带来的影响，特别是通过信息及时反映系统的作用状态，随时都能了解和掌握新形势的发展。在已知的情况下，以最有效的策略解决复杂的问题，以期顺利地达到系统的各项目标。

5.1.3　系统分析的内容

在实际问题中，我们所碰到的系统是千变万化的，而且所有的系统都处在各不相同的环境中。另外，不同的系统，它产生的功能也不相同，内部的构造、因素的组成也不相同，即使是同一系统，由于分析的目的不同，所采用的方法和手段也不相同。因此，要找出技术上先进、经济上合理的最佳系统，系统分析时必须具备若干个要素，才能使系统分析顺利进行，以及达到分析的要求。

1. *系统分析的要素*

美国兰德公司曾对系统分析的方法论做过如下论述：

(1)期望达到的目标；

(2)分析达到期望目标所需的技术与设备；

(3)分析达到期望目标的各种方案所需要的资源和费用；

(4)根据分析，找出目标、技术设备、环境资源等因素间的相互关系，建立各方案的数学模型；

(5)根据方案的费用多少和效果优劣为准则，依次排队，寻找最优方案。

以后人们把这五条归纳为系统分析方法论的五要素。

第一，目的。这是一个系统的总目标，也是决策者做出决策的主要依据。某一系统当达到了某个指标或达到了某一程度，这个系统就能被采纳接受。对于系统分析人员来说，首先要对系统的目的和要求进行全面地了解和分析，确定目标应该是必要的(即为什么要做这样的目标选择)、有根据的(即要拿出确定目标的背景资料和从各个角度的论证和论据)和可行的(即它在资源、资金、人力、技术、环境、时间等方面是有保证的)，因为系统的目的和要求既是建立系统的根据，也是系统的出发点。

第二，可行方案。在做系统分析时必有几种方案或手段，没有足够数量的方案就没有优化。例如,在做厂址选择分析时,可以建在这里,也可以建在那里。当然这些方案或手段不一定是互替的,或者是同一效能的,当多种方案各有利弊时,确定哪个方案最优,就得进行分析与比较。可行方案必须在性能、费用、效益、时间等指标上互有长短并能进行对比,必须有定性和定量的分析和论证,必须提供执行该方案时的预期效果。

第三,费用与效益。这里指的费用是广义的,包括失去的机会与所做出的牺牲在内。每一系统、每一方案都需要大量的费用,同时一旦系统运行后就会产生效益,为了对系统进行分析比较,必须采用一组互相联系的、可以比较的指标来衡量,这一组指标称为系统的指标体系,不同的系统所采用的指标体系也不同。一般来说,费用小、效益大的方案是可取的;反之是不可取的。

第四,模型。模型是为了表达与说明目标与方案或手段之间的因果关系、费用与效益之间的关系而拟制的数学模型或模拟模型,用它来得出系统的各可行方案的性能、费用和效益,以利于各种可行方案的分析和比较。使用模型进行分析,是系统分析的基本方法,模型的优化与评价是方案论证的判断依据。

第五,评价基准。根据采用的指标体系,由模型确定出各可行方案的优劣指标,衡量可行方案优劣指标就是评价的基准,由评价基准对各方案进行综合评价,确定出各方案的优劣顺序,以供决策者选用。评价基准必须具有明确性、可计量性和敏感性。明确性是指标准的概念明确、具体、尽量单一,对方案达到的指标,能够做出全面衡量。可计量性是指确定的衡量标准,应力求是可计量和计算的,尽量用数据表达,使分析的结论有定量的依据。敏感性是指在多个衡量标准的情况下,要找出标准的优先顺序,分清主次。

根据系统分析的五要素,可以画出系统分析要素图,如图 5-1 所示。

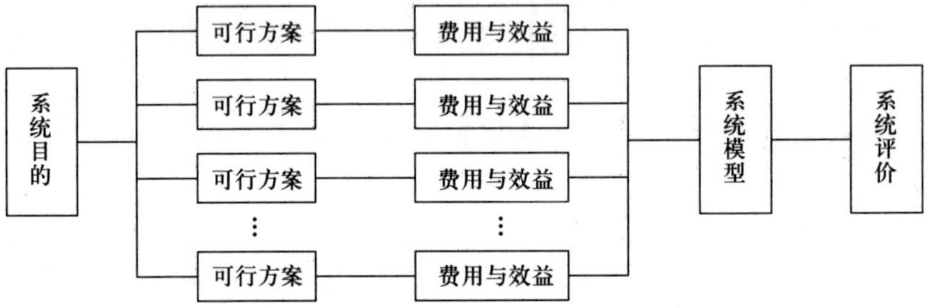

图 5-1　系统分析要素图

2. 系统分析的原则

一个复杂的系统由许多要素组成,要素之间相互作用,关系错综复杂。系统的输入、输出和转换过程,系统与其所处的环境的相互作用关系等都是比较复杂的。因此,在系统分析时,应处理好各种关系,遵循以下一些准则。

1)内部因素与外部因素相结合

系统的内部因素往往是可控的,而外部因素往往是不可控的,系统的功能或行为不仅受到内部因素的作用,而且受到外部因素的影响和制约。例如,一个建筑公司,我们把它作为一个系统来分析。它不仅受到公司内部各因素的互相牵制,即公司内部的工队与班组之间的协调、职工的技术水平与文化水平、公司的施工机构与装备、公司的管理制度与组织机构等都影响着公司的营业;同时,公司还受到外部条件的约束,气候条件直接影响到施工的进度与质量,施工的地理位置、原材料的供应、运输条件、各协作单位的关系等都约束着公司的发展。因此,对系统进行分析,必须把内外各种有关因素结合到一起来考虑,以实现方案的最优化。通常的处理办法是,把内部因素选为决策变量,把外部因素作为约束条件,用一组联立方程组来反映它们之间的相互关系。

2)当前利益与长远利益相结合

因为系统大部分是动态的,它随着时间以及外部条件的变化而变化,因此选择最优方案时,不仅要从当前利益出发,而且还要同时考虑长远利益,要两者兼顾。如果采用的方案对目前和将来都有利,那当然是最理想的方案。往往有的系统从当前看不利而从长远看是有利的。例如,关于智力投资的问题,一个企业抽调了一部分职工进行文化学习和技术培训,不但需要花费教育经费,而且由于减少了生产人员而在生产上暂时受到损失,但从长远来看,职工的文化水平和技术水平提高之后,将会产生更大的经济效益。虽然眼前受到了一些损失,但是今后会获得更多的利益,像这样的方案还是可取的,而对于那种一时有利、长远不利的方案,即使是过渡性的,也最好不选用。如果两者发生矛盾,应该坚持当前利益服从长远利益的原则。

3)局部效益与总体效益相结合

一个系统往往由许多子系统组成,如果各个局部的子系统的效益都是好的,那么总系统的效益也会比较好。但在大多数情况下,在一个大系统中,有些子系统局部看似经济的,但从总体看是不经济的,这显然是不可取的。有的从局部的子系统看是不好的,但从全局看则是良好的,那这种方案还是可取的。例如,有些地区原煤的生产是赔本的,生产得越多,赔得越多;但从总体来看,原煤是各生产部门的粮食,有了它才能更好地发展生产,从整体看是有利的,因此必须采用发展原煤生产的方案。可见局部的最优并不代表总体最优。总体的最优往往要求局部放弃最优而实现次优或次次优。故而进行系统分析必须坚持“系统总体效益最优、局部效益服从总体效益”的原则。

4)定性分析与定量分析相结合

定量分析是指采用数学模型进行的数量指标的分析,但是一些政治因素与心理因素、社会效果与精神效果目前还无法建立数学模型进行定量分析,只能依靠人的经验和判断力进行定性分析。因此,在系统分析中,定性分析不可忽视,必须与定量分析结合起来进行综合分析,或者交叉地进行,才能达到系统选优的目的。

3. 系统分析的内容

系统分析的主要内容有收集与整理资料,开展环境分析;进行目的分析,明确系统的目标、要求、功能,判断其合理性、可行性与经济性;剖析系统的组成要素,了解它们间的相互关系,及其与实现目标间的关系(结构分析),提供合适的解决方案集;塑造模型、仿真分析和模拟试验;经济分析、计算各方案的费用与效益;评价、比较和系统优化;提出结论和建议等。

1)环境分析

了解系统所处环境是解决问题的第一步。环境给出了系统的外部约束条件。例如,系统使用的资源、人力、财力、时间等方面的限制来自环境,系统分析的资料要取自环境,一旦环境发生变换,将引出新的系统分析课题。系统的环境一般可以分为三个方面:物理技术环境、经济管理环境和社会人文环境。环境分析的主要内容如下:

(1)确定系统与环境的边界,一般可先凭经验判断勾画出对系统不再有影响的时空境界,作为工作前提,并在随后的总体研究和详细研究中再逐步修正。

(2)摸清环境对系统的影响程度,包括找出相关的环境因素集,确定各环境因素的影响范围、程度和各因素间的相关程度,并在方案分析中予以考虑。环境因素很多时应分清主次和轻重,对可定量分析的环境因素,通常可用约束条件的形式列入系统模型中;对只能定性分析的因素,可用估值法评分,尽量使之达到定量或半定量化,以便用来校验或修订原定的系统目标值。

2)目标分析

目标分析的主要内容有:①论证系统总目标的合理性、可行性和经济性,并确定建立系统的社会经济价值;②当系统总目标比较概括时,需要分解为各级分目标,建立目标系统(或目标集)以便逐项落实与保证总目标的实现。采用目标的分层结构常能更清楚地描述目标的内容和反映系统的功能,进行此分析时可以采用目标—手段系统图,即把要达到的目标和所需的手段按照系统展开,一级手段相当于二级目标,依此类推,最终建立其问题的目标系统。在目标分解过程中,各分目标之间可能一致也可能不一致,但整体上应彼此配合,使分解后的各级分目标与总目标保持协调。通过制定目标或目标集,便可把系统所应达到的各种要求落实。

目标分解过程有深度和宽度问题。宽度问题是指一个总目标该用几个子目标来衡量,子目标的增多虽然能使目标描述更为完整细致,但同时也增加了决策的难度;深度问题是指目标层次数,这主要依赖于用这些层次来做什么和是否便于对各层次引入效用和属性，从而对子目标进行度量来决定。

3）结构分析

结构分析的目的是保证在系统总目标和环境因素的约束下，系统的要素集与要素间的相互关系集在阶层分布上最优结合，以得到能实现最优输出（结果）的系统结构，主要内容有以下几个方面：

（1）系统要素集的确定。应在已定目标的基础上，借助价值分析技术，使所选出的要素、功能单元的构成成本最低。

（2）相关关系分析。对于复杂的相关关系，为容易把握起见，常可将其简化为二元或少元关系。分析中首先要根据分目标的要求明确系统要素间必须存在或不应存在的关系；其次了解二元关系的性质及其变化对系统分目标或总目标的影响，即相关性的灵敏度，以获得相关关系的最佳尺度范围，使系统的相关性保持在一个合理的水平上；最后按照需要加以综合。

（3）阶层性分析。主要解决系统分层和各层规模的合理性问题。可从两个方面考虑：一是传递物质、能量和信息的效率、费用及质量；二是功能单元的合理结合与归属。

（4）系统整体性分析。综合上述分析成果，从整体最优上进行概括和协调，着重解决三个问题：建立评价指标体系，用以衡量和分析系统的整体结合效果；建立反映系统的集合性、相关性、阶层性等特定的结合模型；建立结合模型的优选程序。整体分析时应注意，各组成要素对系统均有独特作用，应按照“各站其位、各司其职”的原则，充分发挥它们在整体中的作用；必须按照系统总目标进行有序化，偏离总目标必然会增加内耗，降低系统的结合效果；注意协调环节，不断调整和处理系统中的矛盾和改进落后环节，以提高系统的整体效果。

通过上述的分析和工作，解决了目标和系统设定后，就可以构思各种可能的解决方案。

4）建立模型与仿真分析

系统分析最常用的方法之一是在建立的数学模型上开展仿真和模拟实验。模型是系统定量分析的主要工具。描述大系统内部的主要关系单靠一个模型有时很难满足，往往要提出一组模型构成模型体系。因此，模型或模型体系如何构造，如何求解，当结构不满足时如何调整，这一套处理模型的方法是系统定量分析的核心。当然建模不是目的，而是为了分析和优化。利用模型做仿真试验，用预想的方法观察系统在不同的输入条件下将会有怎样的结果，而改变相应条件时系统又将会有何种变化等，是系统分析的重要方面。

5）系统优化

这是指在指定环境约束条件下，使系统具有最优功能，达到最优目标或系统整体结合效果最佳的过程，包括构造系统优化的数学模型，选择合适的优化算法，选取有关运算的参数和初始数据，已经优化结果的后分析等。

6)综合评价

包括制定评价标准，根据各方案的技术、经济、社会、环境等方面的指标数据，权衡得失，综合分析选择出适当且能实现的最优方案或提出若干结论，供决策者抉择。除了在方案优选阶段需进行综合评判外，在方案选出并进行试运行之后还需再做进一步检验与评判。

4. 系统分析的特点

系统分析是以系统整体效益为目标，以寻求解决待定问题的最优策略为重点，运用定性和定量分析方法，给予决策者以价值判断，以求得有利的预测。其特点如下：

1)以整体为目标

系统中的各分系统，都各自具有其特定的功能和目标，只有相互分工协作，才能达到系统的整体目标。如果只研究改善某些局部问题，而忽略其他分系统，则系统的整体效益将受到不利的影响。所以从事任何系统分析，都必须考虑以发挥系统整体的最大效益为准则，不可局限于个别分系统，以防顾此失彼。如世界杯上夺金，团体赛上人员安排等。

2)以特定问题为对象

系统分析是一种处理问题的方法，有很强的针对性，其目的在于寻求解决特定问题的最优方案。许多问题都含有不确定因素，系统分析需在不确定的情况下，研究解决问题的各种方案所可能产生的结果。如足球比赛的排兵布阵，需要针对不同的对手、不同的天气等排出不同的阵形。

3)运用定量方法

解决问题，不应是单凭主观臆断、经验和直觉。在许多复杂情况下，必须以相对可靠的数字资料为分析依据，保证结果的客观性。在资料的整理上，又必须运用各种科学的计量方法。

4)凭借价值判断

从事系统分析时，必须对某些事物做某种程度的预测，或者使用过去发生的事实作样本，以推断未来可能出现的趋势或者倾向。所以系统分析可能提供的资料，有许多是不确定的变数，不可能完全合乎事实。此外，方案的优劣应是定量与定性分析的结合，数据与经验的结合。因此在进行评价时，仍需凭借价值判断、综合权衡，以判别由系统分析提供的各种不同策略可能产生的效益的优劣，以便选择最优方案。

应当指出，系统分析是系统建立过程中的一个中间环节，它有承上启下的纽带作用。它使系统开发计划得以实现，明确系统的概念和建立系统的必要性，明确系统的目标。但是，系统分析不是从着手执行所给予的目的开始，而是进一步探讨和寻求目的的实质。对规划各阶段所给出的目的的妥善性要给以评价，或对表述不清的目的给出具体的定义，以期各后续阶段可行性得以落实。因此，系统分析是整个系统建立过程中的关键部分。特别是在设计一些技术比较复杂、投资费用很高、建设周期较长的大型工程系统时，不确定的内部矛盾因素和外部不可控因素的数量极大，层次关系复杂，系统分析的作用就显得更加突出。科学的系统分析可以保证系统设计达到最优，避免技术上的重大失误和经济上的严重损失。

5.1.4　步骤

系统分析的广义理解就是系统工程各种定量化方法的总称，故系统分析的一般步骤与系统开发三维结构中的逻辑步骤原则上相似。系统分析是一个有目的、有步骤的探索和分析过程，在此过程中既要按照系统分析内容的逻辑关系有步骤地进行，也要充分发挥分析者的经验和智慧创造性地工作。通常系统分析是由明确系统问题开始到给出系统方案评价结束。其一般步骤如图 5-2 所示。

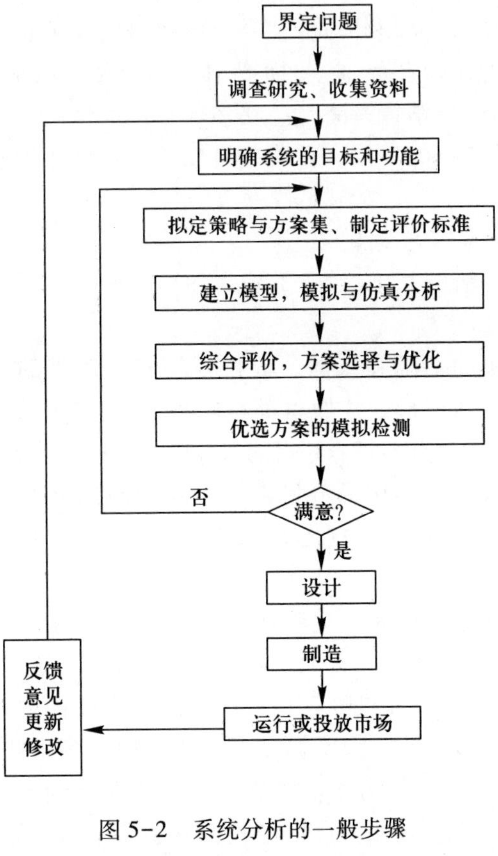

图 5-2　系统分析的一般步骤

系统分析的步骤可以归纳为以下五个部分。

1. 明确问题与确定目标

明确问题的性质与范围,对所研究的系统及其环境给出确切的定义,并分析组成系统的要素、要素间相互关系和对环境的相互作用关系。

当一个有待研究分析的问题确定以后,首先,要将问题做系统的合乎逻辑的阐述,其目的是确定目标,说明问题的重点与范围,以进一步分析与研究。通常,问题是在一定的外部环境作用和内部发展的需要中产生的,它不可避免地带有一定的本质属性和存在范围,只有明确了系统的范围,系统分析才有可靠的起点。其次,要进一步研究问题所包含的因素,以及因素间的联系和外部环境的联系,把问题界线进一步划清。例如,一个企业长期亏损,涉及产品的品种和质量、销售价格、上级的政策界线、领导班子、技术力量、管理不善等多方面的问题,那么究竟哪些因素属于这个问题的范围呢?最后为了解决这个问题,要确定出具体的目标。系统分析是针对所提出的具体目标而展开的。由于实现系统功能的目的,是靠多方面的因素来保证的,因此系统的目标也必然有若干个,如经营管理系统的目标就包括品种、产量、质量、成本、利润等。而一项目标的本身又可能由更小的目标集组成,例如,利润是一个综合性目标,要增加利润,就要扩大赢利产品的销售量和降低单位产品成本,而要增加销售量又要做好广告、组织网点、服务等工作,采取正确的销售策略等。在多项目标的情况下,要考虑各项目标的协调,防止发生抵触和顾此失彼。在明确目标的工程中还要注意目标的整体性、可行性和经济性。

2. 搜集资料,探索可行方案

这是开展系统分析的基础,对于不确定和不能确定的数据,还应进行预测和合理推断。

资料是系统分析的基础和依据。资料收集通常多借助于调查、实验、观察、记录以及引用外国资料等形式。搜集资料包括:①调查系统的历史与现状,收集国内外的有关资料;②对有关资料进行分析和对比,排列出影响系统的各因素并且找出主要因素。收集资料切忌盲目性。在问题明确之后,就要拟定解决问题的大纲和决定分析方法,然后依据已有的有关资料找出其中的相互关系,寻求解决问题的各种可行方案。

谋划和筛选备选方案是为了达到所提出的目标,一般要具体问题具体分析对待。通常,作为备选方案应具备七个特性:①创造性。指方案在解决问题上应有创新精神,新颖独到。②先进性。指方案应采纳当前国内外最新科技成果,并结合国情和实力。③多样性。指所提方案应从事物的多个侧面提出解决问题的思路,使用多种方法计算模拟方案。④强壮性。指在受到干扰的情况下,持续维持正常后果的程度。⑤适应性。目标经过修正甚至完全不同的情况下,原来方案仍能适用,这在不确定因素影响大的情况下尤为重要。⑥可靠性。指系统在任何时候正常工作的可能性。要求系统不出现失误,即使失误也能迅速恢复正常。完善的监督机构和信息反馈能提高政策实施系统的可靠性。⑦可操作性。即方案实施的可能性。决策者支持与否是关键,不可能得到支持的方案必须取消。总之,良好的备选方案是进行良好系统分析的基础,而在系统分析过程中自始至终要意识到,需要而且可能发现新的更好的备选方案,这是得到出色系统分析结果的要点。

3. 建立模型

将现实问题的本质特征抽象出来,化繁为简,用以帮助了解要素之间的关系,确认系统和构成要素的功能和地位等。

为便于对各种可行方案进行分析,应建立各种模型。通过对模型的运作和解析,揭示系统的内在运动规律,及其与环境间的因果关系和交互情况,并借助模型预测每一方案可能产生的结果,求得相应于评价标准的各种指标值,并根据其结果定性或定量分析各方案的优劣与价值。

4. 综合评价

利用模型和其他资料所获得的结果,将各种方案进行定性与定量相结合的综合分析,显示出每一种方案的利弊得失和效益成本,同时考虑到各种有关的无形因素,如政治、经济、军事、科技、环境等,以获得对所有可行方案的综合评价和结论。评价结果应能推荐一个或几个可行方案,或列出各方案的优先顺序,交由决策者进行进一步的选择和决策。

5. 检验和核实

以试验、抽样、试运行等方式检验所得到的结论,提出应采取的最佳方案。对于复杂系统,在优选方案付诸实施前,还应做进一步的模拟运行,检验系统的有效性和经济性,测定其性能的稳定性和可靠性。如果合适,再具体设计与制造,并投入运行和投放市场。

在系统分析过程中可以利用不同的模型,在不同的假设条件下对各种可行方案进行比较,从中选优,获得结论,提出建议。但是否实施则是决策者的责任。

5.1.5　方法

系统分析没有一套特定的普遍适用的技术方法,根据分析对象的不同,分析问题的不同,所使用的方法可能很不相同。一般说来,系统分析的各种方法可分为定性和定量两大类。定量的方法适用于系统结构清楚,收集到的信息准确,可建立数学模型等;反之,可以采用定性的系统分析方法,如目标—手段分析法、因果分析法、KJ 法等。

1. 目标—手段分析法

目标—手段分析法就是将要达到的目标和所需要的手段按照系统展开,一级手段等于二级目标,二级手段等于三级目标,依次类推,便产生了层次分明、相互联系又逐渐具体化的分层目标系统。在分解过程中,要注意使分解的分目标与总目标保持一致,分目标的集合一定要保证总目标的实现。分解过程中,分目标之间可能一致,也可能不一致,甚至是矛盾的,这就需要有不断调整,使之在总体上保持协调。图 5-3 是发展能源的目标—手段分析图。

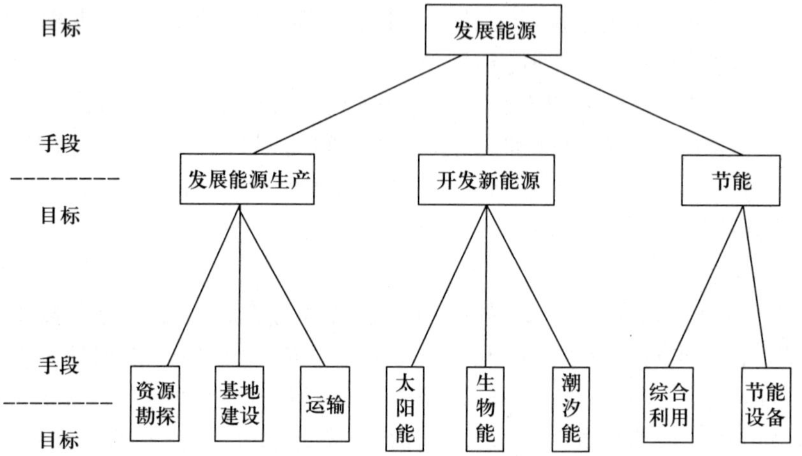

图 5-3 发展能源的目标—手段分析图

要发展能源,其手段主要有发展现有能源生产、开发研究新能源和节约能源,而节约能源的主要手段是综合利用能源和开发节能设备。

2. 因果分析法

因果分析法是利用因果分析图来分析影响系统的因素,并从中找出产生某种结果的主要原因的一种定性分析方法。

系统某一行为(结果)的发生,绝非是一种或两种原因所造成,往往是由于多种复杂因素的影响所致。因果分析法是在图上用箭头表示原因与结果之间的关系,如图 5-4 所示。形象简单,一目了然,特别是在分析的问题越复杂时越能发挥其长处,因为它把人们头脑中所想的问题结果与其产生的原因结构图形化、条理化。在许多人集体讨论一个问题时,这种方法便于把各种不同意见加以综合整理,从而使大家对问题的看法逐渐趋于一致。

3. KJ 法

KJ 法是一种直观的定性分析方法,它是由日本东京工业大学的川喜田二郎教授开发的。其基本原理是:把一个个信息做成卡片,将这些卡片摊在桌子上观

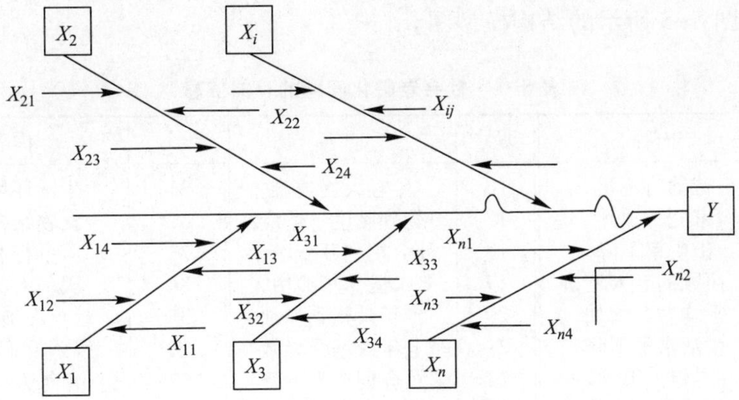

图 5-4　因果分析图

察其全部,把有“亲近性”的卡片集中起来合成为子问题,依次做下去,最后求得问题整体的构成。显然,这种方法是从很多具体的信息中归纳出问题整体含义的一种分析方法。它把人们对图形的思考功能与直觉的综合能力很好地结合起来,不需要特别的手段和知识,不论是个人或者团体都能简便地施行,因此,是分析复杂问题的一种有效的方法。

KJ 法的实施按下列步骤进行:

(1)尽量广泛收集与问题有关的信息,并用关键的语句简洁地表达出来。

(2)每个信息做一张卡片,卡片上的标题记载要简明易懂。

(3)将卡片摊在桌子上通观全局,充分调动人的直觉能力,把有“亲近性”的卡片集中在一起作为一个小组。

(4)给小组取个新名称,其注意事项同步骤(1),把它作为子系统登记,发现该小组的意义所在。

(5)重复步骤(3)和(4),分别形成小组、中组和大组,对难于编组的卡片不要勉强编组,可把它们单独放在一起。

(6)把小组(卡片)放在桌子上进行移动,由小组间的类似、对应、从属和因果关系等进行排列。

(7)将排列结果画成图表,即把小组按大小用粗细线框起来,把一个个有关系的框用“有向枝”(带箭头的线段)连接起来,构成一目了然的整体结构图。

(8)观察结构图,分析它的含义,取得对整个问题的明确认识。

例如,《40 年后我国社会的老龄化问题》就是应用 KJ 法进行分析的。针对这个问题,系统工程人员、经济学家、社会学家和计划生育部门领导干部、老中青代表等组成的研究小组,经过集体的创造性思考,得到了如表 5-1 所列的一些信息。应该指出,实际上产生的看法比这还要多得多,但为了便于 KJ 法的运用,已经进行了若干次归纳整理,最后合并成 44 条信息,然后按照以上步骤进行工作,得到了如图 5-5 所示的结构模型图。

表 5-1　社会老龄化问题的有关信息

编号	内容	编号	内容	编号	内容
1	劳动力不足	16	年轻人提拔难	31	生活环境变化
2	家庭不和睦	17	管理制度不适应	32	食物结构改变
3	出生率下降	18	社会福利开支增大	33	服务行业增加
4	需照顾的老人增多	19	要求退休年龄增大	34	服务人员不足
5	平均寿命增加	20	青年人感到孤独	35	教育设施不适应
6	生活水平下降	21	老年人不受尊敬	36	娱乐设施不适应
7	老年人孤独	22	社会创造力下降	37	青年人受压抑
8	思想僵化	23	衣着式样不适应	38	不易产生新思想
9	社会缺乏活力	24	社会道德观念不适应	39	不易出研究成果
10	“代沟”加深	25	体育设施不适应	40	社会矛盾增加
11	老年医疗设施不足	26	兵源不足	41	年轻人缺乏独立性
12	能源消耗大	27	经济缺乏竞争力	42	年轻人嫌弃老年人
13	住房紧张	28	工资结构不合理	43	经济增长缓慢
14	组织新家庭阻力大	29	生产成本上升	44	生活单调枯燥
15	交通设施不适应	30	社会需求改变		

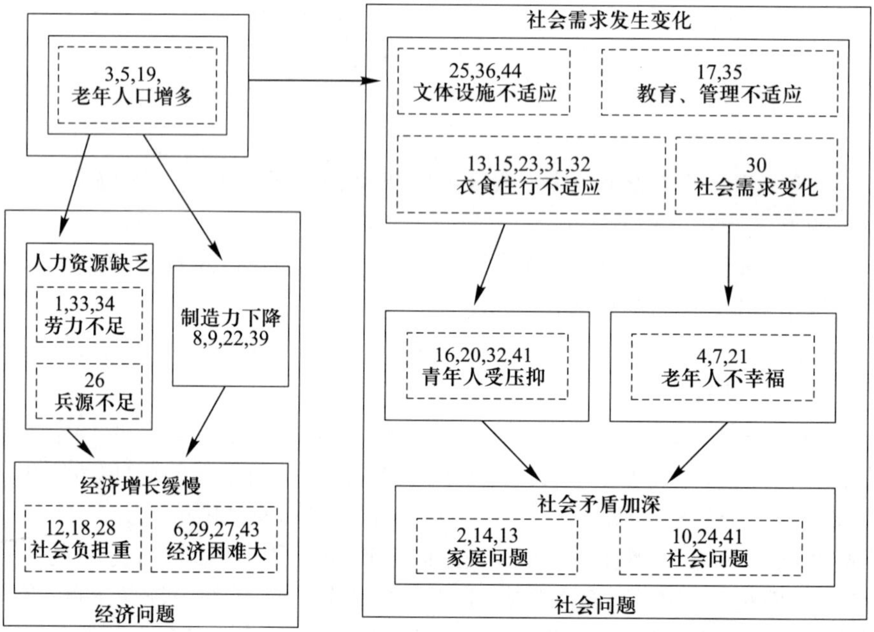

图 5-5　社会老龄化问题的结构模型

5.2　系统目标分析

系统目标是系统分析与系统设计的出发点，是系统目的的具体化，系统的目标关系到系统的全局或全过程，它正确、合理与否将影响到系统的发展方向和成败。在阐明问题阶段，无论是问题的提出者、决策者，还是系统分析人员，对目标的认识和理解多出于主观愿望，而较少客观依据。只有充分了解和明确系统应达到的目标，使提出的主观目标更合理，才能避免盲目性，防止造成各种可能的错误、损失和浪费。因此，必须对系统的目标做详细周密的分析，充分了解对系统的要求，明确所要达到的目标。系统目标分析的目的，一是论证目标的合理性、可行性和经济性；二是获得分析的结果——目标集。

系统目标的确定是否合理，要从其提出的根据上做分析。如果根据充分、数据准确且有说服力，那么目标就可以初步通过。为了达到目标的合理性，在目标的分析和制定中要满足下面几项要求：

（1）制定的目标应当是稳妥的。这要从达到目标的系统方案所能起的作用来判别，把作用符合目标的程度作为标准。

（2）制定目标应当注意到它可能起到的所有的作用。一般来说，一个系统方案能够起到多种作用，但制定目标者往往只注意到其中的一部分，而忽略其他部分，这是不允许的。例如，科技发展和工业化，给人类带来了高度的物质文明，但也给人类带来了前所未有的污染，以及生态平衡的破坏。只看到高度物质文明，而不看环境污染，那就是没有看到目标的所有作用。目标制定者必须把所有可能的作用都挖掘出来，把它们分成“可企求的”和“不可企求的”“积极的”和“消极的”，并全面考虑，既要注意那些“积极的”又“可企求的”作用的充分发挥，也要注意避免那些“消极的”作用，不在“不可企求的”作用上浪费时间。例如，制定解决交通问题目标时，要制定出避免废气和减低噪声的目标，但不能提消除噪声的目标。

（3）应当把各种目标归纳成目标系统。目的是使目标间的关系变得清楚，以便在寻求解决问题方案时能够全面注意到它们。经验表明：分目标越多，忽略它们的可能性越大。因此从概括各种类型分目标的意义上说，有必要建立一个目标目录或者目标树，这样阶层结构清楚，也可了解目标的交叉和重复情况，还可以用来确定各类分目标重要性的比例。

（4）对于出现的目标冲突，不要隐蔽，要摆明矛盾，理清线索。不同目标可能带来各方面利益上的分歧，造成冲突。这种情况要在目标调整中解决，避免造成长期问题。

制定的目标一般是可以改变的。在寻求方案中有困难，情况有了变化，出现新的有价值的设想等,使得有必要对已经决定的目标进行调整。

5.2.1 建立目标集的基本原则

建立系统目标集必须遵循如下基本原则:

(1)一致性原则。各分目标应与总目标保持一致,以保证总目标的实现。分目标之间应在总体目标下,达到纵向与横向的协调一致。

(2)全面性和关键性原则。一方面突出对总目标有重要意义的子目标,另一方面还要考虑目标体系的完整性。

(3)应变原则。当系统自身的条件或环境条件发生变化时,必须对目标加以调整和修正,以适应新的要求。

(4)可检验性与定量化原则。系统的目标必须是可检验的,否则达成的目标很可能是含糊不清的,无法衡量其效果。要使目标具有可检验性,最好的办法就是用一些数量化指标来表示有关目标。

5.2.2 目标分类

目标是要求系统达到的期望状态。人们对系统的要求和期望是多方面的,这些要求和期望反映在系统的目标上就形成了不同类型的目标。

1. 总体目标和分目标

总体目标集中地反映对整个系统总的要求,通常是高度抽象和概括的,具有全局性和总体性特征。系统的全部活动都应围绕总体目标而展开,系统的各组成部分都应服从于总目标的要求。分目标是总目标的具体分解,包括各子系统的子目标和系统在不同时间阶段上的目标。对总目标进行分解是为了落实和实现系统的总体目标。

2. 战略目标和战术目标

战略目标是关系到系统全局性、长期性发展方向的目标,它规定着系统发展变化所要达到的总的预期成果,指明了系统较长期的发展方向,使系统能够协调一致地朝着既定的目标展开活动。战术目标是战略目标的具体化和定量化,是实现战略目标的手段。战术目标的达成有利于战略目标的实现,否则将制约和阻碍战略目标的实现。

3. 近期目标和远期目标

根据系统在不同发展时期的情况和任务,根据总目标制定在不同发展阶段上的目标,包括短期内要实现的近期目标和未来要达到的远期目标。

4. 单目标和多目标

单目标是指系统要达到和实现的目标只有一个,具有目标单一、制约因素少、重点突出等特点。但在实际中,追求单一的目标往往具有很大的局限性和危害性。多目标是指系统同时存在两个或两个以上的目标。多目标符合人的利益多面性的要求。考虑对系统的多目标要求是现代社会实践活动相互间联系日益密切的客观要求,以及人的利益要求全面化、综合化的体现。因此,由单目标决策向多目标决策的发展是必然的趋势。

5. 主要目标和次要目标

在系统的多个目标中,有些目标相对重要一些,是具有重要地位和作用的主要目标;而另一些目标则相对次要一些,是对系统整体影响相对较小的次要目标。将系统的目标区分为主要目标和次要目标,既是因为不可能同时有效地追求和实现所有的目标,也是为了避免由于过分重视次要目标,而忽视了系统的主要目标及其实现。

5.2.3　目标建立

按照控制论的思想,所有反馈控制系统的给定值一旦设定,则系统就根据反馈信号与给定值的偏差随时进行修正,使系统的输出最终逼近或等于给定值。系统目标就相当于控制理论中的给定值,所以确定系统的目标是十分重要的。例如,手表是一种计时工具,它的目标显然应该确定为“计时准确”,否则就丧失其存在的意义。但是随着人们价值观、爱好的改变以及手表元件的不断革新和市场需求的发展,手表业把生产和经营手表的目标,在“计时准确”的基础上又增加了一个目标及功能,就是它还可以作为“装饰品”。手表业系统目标的这种改变,带来手表的花样繁多,翻新很快,成本降低,追求美观,而不追求手表的寿命过长等特点。所以传统手表业对手表发展目标的这种改变,大大地开拓了手表市场。因此,系统目标的建立是系统分析和设计的前提。

1. 系统总体目标的确定

为解决某一复杂系统问题,首先要明确系统的总体目标。它是对系统的总体要求,是确定系统整体功能和任务的依据。总目标的提出一般有如下几种情况:①由于社会发展需要而提出的必须予以解决的新课题。②由于国防建设发展提出的新要求。③目的明确,但目标系统有较多选择的情况,如目的是为了获取高额利润,这在多数中小型企业中是常见的。但目的系统要通过市场需求分析来回答,并有若干种可行方案。④由于系统改善自身状态而提出的课题,如开发计算机管理系统,建立某种组织机构等。

制定系统的总体目标,要有全局的、发展的、战略的眼光,要考虑社会、经济、科学技术发展提出的新要求,要注意目标的合理性、现实性、可能性和经济性,不能脱离系统自身的状况和能力,不顾环境条件的制约而提出不切实际的目标。同时,还应根据系统在不同时期的实际需要,分别制定近期目标和远期目标;还要充分估计可能产生的消极作用,考虑内部条件、外部环境的限制和约束。

2. 建立系统的目标集

所谓目标集是各级分目标和目标单元的集合,也是逐级逐项落实总目标的结果。总目标一般是高度抽象或概括性的,缺乏具体与直观,可操作性差,为此需要对总目标进行分解,即分解成各级分目标,直到具体、直观为止。在分解过程中要注意使分解后的各级分目标与总目标保持一致,分目标的集合一定要保证总目标的实现。分目标之间可能一致,也可能不一致,甚至是矛盾的,但在整体上要达到协调。

1)目标树

对总目标进行分解形成一个目标层次结构,称为目标树,如图 5-6 所示。

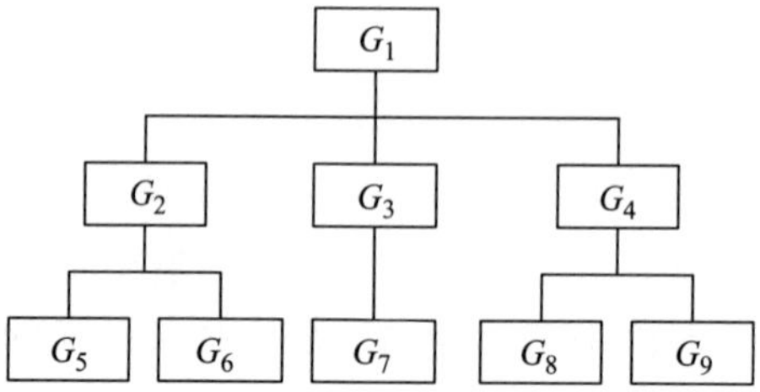

图 5-6　目标树

目标树可以把系统的各级目标及其相互间的关系清晰、直观地表示出来,同时便于目标间的价值权衡。我们可以根据目标树了解系统目标的体系结构,掌握系统问题的全貌,便于进一步明确问题和分析问题,有利于在总体目标下统一组织、规划和协调各分目标,使系统整体功能得到优化。

构造目标树的原则是:

(1)目标子集按照目标的性质进行分类,把同一类目标划分在一个目标子集内;

(2)目标分解,直到可度量为止。

例如,我国某水库建设,考虑的目标分三个方面,即经济影响、社会影响、环境影响。在经济影响方面分为支付代价与经济收益,支付代价方面分为投资及工程建设影响,投资又分为初投资及运行费;工程建设影响分为占用技术力量、劳动力、关键材料数量、关键设备数量等。社会影响及环境影响也类似地可再分解为若干子目标,如图 5-7 所示。

2)目标—手段分析

目标和手段是相对而言的。心理学的研究表明,人类解决问题的过程就是目标与手段的变换、分解与组合,以及从记忆中调用解决问题、实现子目标的手段的过程。目标—手段系统图如图 5-8 所示。

对目标的逐步落实,就是探索实现上层目标的途径和手段的过程。目标树

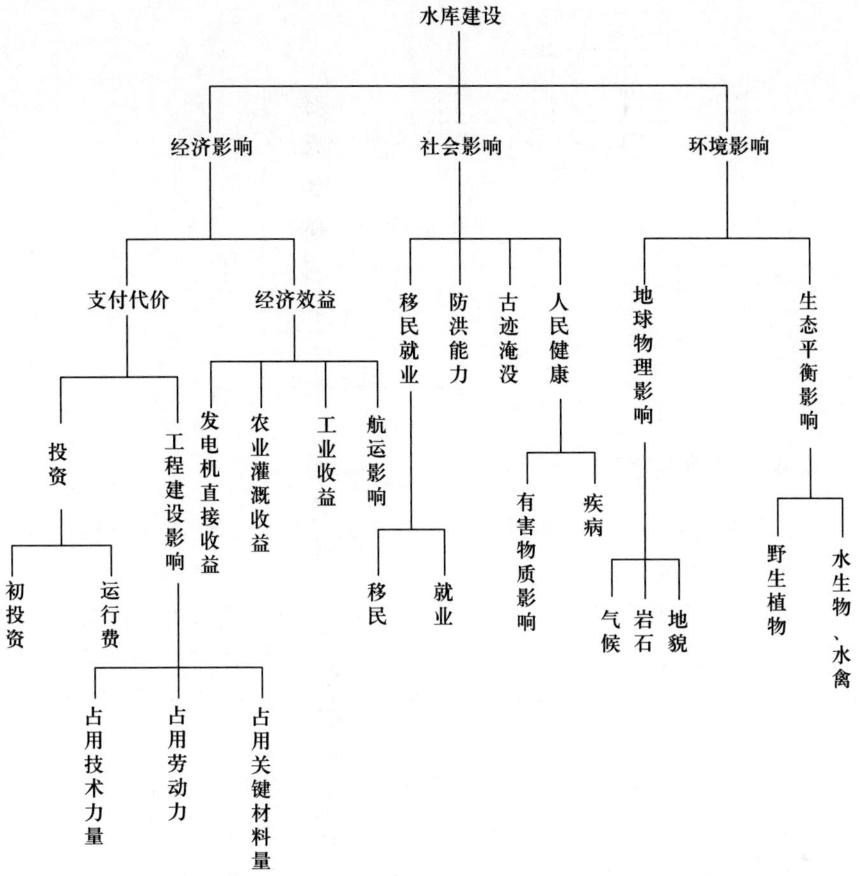

图 5-7　某水库建设目标树

中的某一目标都可视为下一层次的目标和实现上层目标的手段。可以从某个目标上溯到它所服务的更高层次的目标,也可以从某个目标分解出作为其手段的许多子目标。以图 5-6 所示的目标树为例,对目标 G_1,试探寻找实现它的手段,把它分解为多个分目标 G_2、G_3、G_4,再分别探索实现 G_2、G_3、G_4 的手段,把它们细分如下图。

若干个更为具体的子目标,如 G_5~ G_9。对于仍然找不到现成手段的子目标,就继续进行分解和探索过程,直到所有的手段都已找到,各项分目标和子目标清晰、具体为止,然后把所有的目标组合起来,就构成了系统的目标体系或目标集合。建立系统目标集是一个细致分析、反复调整和论证的过程,需要严谨的逻辑推理和创造性的思维,需要丰富的社会、经济、科学技术知识和实践经验,以及对系统的深刻认识。

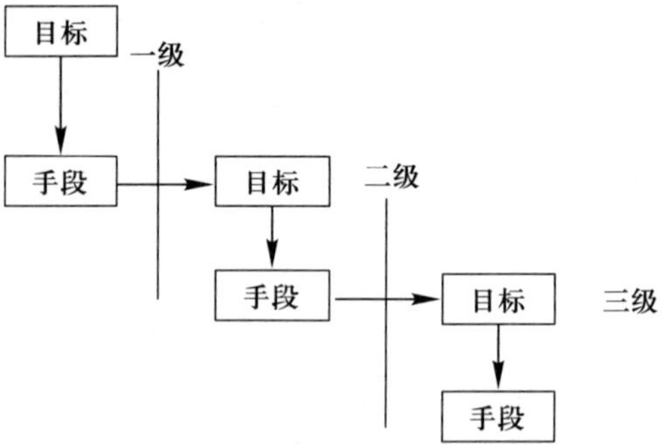

图 5-8　目标—手段系统图

5.2.4　目标冲突

在目标分析过程中,往往在目标之间存在相互冲突。根据涉及的范围,目标冲突可分为以下两种情况。

(1)属于技术领域的目标冲突,无碍于社会,影响范围有限。这时,对于两个相互冲突的目标,往往可以通过去掉一个目标,也可以通过设置或改变约束条件,或按实际情况给某一目标加限制,而使另一目标充分实现,由此来协调目标间的冲突关系。

(2)属于社会性质的目标冲突,由于涉及了一些集团的利益,通常称为利益冲突。这类目标冲突不像前一类型容易协调,在处理时应持慎重态度。

目标冲突还常常表现在不同层次的决策目标上,即基本目标、战略目标和管理目标之间的不协调。基本目标是系统存在的理由;战略目标是指导系统达到基本目标的长期方向;而管理目标则是把系统的战略目标变成具体的、可操作的形式,以便形成短期决策。这三个层次上的目标冲突反映了长期利益与短期利益之间的矛盾。因此,要有效地实现系统的基本目标就必须协调不同层次上的目标冲突。

在实际的管理和决策问题中,产生目标冲突的原因往往是由于多个主体对系统的期望和利益要求不同。目标协调的根本任务在于,把有关各方由于价值观、道德观、知识层次、经验和所依据的信息等方面存在的差别而造成的矛盾和冲突,加以有效地疏通和化解。经过调解得到的目标是有关各方均能接受的结果,并非某种意义上的最优。

例如,在寻求合作解决运输工具的目标集中,有这样两个分目标:一是尽可能低的运输投资;二是尽可能高的运输效率。

根据经验可知,这两个分目标是不可能同时实现的。在正常情况下,只有高档汽车才能达到安全、便利和高速度。这样就给目标分析人员带来了困难。解决这类矛盾,可能有两种做法:一是坚持建立一个没有矛盾目标的目标集,把引起矛盾的分目标剔除掉;二是采纳所有分目标,寻求一个能达到冲突目标并存的方案。这对于目标涉及范围较少的系统,通过协调可以解决。但对于设计面广的目标系统,就要采取一个程序化的步骤。通常使用的方法,是使每一个分目标依次与其他目标结合,估计出它们之间的相互影响。这时通常会出现三种情况:

(1)在目标冲突时,一个目标将阻碍另外一个目标的实现。对于互相冲突的目标,在处理时要进一步分析目标冲突的程度。这时又有两种情况:一是目标冲突有相容或并存的可能性;二是绝对相斥的。前一种情况称为目标的弱冲突,这在原则上可以保留两个目标。在实践中,通常是对弱冲突的一方给以限制,而让另一方达到最大限度。如在确定的费用界线下,获取最大的功率。而在确定的功率下,使费用达到最低,则称为目标的强冲突,这时必须改变或者放弃某个分目标。

(2)若一个目标的实现促进了另一个目标的实现,就称为目标互补。对于目标互补的情况要注意检查是否存在多余部分,即是否有用不同方式表达了相同的内容,这将影响目标的建立,也不利于以后的评价工作。

(3)如果目标间毫无关系,则称为无依存关系。

5.3　系统环境分析

环境与系统有相互依存的关系。了解环境是解决问题的第一步,解决问题方案的完善程度依赖于对整个问题环境的了解,对环境不了解,将导致解决问题方案的失败。因此,系统环境分析是系统分析的重要内容。

5.3.1　概念

系统环境是指存在于系统之外的系统无法控制的自然、经济、社会、技术、信息和人际关系的总称。系统环境因素的属性和状态变化一般通过输入使系统发生变化。反之,系统本身的活动通过输出也会影响环境相关因素的属性或状态的变化。这就是所谓的环境开放性。系统与环境是依据时间、空间、所研究问题的范围和目标划分的,故系统与环境是个相对的概念。

系统与环境相互依存,相互作用。任何一个方案的实施后果都和将来付诸实践时所处的环境有关。离开未来实施环境去讨论方案后果是没有实际意义的。所以,分析预测系统环境是解决系统分析问题和系统工程的重要一步。系统方案的完善程度、可靠程度依赖于对系统环境的了解程度。对环境了解得不准确,分析中就会出现大的失误,导致系统方案实施的失败或蒙受重大损失。如世界著名的埃及阿斯旺达水电工程,由于在方案研制中忽视了因高坝的建立,尼罗河下游水量和其他物质数量的减少而引起区域水文地质环境的改变,从而导致土地贫瘠化、红海海岸受海浸向内陆后退、地中海沙丁鱼的绝迹等严重后果。因此,系统环境分析是系统分析的一项重要内容,必须予以重视。

环境分析的主要目的是了解和认识系统与环境的相互关系、环境对系统的影响和可能产生的后果。为达到目的,系统环境分析需要完成环境的概念、环境因素及其影响作用、系统与环境边界划定等分析内容。

从系统分析的角度研究环境因素的意义在于以下几点:

(1)环境是提出系统工程课题的来源。环境发生某种变化,如某种材料、能源发生短缺,或者发现了新材料、新油田,都将引出系统工程的新课题。

(2)课题边界的确定要考虑环境因素,如有无外协要求或技术引进问题。

(3)系统分析的资料,包括决策资料,要取自于环境。如市场动态资料,其他企业的新产品发展情况,对一个企业编制产品开发计划起着重要的作用。

(4)系统的外部约束通常来自环境,如资源、财力、人力、时间等方面的限制。

(5)系统分析的质量要由系统所在环境提供评价资料。

5.3.2 环境因素分类

从系统论的观点出发,全部环境因素应划分为三大类。

1. 物理的和技术的环境

物理的和技术的环境是由于事物的属性所产生的联系而构成的因素和处理问题中的方法性因素。具体包括以下因素。

1)现存系统

运行中的现存系统的现状和有关知识是系统分析中所不可缺少的。规划中的任何一个新系统都必须同某些现存系统结合起来工作,因此必须从产量、容量等各个方面考虑它们之间的可并存性和协调性。例如,分析一个新的火电厂的筹建,就要考虑与之相关的煤炭供应、电机制造、水源、输电网络等现存系统的可并存性和协调关系。现存系统及其技术经济指标在分析论证新旧系统替换时是需要的,没有现存系统的大量数据和经验,新旧系统的评价是搞不好的。例如,如果不了解东风牌汽车的效率、耗油量以及各种技术性能,就无法分析、设计和评价其新塑车是否能成功。现存系统的技术方法,包括设备、工艺和检测技术、操作方法和安装方法,可用来推断未来可能成功使用的技术。例如,汽车制造业中在单一生产的基础上发展为混流生产线技术就是成功技术的例子。同时,现存系统是系统分析中收集各种数据资料的重要来源之一。

2)技术标准

技术标准之所以成为物理技术环境因素,是因为它对系统分析和系统设计具有客观约束性质。不遵守技术标准,不仅使系统分析与系统设计的结果无法实现,而且会造成多方面的浪费。反之,使用技术标准可以提高系统分析和设计的质量,节约分析时间和提高分析的经济效果。技术标准又是企业内部与外部在产品技术上协调的依据,没有标准化就没有大量生产和生产的分工与协作。技术标准包括结构标准、器件标准、零件标准、公差标准、产品寿命、回收期等。这些标准是制定系统规划、明确系统目标、分析系统结构和特性时所应遵循的约束条件。

3)科技发展因素估量

在进行新老系统的设计和改建的系统分析中,对科技发展因素特别是工艺条件因素的估量,有着重要意义。在这类系统分析中,必须回答三个问题。①在新系统充分发展之前,是否有可用的科技成果或新的发明出现;②是否有新加工技术或工艺方法出现;③是否有新的维修、安装、操作方法出现。只有明确回答这三个问题,才能避免新系统在投产前就已过时。科技因素估量还应考虑国内外同行业的技术状态,即装备技术、设计工艺人员、工人技术水平的总体。技术状态反映企业的实力水平,它影响着产品的质量、品种、成本等多方面因素。在进行新建或改建系统的系统分析中,充分了解和掌握国内外同行业的技术状态是必不可少的前提条件。

4)自然环境

任何成功的系统分析都必须与自然环境之间保持着正确的适应关系。人类的全部创造,在某种意义上说,都是在利用和征服自然环境的条件下取得的。因此,系统分析是把自然环境因素作为约束条件来考虑的。所谓自然环境包括地理位置、地形地貌、水文、地质、地震、气象、矿产资源、河流、湖泊、山脉、动植物、生态环境状态等。它们是系统分析和系统设计的条件和出发点,如地理位置、原料产地、水源、能源、河流对厂址选择就有明显的影响。系统工作者在进行系统分析时必须充分估计到有关自然环境因素的作用和影响,做好调查统计工作。

2. 经济和经营管理环境

经济和经营管理环境是影响经营状态和经济过程的因素。任何系统的经济过程都不是孤立地进行的,它是全社会经济过程的组成部分。因此系统分析必须将系统与经济及经营管理环境相联系,才能得出正确的结论。经济和经营管理环境包括以下内容:

1)外部组织机构

未来系统的行为将与外部组织机构发生直接或间接的联系,如同类企业、供应企业、科研咨询机构等。通过机构间的联系产生各种对口关系,如合同关系、财务关系、技术转让、咨询服务等。概括起来就是系统与外部组织机构之间存在着各种输入和输出关系。正确建立和处理这些关系对企业系统的生存和发展往往是举足轻重的。

2)政策和政府作用

政策是一类重要的经济和经营管理的环境因素,是一种重要的管理手段,是调节各种关系平衡的杠杆,也是调动各类人员积极性和创造性的有力工具。在某种意义上说,政策指出了企业的经营方向,政策影响着企业追求目标上的判断。从长远观点看,一项政策是以在竞争中获取生存和发展为前提的。因此,系统分析不能不充分地估计到经济政策的影响和威力。根据作用范围,政策可以分为两大类:一类是政府的政策;另一类是企业内部的政策。政府的政策对企业起管理、调节和约束的作用,企业内部的政策则是在适应政府的政策的前提下求取生存和发展的重要手段。另外,政府可以通过下达计划、投资和订货等式,支持或限制某经济组织的产品方向和发展方向。因此,进行系统分析时还必须充分认识和考虑到由于政府作用所产生的支持和约束、有利和不利的方面。

3)产品系统及其价格结构

产品系统来自社会需求及其发展。产品的价格结构决定于国家的政策和市场供求关系,即经济和经营环境是确定产品系统及其价格结构的出发点。在进行相关的系统分析时,要了解产品和服务存在的社会原因,了解产品和服务的工艺过程及技术经济要求,了解价格和费用构成,了解产品价格和利率结构参数在不同经济和经营环境下变化的动态等。这几个方面是确定产品系统及其价格结构的直接依据,也是制定系统目标和系统约束的出发点。特别是对产品价格结构的分析,是经营决策的重要问题,产品是否获得市场,价格是重要的经济杠杆。

4)经营活动

经营活动主要指与市场和用户等有直接关系的因素的总体。经营活动必须适应经营环境的要求,否则将一事无成。经营活动通常是指与商品生产、市场销售、原材料采购和资金流通等有关的全部活动,它的目的是为了获取最大的经营效果,不断促进企业发展壮大。在产品需要量稳定的情况下,经营目标要以提高市场占有率和资金利润率为主。在需求量不稳定的情况下,则以发展新产品和提高经济指标为主。改善经营活动的主要方面包括:增强企业实力,搞好经营决策和提高竞争力。增强企业实力是基础,搞好决策是手段,提高竞争力则是目的。

3. 社会环境

社会环境包括把社会作为一个整体考虑的大范围的社会因素和把人作为个体考虑的小范围的个人因素。

1)大范围的社会因素

主要包括两个因素:一是人口潜能。这是社会物理学的概念,它模拟物质质点间具有引力的物理概念提出来的。人口潜能表明,作为人的社会存在的一个特点,人们具有明显的群居和交往的倾向,从人口潜能研究得出的“聚集”“追随”和“交换”的测度,能说明城市乡村发展的趋势和速率,可用于产品及服务的市场估计,电话、电报、交通发展、图书发行等的发展规划,以及预测未来各种系统开发的成功因素。二是城市形式的研究。城市是现代社会中物质和精神文明的策源地,是人类的一大创造。它的本质特征是规模、密度、构造、形状和格式。每个城市在它的应用结构和空间方法上都表现出一定的特征,研究城市形式可为城市规划、建筑、交通、商业、供应、通信等系统的分析和设计提供参考依据,成为总体优化研究的一个重要方面。

2)小范围的个人因素

在系统分析中,人的因素可以划分为两组:一是通过人对需求的反映而作用于创造过程和思维过程的因素;二是人或人的特性在系统开发、设计、应用中应予以考虑的因素。包括人的主观偏好、文化素质、道德水准、社会经验、能力、生理和心理上的局限性等。

上述环境因素不是包罗一切的,只是指出在系统分析中可能涉及的环境因素范围。

5.3.3　环境因素的确定与评价

确定环境因素,就是根据实际系统的特点,通过考察环境与系统之间的相互影响和作用,找出对系统有重要影响的环境要素的集合,即划定系统与环境的边界。环境因素的评价,就是通过对有关环境因素的分析,区分有利和不利的环境因素,弄清环境因素对系统的影响、作用方向和后果等。

实际中为了确定环境因素,必须对系统进行分析,按系统构成要素或子系统的种类和特征,寻找与之关联的环境要素。这样,先凭直观判断和经验,确定一个边界,通常这一边界位于研究者或管理者认为对系统不再有影响的地方。在以后逐步深入的研究中,随着对问题有了深刻的认识和了解,再对前面划定的边界进行修正。并不存在理论上的边界判别准则,边界也不能用自然的、组织的等类似的界线来代替。环境因素的确定与评价,要根据系统问题的性质和特点,因时、因地、因条件地加以分析和考察。通常应注意以下几点:

(1)应适当取舍。即将与系统联系密切、影响较大的因素列入系统的环境范围,既不能太多,又不能过少。太多会使分析研究过于复杂,且容易掩盖主要环境因素的影响;太少则客观性差。

(2)对所考虑的环境因素,要分清主次,分析要有重点。

(3)不能孤立地、静止地考察环境因素,必须明确地认识到环境是一个动态发展变化的有机整体,应以动态的观点来探讨环境对系统的影响与后果。

(4)尤其要重视某些间接、隐蔽、不易被察觉的,但可能对系统有着重要影响的环境因素。对于环境中人的因素,其行为特征、主观偏好以及各类随机因素都应有所考察。

以企业经营管理系统为例进行环境分析,它所面临的主要环境因素如图 5-9 所示。

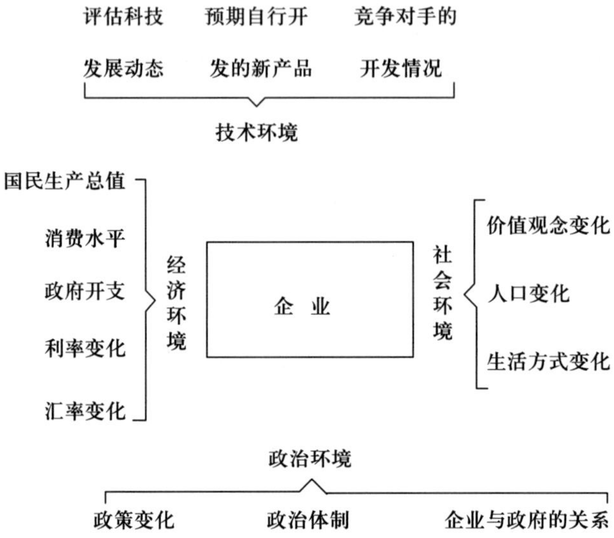

图 5-9 企业经营管理的环境因素分析

在对环境因素进行分析时,还必须考虑系统自身的条件,也就是要综合分析系统的内部和外部环境条件。一般经常采用 SWOT 分析法,SW 是指系统内部的优势和劣势(strengths and weaknesses);OT 是指外部环境存在的机会和威胁(opportunities and threats)。SWOT 分析是一种广为应用的系统分析和战略选择方法,其基本步骤如图 5-10 所示。SWOT 分析表主要用于因素调查和分析,以企业为对象的 SWOT 分析表如表 5-2 所列。在分析企业内部条件时,既要考虑自身的优势,又要考虑自身的不足。而优势和劣势又是相对的,主要应与竞争对手的状况相比较。外部环境因素的分析,主要是对可能存在的机会和威胁进行分析。但是,要认识到某些环境因素对本企业和对竞争对手的影响是相同的。也就是说,有利的条件对大家都有利,不利的条件对大家的影响也大致一样,关键是怎样抓住存在的机会,利用有利条件,避免不利因素的影响和威胁,扬长避短,求得发展。企业和竞争对手所处的环境有相同和类似的方面,也有不同的,甚至存在很大差异的方面,在进行 SWOT 分析时要根据实际情况,通过比较,加以详细地考察。

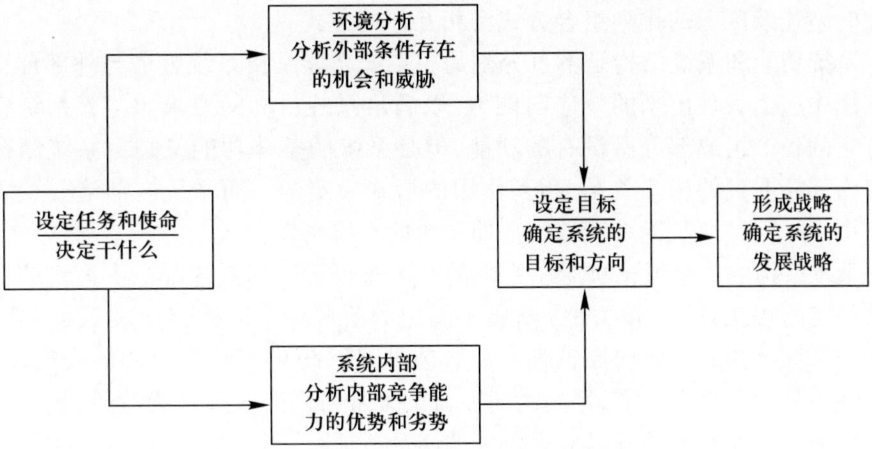

图 5-10　SWOT 分析过程示意图

表 5-2　SWOT 分析表

企业内部条件		企业外部条件	
优势	①产品销路好	机会	①需求量扩大
	②产品质量好		②引进先进技术
	③基础管理好		③引进人才
劣势	①企业规模小	威胁	①原材料价格上涨
	②企业负担重		②利率过高
	③资金不足		③竞争激烈

5.4　系统结构分析

系统结构是系统保持整体性和使系统具备必要的整体功能的内部依据，是反映系统内部要素之间相互关系、相互作用的形式的形态化，是系统中要素的秩序的稳定化和规范化。系统结构分析是系统分析的重要组成部分，也是系统分析和系统设计的理论基础。

5.4.1　概念

任何系统都是以一定的结构形式存在的。所谓系统结构是指系统的构成要素在时空连续区上的排列组合方式和相互作用方式。

系统功能和系统结构是不可分割的。系统功能是指系统整体与外部环境相互作用中应当表现出来的效应与能力,以满足系统目标的要求。尽管系统整体具有它的各个组成部分所没有的功能,但是系统的整体功能又是由系统结构即系统内部各要素的相互关系、相互作用的形式决定的。而系统内部诸要素之间的作用形式则又取决于系统的特征即系统的本质属性。

系统结构的普遍形式决定了系统的基本特征。一切系统都是由大量的要素按照一定的相互关系(相关性)归属于固定的阶层内,即集合性、相关性和阶层性作为系统结构的主要内涵特性。而整体性是系统内部综合协调的表征,环境适应性则是以系统为一方,环境为另一方的外部协调的表征。当然,系统的目的性是统领和支配除了环境适应性以外的四个特征的,因此,我们把目的性作为构造系统结构的出发点。系统结构分析的目的就是找出构成这几个表征的规律,即寻求构筑系统合理结构的规律和途径。所谓合理结构是指在对应系统总目标和环境因素的约束条件下,系统的组成要素集、要素间的相互关系集以及它们在阶层分布上的最优结合,并使得系统有最优的或最满意的输出。

从系统结构和系统结构分析的目的与要求可以看出,系统结构分析的主要内容有构成系统的要素集,要素间的相互关系,要素在系统中的排列方式,以及系统的整体性。

5.4.2 系统要素集分析

为了实现系统目标,要求系统必须具备实现系统目标的特定功能,而系统的特定功能则由系统的一定结构来保证,系统要素又是构筑系统结构的基本单元。因此,系统必须有相应的要素集。

系统要素集分析有两项工作。第一项是确定要素集。其确定方法是在已定的目标树基础上进行。当系统目标分析取得了不同的分目标和目标单元时,系统要素集也将对应地产生,对照目标树采用“搜索”的方法,集思广益,找出对应的能够实现目标的实体部分,即为要素集。例如,要达到运载飞行的目标,就要有火箭或飞机的实体系统;如果要达到运载飞行就要有能源、推力、力的传递等分目标。相应地,从系统要素集看,则要有液体或固体燃料的存储、运输及控制部分,发动机部分,力的传递机构部分等。第二项是对已得到的要素进行价值分析,这是因为实现某一目标可能有多种要素,因此存在着择优问题,其择优的标准是在满足给定目标前提下,使所选要素的构成成本最低。其方法主要运用价值分析技术。

经过上述两项工作之后,可以得到满足目标要求的系统要素集,由于此要素集经过必要性和优选分析,因此它是比较合理的。但这个要素集不一定是最优的，也不是最后的，因为还有许多相关联的环节需要分析与协调。

5.4.3　系统相关性分析

确定了系统要素，还不能一定保证系统能达到目标要求。要素集实现系统目标的作用还要取决于要素间的相关关系。这是因为系统的属性不仅取决于它的组成要素的质量和水平，还取决于要素间应保持的关系。同样的砖、瓦、沙、石、木、水泥可以盖出高质量的漂亮的楼房，也可以盖出低劣质量的楼房；同样的符合标准的手表零件，可以装配出质量高档的手表，也可以装配出质量下乘的手表。由于系统的属性千差万别，其组成要素的属性也复杂多样，因此要素间的关系也是极其丰富多彩的。这些关系可能表现在系统要素之所能保持的在空间结构、排列顺序、相互位置、松紧程度、时间序列、数量比例、信息传递方式，以及组织形式、操作程序、管理方法等许多方面，并由此形成系统的相关关系集。因此，为获得合理的相关关系集就必须进行要素的相关性分析。

由于相关关系只能发生在具体要素之间，因此，任何复杂的相关关系，在要素不发生规定性变化的条件下，都可转化成两个要素间的相关关系。在相关关系集中，最基本的关系是二元关系，其他更为复杂的关系则是在二元关系基础上发展的。所以相关关系分析可分为两步进行。第一步先对系统进行二元关系分析，确定要素之间是否存在关系。具体做法是将系统的要素列成方阵表，用 R_{ij} 表示要素 i 与要素 j 的关系，并规定 R_{ij} 只取 1 或 0 值，即若 i 与 j 之间存在关系，则 R_{ij}，为 1；反之为 0。第二步工作是对 R_{ij} 取值为 1 的两个相关要素之间存在的具体关系进行分析，即确定属于何种关系，是物理的、化学的、机械的还是经济的、组织的等。通过具体分析，得出保持最优的二元关系的尺度和范围，并使相关关系尽量合理化。这里的相关性分析只解决了具有平行地位要素之间的关系分析问题，对于系统的阶层关系则需要其他分析方法。

5.4.4　系统整体分析

系统整体性分析是结构分析的核心，是解决系统整体协调和优化的基础，系统要素集、关系集、层次性分析只是在某种程度上研究了系统的一个侧面，它们各自的合理性或优化还不足以说明整体的性质。整体性分析是综合要素集、关系集、层次性分析结果，以整体最优为目的的协调，也就是使要素集、关系集、层次分布达到最优结合，并取得系统整体的最优输出。系统整体优化和取得整体的最优输出是可能的。这是因为构成系统结构的要素集、关系集、层次分布都有允许的变动范围，在对应于给定目标要求下，它们都将有多种结合方案。

整体性分析主要有两项内容。一是为了衡量和分析系统的整体结合效果，需要建立一个评价指标体系。这些指标分别说明这种综合效果所表现的方面；

这些指标还应当有最低标准,达不到它,就说明这种结合没有取得起码的整体效果;这类指标应当是可衡量的价值指标,以便在多指标条件下能做到综合评价。例如,一个工程施工技术系统是由若干台(套)各种装置或仪器设备(供电、供水、运输、机械设备、仪器、测试、原材料)和各类工作人员构成。这些构成要素即为要素集。在一定的生产工艺流程条件下,由人—机组成了各种关系,这种关系可以看成为关系集。由于人—机系统中各种要素功能不同,就必然构成层次关系,即为层次分布集。根据系统结构结合特性,其评价指标体系应当考虑的有设备利用率、设备故障率、能耗、材料消耗、生产效率、成本、质量等指标,并规定这些指标的最低标准。二是尽量建立反映系统整体性的要素集、关系集、层次分布的结合模型,以定量分析系统整体结构的合理性和最优输出。经上述分析,就可以了解系统整体性如何,并以此为基础调整和改善系统结构中的不合理部分或薄弱环节,使系统达到整体协调运行,获得满意的输出效果。

5.5 系统可靠性分析

"系统的可靠性是指系统在规定条件下和规定时间内,完成规定功能的能力。""可靠性"一词包括广义和狭义的两种解释。广义可靠性是指系统在其整个寿命周期内完成规定功能的能力,它包括狭义可靠性和维修性;狭义可靠性则指系统在某一规定时间内发生失效的难易程度。另外有一个可靠度的概念,"可靠度是指系统在规定的条件下和规定的时间内发生失效的概率。"可靠度是可靠性的度量化名词。

5.5.1 可靠性指标

可靠性指标可用来进行产品的可靠性设计、分析、评价、管理。对于具体的产品,可以选择不同的可靠性指标来试题。下面介绍几个常用的可靠性指标。

(1)平均故障间隔时间(Mean Time Between Failures,MTBF)。可修产品可靠性的一种基本指标,也称为产品的寿命。其度量方法为:在规定的条件和规定的时间内,产品的寿命单位总数与故障总数之比。

(2)平均故障前时间(Mean Time to Failure,MTTF)。不修复产品可靠性的一种基本指标,其度量方法为在规定的条件下和规定的时间内产品寿命单位总数与故障总数之比。

(3)平均维修时间(Mean Time to Repair,MTTR)。可修产品维修性的一种基本指标,其度量方法为故障维修时间单位总数与故障总数之比。

(4)可靠度(reliability)。产品的工作时间是一个随机变量,可用了表示,t 表示规定的工作时间,则可靠度为

$$R(t) = P(T > t) \tag{5-1}$$

其中，$R(t) = 1 - F(t)$，$F(t) = P(T \leqslant t)$ 为故障概率分布函数。

（5）维修度（maintainability）。修复时间为 T，则 T 是随机变量，在时间 t 内修复的概率，即维修度。

$$M(t) = P(T \leqslant t) \tag{5-2}$$

（6）可用度（availability）。定义变量：

$$x(t) = \begin{cases} 0, \text{若 } t \text{ 时刻产品正常} \\ 1, \text{若 } t \text{ 时刻产品故障} \end{cases} \tag{5-3}$$

则 t 时刻产品的瞬时可用度可表示为

$$A(t) = P\{X(t) = 0\} \tag{5-4}$$

令 $t \to \infty$，可得稳态可用度

$$A = \lim_{t \to \infty} A(t) \tag{5-5}$$

稳态可用度可表示为：

使用可用度 A_0（operational availability）

$$A_0 = \frac{\text{能工作时间}}{\text{能工作时间} + \text{不能工作时间}} \tag{5-6}$$

固有可用度 A_i（inherent availability）

$$A = \frac{\text{MTBF}}{\text{MTBF} + \text{MTTR}} \tag{5-7}$$

A_i 是设计的可用度，应比实际运行的可用度 A_0 大。

5.5.2　可靠性指标体系

对于一个复杂的多功能系统，需要建立一个可靠性指标，从不同的侧面，全面地、系统地研究系统的可靠性。

1. 指标体系的定义

在系统可靠性设计和管理过程中，为使系统在运行中能够完成或达到所规定功能，并通过维修保持这种能力，要对系统提出可靠性和维修性要求，并将这些要求用一组能反映系统功能的可靠性和维修性指标定量描述，这组可靠性与维修性指标的组合即为系统的可靠性与维修性指标体系。

2. 指标体系的性质

（1）指标体系的完备性。在可靠性与维修性指标体系中，所有选定的指标组

合在一直能完整地描述系统可靠性与维修性要求的各个方面，即在战备完好、任务成功、维修人力费用和后勤保障费用等方面的要求。

（2）指标体系的阶段性。根据任务分析，将系统任务过程分为不同的阶段。对每一任务阶段应有相应的可靠性和维修性指标和指标值，不同阶段的指标和指标值可以不同。

（3）指标体系的适用性。指标体系的指标应与系统的工作性质，包括系统所要完成的任务和规定的功能等，并与系统可能发生的故障模式相对应。

（4）指标体系的层次性。一个复杂的系统，一般是由若干个不同功能的子系统构成的，而子系统又可以根据其功能继续分解。对每一分解层次上的功能子系统，都需要给出相应的可靠性和维修性指标。由于各种子系统的功能不同，所选取的指标也有可能不同。

（5）指标的可达性。指标应对系统可靠性设计起指导作用，确定的指标值应与系统的实际可靠性水平基本相符，应使设计生产出来的系统的可靠性与维修水平能达到规定的要求。

（6）指标组合的不唯一性。系统可靠性与维修性指标体系中的可靠性与维修性指标的组合方式并不唯一。即可以用相互联系的不同的指标描述系统在某一方面的可靠性或维修性具体要求。这种不唯一性并不影响指标体系的完备性。

3. 指标体系中指标选取的原则

根据上述系统性指标体系的性质，在具体选择指标参数时应遵循以下一般原则：

（1）指标体系中的指标应能全面地反映系统的各个方面的要求。

（2）应根据系统的类型、功能和应用特点来选择其可靠性指标，系统特点是指系统的结构、复杂程度以及工作方式等。

（3）应根据使用要求及维修和后勤保障的方案来选择指标。使用要求包括系统要完成规定的任务或要达到的预期目的，使用环境及限制条件等。

（4）在选择系统可靠性指标时，应考虑各指标间的相关性和跟踪性，以免造成指标间的不协调，并使指标值便于跟踪和评估。

（5）指标体系中的指标宜少不宜多，选择时应考虑其直观通用性，便于在指标阶段确定相应的指标值。

（6）指标体系中指标的选择，应便于可靠工作，如系统分配、预测等顺利进行。

（7）应根据技术任务书中规定的系统功能一览表、故障模式及差别准则一览表和紧急情况一览表，选择系统指标组成。

4. 指标选取的方法

对于多功能系统，在研究其问题时，应按照系统每种功能，单独地对其进行定量描述、分析、评估并予以保证。维修性指标应根据系统的各种单一功能选取。根据参与完成系统某种功能的特征，将整个系统进行分解而得到系统相应的功能子系统。每一个功能子系统都只完成单一的功能。应按系统的每个功能子系统来分析系统，同时还须考虑其功能子系统具有一种互相代替的性能，这种性能可以使部分功能子系统出现的故障对系统的影响减到最低程度。

在系统的任务剖面中，各种规定的功能是由各不相同的功能子系统来实现的，因此应当对系统的每一种功能，尤其是系统的主要功能都给出相应的指标。对应于系统连续完成的功能，一般可采用无故障工作时间和故障率等指标，它们反映系统完成该功能平均寿命；对应于系统断续完成的功能，则可选用与任务成功性有关的任务成功概率和任务准备系统指标。

对每一任务要进行任务阶段的划分，对每一特定阶段选择相应的可靠性和维修性指标。

描述系统的可靠性有以下四种基本方法：

(1)把可靠性定义为“平均寿命”或平均故障间隔时间。这种方法适用于长寿命系统。在这种系统中，任务时间总比平均寿命要短。

(2)把可靠性定义为在规定时间内的正常工作概率。当在执行任务期间要求设备和系统具有很高的可靠性时可用此定义。

(3)把可靠性定义为成功概率。这种定义适用于一次使用装置的可靠性或周期使用装置的可靠性。

(4)把可靠性定义为在规定时间内的故障率。

一般规定系统的可靠性要求可采用第一或第二种定义，除对于指数分布之外，第一种方法在早期寿命中不能有效地保证规定的可靠性水平。当系统平均故障间隔时间超出任务规定时间时可使用第二种方法。第四种定义可用来规定元器件和组件的可靠性。

系统的维修性也有四种方法：

(1)平均维修时间。

(2)维修度。

(3)修理率。

(4)维修成功概率。

5.5.3　典型系统可靠性模型

1. 串联系统可靠性模型

若系统由 n 个子系统组成，当且仅当 n 个子系统全部正常工作时，系统才正常工作，或只要一个子系统故障时，则系统故障，这里称系统是由 n 个子系统构成的可靠性串联系统，其可靠性框图如图 5-11 所示。

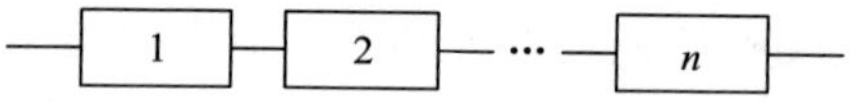

图 5-11　串联系统可靠性框图

令第 i 个子系统的寿命为 X_i，其工作时间为 t_i 的可靠度为 $R_i(t) = P\{x_i > t_i\}$，$X_1, X_2, \cdots, X_n$，相互独立，系统寿命为 X_S，工作时间为 t_s，则系统可靠度为

$$R(t) = p(X_1 > t_1, \cdots, X_n > t_n) = \prod_{i=1}^{n} P(X_i > t_i) = \prod_{i=1}^{n} R_i(t_i) \quad (5-8)$$

串联系统的可靠度等于子系统可靠度的乘积，可见子系统越多，系统可靠性越低。若所有子系统故障都服从指数分布，则

$$R_s(t) = \prod_{i=1}^{n} R_i(t_i) = \prod_{i=1}^{n} e^{-\lambda_i t_i} \quad (5-9)$$

式中：λ_i 为第 i 个子系统的故障率。当工作时间相同时

$$R_s(t) = \prod_{i=1}^{n} e^{-\lambda_i t} = e^{-\sum_{i=1}^{n} \lambda_i t_i} = e^{-\lambda_s t} \quad (5-10)$$

$$\lambda_s = \sum_{i=1}^{n} \lambda_i \quad (5-11)$$

可见此时系统仍然是指数分布，λ_s 称为系统的故障率。当 $\lambda_i = \lambda (i = 1, 2, \cdots, n)$ 时

$$R_S(t) = e^{-n\lambda t} \quad (5-12)$$

在指数分布下，故障率为常数时的平均寿命为

$$\text{MTTF} = \int_0^{\infty} tf(t)\,\mathrm{d}t = \frac{1}{\lambda} \quad (5-13)$$

$$R_S(t) = e^{-\frac{n}{\text{MTTF}} t} \quad (5-14)$$

当故障率不相等时

$$\begin{cases} R_S(t) = e^{-\sum_{i=1}^{n} \lambda_i t} \\ \text{MTTF}_S = \dfrac{1}{\sum_{i=1}^{n} \lambda_i} \end{cases} \quad (5-15)$$

若 $R_S(t)$ 按泰勒级数展开，得

$$R_S(t) = 1 - \lambda_s t + \frac{1}{2!}(\lambda_s t)^2 + \frac{1}{3!}(\lambda_s t)^3 + \cdots \tag{5-16}$$

当 λ_t 足够小时，式(5-16)可近似为

$$R_s(t) = 1 - \lambda_s t = 1 - (\sum_{i=1}^{n} \lambda_i)t \tag{5-17}$$

当 $\lambda_i = \lambda(i = 1,2,\cdots,n)$，则

$$R_s(t) = 1 - n\lambda t = 1 - \frac{nt}{\text{MTTF}} \tag{5-18}$$

由于 t 比 MTTF 小得多，此近似公式一般可采用。

2. 并联系统可靠性模型

若系统由 n 个子系统组成，只要有一个子系统正常工作时，则系统正常工作。当系统故障时，必定是 n 个子系统全部故障，这里称为系统是由 n 个子系统构成可靠性并联系统，其可靠性如图 5-12 所示。

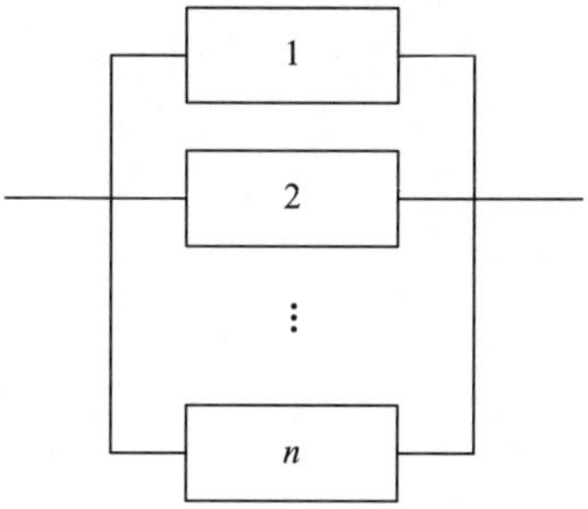

图 5-12　并联系统可靠性框图

令第 i 个子系统的寿命为 X_i，系统寿命为 X_S，系统工作时间为 t，根据可靠性并联系统的定义有

$$X_s = \max(X_1, X_2, \cdots, X_n) \tag{5-19}$$

$$\begin{aligned} R_s(t) &= P(X > t) = P(\max(X_1, X_2, \cdots, X_n)) \\ &= 1 - P(\max(X_1, X_2, \cdots, X_n) \leqslant t) \\ &= 1 - \prod_{i=1}^{n} P(X_i \leqslant t) \\ &= 1 - \prod_{i=1}^{n} (1 - R_i(t)) \end{aligned} \tag{5-20}$$

当 $R_i(t)= e^{-\lambda_i t}$ 时,有

$$R_s(t)= 1-\prod_{i=1}^{n}(1-e^{-\lambda_i t}) \tag{5-21}$$

当 $n= 2$ 时,有

$$R_s(t)= e^{-\lambda_1 t}+e^{-\lambda_1 t}-e^{-(\lambda_1+\lambda_2)t} \tag{5-22}$$

$$\begin{aligned}\lambda_s(t) &= -\frac{1}{R_s(t)}\frac{dR_S(t)}{dt}\\ &= \frac{\lambda_1 e^{-\lambda_1 t}+\lambda_2 e^{-\lambda_2 t}-(\lambda_1+\lambda_2)e^{-(\lambda_1+\lambda_2)t}}{e^{-\lambda_1 t}+e^{-\lambda_2 t}-e^{-(\lambda_1+\lambda_2)t}}\end{aligned} \tag{5-23}$$

$$\begin{aligned}\text{MTTF} &= \int_0^{\infty}R_s(t)dt = \int_0^{\infty}(e^{-\lambda_1 t}+e^{-\lambda_2 t}-e^{-(\lambda_1+\lambda_2)t}dt\\ &= \frac{1}{\lambda_2}+\frac{1}{\lambda_2}-\frac{1}{\lambda_1+\lambda_2}\end{aligned} \tag{5-24}$$

当 $\lambda_1 = \lambda_2 = \lambda$ 时,有

$$\text{MTTF} = \frac{1}{\lambda}+\frac{1}{2\lambda} \tag{5-25}$$

所以当 $R_i(t)= e^{-\lambda t}(i= 1,2,\cdots,n)$ 时,有

$$\begin{cases}R_s(t)= 1-(1-e^{-\lambda t})^2\\ \text{MTTF} = \int_0^{\infty}(1-(1-e^{-\lambda t})^n)dt = \sum_{i=1}^{n}\frac{1}{i\lambda}\end{cases} \tag{5-26}$$

由式(5-26)可看出并联产生的效果,2 个并联系统平均寿命提高 50%,3 个并联第 3 个对提高系统平均寿命的贡献为 33.3%,4 个并联,第 4 个的贡献为 25%,随着并联部件的增多,对提高系统可靠性的贡献程度下降,所以一般只采用 2 个并联或 3 个并联来提高可靠性。

3. 混联系统可靠性模型

设部件的可靠度分别为 $R_1,R_2,\cdots,R_n$, 不可靠度为 $Q_1,Q_2,\cdots,Q_n$ 。

(1)系统冗余时,系统可靠度为

$$\begin{aligned}R_{SR} &= 1-\left[1-\prod_{i=1}^{n}R_i\right]^2\\ &= 2\prod_{i=1}^{n}R_i-\left[\prod_{i=1}^{n}R_i\right]^2\end{aligned}$$

$$= \left[\prod_{i=1}^{n} R_i\right]\left[2 - \prod_{i=1}^{n} R_i\right]$$

$$= \left[\prod_{i=1}^{n}(1 - Q_i)\right]\left[2 - \prod_{i=1}^{n}(1 - Q_i)\right] \tag{5-27}$$

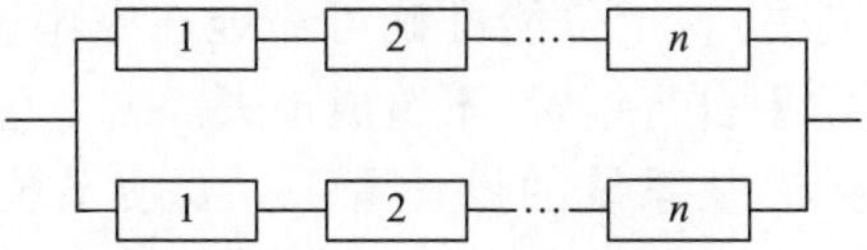

图 5-13　系统冗余可靠性框图

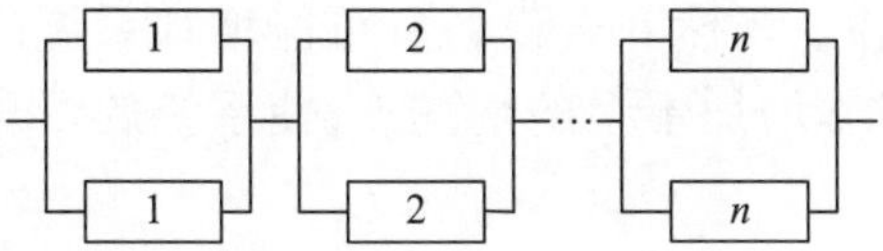

图 5-14　部件冗余可靠性框图

(2)部件冗余时,系统可靠度为

$$R_{CR} = \prod_{i=1}^{n}(1 - Q_i^2) = \prod_{i=1}^{n}(1 - Q_i)(1 + Q_i)$$

$$= \left[\prod_{i=1}^{n}(1 - Q_i)\right]\left[\prod_{i=1}^{n}(1 + Q_i)\right] \tag{5-28}$$

$$R_{CR} - R_{SR} = \left[\prod_{i=1}^{n}(1 - Q_i)\right]\left[\prod_{i=1}^{n}(1 + Q_i) + \prod_{i=1}^{n}(1 - Q_i) - 2\right] \tag{5-29}$$

$$\prod_{i=1}^{n}(1 + Q_i) = 1 + \sum_{i=1}^{n} Q_i + \sum_{1\leqslant i<j\leqslant n} Q_iQ_j + \sum_{1\leqslant i<j<k\leqslant n} Q_iQ_jQ_k + \cdots + \prod_{i=1}^{n} Q_i \tag{5-30}$$

$$\prod_{i=1}^{n}(1 - Q_i) = 1 - \sum_{i=1}^{n} Q_i + \sum_{1\leqslant i<j\leqslant n} Q_iQ_j - \sum_{1\leqslant i<j<k\leqslant n} Q_iQ_jQ_k + \cdots + (-1)^n \prod_{i=1}^{n} Q_i \tag{5-31}$$

$$\prod_{i=1}^{n}(1 + Q_i) + \prod_{i=1}^{n}(1 - Q_i) - 2 = 2\sum_{1\leqslant i<j\leqslant n} Q_iQ_j + 2\sum_{1\leqslant i<j<k<l\leqslant n} Q_iQ_jQ_kQ_l + \cdots > 0 \tag{5-32}$$

$$R_{CR}-R_{SR}>0 \tag{5-33}$$

因此,在任何情况下部件冗余可靠度大于系统冗余可靠度。

提高系统的可靠性,一方面要提高构成系统的各元件本身的可靠性。例如,要提高飞机的可靠性,首先要提高发动机、控制系统、导航系统等的可靠性。另一方面还要提高系统承受误操作的可靠性。例如,1991 年的海湾战争中,美国的“爱国者”导弹出尽风头,它不仅能准确可靠地在空中击毁敌方导弹,而且在没有发现目标时,将在空中自行销毁,不造成损失。

提高系统的可靠性,要从系统的设计着手。要使系统的元器件工作在正常状态下,没有过载超负荷等现象的发生,并且要有一定的裕度。也可以采用冗余储备,使系统即使有个别元器件或设备出现故障仍能正常工作,譬如,大型客机拥有四个发动机,中型客机拥有两个发动机。也就是说有一个设备出现故障,有另一个设备顶替它工作。当然冗余设备有可能增加系统的复杂性和成本,但是如果设计得合理,在成本增加不多的情况下,使系统的可靠性有很大的提高,是完全值得的。

复习思考题

1. 系统分析的主要内容有哪些?
2. 从系统分析的角度看,进行系统环境分析有何意义?
3. 进行系统环境分析时,一般需要考虑的环境因素有哪些?
4. 系统结构分析在系统分析中起什么作用?
5. 试分析系统环境、系统目标和系统结构之间的关系。

第 6 章　系统评价

6.1　系统评价的一般方法论

6.1.1　系统评价问题

我们在日常生活、工作中,经常会遇到综合评价问题。假设你是一个消费者,要去买一台电脑,你会怎么做? 显然,你会先了解一下市场上出售的各种品牌、各种档次的电脑情况,在这个过程中,你考虑最多的因素是质量、价格等,也就是说,这两个因素决定了你究竟买什么样的电脑。这就是一个简单的系统综合评价问题,其中质量和价格为评价指标。

当系统评价为单目标(指标)时,其评价工作是容易进行的;但当系统评价为多目标(指标)时,这项工作就困难得多了。例如,我们在购买电脑时,如果只需要电脑价格低,那么我们很快就能达到目的;但是如果我们不但要电脑价格低,而且还要质量好、外观好,那么我们就很难达到目的了。

但是我们要解决的问题往往比这要复杂得多。系统综合评价的研究对象通常是自然、社会、经济等领域中同类事物(横向)或同一事物在不同时期的表现(纵向)。具体的系统综合评价一般表现为以下几类问题:

第一类问题是对所研究事物进行分类。俗话说,物以类聚、人以群分,把多个事物中具有相同或相近属性的事物归为一类,有利于对客观事物进行科学的管理。例如,依据经济发展状况对我国各地区进行分类,有利于国家制定有关政策,促进我国经济稳定协调发展。

第二类系统综合评价问题表现为对上述分类的优劣排序,即在第一类问题基础上对各小类按优劣排除顺序。例如,对我国各地区按经济状况分类后再进一步明确:哪些地区经济发展状况好,哪些地区经济发展状况不佳,等等,这将为客观经济管理提供信息。

第三类系统综合评价问题表现为对某一事物做出整体评价。当然也必须有参考系,否则无法做出评价。如果已经有一些同类事物的评价结果(即了解其综合表现情况),就称其为有训练的样本,这样,只需将所评对象与这些有训练样本进行比较,用训练样本的先验信息对该对象做出评价。这在地质勘探、天气预报等方面有较为广泛的应用。对于每一个评价对象,通过综合评价和比较,可以找到自身的差距,也便于及时采取措施,对症下药。

大型复杂系统的开发、研制和运用一般都是为了实现多个目标(或指标)。例如,审批一个新项目,必须同时考虑该项目的适用性、难度、技术性能、研制周期、研制基础及其价值等多种因素。对于这样的复杂系统,一方面要把它分解为若干个子系统,分别建立模型,然后应用系统分析方法求得各个指标的最优解;另一方面还要把这些工作综合起来,对于一个完整的系统方案做出明确的评价,对于不同的可行方案做出谁优谁劣的比较,而且要用定量的结果来说明。

6.1.2 系统评价的基本功能

系统评价在管理决策中具有不可缺少的重要作用,比较具体地说,评价的基本功能如下。

1. 鉴定功能

鉴定是指对工作和结果的鉴别与评定。用评价标准判断被评对象达到目标的程度,就是用标准与线性比较,以标准鉴别对象的过程。根据不同的需要,体现这种功能可采用不同的形式,如评语、评定、认定、鉴定等。通过鉴定辨别真伪、区分优劣、分等定级,为认可、选拔、评优、管理服务。鉴定功能是评估的基本功能,其他功能是在科学鉴定的基础上实现的,只有认识对象才能改变对象,"鉴定"首先是"鉴",即仔细审查评价的对象,然后才是"定"结论。科学的鉴定应该在实施判断之后才作价值判断。

2. 导向功能

通过评估,可以引导管理决策按正确的方向进行。一般来说,导向功能表现在以下方面:

(1)对评价对象在今后发展中应注意的方面加以引导,如在思想政治工作方面加大力度抓落实等。

(2)对管理评估对象的机构以及其中的工作人员今后如何努力指明方向,如各项工作在评估之后要注意检查落实等。

(3)对于社会的需求及舆论进行引导,例如,如果通过评估发现某些单位的科研质量不高,就应该及时反映,不要在科研立项时盲目听信这些单位的盲目自夸,保证本来就不多的资源得到最大限度的利用,等等。

(4)对研究者的研究方向加以指点,当评估指出某些有待改进的方面时,研究者便会集中精力去探讨如何改进。

3. 调控功能

各领域中的管理都有控制作用,在其运行过程中,根据反馈信息不断调整行为,以期实现预定的目标,评估工作用科学方法系统地收集信息,对其加以分析,做出肯定或否定的评判,对优点提出加以强化,对缺点提出加以改进,以期提高管理的水平。当然,评价本身不是调控,而是替有关方面提供调控的依据,是改进管理的前提性工作。

4. 机理功能

通过评价能激发受评价者的积极性,产生努力学习、认真工作、奋起直追的效果,评价的机理机制受到四个方面的影响。

(1)评估本身含有目标,受评者必然为达标而积极工作。

(2)评价有结论,肯定的结论使受评者受到鼓舞,享受到成功后的喜悦,增强信心;如果是否定的结论,也可从中吸取教训,找到差距,改进工作。

(3)评价有“压力”,多数评价不只有单一的对象,评价后自然后横向的比较。在相似的条件下,为什么有的得到好评,而有的却不能,必然引起思考,激发竞争的热情,使“压力”变为“动力”。

(4)评估关系到受评者的利益,可能影响到受评者的声誉或者待遇,这种与功过得失有关的事使受评者不能不认真对待。

评价过程往往在较深的层次上影响人们的工作动力,激励人们自我发展、自我完善。

5. 教育功能

评估过程也是对受评者进行思想道德教育的过程。激励功能体现了德育的作用,不过它侧重于激发受评者上进的动机,使其行为有了动力。教育功能则包括更广泛的思想品德教育内容,通过评估让参评人员在世界观、方法论、学术观等方面受到现实的教育,从而为进一步搞好本职工作做更多的贡献。

6. 探讨功能

通过评估,人们对于管理的效果及规律性会得到研究资料或数据。以前我们不太注意定性与定量在研究中的互相配合与彼此促进,对于评估在研究方面的作用未免有所忽视。而实际上,许多理论都是在评估实践中得以产生的,评价的探讨功能是应该得到高度重视的。

6.1.3　系统评价的基本程序

评价是工作过程,需要分析与综合,需要定量分析与定性判断的结合。下面我们给出系统综合评价的基本过程。

1. 明确系统目标,熟悉系统方案

为了进行科学的评价,必须把要评价的对象当成系统看待,反复调查了解建立这个系统的目标以及为完成系统目标所要考虑的具体事项,熟悉系统方案,进一步分析和讨论已经考虑到的各个因素。

2. 分析系统要素

根据评价的目标,经过调研等方法收集有关的资料和数据,对组成系统的各个要素及系统的性能特征进行全面分析，找出对评价目标影响最大的因素。

3. 评价专家的选聘

评价问题确定后，即可选聘专家对所要评价的问题进行分析，从指标体系的建立到评价方法的选择都需要专家的参与。

4. 建立评价指标体系

指标是衡量系统总体目标的具体标志，对于所评价的系统，必须建立能对照和衡量各个方案的统一工具，即评价指标体系。评价指标体系必须科学地、可观地、尽可能全面地考虑各种对评价目标影响较大的因素。

系统评价指标体系通常应该包括以下一些大类指标：

(1)政策性指标。包括政府的方针、政策、法令，以及法律约束和发展规划等方面的要求，这对国防和国计民生方面的重大项目或大型系统尤为重要。

(2)技术性指标。包括产品的性能、寿命、可靠性、安全性等，工程项目的地质条件、设备、设施、建筑物、运输等技术指标要求。

(3)经济性指标。包括方案成本(有条件时应考虑生命周期成本，即包括制造成本、使用成本和维修成本等)、利润和税金、投资额、流动资金占有量、回收期、建设周期，以及地方性的间接受益等。

(4)社会性指标。包括社会福利、社会节约、综合发展、就业机会、污染、生态环境等。

(5)资源性指标。如工程项目中的物资、人力、能源、水源、土地条件等。

(6)时间性指标。如工程进度、时间节约、试制周期等。

上述六个方面是指一般可能要求考虑的指标大类。在具体条件下，可以有增减或不予考虑。这六个方面就构成了所谓的系统评价指标体系。至于大类下单项指标的设立则要根据系统性质、目标要求、有关系统的特殊问题等全面予以考虑。

指标体系可以在大量的资料、调查、分析的基础上得到，它是由若干个评价指标组成的整体，应反映出所要解决问题的各项目标要求。

5. 制定评价结构和评价准则

在评价过程中，如果只是定性地描述系统达到的目标，而没有定量的表述，就难以做出科学的评估，只能停留在泛泛而谈的阶段，因此，要对所确定的指标进行定量化处理。有些指标本来就有定量的数字，有些原来只有定性的描述，就要进行分析研究，制定和选择评价的定量依据。这里往往需要借助于若干理论的概念和方法，评分是最常用的一种简单方法，即按具体情况认为地分为若干等级，进行相对比较。

每一个具体指标可能是几个指标的综合，这是由评价系统的特征和评价指标体系的结构所决定的，在评价时要制定评价结构。

由于各指标的评价尺度本来并不一样,不同的指标是很难在一起比较的,因此,必须将指标体系中的指标规范化,也就是采用同一的评价尺度,为此要制定出评价准则,根据指标所反映要素的状况,确定各指标的结构和权重。

6. 评估方法的确定

评估方法根据对象的具体要求不同而有所不同,总的来说,要按系统目标与系统分析结果、费用、效果的测定方法,成功可能性的讨论方法以及评估准则等确定。

7. 建立评估模型

选定评估方法后,就可以建立数学模型。

8. 评估结果

数学模型建立后,评估者就可结合专家评估的结果进行统计分析处理,最后提出评估的结果报告。

9. 评估结果分析

在得到评估结果后,我们可以对评估结果进行分析,检验评估结果是否合理,将某项指标进行权重改变,看对结果的影响,并根据评估结果对舰船装备提出意见。

综上所述,系统评价的步骤可以由如图6-1所示的框图表示。

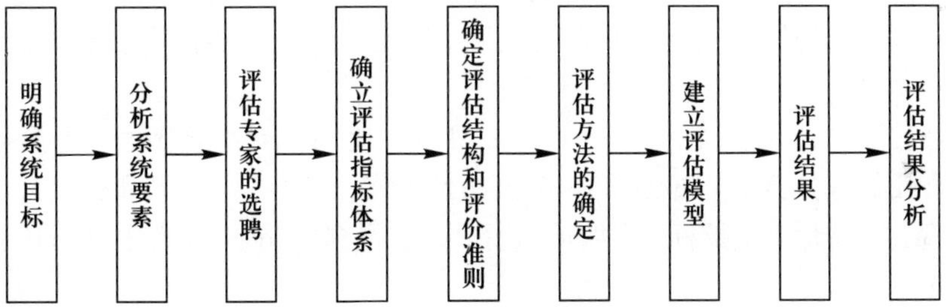

图6-1　系统评价的步骤示意图

对于以上程序,有几点需要说明:

(1)从严格的意义上来说,它并不是时间顺序,而只是工作要点。事实上,评估方法的选定往往是一开始就有了打算,如一开始就计划使用加权综合法,而没有进行其他的选择,也可能到后面才确定。

(2)专家的选择往往是在进行综合评价的开始就要进行,综合评价在很大程度上离不开专家的参与,因为对于复杂系统的评价,往往是建立在专家评价基础上的。而对于复杂系统的影响因素的确定,也即是评估指标的确定,我们不能主观地随意选择几个因素充当指标,这就需要专家的参与。

(3)评价结果不限于运用选定方法说得的结论,还要包纳进行周密思考、科学判断所得的见解。在综合评价结果报告中，对这些应该有系统地、如实地表达。

(4)在进行评价过程中，每一步都有方法论问题。例如，专家如何选择、专家的评价意见应该如何处理、评价指标体系如何确定、如何判断所建立的指标体系能真实地反映评价目标的实质、我们得到的指标体系是否还能简化、有些定性说明的指标我们如何进行量化、量化后的指标又该如何处理、指标的相互重要性(权重)如何确定、综合评价的方法如何选取等，在本书中，将对这些问题进行分析、解决。

6.2 评价指标体系的建立

系统评价的依据是指标，根据指标权衡利弊得失，从而为系统决策选择最优方案提供科学的依据。因此，指标选择或建立评价指标体系是系统综合评价工作中的一项重要的基础工作。

6.2.1 评价指标的选取原则

当系统为单目标时，其评价工作是容易进行的；但当系统为多目标时，这项工作就困难得多了。例如，在一群人之中要评选一个最胖的人，这是很容易办到的；但是，若要评选一个身高最高又最胖，而且身体最健康的人，就不是那么容易了。

系统工程的问题往往比这还要复杂得多。比如在对综合国力进行综合评价时，如果我们只选择人口或面积等作为评价因素，很显然得到的评价结果是不合理的；那么评价因素(指标)该如何选择，该选择多少等？这就是本章所要介绍的内容。

首先介绍指标选择的原则：

在对复杂系统进行综合评价时，选择合适的评价指标体系是基础，没有一套科学、可行、可信的指标体系，就无法客观地开展评估工作。评价目标不只是由单一的评价指标来确定的，该评价活动规模宏大，因素众多，层次结构复杂。因此，要全面、准确地评价船用核动力装置基本特征和要素之间的复杂关系，不能仅通过单一指标来实现，而是需要使用多个相互联系，相互作用的评价指标，这种由多个相互联系、相互依存的评价指标，按照一定的层次结构组合而成，具有特定评价功能的有机整体，称为综合评价指标体系。建立评价目标的指标体系，并不是一件非常容易的事情。由于现实问题的复杂性，要想合理、科学、系统地建立一套具有实用价值的指标体系，不仅需要较熟练的专业知识，而且还需要有较广的知识面和高度的概括、抽象能力，并要遵循一定的原则。根据实践经验的总结，一般说来，指标体系的设置要满足以下原则：

1. 系统性原则

指标体系应该反映评价决策系统的整体性能和综合情况，指标体系的整体评价功能大于各分析指标的简单总和，应该注意使指标体系层次清楚，结构合理，相互关联，协调一致。要抓住主要因素，既能反映直接效果，又能反映间接效果，以保证决策的全面性和可靠度。

2. 可比性原则

决策分析是根据系统的整体属性和效用值的比较进行方案排序的，可比性越强，决策结果的可信度越大，决策指标和评价标准的制定要客观实际，便于比较。指标间要避免显见的包含关系，隐含的相关关系要以适当的方法加以消除。同时，指标处理中要保持同趋势化，以保证指标间的可比性。

3. 科学性原则

以科学理论为指导，以客观系统内部要素以及其间的本质联系为依据，定性分析和定量分析相结合，正确反映系统整体和内部相互关系的数量特征。同时，既要保证定性分析的科学性，又要保证定量分析的精确性。

4. 实用性原则

评价指标含义要明确，数据要规范，口径要一致，资料收集要可靠。指标设计必须要符合国家和地方的方针、政策、法规，口径和计算要与通用的合计、统计、业务核算协调一致。评价模型设计要有可操作性，计算分析简便，结构模块化，计算程序化，便于在计算机上操作实现。

5. 层次性原则

将复杂的系统问题分解，使分解出的各要素按属性的不同分成若干组，从而形成不同层次。同一层次的元素作为准则，对下一层次的某些要素起支配作用，同时，它又受到上一层次元素的支配，从而形成一个由支配关系确定的递阶层次结构。层次结构建立在决策者对所面临问题具有全面深入的认识基础上，如果在层次的划分和确定层次之间的支配关系上举棋不定，最好重新分析问题，弄清问题各部分相互之间的关系。

6. 简易性原则

在确定层次结构时，层次数在满足问题的要求下，应尽可能得少。每一层次中的指标个数也不宜过多，一般不要超过 9 个。层次结构的简易程度将直接决定着评价结果的好坏，对于解决实际的问题极为重要。

评价指标体系既要把指标划分为定性与定量两类指标，又要保证定性和定量两类指标在综合评价中的统一性。不同量纲的指标应该按特定的规则作标准化处理，化为无量纲指标，便于整体综合评价。定量指标要注意绝对量和相对量的结合使用，绝对量反映总量和规模，相对量反映强度和密度，定性指标可作适当的量化处理,两者结合,便于建模综合评价。

例如,在对综合国力进行综合评价时,根据以上选取指标的原则,我们就可以把度量综合国力状况的指标,选取为人口、国土面积、钢消费量、能源消费量、国民生产总值、总军事实力6项。

6.2.2 评价指标的选取方法、步骤

评价指标选取的方法很多,常用的有脑力风暴法、专家会议法、德尔菲法、聚类分析法、关联度法。

1. 脑力风暴法

脑力风暴法(Brain Storming)是一种独特的会议方法,主要是吸收专家参加积极的创造性思维。它可分为直接脑力风暴法和质疑脑力风暴法。

1)直接脑力风暴法

直接脑力风暴法的特点:

(1)参加者不要宣读事先准备的发言稿,发言要简练,不能对别人的意见提出批评。

(2)主持者要严格限制问题范围,要鼓励参加者对已经提出的设想进行改进和综合,要创造一种自由的气氛,激发参加者的积极性。

(3)在选取参加者时,要注意:若参加者相互认识,要从同一职位的人员中选取;若参加者相互不认识,可从不同职位的人员中选取。

2)质疑脑力风暴法

质疑脑力风暴法是对直接脑力风暴法提出的已系统化的设想进行质疑,或者对规划、方案事先提出的工作文件提出异议,并进行全面评估。

质疑脑力风暴法可分为三个阶段:

第一阶段,参加者对每个提出的设想都要提出质疑并进行全面评估。评估的重点是研究实现设想的障碍问题。

第二阶段,就每一组或其中每一个设想,编制一个评价意见一览表,以及可行设想一览表。

第三阶段,对质疑过程中提出的评价意见进行评价,以便形成一个对解决问题实际可行的最终一览表。

尽管脑力风暴法是一种出色的专家会议预测评估法,但仍不可避免地具有一般专家会议法的主要缺点。

2. 专家会议法

专家会议法是为了克服专家个人判断法的缺点,而采取的把有关专家请到一起,征求意见的一种方法。

它的主要优点是:

占有的信息量大于单个成员的信息量；考虑的因素和影响远多于单个专家；专家会议提供的方案更具体、更客观；有利于调动集体的创造力。

它的主要缺点是：

易于出现附和多数观点的情况，从而导致错误的信息更加错误化；善于言论者和地位高者可能对专家会议产生不正常的影响；会议的兴趣容易较长时间地集中在非预期讨论的某一点上；会议成员中易于产生不愿公开承认错误的心理障碍。

3. 德尔菲法

德尔菲法集中了专家个人判断与专家会议两法的优点，并且同时克服了上述两法的缺点。它的基本程序是：明确问题；选择专家；设计评估意见征询表；专家轮间信息反馈具体作法是，在对所要预测的问题征得专家的意见之后，进行整理、归纳、统计，再匿名反馈给各专家，再次征求意见，再集中，再反馈，直至得到收敛、基本一致。德尔菲法流程，如图 6-2 所示。

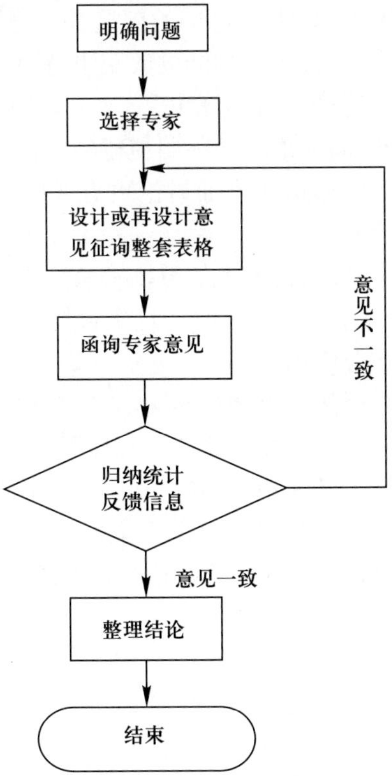

图 6-2　德尔菲法流程图

德尔菲法和其他专家预测方法的区别在于它具有明显的特点，即匿名性、反复性和收敛性。

(1)匿名性是德尔菲法极其重要的特点。参加的专家彼此不知道,只和主持人发生联系。专家之间在匿名的情况下通过主持人对问题交流信息。其优点在于:使得小组成员没有顾虑,能坚持和随时改变自己的观点而没有社会压力;特殊地位人的观点没有可能因其特殊地位对其他人施加影响等。

(2)反复性是指小组成员间交换信息可以反复进行,以使讨论的问题更加深入和集中。它是在小组主持人控制下通过回答一轮又一轮的问题,实现小组成员间交换信息的。提供给小组成员的每一轮归纳的看法和各个相反观点的论证,专家之间背靠背相互影响,并以此做出新的判断。

(3)收敛性是指因为要求小组专家参照上一轮归纳、统计结果进行回答,所以在反复进行数轮之后,通过背靠背交换意见,小组内专家的意见会收敛集中起来。关于和小组内多数专家意向不一致的意见,要求持这种意见的专家申诉理由后,也会使小组内专家的意见迅速收敛、集中。

德尔菲法最先是为进行预测而提出的,其后它被广泛应用于各有关领域。德尔菲法主要应用于以下情况:当所讨论的问题并不适宜于采用精确的分析技术时,可以通过德尔菲法对各种主观判断的收集来解决;需要对缺乏足够历史资料的广泛或复杂的问题进行论证,以及需要专家利用其经验和专家知识从不同的角度来描述其背景;受时间和成本的限制使得经常性的会议成为不可行时;获得有效意见需要人数很多或通信比当面讨论更有效时;由于其他方法不能用或用起来成本过于高昂的地方,认为它是最后一种可以求助的方法。

德尔菲法在未来的发展,在技术评估与技术预测中,都起过重要的作用。但不是处于“支配性”地位的分析工具。应注意到根据不同研究目的的需要,德尔菲法常和其他分析技术结合使用。

但当要求专家评估的事件难以准确定量或无法定量时,整个评价过程含有许多不确定性、随机性和模糊性,并且要涉及心理因素。专家们的评价结果只能是给出一定的范围,常用“大约多少”“多少到多少之间”“差不多”“比较可靠”等方法表达他们的估价。这时我们可以采用集值统计方法处理每轮评估结果,进行轮间信息反馈。下面我们对如何用集值统计原理处理每轮评估结果作一个详细的介绍。

首先,我们可以用等级优先顺序数和分值把定性评估问题转化为定量评估问题。当评价专家给出的评价结果是一个大致的范围时,这个专家的评估结果便转化为一个区间估计值。经典统计每次试验中得到相对空间的一确定点,而集值统计每次试验中得到的不是一个点,而是一个子集(普通的或模糊的)。这个子集相当于每个专家的区间估计值,记为 $[U_1^k, U_2^k]$,若有几个评估专家,便可得到一个集值统计序列 $[U_1^1, U_2^1], [U_1^2, U_2^2], \cdots, [U_1^k, U_2^k]$。该序列叠加起来则

形成评价轴上的一种分布,称它为样本落影函数,记为

$$\overline{X}(U)=\frac{1}{n}\sum_{k=1}^{n}X[u_1^{(k)},u_2^{(k)}](u) \tag{6-1}$$

其中

$$X[u_1^{(k)},u_2^{(k)}](u)=\begin{cases}1, & u_1^{(k)}\leqslant u\leqslant u_2^{(k)}\\0, & 其他\end{cases} \tag{6-2}$$

据此,可以得到评价值

$$\overline{U}=\frac{1}{2}\sum_{k=1}^{n}[(u_2^{(k)})^2-(u_1^{(k)})^2]/\sum_{k=1}^{n}[u_2^{(k)}-u_1^{(k)}] \tag{6-3}$$

此评价值 $\overline{U}$ 是 n 个专家评价结果的综合结果。在一轮评估中把上一轮的结果 $\overline{U}$ 反馈给专家。专家可以对比,自己给出的评估区间号包含 $\overline{U}$ 。据此在下一轮中修正自己的评估结果。

求得 $\overline{U}$ 后,还可以通过分析样本落影函数 $\overline{X}(u)$ 获得评价专家意见分散的程度及对评价结果的把握程度。

(1)当 $u_1^{(k)}=u_2^{(k)}=\mathrm{e}$(常数)

$$\overline{X}(u)=\begin{cases}1, & u=\mathrm{e}\\0, & 其他\end{cases} \tag{6-4}$$

则评估结果 $\overline{U}=\mathrm{e}$ 。此时评估结果可以用准确定量计算。此时评价值 $\overline{X}$ 除点 u 等于 e 和 1 外,其他为 0。评价值集中专家们对评价结果完全有把握。

(2)当评价区间分布集中,专家对结果把握程度高。此时, $\overline{X}(u)$ 的形状尖瘦。$\max u^k-\max u^k$ 较小, u 接近于 1。

(3) n 个专家估价区间不集中, $\overline{X}(u)$ 的形状“扁平”, $U_{\max}-U_{\min}$ 较大, U 接近于 0。说明评价值分散,专家对评价结果把握程度低。

可以定义

$$g=\int_{U_{\min}}^{U_{\max}}(u-\overline{u})\overline{X}(u)\mathrm{d}u/\int_{U_{\min}}^{U_{\max}}\overline{X}(u)\mathrm{d}u \tag{6-5}$$

能证明

$$g=\frac{1}{3}\sum_{k=1}^{n}[(u_2^{(k)}-u_1^{(k)})-(u_1^{(k)}-\overline{u})]/\sum_{k=1}^{n}[u_2^{(k)}-u_1^{(k)}] \tag{6-6}$$

由 g 的定义可知, g 越大对评价值的把握越小。

定义 6.1　$b=1/(1+g)$ 为评价值的可靠程度, g 越大 b 越小,可靠程度越低。

专家根据上一轮的 $\overline{U}$ 值, $\overline{X}(u)$ 的形状, b 值的大小,与自己的取值区间对

比,在下一轮中修改,使评价区间越来越集中, $\overline{X}(u)$ 越来越“尖瘦”, b 值越来越大。

4. 聚类分析法

聚类分析是数值分类学的基本内容,是对统计样本进行定量分类的一种多元统计分析方法。将这种方法用于综合评价,一方面,可以对分类评价问题给出直接的评价结果;另一方面,也可为其他综合评价方法如后续判别分析提供训练样本,形成综合评价的框架结构以便提高综合评价的效果。

设 $x_1,x_2,\cdots,x_n$ 为 n 个样本,第 i 个样本 x_i 与第 j 个样本 x_j 之间建立了一个函数关系

$$d_{ij} = d(x_i,x_j) = \left[\sum_{k=1}^{p} |x_{ik} - x_{jk}|^p\right]^{\frac{1}{p}} \tag{6-7}$$

称函数 $d_{ij} = d(x_i,x_j)$ 为样本 x_i 与 x_j 间的距离。

系统聚类的思路:将被评价对象每一个单元(或样本)看成一个类,通过相似性度量,逐步将类由多变少;或者将全部被评价对象看成一类,通过相似性度量将类由少变多。应遵循如下一般原则:

首先将被评价的 n 个个体看成 n 个类,这时类间距离与样品间距离是相等的;按照被评价对象的评价指标体系的特征,选择适当地“距离”作为不相似性度量,并求出最小类间距离;将最小距离的类并为一类,并求出新类与其余类之间的距离,并选出最小类间距离重复上述步骤,直到所有类归为一类(或几类);在所取“距离”意义下,画出按相似性或相近程度联结的谱系图;按综合评价的精度要求,选择阈值,确定聚类结果并给出聚类评价的结果。

根据专家对各影响因素的评价矩阵,可以对各影响因素进行聚类分析,用 $G_1,G_2,\cdots,G_r$ 表示 r 个类,用 d_{ij} 表示 i 与 j 的距离,用 D_{pq} 表示 G_p 与 G_q 的距离, $D_{pq} = \min\limits_{i\in G_p,j\in G_q} d_{ij},p,q = 1,2,\cdots,r$

利用 d_{ij} 计算样本两两间距,形成样本距离对称阵,记为 $\boldsymbol{D}_{(0)}$ (此时 $D_{pq} = d_{pq}$);

选择 $\boldsymbol{D}_{(0)}$ 中的最小元素,设为 D_{pq} ,将 G_p 与 G_q 合并为新类 G_c , $G_c = G_p \cup G_q$;

计算新类与其他类间的距离:

$$D_{ck} = \min_{i\in G_c,j\in G_k} d_{ij} = \min\{\min_{i\in G_p,j\in G_k} d_{ij}, \min_{i\in G_q,j\in G_k} d_{ij}\} \tag{6-8}$$

并用 D_{ck} 代替 $\boldsymbol{D}_{(0)}$ 中 p、q 行与 p、q 列,得距离对称矩阵 $\boldsymbol{D}_{(1)}$;

对于 $\boldsymbol{D}_{(1)}$,重复上述步骤,直到所有的类归为一类。如果在 $\boldsymbol{D}_{(\mathrm{k})}$ 中重复上述步骤时,最小元不只一个,则应将对应类同时合并。在给定聚类阈值 T 时,当

$D_{rk} \leqslant T$ 时，聚类过程可以结束。

根据聚类结果，可以将影响因素粗分为两类，可以取聚类较好的那一组影响为我们所要选用的指标。

5. 关联度法

灰色关联度分析是一种多因素统计分析方法，它以各因素的样本数据为依据用灰色关联度来描述因素间关系的强弱、大小和次序。如果样本数据列反映出两因素变化的态势（方向、大小、速度等）基本一致，则它们之间的关联度较大；反之，关联度就越小。对于方案选型的评估指标来说，其相互之间的关联度不能太大，如果两个待选指标（影响因素）之间的关联度大于阈值，我们将只能选取其中一个因素作为评价指标。

灰色关联分析是根据数据序列的几何形状、发展态势的接近程度来衡量因素之间的关联程度的。实际上，按照曲线几何形状接近程度的思想来研究分析各因素间的关联程度，可构造许多关联度计算公式，常见的有邓氏关联度、绝对关联度、相对关联度、斜率关联度、T 型关联度、B 型关联度、欧几里得关联度等。

设参考序列 $X_0 = \{x_0(t), t = 1,2,\cdots,n\}$，比较序列 $X_i = \{x_i(t), t = 1,2,\cdots,n\}, i = 1,2,\cdots,m$。则可以定义关联度。

邓氏关联度：设序列 X_i 与 X_0 在第 t 点的关联系数

$$\varepsilon_{0i}(t) = \frac{\min\limits_i \min\limits_t |x_0(t) - x_i(t)| + \rho \max\limits_i \max\limits_t |x_0(t) - x_i(t)|}{|x_0(t) - x_i(t)| + \rho \max\limits_i \max\limits_t |x_0(t) - x_i(t)|} \tag{6-9}$$

则称 $\gamma_{oi} = \frac{1}{n}\sum\limits_{t=1}^{n} \varepsilon_{0i}(t)$ 为序列 X_i 与 X_0 的邓氏关联度，其中 $\rho \in (0,1)$ 为分辨系数。

灰色欧几里得关联度：设 ε_{0i} 、γ_{0i} 如式(6-9)所示，则称

$$\bar{\gamma}_{0i} = 1 - \frac{1}{\sqrt{n}}\left[n(\gamma_{0i} - 1)^2 + \sum_{t=1}^{n}(\gamma_{0i} - \varepsilon_{0i}(t))^2\right]^{\frac{1}{2}} \tag{6-10}$$

为灰色欧几里得关联度。

灰色绝对关联度：设序列 X_i 与 X_0 长度相同，则称下式为序列 X_i 与 X_0 的灰色绝对关联度。

$$\varepsilon_{0i}(t) = \frac{1 + |s_0| + |s_i|}{1 + |s_0| + |s_i| + |s_0 - s_i|} \tag{6-11}$$

其中 $s_0 = \int_1^n (X_0(t) - x_0(1))\mathrm{d}t$ ，$s_i = \int_1^n (X_i(t) - x_i(1))\mathrm{d}t$ 。

灰色相对关联度：设序列 X_i 与 X_0 长度相同，且初值皆不等于零，X'_0、X'_i 分

别为 X_0、X_i 的初值像，则称 X'_0 与 X'_i 的灰色绝对关联度为 X_i 与 X_0 的灰色相对关联度。

灰色斜率关联度：设序列 X_0 与 X_i 在 t 时刻的灰色斜率系数

$$\zeta_{0i}(t)=\frac{1+\left|\frac{1}{\bar{x}_0}\cdot\frac{\Delta x_0(t)}{\Delta t}\right|}{1+\left|\frac{1}{\bar{x}_0}\cdot\frac{\Delta x_0(t)}{\Delta t}\right|+\left|\frac{1}{\bar{x}_0}\cdot\frac{\Delta x_0(t)}{\Delta t}-\frac{1}{\bar{x}_i}\cdot\frac{\Delta x_i(t)}{\Delta t}\right|} \quad (6-12)$$

则称 $\varepsilon_i=\frac{1}{n-1}\sum_{t=1}^{n-1}\zeta_{0i}(t)$ 为 X_0 与 X_i 的灰色斜率关联度。

其中 $\bar{x}_o=\frac{1}{n}.\sum_{i=1}^{n}x_0(t)$， $\bar{x}_i=\frac{1}{n}.\sum_{i=1}^{n}x_i(t)$，

$$\Delta x_0(t)=x_0(t+\Delta t)-x_0(t),\quad \Delta x_i(t)=x_i(t+\Delta t)-x_i(t) \quad (6-13)$$

灰色 T 型关联度：设序列 X_0 与 X_i 在 t 时刻的灰色系数为

$$\zeta_{0i}(t)=\operatorname{sgn}(\Delta x_0(t).\Delta x_i(t)).\frac{\min(|\Delta x_0(t)|,|\Delta x_i(t)|)}{\max(|\Delta x_{0i}(t)|,|\Delta x_i(t)|)} \quad (6-14)$$

（当 $\Delta x_0(t).\Delta x_i(t)=0$ 时，$\zeta_{0i}(t)=0$）

则称 $\gamma_i=\frac{1}{n-1}\sum_{t=2}^{n}\zeta_{0i}(t)$ 为 X_0 与 X_i 的灰色 T 型关联度。

其中，

$$x_0(t)=\frac{x_0(t)}{\frac{1}{n-1}.\sum_{t=2}^{n}|x_0(t)-x_0(t-1)|},$$

$$x_i(t)=\frac{x_i(t)}{\frac{1}{n-1}.\sum_{t=2}^{n}|x_i(t)-x_i(t-1)|},$$

$$\Delta x_0(t)=x_0(t)-x_0(t-1),$$

$$\Delta x_i(t)=x_i(t)-x_i(t-1)(t=2,3,\cdots,n) \quad (6-15)$$

灰色 B 型关联度：设有序列 X_0 与 X_i，则下式为序列 X_0 与 X_i 的灰色 B 型关联度，

$$\zeta_{0i}(t)=\frac{1}{1+\frac{1}{n}d_{ij}^{(0)}+\frac{1}{n-1}d_{ij}^{(1)}+\frac{1}{n-2}d_{ij}^{(2)}} \quad (6-16)$$

其中，

$$d_{ij}^{(0)}(t)=\sum_{t=1}^{n}|x_i(t)-x_0(t)|,$$

$$d_{ij}^{(1)}(t)=\sum_{t=1}^{n-1}\left|x_i(t+1)-x_0(t+1)-x_i(t)+x_0(t)\right|,$$

$$d_{ij}^{(2)}(t)=\sum_{t=2}^{n-1}\left|\begin{array}{l}x_i(t+1)-x_0(t+1)-2[x_i(t)-x_0(t)]+\\ {[x_i(t-1)-x_0(t-1)]}\end{array}\right| \tag{6-17}$$

我们可以根据不同的情况，选择不同的关联度公式来求解各因素间的关联度。若两个因素间关联度大（大于一定的阈值），则说明这两个因素关联性很强，不能同时作为指标出现。

在复杂系统的系统评价中，评价指标选取过程如下：

1. 列出影响因素

综合利用脑力风暴法和德尔菲法，主持者提出课题要求，并且提出一些问题，请专家各自提出影响评价目标的主要因素，并将这些因素列出来；反复该过程，并编制出影响因素一览表。

2. 将因素分层

统计专家提出的影响因素，并请专家根据这些因素确实影响选型评估的程度，采用10分制进行打分。将打分结果利用聚类分析的方法，将影响因素进行分类。经过这一步骤，可以初步将影响因素分层。

3. 将分层后的影响因素进行调整

将专家召集在一起，对上一步建立的初步指标体系（影响因素体系）进行讨论，看是否有因素明显不适合作为评判指标，是否还有对评判结果有重要影响的因素没有考虑进来；或者第二步建立的层次结构有不合理的地方，是否需要调整。进一步建立指标（影响因素）的层次结构。

同时还可让专家对这些影响因素进行打分，我们可以根据这些影响因素权数的大小决定该因素的取舍，其具体步骤为：

设第二步建立的层次体系 $F=\{f_1,f_2,\cdots,f_n\}$，综合考虑每一因素的重要性后，确定各因素的权数（具体方法可以采用AHP或熵法等）。

设权数集为 $\lambda=\{\lambda_1,\lambda_2,\cdots,\lambda_n\}$，其中 $\lambda_i\in[0,1](i=0,2,\cdots,n)$。

设取舍权数为 $\lambda_k\in[0,1]$，当 $\lambda_i<\lambda_k$ 时，则筛选掉该指标，否则保留。

4. 对初步建立的指标体系进行调整

利用历史资料和专家打分，看第三步建立的层次结构中的任一因素发生变化，对评估所造成的影响，并建立因素变化与评估受影响的方面对应表。利用该表对第三步建立的层次结构中的各层元素进行关联度分析，看指标之间是否有很强的关联性。如果两个指标之间的关联性很强，根据我们建立指标的原则，两个因素只能取其中一个作为评判指标或者作为下一级指标进行处理。将该过程得到的结果进行整理，得出新的层次结构。

5. 对第四步得到的指标体系进行有效性分析

设评价指标体系 $F = \{f_1, f_2, \cdots, f_n\}$ ，参加评价的专家人数为 S，专家 j 对评价目标的评分集为 $X_j = (x_{1j}, x_{2j}, \cdots, x_{nj})$ ，定义指标 f_i 的效度系数为

$$\beta_i = \sum_{j=1}^{s} |\bar{x}_i - x_{ij}| / (S^* M) \tag{6-18}$$

其中 $\bar{x}_i$ 为评价指标 f_i 的评分的平均值，即

$$\bar{x}_i = \sum_{j=1}^{s} x_{ij} / S \tag{6-19}$$

M 为指标 f_i 的评语集中评分最优值。

定义评价指标体系 F 的效用系数为

$$\beta = \sum_{i=1}^{n} \beta_i / n \tag{6-20}$$

效度系数指标的统计学含义在于它提供了衡量人们用某一评价指标评价目标时产生认识的偏离程度。该指标绝对数越小，表明各专家采用该评价指标评价目标时对该问题认识越趋向一致，该评价指标体系或指标的有效性就越高，反之亦然。当效度系数小于 0.1 时，我们认为该指标体系的有效性较高。

6. 对评价指标体系进行稳定性和可靠性分析

假设存在一组评价数据可以完全、真实反映评价目标的本质，如果采用设计的指标体系得出的评价数据与该组数据越“相似”，则可以认为该评价指标体系得出的评价数据越接近于反映评价目标的本质，该评价指标体系的稳定性和可靠性就高一些。基于这些思想，我们采用数理统计学中相关系数作为评价指标体系的可靠性系数，反映评价指标体系的可靠性和稳定性。

依据上述假设，计算出专家组评分的平均数据组为

$$Y = \{y_1, y_2, \cdots, y_n\}$$

其中，$y_i = \sum_{j=1}^{s} x_{ij} / s$ 。

评价指标体系可靠性系数为

$$\rho = \frac{\sum_{j=1}^{s} \rho_j}{s}$$

其中：
$$\rho_j = \frac{\sum (x_{ij} - \bar{x}_j)(y_j - \bar{y})}{\sqrt{\sum_{i=1}^{n} (x_{ij} - \bar{x}_j)^2 \sum_{i=1}^{n} (y_i - \bar{y})^2}} (j = 1,2,\cdots,s) \tag{6-21}$$

$$\bar{x}_j = \frac{\sum_{i=1}^{n} x_{ij}}{n}, \bar{y} = \frac{\sum_{i=1}^{n} y_i}{n}$$

以上公式的统计学含义是以评价指标f_i的s次评价结果的均值作为理想值，计算s次评价数据与其平均值的差异程度，可以反映出采用同一评价指标体系s次评价数据的差异性。如果ρ越大，表明采用该评价指标体系评价出的评价数据的差异性小一些，该指标体系的可靠性高一些；如果ρ越小，表明各专家采用该评价指标体系对于同一评价对象得出评价数据差异较大，其可靠性较差。可靠性系数是对评价指标体系评价结果的可靠性和稳定性的分析。

一般而言，当$\rho \in (0.95,1.00)$，可认为该评价指标体系的可靠性很高；当$\rho \in (0.85,0.95)$，则可认为该评价指标体系的可靠性较高；当$\rho \in (0.80,0.85)$，则可认为该评价指标体系的可靠性一般；当$\rho < 0.80$，则可认为该评价指标体系的可靠性较差。

重复上述过程，当建立的指标体系有效性和稳定性均较高时，即可得到评价指标体系。

6.3　指标处理方法

复杂系统综合评价指标体系的建立，使整个评价系统的综合情况得到了体现。但由于系统本身的复杂性，使各性能指标多种多样，丰富多彩。根据各指标的性质，一般地，可将指标分为定量指标和定性指标两大类。但对各定量指标来说，它们具有不同的量纲，对定性指标而言，其描述的方式也不一致。因此，为了对整个系统进行综合评价，必须要将各指标进行标准化的处理，使定性指标科学地得以量化，将不同量纲的指标化为无量纲的标准化指标。

6.3.1　定性指标的量化处理方法

在已建立的船用核动力装置选型评价指标体系中，有许多指标是定性指标，只能作定性描述。如在船用核动力装备综合评价中诸如“技术性能”“核安全性”等指标就是定性指标。定性指标的特点是没有测量数据及定量形式，或者数据很粗糙只能以定性形式表示，且大都存在一定的模糊性。因此，这时评价指标就很难用经典数学的语言来描述，很难用固定的尺度来度量。所以，我们在对定性指标进行量化处理时,应比较客观地反映指标的实际情况,尽可能地将其分解成若干个可量化的分指标,对实在不能分解的定性指标,在量化方法的处理上要尽量做到科学、合理,必要时还要借助于模糊数学、灰色系统理论或者物元分析方法等描述不确定现象的数学工具,以体现出该类指标的不确定性。对定性指标的量化处理上,常用的方法有以下几种。

1. 等级法

等级法是我国的传统方法,它有多种形式,如上、中、下三级制,甲、乙、丙、丁四级制,优秀、良好、中等、及格、不及格或甲、乙、丙、丁、戊五级制。有时,各级之间又被分成两部分或三部分,如优上、优下、中上、中下,或优上、优中、优下,等等,实际上就是把等级的数量扩充成2倍或3倍。

等级法的优点是简便易行,缺点是粗略,标准不好掌握。

2. 1~9标度法

1~9标度法是将定性指标依问题性质划分为若干级别,分别赋以适当的量值。实际中,当被比较的事物在所考虑的属性方面具有同一个数量级或很接近时,定性的区别才有意义,也才有一定的精度。在估计事物质的区别性时,可以用五种判断很好地表示:相等、较强、强、很强、绝对强。当需要更高精度时,还可以在相邻判断之间做出比较,这样,总共有9个数值。心理学的实验表明,大多数人对不同事物在相同属性上的差别的分辨能力在5~9级之间,即在同时比较中,7±2项目为心理学极限。如果取7±2个元素进行逐对比较,它们之间的差别可以用9个数值表示出来。因此采用1~9的标度反映多数人的判断能力。

具体分值如表6-1所列。

表6-1 分级指标及1~9标度打分值

分值 等级 / 指标	很低	低	一般	高	很高
正向指标	1	3	5	7	9
逆向指标	9	7	5	3	1

有的问题是采用五级打分来区分优劣的,即评语为优、良、一般、合格、不合格,相应的分值为5、4、3、2、1。当然,也可以划分为其他级别和赋予其他分值,方法类似,视实际问题的具体情况而定。

3. 模糊数法或灰数法

模糊数法是利用模糊数学中的模糊数的概念或灰色系统理论中灰数的概念来确定定性指标的标志值,进而再进行标准化处理的。对于不确定性系统,其研究对象大都具有某种不确定性,而模糊数学和灰色系统理论是目前最常用的两种研究不确定性现象的方法。

模糊数学是一种处理模糊信息的工具，是描述和加工模糊信息的数学方法，它使数学进入模糊现象这个客观存在的世界，在传统的经典数学与模糊的现实世界之间架起了一座桥梁，用数学的方法抽象描述模糊现象，揭示模糊现象的本质和规律。它着重研究“认知不确定”问题，其研究对象具有“内涵明确，外延不明确”的特点。例如，“年轻人”就是一个模糊概念。因为每一个人都很清楚年轻人的内涵，但要让划定一个确切的范围，在这个范围之内的是年轻人，范围之外的都不是年轻人，则很难办到，因为年轻人这个概念外延不明确。对于这类内涵明确、外延不明确的“认知不确定”问题，模糊数学主要是凭经验借助于隶属函数进行处理。

灰色系统理论是从信息的非完备性出发研究和处理复杂系统的理论，它不是从系统内部特殊的规律出发去研究系统，而是通过对系统某一层次的观测资料加以数学处理，达到在更高层次上了解系统内部变化趋势、相互关系等机制。它的数学方法是非统计方法，主要解决“小样本、贫信息不确定”问题，在系统数据较少和条件不满足统计要求的情况下，更具有实用性。与模糊数学不同的是，灰色系统理论着重研究“外延明确、内涵不明确”的对象。比如说到 2005 年，中国要将人口控制在 15 亿～16 亿，这里的“人口在 15 亿～16 亿”就是一个灰概念，其外延是明确的，但要进一步要问清到底是哪个具体值，则不清楚。对于这类“外延明确、内涵不明确”的对象，灰色系统理论是用灰数来表示的。

考虑到系统评价问题评价者的主观性，及由主观性而发生的不确定性。故在评价问题中人们一般用模糊的语言变量来描述对事物的判断。对于复杂的大系统，其评价涉及大量的定量与定性指标，如何反映人们对各个指标的满意度，如何量化各评价指标的不确定因素是综合评价必须解决的一个问题。在本题遇到的不确定性指标大都属于“内涵明确，外延不明确”的指标，对“外延明确、内涵不明确”的指标，我们也已将其分解成若干个较易处理的指标，因此，本书主要应用模糊数学理论来对指标的属性进行处理。

模糊数学是用数学的方法来研究和解决模糊问题的理论，采用模糊综合评判法可使评价从主观定性评判走向解析化与定量化的道路，其理论基础如下：

定义 6.2　设给定论域 U 与集合 A 和元素 z，若对于 U 到[0,1]闭区间的任一映射：

$$\mu_A: U \to [0,1]，有\ z \to \mu_A(z)$$

则 μ_A 表明确定了 U 上的一个模糊子集 A。称 μ_A 为 A 的隶属函数，$\mu_A(z)$ 为 z 关于 A 的隶属度。

定义 6.3　按照定义 6.2，z 隶属于 A 的程度可用隶属度 $\mu_A(z)$ 来表示，定义：

$$\mu_A(z) \in [0,1]$$

且当：z 完全隶属于 A 时，有 $\mu_A(z) = 1$；

z 完全不隶属于 A 时，有 $\mu_A(z) = 0$。

显然，对于定性指标确定其隶属函数，实质上是用某种曲线来描述其满意程度，即隶属度函数的分布，对每项指标 z 经隶属函数映射后的结果就表征了该指标的满意程度。

4."专家"调查表法

所谓专家是指至少掌握某一特定领域的前沿知识和技能的人。专家不一定是资格老、地位高的人，而是在特定领域有专长的人。专家可以是年青的无头衔的实际工作者。

选择专家的一般顺序是先内部，后外部；先少数，后多数。内部和外部是相对的，可以从一个单位、地区、部门，甚至是国家的意义上来定义内部还是外部。这和所考虑的问题的大小和范围有关。先从内部选聘专家是因为对他们比较熟悉，并且可以通过他们了解外部专家的情况，逐步扩大选聘范围。

专家选定后，要定出评价指标参照标准，评价指标参照标准的等级既不能太多，也不能太少，一般采用四级或五级。若等级太少，则评判结果拉不开档次，失去了评判的意义；若等级太多，则评判结果不易集中，就会给结果的分析造成很大的麻烦。评价指标参照标准要经过调研和以往经验获得，一般建立专家评判表，如表 6-2 所列。

表 6-2 专家评判表

评判要素	评判等级
	等级 1　等级 2　等级 3　等级 4 等级 5
⋮	⋮

5. 特征向量法

在复杂系统综合评价系统中，建立的指标体系是多层次的，而且很多指标只能定性说明，不能定量表示出来的。例如，在海军装备维修科研工作绩效评估中，先进性和价值指标只能定性说明，我们很难在量上对其进行描述。为此，本书引入特征向量法来对这些定性指标进行定量化。

设有 n 个物体 $A_1, A_2, \cdots, A_n$，其未知的重量分别为 $W_1, W_2, \cdots, W_n$，无法直接根据其重量大小来排序，但可以判断它们之间任意两个的相对大小，于是可得由重量比值为元素的判断矩阵：

$$A=\begin{bmatrix} \frac{W_1}{W_1} & \frac{W_1}{W_2} & \frac{W_1}{W_3} & \cdots & \frac{W_1}{W_n} \\ \frac{W_2}{W_1} & \frac{W_2}{W_2} & \frac{W_2}{W_3} & \cdots & \frac{W_2}{W_n} \\ \vdots & \vdots & \vdots & & \vdots \\ \frac{W_n}{W_1} & \frac{W_n}{W_2} & \frac{W_n}{W_3} & \cdots & \frac{W_n}{W_n} \end{bmatrix} = (a_{ij})_{n\times n} \tag{6-22}$$

假设该矩阵满足 $a_{ij}=\frac{1}{a_{ji}}, a_{ii}=1, (i,j,k=1,2,\cdots,n)$。

若以重量向量 $\boldsymbol{W}=[W_1,W_2,\cdots,W_n]^{\mathrm{T}}$ 右乘矩阵 $\boldsymbol{A}$，其结果为

$$\boldsymbol{AW}=\begin{bmatrix} \frac{W_1}{W_1} & \frac{W_1}{W_2} & \frac{W_1}{W_3} & \cdots & \frac{W_1}{W_n} \\ \frac{W_2}{W_1} & \frac{W_2}{W_2} & \frac{W_2}{W_3} & \cdots & \frac{W_2}{W_n} \\ \vdots & \vdots & \vdots & & \vdots \\ \frac{W_n}{W_1} & \frac{W_n}{W_2} & \frac{W_n}{W_3} & \cdots & \frac{W_n}{W_n} \end{bmatrix} \begin{bmatrix} W_1 \\ W_2 \\ \vdots \\ W_n \end{bmatrix} = \begin{bmatrix} nW_1 \\ nW_2 \\ \vdots \\ nW_n \end{bmatrix} = n\begin{bmatrix} W_1 \\ W_2 \\ \vdots \\ W_n \end{bmatrix} = n\boldsymbol{W} \tag{6-23}$$

用矩阵表述，即

$$\boldsymbol{AW}=n\boldsymbol{W} \tag{6-24}$$

根据矩阵特征根的原理，若满足式(6-23)，则说明 n 是矩阵 $\boldsymbol{A}$ 的唯一非零的，同时又是最大的特征根：而 $\boldsymbol{W}$ 是矩阵 $\boldsymbol{A}$ 的最大特征根及其特征向量。因此，只要知道矩阵 $\boldsymbol{A}$，从数学上求出 $\boldsymbol{A}$ 的最大特征根及其特征向量，就能得到 $\boldsymbol{W}$，也即得到这组物体重量的排序结果。也就是说，如果有一组物体需要估算它们的相对质量，而又没有称量仪器，则可以通过逐对比较这组物体相对质量方法，得出每对物体相对质量比的判断，从而形成比较判断矩阵，通过求解判断矩阵的最大特征根和它所对应的特征向量问题，就可以计算出这组物体的相对质量，也就确定了指标的相对重要程度。

6. 顺序指标量化方法

定性指标主要有两类：名义指标和顺序指标。名义指标，实际上只是一种分类的表示。例如，性别：男、女；企业所在地：北京、上海等。这类指标只能用代码，无法真正量化。顺序指标，如优、良、中、差；甲等、乙等；等等。这类指标是可以量化的，我们现在引入对顺序指标的量化方法。

如果我们已经将全部对象按某一种性质排出了顺序，我们用 $a>b$ 来表示 a 优于 b，a 排在 b 的后面，设全部对象共有 n 个，用 $a_1,a_2,\cdots,a_n$ 表示，并且假设：

$a_1 < a_2 < \cdots < a_n$。

设想这个顺序是反映了某一个难以测量到的量,例如,一个人感觉到疼痛的程度,从无感觉的痛到有一点痛,到中等疼痛,一直到痛得受不了,分为 n 种,即为 $a_1 < a_2 < \cdots < a_n$。设想描述疼痛的量 x 是客观存在的,可以认为它遵从正态分布 $n(0,1)$,于是 $a_1, a_2, \cdots, a_n$ 分别反映了 x 在不同范围内人的感觉,设 x_i 是相应于 a_i 的值,由于 a_i 在全体 n 个对象中占第 i 位,即小于等于它的成员占总数的 $\frac{i}{n}$,因此可以想到,若取 y_i 为正态分布 $n(0,1)$ 的 $\frac{i}{n}$ 分位数,即

$$P(x < y_i) = i/n \quad (i = 1,2,\cdots,n-1) \tag{6-25}$$

那么 $y_1, y_2, \cdots, y_{n-1}$ 将 $(-\infty, \infty)$ 分成了 n 段。很明显 a_i 对应的 x_i 应该在 (y_{i-1}, y_i) 这个区间之内,在 (y_{i-1}, y_i) 中选哪一个为代表最好呢?自然要考虑概率分布,比较简便可以操作的方法就是选中位数,即 x_i 满足:

$$P(x < x_i) = i - 1/n + \frac{1}{2n} = i - 0.5/n \quad (i = 1,2,\cdots,n-1) \tag{6-26}$$

其中 x 是 $n(0,1)$ 的分布,于是利用正态概率表,很快就可以查出相应的各个 x_i,这就把顺序变量定量化了。

6.3.2 定量指标的标准化处理方法

经过上面的分析,我们已将定性的指标进行了量化,加之已有的定量指标,使目前得到的指标都已进行了定量的描述。但一般说来,这时不同的评价指标使用的量纲和单位是不一致的,且不具有可比性。为了消除它们之间的差异,平衡各指标的作用,从而使评价更加合理、公正,我们就必须通过适当的方法将评价指标无量纲化,使其量化值得到统一和标准化。

不妨设有 n 个评价指标 $f_j(1 \leqslant j \leqslant n)$,$m$ 个方案 $a_i(1 \leqslant i \leqslant m)$,$m$ 个方案 n 个指标量化后构成的矩阵 $\boldsymbol{X} = (x_{ij})_{m \times n}$ 称为决策矩阵。

根据目前决策理论的发展,在一般文献中见到的指标类型大致有效益型、成本型、固定型、区间型、偏离型以及偏离区间型六种指标,其中最常见的指标类型为效益型、成本型、固定型、区间型四种指标。效益型指标是指属性值越大越好的指标,有时也称为正向指标;成本型指标是指属性值越小越好的指标,有时也称为逆向指标;固定型指标是指属性值越接近某个固定值 α_j 越好的指标;区间型指标是指属性值越接近某个固定区间 $\lfloor q_1^j, q_2^j \rfloor$(包括落入该区间)越好的指标;偏离型指标是指属性值越偏离某个固定值 β_j 越好的指标,它与固定型指标相对立;而偏离区间型指标则是一种与区间型指标相对立的指标,即属性值越偏离某个固定区间 $\lfloor p_1^j, p_2^j \rfloor$ 越好的指标。对于不同类型的指标,无量纲化的处理方法是

不同的，且每一种方法各有自己的优缺点和适用范围，下面详细说明。

1. 效益型和成本型指标的标准化方法

对于效益型（正向）指标和成本型（逆向）指标，由于这两者是最常见并且使用最广泛的指标，所以，对这两种指标标准化处理的方法也最多，一般的处理方法有以下几种。

1）极差变换法。

该方法即在决策矩阵 $\boldsymbol{X} = (x_{ij})_{m\times n}$ 中，对于效益型指标 f_j，令

$$y_{ij} = \frac{x_{ij} - \min\limits_i x_{ij}}{\max\limits_i x_{ij} - \min\limits_i x_{ij}}(1 \leqslant i \leqslant m, 1 \leqslant j \leqslant n) \tag{6-27}$$

对于成本型指标 f_j，令

$$y_{ij} = \frac{\max\limits_i x_{ij} - x_{ij}}{\max\limits_i x_{ij} - \min\limits_i x_{ij}} \quad (1 \leqslant i \leqslant m, 1 \leqslant j \leqslant n) \tag{6-28}$$

则得到的矩阵 $\boldsymbol{Y} = (y_{ij})_{m\times n}$ 称为极差变换标准化矩阵。其优点为经过极差变换后，均有 $0 \leqslant y_{ij} \leqslant 1$，且各指标下最好结果的属性值 $y_{ij} = 1$，最坏结果的属性值 $y_{ij} = 0$。该方法的缺点是变换前后的各指标值不成比例。式（6-27）和式（6-28）可以同时使用。

2）线性比例变换法

即在决策矩阵 $\boldsymbol{X} = (x_{ij})_{m\times n}$ 中，对于效益型指标，令

$$y_{ij} = \frac{x_{ij}}{\max\limits_i x_{ij}}(\max\limits_i x_{ij} \neq 0, 1 \leqslant i \leqslant m, 1 \leqslant j \leqslant n) \tag{6-29}$$

对成本型指标，令

$$y_{ij} = \frac{\min\limits_i x_{ij}}{x_{ij}}(1 \leqslant i \leqslant m, 1 \leqslant j \leqslant n) \tag{6-30}$$

或

$$y_{ij} = 1 - \frac{x_{ij}}{\max\limits_i x_{ij}}(\max\limits_i x_{ij} \neq 0, 1 \leqslant i \leqslant m, 1 \leqslant j \leqslant n) \tag{6-31}$$

则矩阵 $\boldsymbol{Y} = (y_{ij})_{m\times n}$ 称为线性比例标准化矩阵。该方法的优点是这些变换方式是线性的，且变化前后的属性值成比例。但对任一指标来说，变换后的 $y_{ij} = 1$ 和 $y_{ij} = 0$ 不一定同时出现。

需要说明的是，式（6.29）和式（6.30）可以同时使用，而式（6.29）与式

(6.31)则不能同时使用,因为它们的基点不同,即最好的指标值经过式(6.29)与式(6.31)标准化后不一定同时为1。

3)向量归一化法

即在决策矩阵 $\boldsymbol{X}=(x_{ij})_{m\times n}$ 中,对于效益型指标,令

$$y_{ij}=\frac{x_{ij}}{\sqrt{\sum_{i=1}^{m}x_{ij}^2}}(1\leqslant i\leqslant m,1\leqslant j\leqslant n) \tag{6-32}$$

对于成本型指标,令

$$y_{ij}=-\frac{x_{ij}}{\sqrt{\sum_{i=1}^{m}x_{ij}^2}}(1\leqslant i\leqslant m,1\leqslant j\leqslant n) \tag{6-33}$$

则矩阵 $\boldsymbol{Y}=(y_{ij})_{m\times n}$ 称为向量归一标准化矩阵。显然,矩阵 $\boldsymbol{Y}$ 的列向量的模等于1,即 $\sum_{i=1}^{m}y_{ij}^2=1$。该方法使 $0\leqslant y_{ij}\leqslant 1$,且变换前后正逆方向不变,缺点是它是非线性变换,变换后各指标的最大值和最小值不相同。

4)标准样本变换法

在 $\boldsymbol{X}=(x_{ij})_{m\times n}$ 中,令

$$y_{ij}=\frac{x_{ij}-\bar{x}_j}{\sigma_j}\quad(1\leqslant i\leqslant m,1\leqslant j\leqslant n) \tag{6-34}$$

其中,样本均值 $\bar{x}_j=\frac{1}{m}\sum_{i=1}^{m}x_{ij}$,样本均方差 $\sigma_j=\sqrt{\frac{1}{m-1}\sum_{i=1}^{m}(x_{ij}-\bar{x}_j)^2}$,则得出矩阵 $\boldsymbol{Y}=(y_{ij})_{m\times n}$,称为标准样本变换矩阵。经过标准样本变换之后,标准化矩阵的样本均值为0,方差为1。

5)等效系数法

对效益型指标,采用式(6-29),对成本型指标,令

$$y_{ij}=-\frac{x_{ij}}{\max\limits_i x_{ij}}(\max_i x_{ij}\neq 0,1\leqslant i\leqslant m,1\leqslant j\leqslant n) \tag{6-35}$$

该方法的优点是变换前后的指标值成比例,缺点是各指标下方案的最好与最差指标值标准化后不完全相同。

另外,关于效益型指标的标准化处理还有

$$y_{ij}=1-\frac{\min\limits_i x_{ij}}{x_{ij}} \tag{6-36}$$

关于成本型指标的标准化处理还有

$$y_{ij} = 1 + \frac{\min\limits_i x_{ij}}{\max\limits_i x_{ij}} - \frac{x_{ij}}{\max\limits_i x_{ij}} \tag{6-37}$$

2. 固定型指标的标准化方法

对于固定型指标,若设 α_j 为给定的固定值,则标准化处理的方法主要有以下几种,即令

$$y_{ij} = \begin{cases} x_{ij}/\alpha_j & x_{ij} \in \lfloor \min\limits_j x_{ij},\ \alpha_j \rfloor \\ 1 + (\alpha_j/\max\limits_i x_{ij}) - (x_{ij}/\max\limits_i x_{ij}) & x_{ij} \in [\alpha_j, \max\limits_i x_{ij}] \end{cases} \tag{6-38}$$

或

$$y_{ij} = 1 - \frac{|x_{ij} - \alpha_j|}{\max\limits_i |x_{ij} - \alpha_j|} \tag{6-39}$$

或

$$y_{ij} = \frac{\max\limits_i |x_{ij} - \alpha_j| - |x_{ij} - \alpha_j|}{\max\limits_i |x_{ij} - \alpha_j| - \min\limits_i |x_{ij} - \alpha_j|} \tag{6-40}$$

或

$$y_{ij} = \frac{\min\limits_i |x_{ij} - \alpha_j|}{|x_{ij} - \alpha_j|} \tag{6-41}$$

式(6-38)的特点是各最优属性值标准化后的值均为1,而各最差属性的值标准化后的值不统一,即不一定都为0。而式(6-39)、式(6-40)的变换不是线性变换。

若设 $\boldsymbol{E} = (e_1, e_2, \cdots, e_n)^{\mathrm{T}}$ 和 $\boldsymbol{L} = (l_1, l_2, \cdots, l_n)^{\mathrm{T}}$ 分别是人为规定的最优方案和最劣方案,在该情形下,还给出了效益型、成本型和固定型指标的新的标准化方法:

对效益型和成本型,有

$$y_{ij} = \frac{x_{ij} - l_j}{e_j - l_j} \quad (1 \leqslant i \leqslant m) \tag{6-42}$$

对固定型指标,有

$$y_{ij} = 1 - \left| \frac{x_{ij} - \alpha_j}{e_j - l_j} \right| \quad (1 \leqslant i \leqslant m, 1 \leqslant j \leqslant n) \tag{6-43}$$

3. 区间型指标的标准化方法

对区间型的指标,其指标标准化处理的方法主要有以下几种。

设 $X = (x_{ij})_{m \times n}$,令

$$y_{ij} = \begin{cases} 1 - \dfrac{x_{ij}}{q_1^j} & x_{ij} \in [\min\limits_i x_{ij}, q_1^j] \\ 1 & x_{ij} \in [q_1^j, q_2^j] \\ 1 + \dfrac{q_2^j}{\max\limits_i x_{ij}} - \dfrac{x_{ij}}{\max\limits_i x_{ij}} & x_{ij} \in [q_2^j, \max\limits_i x_{ij}] \end{cases} \tag{6-44}$$

或令

$$y_{ij} = \begin{cases} 1 - \dfrac{q_1^j - x_{ij}}{\max\{q_1^j - \min\limits_i x_{ij}, \max\limits_i x_{ij} - q_2^j\}} & x_{ij} < q_1^j \\ 1 & x_{ij} \in [q_1^j, q_2^j] \\ 1 - \dfrac{x_{ij} - q_2^j}{\max\{q_1^j - \min\limits_i x_{ij}, \max\limits_i x_{ij} - q_2^j\}} & x_{ij} > q_2^j \end{cases} \tag{6-45}$$

显然,式(6-45)还可以简化为

$$y_{ij} = \begin{cases} 1 - \dfrac{\max\{q_1^j - x_{ij}, x_{ij} - q_2^j\}}{\max\{q_1^j - \min\limits_i x_{ij}, \max\limits_i x_{ij} - q_2^j\}} & x_{ij} \notin [q_1^j, q_2^j] \\ 1 & x_{ij} \in [q_1^j, q_2^j] \end{cases} \tag{6-46}$$

或令

$$y_{ij} = \frac{\min\limits_i(\max\{q_1^j - x_{ij}, x_{ij} - q_2^j\})}{\max\{q_1^j - x_{ij}, x_{ij} - q_2^j\}} \tag{6-47}$$

或令

$$y_{ij} = \frac{\max\limits_i(\max\{x_{ij} - q_1^j, q_2^j - x_{ij}\}) - \max\{x_{ij} - q_1^j, q_2^j - x_{ij}\}}{\max\limits_i(\max\{x_{ij} - q_1^j, q_2^j - x_{ij}\}) - \min\limits_i(\max\{x_{ij} - q_1^j, q_2^j - x_{ij}\})} \tag{6-48}$$

其中,$[q_1^j, q_2^j]$ 是指给定的某个固定区间,即属性值越接近该区间越好。

4. 偏离型指标的标准化方法

对越来越偏离某值β_j越好的偏离性指标,一般有如下标准化公式:

$$y_{ij}=\frac{|x_{ij}-\beta_j|-\min_i|x_{ij}-\beta_j|}{\max_i|x_{ij}-\beta_j|-\min_i|x_{ij}-\beta_j|} \tag{6-49}$$

或令

$$y_{ij}=1-\frac{\min_i|x_{ij}-\beta_j|}{|x_{ij}-\beta_j|}(\text{对 }\forall i\in 1,2,\cdots,m,\text{都有 }x_{ij}\neq\beta_j,j=1,2,\cdots,m) \tag{6-50}$$

或令

$$y_{ij}=\frac{|x_{ij}-\beta_j|}{\max_i|x_{ij}-\beta_j|} \tag{6-51}$$

偏离型指标是与固定型指标相对立的一种指标类型,它的公式使用可以用固定型指标的公式改造,但在使用时要注意其公式的适用范围。

5. 偏离区间型指标的标准化方法

对偏离区间型指标,有如下标准化的方法:

令

$$y_{ij}=1-\frac{\min_i(\max\{p_1{}^j-x_{ij},x_{ij}-p_2{}^j\})}{\max\{p_1{}^j-x_{ij},x_{ij}-p_2{}^j\}} \tag{6-52}$$

或令

$$y_{ij}=\begin{cases}1-\dfrac{\max\{p_1{}^j-x_{ij},x_{ij}-p_2{}^j\}}{\max\{p_1{}^j-\min_i x_{ij},\max_i x_{ij}-p_2{}^j\}} & x_{ij}\notin[p_1{}^j,p_2{}^j]\\ 0 & x_{ij}\in[p_1{}^j,p_2{}^j]\end{cases} \tag{6-53}$$

或令

$$y_{ij}=\frac{\max\{p_1{}^j-x_{ij},x_{ij}-p_2{}^j\}-\min_i\max\{p_1{}^j-x_{ij},x_{ij}-p_2{}^j\}}{\max_i(\max\{p_1{}^j-x_{ij},x_{ij}-p_2{}^j\})-\min_i(\max\{p_1{}^j-x_{ij},x_{ij}-p_2{}^j\})} \tag{6-54}$$

其中,$[p_1{}^j,p_2{}^j]$是某个固定区间,属性值越偏离该区间越好。偏离区间型指标是与区间型指标相对立的一种指标类型。

一般地,以上六种指标的属性值都非负。其中,偏离型指标是效益型指标的推广,这是因为当$\beta_j=0$时,x_{ij}越偏离β_j越好,相当于x_{ij}越大越好。偏离区间型指标是偏离型指标的推广,这是因为当 $p_1{}^j = p_2{}^j = \beta_j$ 时, x_{ij} 越偏离区间 $[p_1{}^j, p_2{}^j]$ 越好等价于 x_{ij} 越偏离 β_j 越好。同理,固定型指标是成本型指标的推广,而区间型指标是固定型指标的推广。此外,六种指标间的关系可从它们的标准化公式中看出,如当 $p_1{}^j = p_2{}^j = \beta_j$ 时,偏离区间型指标的公式(6-52)和式(6-53)成为效益型指标的标准化公式(6-36),而式(6-51)则成为效益型指标的标准化公式(6-52)。分析以上六种指标标准化的各个形式,不难发现它们之间存在着密切的关系。

如上述各个指标的标准化处理方法所述,每个标准化公式都有其适用范围和使用的注意事项,本书给出了可搭配使用的各公式的分类。即可使用下面三组中的任一组:

第一组:式(6-27)、式(6-49)、式(6-54)及式(6-28)、式(6-40)和式(6-48)。

第二组:式(6-29)、式(6-51)、式(6-53)及式(6-31)、式(6-38)和式(6-48)。

第三组:式(6-35)、式(6-50)、式(6-52)及式(6-30)、式(6-41)和式(6-47)。

本章从理论上对评价系统的指标进行了分类,对各类不同的指标合理量化后,又提出了将其进行标准化处理的各种方法,是开展评价工作中不可或缺的关键一环,并为下一章用于求解指标权重打下了理论基础,同时,也对其他复杂系统进行评价提供了方法和依据。

6.3.3 权重的确定方法

权重的确定是系统评价中难度较大的一项工作,往往需要整体上多次调整、反复归纳综合才能完成。

目前,关于指标权重的确定方法比较多,一般说来,根据计算权系数时原始数据的来源不同,这些方法大致分为三类:一类称为主观赋权法,一类称为客观赋权法,还有一类是综合赋权法。所谓主观赋权法是指根据决策者的主观经验和判断,用某种特定法则测算出指标权重的方法。常用的有专家调查法、循环打分法、二项系数法、层次分析法、德尔菲法等。而所谓客观赋权法,其原始数据是由各指标在被评价单位中的实际数据形成,如离差、均方差法、主成分分析法、熵值法等。这是指根据决策矩阵提供的评价指标的客观信息,用某种特定法则确定指标权重的方法。综合赋权法就是综合运用主、客观赋权法。主观赋权法依赖经验判断,难免带有一定的主观性,但该方法解释性强;客观赋权法确定的权数依据客观指标信息,在大多数情况下精度较高,但由于指标信息数据采集难免受到随机干扰,在一定程度上影响了其真实可靠性,而且解释性差,对所得结果难以给出明确的解释。在本书的研究中,有关指标权重的确定用到如下方法。

1. 常用的客观赋权法——熵值法

客观赋权法主要是依据决策矩阵提供的实际数据来进行赋权的。因而,所定出的权系数具有绝对的客观性。它主要视评价指标对所有的评价方案差异大小来决定其权系数的大小。但是,该类赋权法的最大缺点就是有时定出的权重大小与实际不符,即最重要的指标不一定具有最大的权系数,不重要的指标反而可能具有较大的权系数。常用的客观赋权法主要有熵值法。

熵是信息论中测度一个系统不确定性的量。信息量越大,不确定性就越小,熵也越小;反之,信息量越小,不确定性就越大,熵也越大。熵值法主要是依据各指标值所包含的信息量的大小,利用指标的熵值来确定指标权重的。熵值法的一般步骤为:

(1)对决策矩阵 $\boldsymbol{X}=(x_{ij})_{m\times n}$ 作标准化处理,得到标准化矩阵 $\boldsymbol{Y}=(y_{ij})_{m\times n}$,并进行归一化处理得

$$p_{ij}=\frac{y_{ij}}{\sum_{i=1}^{m}y_{ij}}(1\leqslant i\leqslant m,1\leqslant j\leqslant n) \tag{6-55}$$

(2)计算第 j 个指标的熵值:

$$e_j=-k\cdot\sum_{i=1}^{m}p_{ij}\ln p_{ij}(1\leqslant j\leqslant n),\text{其中 } k>0,e_j\geqslant 0 \tag{6-56}$$

(3)计算第 j 个指标的差异系数。对于第 j 个指标,指标值的差异越大,对方案评价的作用越大,熵值越小;反之,差异越小,对方案评价的作用越小,熵值就越大。因此,定义差异系数为

$$g_j=1-e_j(1\leqslant j\leqslant n) \tag{6-57}$$

(4)确定指标权重。第 j 个指标的权重为

$$w_j=\frac{g_j}{\sum_{j=1}^{n}g_j}(1\leqslant j\leqslant n) \tag{6-58}$$

例如,在船用核动力装置综合评估中,利用熵权法结合专家打分得出的各指标权重情况如表6-3所列。

表 6-3　利用熵权法得到的各指标权重

指标	权重	指标	权重
1. 技术性能	0.13	(1)反应堆及各回路的技术性能	0.024
		(2)装置的技术先进性	0.020
		(3)装置机动性	0.010
		(4)装置的振动及噪声水平	0.017
		(5)装置可靠性	0.024
		(6)装置可维修性	0.018
		(7)装置中系统、设备设计的合理性及协调匹配性	0.017
2. 装艇适用性	0.15	(1)装置各装艇要素适用性	0.052
		(2)装置与艇总体的协调匹配性	0.048
		(3)艇用条件适应性	0.050
3. 使用性能及技术保障	0.12	(1)装置使用性能	0.036
		(2)运行人员配置及技术素质要求	0.026
		(3)艇内辐射防护的优化程度	0.033
		(4)码头专用配套设施数量及难度	0.026
4. 核安全性	0.13	(1)固有安全性	0.039
		(2)装置抵御事故的能力	0.028
		(3)事故处理的简易性	0.020
		(4)事故处理的依赖性	0.019
		(5)事故后果的严重性	0.025
5. 现实可行性	0.15	(1)技术途径明确程度	0.020
		(2)关键技术的突破与验证程度	0.024
		(3)技术成熟性	0.025
		(4)工程化程度	0.020
		(5)系统、设备国内生产的可行性和现实性	0.022
		(6)不建模式堆的风险度	0.017
		(7)方案风险度	0.022

续表

指标	权重	指标	权重
6. 经济性	0.1	(1)所需各项费用情况	0.036
		(2)各项费用估算的可信度与合理性	0.033
		(3)方案费效比	0.032
7. 研制进度	0.1	(1)装置研制总周期	0.040
		(2)保证进度的条件和措施	0.033
		(3)研制进度的合理性与可信度	0.027
8. 研制基础	0.12	(1)资质和质量保证	0.026
		(2)业绩与经验	0.025
		(3)科研与设施	0.026
		(4)管理与协调能力	0.021
		(5)全寿期技术服务能力	0.022

2. 几种常用的主观赋权法

目前,对于主观赋权法的研究比较成熟。这些方法的共同特点是各评价指标的权重是由专家根据自己的经验和对实际的判断给出的。选取专家不同,得出的权系数也不同。因此,这类方法注定具有很大的主观性,甚至不会因采取诸如增加专家数量,仔细筛选专家等措施而得到根本的改善。但是,在实际应用中,如果所选专家能较为合理地确定各指标之间的排序,尽管不能准确地确定各指标的权系数,但也可在一定程度上满足按各指标重要程度给定的权系数的先后顺序,从而达到评价要求,因此,主观赋权法仍是综合评价中确定指标权重系数的主要方法。

在船用核动力装置选型中我们主要采用专家咨询统计法、组合赋权法、基于专家权重的指标赋权法、德尔菲法、层次分析法等。

模糊语气法:该方法主要是通过选择若干个对决策系统熟悉的专家组成评判小组,对已制定好的指标权重调查表进行投票或评分,然后用统计方法做适当处理。

设有 n 个决策指标, m 个专家,则其具体的实施步骤为:

(1)拟定指标的权重调查表。

(2)组织 m 个专家,通过投票或评分等方式,利用模糊语气打分法调查出每个专家确定的模糊打分矩阵,对模糊语言分别赋相应的分值(按百分制)$(u_1, u_2, \cdots, u_7)$,可以得到各级别对"很好"的隶属度为 $f_j = \dfrac{u_j}{u_1}$。利用陈守煜《工程模糊集理论与应用》上对级别打分情况,可以得到各级别对应的得分情况。

(3)根据专家的客观情况得出专家的静态权重。

本节以对船用核动力装置综合评估为例,利用第 2 章介绍的方法,经过分析可以得到各专家的静态权重,如表 6-4 所列。

表 6-4　专家静态权重表

专家 1	专家 2	专家 3	专家 4	专家 5	专家 6	专家 7	专家 8	专家 9	专家 10	专家 11	专家 12	专家 13
0. 080	0. 081	0. 069	0. 060	0. 082	0. 086	0. 081	0. 074	0. 077	0. 062	0. 097	0. 079	0. 074

(4)利用专家打分情况结合第 2 章中介绍的专家动态权重求法得出专家动态权重,如表 6-5 所列。

表 6-5　专家动态权重表

专家 1	专家 2	专家 3	专家 4	专家 5	专家 6	专家 7	专家 8	专家 9	专家 10	专家 11	专家 12	专家 13
0. 070	0. 081	0. 072	0. 067	0. 082	0. 086	0. 081	0. 074	0. 077	0. 063	0. 092	0. 079	0. 076

将静态权重和动态权重分别赋权,在本书中,将静态权重赋权为 0. 3,动态权重赋为 0. 7,即可得到专家权重,如表 6-6 所列。

表 6-6　专家权重表

专家 1	专家 2	专家 3	专家 4	专家 5	专家 6	专家 7	专家 8	专家 9	专家 10	专家 11	专家 12	专家 13
0. 073	0. 081	0. 071	0. 065	0. 082	0. 086	0. 081	0. 074	0. 077	0. 063	0. 094	0. 079	0. 075

(5)将各专家权重分别乘以其打分向量,再将各指标分别相加,再进行归一化处理,即可得到各指标权重。

在船用核动力装置综合评估中,利用模糊语气法得到的指标权重,如表 6-7 所列。

具体考虑到直接给出权重对于专家有一定的难度,则还可结合相邻两指标比较其相对重要性,依次赋以比率值,并赋以最后一个指标的得分值为 1,从后到前,按比率值依次求出各指标的修正评分值,最后,归一化处理得到各指标的权重。

即设有 n 个决策指标 $f_1, f_2, \cdots, f_n$,连环比率法的步骤是:

(1)将 n 个指标按任意顺序排列,不妨设为 $f_1, f_2, \cdots, f_n$ 。

(2)从前到后,依次赋以相邻两指标相对重要程度的比率值。指标 f_i 与 f_{i+1} 比较,赋以指标 f_i 以比率值 $r_i(i = 1,2,\cdots,n - 1)$,其中比率值 r_i 按下式确定:

表 6-7　利用模糊语气法得到的指标权重表

指标	权重	指标	权重
1. 技术性能	0.13	(1)反应堆及各回路的技术性能	0.024
		(2)装置的技术先进性	0.020
		(3)装置机动性	0.010
		(4)装置的振动及噪声水平	0.017
		(5)装置可靠性	0.024
		(6)装置可维修性	0.018
		(7)装置中系统、设备设计的合理性及协调匹配性	0.017
2. 装艇适用性	0.15	(1)装置各装艇要素适用性	0.052
		(2)装置与艇总体的协调匹配性	0.048
		(3)艇用条件适应性	0.050
3. 使用性能及技术保障	0.12	(1)装置使用性能	0.036
		(2)运行人员配置及技术素质要求	0.026
		(3)艇内辐射防护的优化程度	0.033
		(4)码头专用配套设施数量及难度	0.026
4. 核安全性	0.14	(1)固有安全性	0.042
		(2)装置抵御事故的能力	0.030
		(3)事故处理的简易性	0.021
		(4)事故处理的依赖性	0.020
		(5)事故后果的严重性	0.027
5. 现实可行性	0.14	(1)技术途径明确程度	0.019
		(2)关键技术的突破与验证程度	0.022
		(3)技术成熟性	0.023
		(4)工程化程度	0.019
		(5)系统、设备国内生产的可行性和现实性	0.021
		(6)不建模式堆的风险度	0.016
		(7)方案风险度	0.020

续表

指标	权重	指标	权重
6. 经济性	0.09	(1)所需各项费用情况	0.032
		(2)各项费用估算的可信度与合理性	0.029
		(3)方案费效比	0.029
7. 研制进度	0.11	(1)装置研制总周期	0.044
		(2)保证进度的条件和措施	0.037
		(3)研制进度的合理性与可信度	0.030
8. 研制基础	0.12	(1)资质和质量保证	0.026
		(2)业绩与经验	0.025
		(3)科研与设施	0.026
		(4)管理与协调能力	0.021
		(5)全寿期技术服务能力	0.022

$$r_i=\begin{cases}3(\text{或}\dfrac{1}{3})\text{，当} f_i \text{ 比 } f_{i+1} \text{ 重要(或相反)}\\ 2(\text{或}\dfrac{1}{2})\text{，当} f_i \text{ 比 } f_{i+1} \text{ 较为重要(或相反)}\\ 1 \quad \text{当} f_i \text{ 与 } f_{i+1} \text{ 同样重要}\end{cases}(i=1,2,\cdots,n-1)\text{，并赋以} r_n=1\text{。}$$

(3)计算各指标的修正评分值。赋以 f_n 的修正评分值 $k_n=1$。根据比率值 r_i 计算各指标的修正评分值 $k_i=r_i\cdot k_{i+1}(i=1,2,\cdots,n-1)$。

(4)归一化处理。求出各指标的权重系数值，即 $w_i=\dfrac{k_i}{\sum_{i=1}^{n}k_i}(i=1,2,\cdots,n)$。

该方法相对比较简便，但由于赋权结果过于依赖相邻指标的比率值，而比率值有主观判断误差，在逐步计算过程中会产生误差传递，以至影响指标权重的准确性。

在船用核动力装置综合评估中，用连环比率法得到的各指标权重，如表6-8所列。

由于主观赋权法和客观赋权法都存在这样那样的缺点，主观赋权法客观性较差，而客观赋权法确定的权数有时与指标的实际重要程度相悖，本书在具体应用中，我们提出综合主、客观赋权法结果的赋权法，即组合赋权法。

表 6-8　利用连环比率法得到的各指标权重表

指标	权重	指标	权重
1. 技术性能	0.13	(1)反应堆及各回路的技术性能	0.024
		(2)装置的技术先进性	0.020
		(3)装置机动性	0.010
		(4)装置的振动及噪声水平	0.017
		(5)装置可靠性	0.024
		(6)装置可维修性	0.018
		(7)装置中系统、设备设计的合理性及协调匹配性	0.017
2. 装艇适用性	0.15	(1)装置各装艇要素适用性	0.052
		(2)装置与艇总体的协调匹配性	0.048
		(3)艇用条件适应性	0.050
3. 使用性能及技术保障	0.11	(1)装置使用性能	0.033
		(2)运行人员配置及技术素质要求	0.023
		(3)艇内辐射防护的优化程度	0.030
		(4)码头专用配套设施数量及难度	0.023
4. 核安全性	0.18	(1)固有安全性	0.054
		(2)装置抵御事故的能力	0.039
		(3)事故处理的简易性	0.027
		(4)事故处理的依赖性	0.026
		(5)事故后果的严重性	0.035
5. 现实可行性	0.22	(1)技术途径明确程度	0.030
		(2)关键技术的突破与验证程度	0.035
		(3)技术成熟性	0.036
		(4)工程化程度	0.030
		(5)系统、设备国内生产的可行性和现实性	0.033
		(6)不建模式堆的风险度	0.025
		(7)方案风险度	0.032

续表

指标	权重	指标	权重
6. 经济性	0.05	(1)所需各项费用情况	0.018
		(2)各项费用估算的可信度与合理性	0.016
		(3)方案费效比	0.016
7. 研制进度	0.06	(1)装置研制总周期	0.024
		(2)保证进度的条件和措施	0.020
		(3)研制进度的合理性与可信度	0.016
8. 研制基础	0.1	(1)资质和质量保证	0.022
		(2)业绩与经验	0.020
		(3)科研与设施	0.021
		(4)管理与协调能力	0.018
		(5)全寿期技术服务能力	0.019

组合赋权法也可以分为两类:一类为乘法合成的归一化方法;另一类为线形加权组合法。乘法合成归一化方法的计算公式为

$$q_j = \frac{a_j w_j}{n} \qquad (j = 1,2,\cdots,n) \tag{6-59}$$

式中: q_j 为第 j 个指标的组合权数; a_j 为第 j 个指标的客观权数; w_j 为第 j 个指标的主观权数。这种组合方法由于存在使大者更大,小者更小的"倍增效应",故有时用该方法确定的权数是很不合理的。此法仅使用于指标权数分配较均匀的情况。

线形加权法的计算公式为

$$q_j = \sum_{i=1}^{k} a_i w_{ij} \qquad (j = 1,2,\cdots,n) \tag{6-60}$$

式中: q_j 为第 j 个指标的组合权数; a_i 为第 i 种方法的加权系数; w_{ij} 为第 i 种方法确定的第 j 个指标的权数。

利用线性加权法将以上三种方法得到的船用核动力装置综合评估各指标权重进行加权,因为三种方法各有优缺点,所以将以上三种方法得到的权分别赋为 1/3,于是可以得到各指标权重,如表 6-9 所列。

表 6-9　利用线性加权法得到的各指标权重表

指标	权重	指标	权重
1. 技术性能	0. 13	(1)反应堆及各回路的技术性能	0. 024
		(2)装置的技术先进性	0. 020
		(3)装置机动性	0. 010
		(4)装置的振动及噪声水平	0. 017
		(5)装置可靠性	0. 024
		(6)装置可维修性	0. 018
		(7)装置中系统、设备设计的合理性及协调匹配性	0. 017
2. 装艇适用性	0. 14	(1)装置各装艇要素适用性	0. 048
		(2)装置与艇总体的协调匹配性	0. 045
		(3)艇用条件适应性	0. 047
3. 使用性能及技术保障	0. 11	(1)装置使用性能	0. 033
		(2)运行人员配置及技术素质要求	0. 023
		(3)艇内辐射防护的优化程度	0. 030
		(4)码头专用配套设施数量及难度	0. 023
4. 核安全性	0. 15	(1)固有安全性	0. 045
		(2)装置抵御事故的能力	0. 032
		(3)事故处理的简易性	0. 023
		(4)事故处理的依赖性	0. 021
		(5)事故后果的严重性	0. 029
5. 现实可行性	0. 17	(1)技术途径明确程度	0. 023
		(2)关键技术的突破与验证程度	0. 027
		(3)技术成熟性	0. 028
		(4)工程化程度	0. 023
		(5)系统、设备国内生产的可行性和现实性	0. 025
		(6)不建模式堆的风险度	0. 019
		(7)方案风险度	0. 024

续表

指标	权重	指标	权重
6. 经济性	0.08	(1)所需各项费用情况	0.028
		(2)各项费用估算的可信度与合理性	0.026
		(3)方案费效比	0.025
7. 研制进度	0.1	(1)装置研制总周期	0.040
		(2)保证进度的条件和措施	0.033
		(3)研制进度的合理性与可信度	0.027
8. 研制基础	0.12	(1)资质和质量保证	0.026
		(2)业绩与经验	0.025
		(3)科研与设施	0.026
		(4)管理与协调能力	0.021
		(5)全寿期技术服务能力	0.022

这种方法克服了乘法合成归一化方法的“倍增效应”，具有较好的实际应用效果。但该方法的关键是确定 a_i 的数值。有的文章介绍了用 Spearman 等级相关系数阵选出最具有一致性的方法作为参考方法，计算其他方法与参考方法的灰色关联度，以关联度的归一化向量为权向量，对原权数矩阵进行加权组合。该方法的特点是根据各种方法排序一致性的程度确定加权系数 a_i，这种思想具有重要的参考价值。

此外还有用德尔菲法求权重，其步骤为：选择专家；将选定权数的 p 个指标和有关资料以及统一的确定权数的规则发给选定的专家，请他们独立地给出各指标的权数值；回收结果并计算各指标权数的均值与标准差；将计算结果及补充资料返还给各位专家，要求所有的专家在新的基础上重新确定权数；重复上述第三、四步，直至各指标权数与其均值的离差不超过预先给定的标准为止，也就是各专家的意见基本趋于一致，以此时各指标权数的均值作为指标的权数。

由以上分析得知，虽然主观赋权法在确定权系数中具有主观性，但在确定权系数的排序方面具有较高的合理性。因此，在求指标权系数时，应以主观赋权法为基础，通过分析主、客观赋权法得出的权系数排序之间的关系，确定各指标的权数。但主客观权数该如何处理；而且在很多情况下专家无法凭经验衡量各指标的相互重要程度。为解决这些问题并对本书内容进行丰富，对综合赋权法进行介绍。

1. 综合赋权法

针对主客观权数的处理，我们利用综合加权评分法来对利用主观赋权法和客观赋权法得到的结果进行分析。

设有 n 个项目，记为 $I=(1,2,\cdots,n)$，有 m 个指标，记为 $J=(1,2,\cdots,m)$，项目 i 对指标 j 的 $x_{ij}(i=1,2,\cdots,n;j=1,2,\cdots,m)$，称矩阵 $\boldsymbol{X}=(x_{ij})_{n\times m}$ 为方案集对指标集的评价矩阵。

由于有的指标要求越小越好，有的指标要求越大越好，还有的指标则要求稳定在某一确定值——理想值。另外，还存在数量级和量纲不同的问题。为了统一各指标的趋势要求，我们将评价矩阵 $\boldsymbol{X}$ 进行标准化处理如下：

令 $I_1=\{$要求越小越好的指标$\}$，$I_2=\{$要求越大越好的指标$\}$，$I_3=\{$要求稳定在某一理想值 的指标$\}$，则

$$I_1\cup I_2\cup I_3=I,\ I_s\cap I_t=\Phi\quad(s\neq t,s,t=1,2,3)$$

(1)当综合加权评分法以评分值越小越好为准则时，令

$$y_{ij}=\begin{cases}x_{ij} & j\in I_1\\ -x_{ij} & j\in I_2\\ |x_{ij}-x_j^*| & j\in I_3\end{cases}\quad 或\ y_{ij}=\begin{cases}x_{ij} & j\in I_1\\ x_{j\max}-x_{ij} & j\in I_2\\ |x_{ij}-x_j^*| & j\in I_3\end{cases}\tag{6-61}$$

式中：x_j^* 为指标 j 的理想值 $(j\in I_3)$，$x_{j\max}=\max\limits_{1\leqslant i\leqslant n}\{x_{ij}\}$。

(2)当综合加权评分法以评分值越大越好为准则时，令

$$y_{ij}=\begin{cases}-x_{ij} & j\in I_1\\ x_{ij} & j\in I_2\\ -|x_{ij}-x_j^*| & j\in I_3\end{cases}\quad 或\ y_{ij}=\begin{cases}x_{j\max}-x_{ij} & j\in I_1\\ x_{ij} & j\in I_2\\ -|x_{ij}-x_j^*| & j\in I_3\end{cases}\tag{6-62}$$

再令

$$Z_{ij}=100\times(y_{ij}-y_{j\max}/(y_{j\max}-y_{j\min})\quad(i=1,2,\cdots,n;j=1,2,\cdots,m)\tag{6-63}$$

其中 $y_{j\min}=\min\{y_{ij}\mid i=1,2,\cdots,n\}$，$y_{j\max}=\max\{y_{ij}\mid i=1,2,\cdots,n\}$，即标准化后的评价矩阵为 $\boldsymbol{Z}=(z_{ij})_{nm}$。

根据具体情况，选择主观赋权法中的一种或几种对各指标赋权。设所得指标的主观权重为

$$\boldsymbol{\alpha}=(\alpha_1,\alpha_2,\cdots,\alpha_m)^{\mathrm{T}},其中\sum_{j=1}^{m}\alpha_j=1,\alpha_j\geqslant 0(j=1,2,\cdots,m)\tag{6-64}$$

选择一种客观赋权法对各项指标赋权。设所得的指标的客观权重为

$$\boldsymbol{\beta}=(\beta_1,\beta_2,\cdots,\beta_m)^{\mathrm{T}},其中\sum_{j=1}^{m}\beta_j=1,\beta_j\geqslant 0(j=1,2,\cdots,m)\tag{6-65}$$

设各指标的综合权重为

$$W = (w_1, w_2, \cdots, w_m)^{T}，其中\sum_{j=1}^{m} w_j = 1, w_j \geqslant 0 (j = 1,2,\cdots,m) \tag{6-66}$$

则待评 i 的综合加权评分值为

$$f_i = \sum_{j=1}^{m} w_j z_{ij} \quad (i = 1,2,\cdots,n) \tag{6-67}$$

为了既兼顾主观偏好(对主观赋权法或客观赋权法的偏好),又充分利用主观赋权法和客观赋权法各自带来的信息,达到主客观的统一,建立如下的优化决策模型:

$$\min F(w) = \sum_{i=1}^{n}\sum_{j=1}^{m} \{\mu[w_j - \alpha_j) z_{ij}]^2 + (1-\mu)[(w_j - \beta j) z_{ij}]^2\} \tag{6-68}$$

$$\text{s. t.} \begin{cases} \sum_{j=1}^{m} w_j = 1 \\ w_{j \geqslant 0} \quad (j = 1,2,\cdots,m) \end{cases}$$

其中 $0 < \mu < 1$ 为偏好系数,它反映分析者对主观权和客观权的偏好程度。

定理: 若 $\sum_{i=1}^{n} z_{ij}^2 > 0 (j = 1,2,\cdots,m)$,则优化决策模型有唯一解,其解为

$$W = (\mu\alpha_1 + (1-\mu)\beta_1, \mu\alpha_2 + (1-\mu)\beta_2, \cdots, \mu\alpha_m + (1-\beta_m))^{T} \tag{6-69}$$

证明:做拉格朗日函数:

$$L(W,\lambda) = \sum_{i=1}^{n}\sum_{j=1}^{m} \{\mu[w_j - \alpha_j) z_{ij}]^2 + (1-\mu)[(w_j - \beta j) z_{ij}]^2\} + 2\lambda(\sum_{j=1}^{m} w_j - 1) \tag{6-70}$$

根据极值存在的一阶条件(必要条件),令

$$\begin{cases} \dfrac{\partial L}{\partial w_i} = 0 \\ \dfrac{\partial L}{\partial \lambda} = 0 \end{cases} \text{可得到}$$

$$\begin{cases} \sum_{i=1}^{n} w_i z_{ij}^2 + \lambda = \sum_{i=1}^{n} [\mu\alpha_j + (1-\mu)\beta_j] z_{ij}^2 (j = 1,2,\cdots,m) \\ \sum_{j=1}^{m} w_j = 1 \end{cases} \tag{6-71}$$

它是由 $m+1$ 个变量 $m+1$ 个方程组成的方程组,用矩阵表示

$$\begin{bmatrix} \boldsymbol{B}_{mm} & \boldsymbol{e}_{m1} \\ \boldsymbol{e}_{m1}^{\mathrm{T}} & 0 \end{bmatrix} \begin{bmatrix} \boldsymbol{w}_{m1} \\ \lambda \end{bmatrix} = \begin{bmatrix} \boldsymbol{C}_{m1} \\ 1 \end{bmatrix} \tag{6-72}$$

其中 $\boldsymbol{B}_{mm} = \mathrm{diag}[\sum_{i=1}^{n} z_{i1}^2, \sum_{i=1}^{n} z_{i2}^2, \cdots, \sum_{i=1}^{n} z_{im}^2]$

$$\begin{cases} \boldsymbol{e}_{m1} = (1,1,\cdots,1)^{\mathrm{T}} \\ \boldsymbol{w}_{m1} = (w_1, w_2, \cdots, w_m)^{\mathrm{T}} \end{cases} \tag{6-73}$$

$$\boldsymbol{C}_{m1} = [\sum_{i=1}^{n} (\mu\alpha_1 + (1-\mu)\beta_1) z_{ij}^2, \sum_{i=1}^{n} (\mu\alpha_2 + (1-\mu)\beta_2) z_{i2}^2, \cdots, \sum_{i=1}^{n} (\mu\alpha_m + (1-\mu)\beta_m) z_{im}^2]^{\mathrm{T}} \tag{6-74}$$

根据极值存在的二阶条件(充要条件):

$$\frac{\partial^2 L}{\partial w_j^2} = \sum_{i=1}^{n} 2z_{ij}^2, \quad \frac{\partial^2 L}{\partial w_j \, \partial \lambda} = 2, \quad \frac{\partial^2 L}{\partial w_i \, \partial w_j} = 0, \quad \frac{\partial^2 L}{\partial \lambda^2} = 0 \tag{6-75}$$

令

$$\boldsymbol{D}_k = \begin{vmatrix} \sum_{i=1}^{n} z_{i1}^2 & 0 & \cdots & 0 \\ 0 & \sum_{i=1}^{n} z_{i2}^2 & \cdots & 0 \\ \vdots & \vdots & & \vdots \\ 0 & 0 & \cdots & \sum_{i=1}^{n} z_{ik}^2 \end{vmatrix} (k = 1,2,\cdots,m)$$

所以,当 $\boldsymbol{D}_K > 0$ 时,即当 $\sum_{i=1}^{n} z_{ij}^2 > 0$ 时,模型必有解。

由式(6-75)得

$$\begin{cases} \boldsymbol{B}_{mm} \boldsymbol{W}_{m1} + \lambda \boldsymbol{e}_{m1} = \boldsymbol{C}_{m1} \\ \boldsymbol{e}_{m1}^{\mathrm{T}} \boldsymbol{W}_{m1} = 1 \end{cases}$$

因为 $\boldsymbol{B}_{mm}$ 可逆,即 $\boldsymbol{B}_{mm}^{-1}$ 存在,可知:

$$\boldsymbol{W}_{m1} = \boldsymbol{B}_{mm}^{-1}\left[\boldsymbol{C}_{m1} + \frac{1 - \boldsymbol{e}_{m1}^{\mathrm{T}}\boldsymbol{B}_{mm}^{-1}\boldsymbol{C}_{m1}}{\boldsymbol{e}_{m1}^{\mathrm{T}}\boldsymbol{B}_{mm}^{-1}\boldsymbol{e}_{m1}}\boldsymbol{e}_{m1}\right] \tag{6-76}$$

又因为 $\boldsymbol{B}_{mm}^{-1}\boldsymbol{C}_{m1} = [\mu\alpha_1 + (1-\mu)\beta_1,\ \mu\alpha_2 + (1-\mu)\beta_2, \cdots,$

$$\mu\alpha_m + (1 - \beta_m)]^{\mathrm{T}} \tag{6-77}$$

$$\boldsymbol{e}_{m1}^{\mathrm{T}}\boldsymbol{B}_{mm}^{-1}\boldsymbol{C}_{m1} = \sum_{j=1}^{m}[\mu\alpha_j + (1-\mu)\beta_j] = 1 \tag{6-78}$$

所以 $\boldsymbol{W}_{m1} = -\boldsymbol{B}_{mm}^{-1}\boldsymbol{C}_{m1} = [\mu\alpha_1 + (1-\mu)\beta_1,\ \mu\alpha_2 + (1-\mu)\beta_2, \cdots,$

$$\mu\alpha_m + (1 - \beta_m)]^{\mathrm{T}} \tag{6-79}$$

从而定理得证。

针对专家无法凭经验衡量各指标的相互重要程度的情况,本书先构造系统的多指标综合评价模型。

设 $x_1, x_2, \cdots, x_n$ 是 n 个待评方案, $\boldsymbol{X}$ 为对象空间,则 $\boldsymbol{X} = \{x_1, x_2, \cdots, x_n\}$ 。设 $\boldsymbol{I} = \{I_1, I_2, \cdots, I_m\}$ 为评价指标空间。设 x_{ij} 表示第 i 个待评方案 x_i 关于第 j 项指标 I_j 的评价值,则 x_i 可表示为一个 m 维向量 $\boldsymbol{x}_i = \{x_{i1}, x_{i2}, \cdots, x_{im}\}$ 。

对每个测量值 x_{ij} 有 p 个评价类(或评价等级) $c_1, c_2, \cdots, c_p$,用 $\boldsymbol{U}$ 表示评价类空间(或等级空间),则 $\boldsymbol{U} = \{c_1, c_2, \cdots, c_p\}$ 。

令 $\mu_{ijk} = \mu(x_{ij} \in c_k)$ 属于 x_{ij} 第 k 个评价类 c_k 的程度,要求 μ 满足:

$$0 \leqslant \mu(x_{ij} \in c_k) \leqslant 1$$

$$\mu(x_{ij} \in U) = 1$$

$$\mu(x_{ij} \in \bigcup_{l=1}^{k} c_l) = \sum_{l=1}^{k}\mu(x_{ij} \in c_l)$$

其中 $i = 1,2,\cdots,n$; $j = 1,2,\cdots,m$; $k = 1,2,\cdots,p$, 称 b 为对 μ 评价空间 U 满足"归一性",称 c 为 μ 对空间 U 满足"可加性"。称矩阵

$$(\boldsymbol{\mu}_{ijk})_{m\times p} = \begin{bmatrix} \mu_{i11} & \mu_{i12} & \cdots & \mu_{i1p} \\ \mu_{i21} & \mu_{i22} & \cdots & \mu_{i2p} \\ \vdots & \vdots & & \vdots \\ \mu_{im1} & \mu_{im2} & \cdots & \mu_{imp} \end{bmatrix} \quad (i = 1,2,\cdots,n) \tag{6-80}$$

为 x_i 的单指标评价矩阵,称矩阵的第 j 个行向量为 $\boldsymbol{x}_{ij}$ 的单指标评价向量。

设 ω_j 表示第 j 个指标 I_j 相对于其他指标的重要程度, $0 \leqslant \omega_j \leqslant 1$, $\sum_{j=1}^{m}\omega_j =$

1，称 ω_j 为 I_j 的权重或权数。

设 $\mu_{ik} = \mu(x_i \in c_k)$ 表示第 i 个样品 x_i 属于第 k 个评价类 c_k 的程度，则

$$\mu_{ik} = \sum_{j=1}^{m} \omega_j \mu_{ijk} \quad (i = 1,2,\cdots,n; k = 1,2,\cdots,p) \tag{6-81}$$

显然 $0 \leqslant \mu_{ik} \leqslant 1$

$$\sum_{k=1}^{p} \mu_{ik} = \sum_{k=1}^{p} \sum_{j=1}^{m} \omega_j \mu_{ijk} = \sum_{j=1}^{m} \left(\sum_{k=1}^{p} \mu_{ijk} \right) \omega_j = \sum_{j=1}^{m} \omega_j = 1$$

称矩阵

$$(\boldsymbol{\mu}_{ik})_{n \times p} = \begin{bmatrix} \mu_{11} & \mu_{12} & \cdots & \mu_{1p} \\ \mu_{21} & \mu_{22} & \cdots & \mu_{2p} \\ \vdots & \vdots & & \vdots \\ \mu_{n1} & \mu_{n2} & \cdots & \mu_{np} \end{bmatrix} \tag{6-82}$$

为多指标综合评价矩阵。称矩阵的第 i 个行向量：

$$(\mu_{i1}, \mu_{i2}, \cdots, \mu_{ip}) \tag{6-83}$$

为 x_i 的综合评价向量。

如果单指标评价矩阵(6-80)及指标权重 ω_j 已知，则由式(6-81)求出的综合评价矩阵(6-82)可作为识别的依据。

若 $I_j (j = 1,2,\cdots,m)$ 是客观型指标，其权重无法由专家经验给出，那么如何寻求确定 ω_j 的客观标准呢？

既然专家无法直接评价指标的相对重要程度，此时假设各指标具有相同的重要程度，即具有平均重要程度：$\omega_j = \dfrac{1}{m} (j = 1,2,\cdots,m)$ 是最佳选择。在此假设下，可由式(6-81)求出综合测度评价矩阵。矩阵(6-82)的第 i 个行向量 $(\mu_{i1}, \mu_{i2}, \cdots, \mu_{ip})$ 是第 i 个评价对象 x_i 的综合测度评价向量，它是由单指标评价矩阵(6-80)的 m 个向量“压缩”成一行得到的。具体地说，μ_{ik} 是样本 x_i 的 m 个评价值各自属于 c_k 类的评价的算术平均值，即

$$\mu_{ik} = \frac{1}{m} (\mu_{i1k} + \mu_{i2k} + \cdots + \mu_{imk}) \tag{6-84}$$

所以，综合评价向量在“平均”的意义下反映了 x_i 的总体评价情况。这样，单指标测度评价向量

$$(\mu_{ij1}, \mu_{ij2}, \cdots, \mu_{ijk}) \tag{6-85}$$

与综合评价向量式(5.7)的“相近”程度体现了指标 I_j 反映总体情况的能力。式(6-83)与式(6-84)越相近,说明 I_j 越能体现总体情况,即 I_j 权重越大。

描述两个非负向量接近程度由各种不同方法,在此采用相似系数法。令

$$r_j = \frac{1}{n}\sum_{i=1}^{n}(\mu_{ij1}, \mu_{ij2}, \cdots, \mu_{ijp}) \cdot (\mu_{i1}, \mu_{i2}, \cdots, \mu_{ip})^{\mathrm{T}}$$

$$= \frac{1}{n}\sum_{i=1}^{n}\sum_{k=1}^{p}\mu_{ijk}\mu_{ik} \tag{6-86}$$

$$\omega_j = \frac{r_j}{\sum_{j=1}^{m} r_j} \tag{6-87}$$

称 r_j 为相似数, ω_j 为相似权。可以用相似权 ω_j 作为指标 I_j 的权重。至此,给出了一种强调客观性标准的指标权重的确定方法,具体步骤如下:

选取 n 个具有代表性的样本;以研制基础指标评价为例,研制基础指标至少要包含直观上认为“很好”“好”“较好”“一般”“不好”的五个级别,每个级别的样本至少两个,取 $n \geqslant 10$;取 $\omega_j = \frac{1}{m}(j = 1,2,\cdots,m)$ 。

由单指标评价矩阵(6-80)和式(6-81)求出综合评价矩阵(6-37)。

由单指标评价矩阵(6-80)及综合评价矩阵(6-82)按式(6-85)求出相似系数 r_j ,再由式(6-33)求出相似权 ω_j 。

以相似权向量 $\omega = (\omega_1,\omega_2,\cdots,\omega_m)$ 作为指标权重向量。

由相似权向量 $\omega = (\omega_1,\omega_2,\cdots,\omega_m)$ 及单指标评价矩阵(6-80),求出综合评价矩阵(6-82),作为评价和识别的依据。

用上述方法,确定研制基础指标权重并进行综合评价,得到了满意的结果。

上述几种方法的一个共同的必不可少的步骤就是给船用核动力装置选型评价指标体系下的各个指标赋权值,这个过程是在评价过程中复杂而又非常重要的一环,赋权后权值的大小,将直接影响评价结果的好坏和准确性。如前几节所述,指标的赋权方法多种多样、丰富多彩,而能较好地选择赋权方法又体现了评价者丰富的经验和决策的水平。在具体的实施过程中,本课题对赋权值的过程给出了流程图(图 6-3),以供决策者赋权时参考。

除本书所给出的系统评价指标权重确定方法之外,目前常用的主观赋权法还有层次分析法、德尔菲法、区间统计法、综合法、模糊模式识别法等,这些方法在具体的指标体系权重确定时都可单独或组合应用。

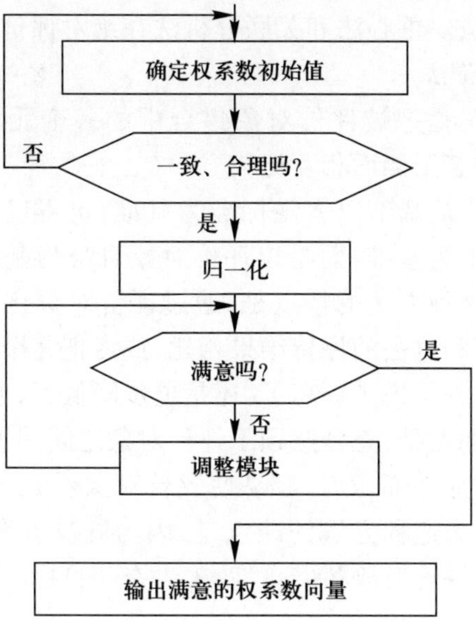

图6-3　指标赋权流程图

6.4　常用的综合评价方法

目前,经常采用的评价方法主要有以下几种:

1. 相对评价法

相对评价法是在被评价对象集合中选取一个或若干个对象作为基准,然后将其余评价对象与基准进行比较,或是用某种方法把所有评价对象排列成先后顺序的方法。

相对评价法的特点是,不制定统一的客观标准,判断评价对象价值高低的依据是评价对象所在集体、一次评估结果及评估对象的评估结果在集体中的相对位置。相对评价法的优点是适应性强,不管评价对象所在集体多大,都可以排除各评价对象在集体中的相对位置,做出相对的价值判断,能使评价对象知道自己与集体中其他对象的差距。缺点是因为没有客观标准,所以评价结果不反映评价对象的实际水平,不论大家怎样努力,总会有些对象排在中下位置,容易引起无休止的激烈争议,且容易因相互挤占位置而造成矛盾。相对评价法的一个经典方法是层次分析法。

2. 绝对评价法

绝对评价法是在被评价对象集合之外确定一个标准(这种标准称为客观标

准),评价时,将评价对象与这个客观标准进行比较,评价其达到标准的程度,从而做出价值判断的方法。重心法和关联分析法在绝对评价中的应用较多。

3. 个体内差异评价法

个体内差异评价法是把被评价对象集合中的各个元素的过去和现在相比较,或者把一个元素的若干侧面相互比较。

个体内差异评价法是既不以客观标准为基准,也不以评价对象所在集合中各评价对象的相对水平为基准,而是以评价对象自身为基准对评价对象进行价值判断地一种方法。这种方法的特点是,通过评价对象自己和自己的评价结果相比,现在的评价结果和过去的评价结果相比,或者把几个侧面的评价结果相互比较,从而判定评价对象是进步提高了,还是退步降低了,或者哪个方面优,哪个侧面劣。这种方法的优点是,充分照顾了评价对象之间的差异,从实际出发对评价对象进行评价,不增加外部压力,容易使评价对象看到自己的进步和提高,从而增强信心,鼓舞斗志。这种方法的缺点是,因为既没有客观标准,又不和其他对象比较,所以容易使评价对象骄傲自满,失去奋斗目标。

4. 数量化方法

数量化方法是在评价过程中采用定量分析的方法,特别是采用各种数学方法,它较多地应用于收集评估信息和处理评价信息两个环节中,在教育综合评价时存在着许多数量,其中有一些是确定的,如一个班级有多少人等,还有一些是不确定的,如某种教学方法的教学效果如何等,这些不确定的数量还可以分为随机性数量、模糊性数量等。确定性数量常用测量法和累计加权法等来处理,统计分析和模糊数学主要用于处理随机性数量和模糊性数量问题。下面分别介绍这四种方法。

测量法:就是运用测量理论进行评价的方法,在评价学生的学习成绩、能力和人格时,需要采用测量法设计量表,收集评价信息。在设计量表时,应注意量表的效度、信度、区分度和难度。对收集到的评价信息也可以采用测量法进行处理。

加权综合法:要点是建立指标体系、确定(各指标的)权系数、建立评价公式、运用评价公式得到评价结果。

统计分析法:常用的方法有平均数、方差、相关系数、μ 检验、t 检验、F 检验和 χ^2 检验等。除此之外,多元统计分析在系统评价中的应用已经呈现为一种趋势,常用的方法有主成分分析法、因之分析法和聚类分析法等。随着电子计算机的普及和应用,多元统计分析法在系统评估中应用的优势将会变得越来越明显。

模糊数学法:就是在评估中运用模糊集理论的方法。在教育评价中,人们往往用“高—低”“好—差”一类的形容词作为自己对某些教育范畴内事物的评估。如果仍旧沿用这类形容词,就很难达到定量评价的目的。事实上,对许多事物现象的看法,也常常受到主观经验及客观因素的影响。对这种模糊性数量问题应该运用模糊数学的原理与方法来解决,以便从模糊中求精确,获取与事物本来面目接近一致的结果。

5. 非数量化方法

凡是在评价综不用定量分析的方法都称为非数量化方法,这种方法在收集评价信息和处理评价信息等环节中也是经常用到的。主要的方法有以下几种。

等级法:我国的传统方法,它有多种形式,如上、中、下三级制,甲、乙、丙、丁四级制,优秀、良好、中等、及格、不及格或甲、乙、丙、丁、戊五级制。等级法的优点是简便易行,缺点是粗略,标准不好掌握。

评语法:就是对评价对象进行定性描述的评价法,它是在对收集到的评价对象的各种信息进行哲学的、系统的和逻辑的分析基础上进行推断,实事求是地用文字写出评价结论,如学生的操行评语、教师的工作评语等。

需要指出的是,在把评价当成系统工程来进行时,非数量化方法往往最终转换成数量方法,其方法是非常直接的,比方说建立对应关系如表6-10所列。

表6-10　非数量法转换为数量法对应关系

优秀	良好	中等	合格	不合格
5	4	3	2	0

在本书介绍的方法中,对于一些不确定的量,就需要选聘专家来进行给出评语或等级。

6.4.1　层次分析法的原理

层次分析法是一种常用的多方案比较方法,它是由萨蒂在20世纪80年代初提出的一种由两种比较过渡到多种比较的一种系统方法。它是将半定性、半定量问题转化为定量问题的行之有效的方法。它可以使人们的思维过程层次化,逐层比较多种关联因素,为分析、决策、预测或控制事物的发展提供定量的依据。

层次分析法力图模拟人在决策思维过程中的三个基本特征(即分解、判断和综合)对复杂的问题进行分层次的、拟定量的、规范化的处理,并在整个处理过程加入统计检验。可以将层次分析法分解为以下步骤。

(1)将问题归结为确定模型中最低层相对于最高层的权重分配。层次分析法首先把一个复杂的系统对象表示为一个有序的阶梯层次的结构模型,即首先要把问题层次化。根据问题的性质和要达到的总目标,将问题分解为不同的组成因素,并按照因素间的相互关联影响以及隶属关系将因素按不同层次聚集组合,形成一个多层次的分析结构模型,并最终把系统分析归结为最低层相对于最高层(总目标)的相对重要性权值的确定或相对优劣次序的排序问题。

(2)将排序的计算通过特征向量方法转化成因素的成对比较判断。在排序计算中,每一层次的因素相对上一层某一因素的单排序问题可简化为一系列成对因素的判断比较。这一过程是模仿人在判断思维过程中,主要是过行相互比较的特征,将两两成对的相对重要性比较作为相对判断的基本单元,并且为了比较判断定量化,获得规范的量化形式。层次分析法引入 1~9 比率表度方法,并以矩阵形式来构造整个相对判断的过程,即判断矩阵。因为借助了数学工具——矩阵,所以可以通过计算判断矩阵的最大特征根及其对应的特征向量,计算出某一层元素相对于上一层次某一元素的相对重要性权值。在计算出单排序权值后,用上一层次因素本身的权值加权综合,即可计算出某层次因素相对于上一层整个层次的相对重要性权值,即层次总排序权值。这样,依次由上而下即可计算出最低层因素相对于最高层的相对重要性权值或相对优劣次序的排序值,从而得出最终的推演结果。

(3)一致性检验问题。这种将思维过程数学化的方法,不仅简化了系统分析和计算,还有助于决策者保持其思维过程的一致性。在一般的决策问题中,决策者不可能给出精确的判断,但由于层次分析法借助了矩阵形式,因此能够从数学的角度来检验思维判断的一致性。具体地说,这种判断的不一致性是可以由判断矩阵的特征根的变化反映出来的,因而引用判断矩阵最大特征根以外的其余特征根的负平均值作为一致性指标,可以检查和保持决策者的判断思维过程的一致性。

上述方法的思想和方法的原理表明,层次分析法是把定性方法与定量方法相结合的一种拟定量方法。

6.4.2 层次分析法的基本步骤

层次分析法的实施操作程序如图 6-4 所示。

首先把问题表达为简明的概念,再利用系统分析和形成概念构架等手段建立层次模型。根据层次模型和利用 1~9 标度做出一判断矩阵,分别计算这些单层的判断矩阵的最大特征根及其对应的特征向量,并一一对其进行一致性检验,这是层次分析法计算操作的主要部分。单层的计算是最基本的,每一个判断矩阵都要经过单层一致性的检验,以保证判断中思维的一致性。在单层计算结果的基础上,逐步计算产生出层次总排序的权值,并且每一次都经过相应的总层一致性检验,最后获得总结果。

层次分析法的操作一般分为以下几个步骤:

(1)明确问题;

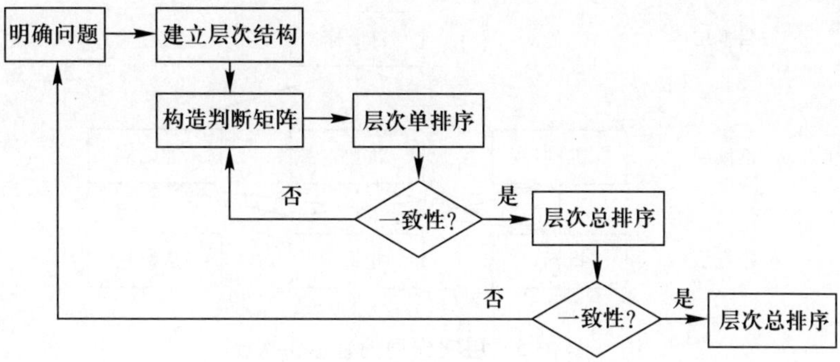

图6-4　层次分析法的操作程序

(2)划分和确定有关因素;

(3)建立层次结构模型;

(4)构造各层的判断矩阵;

(5)层次单排序及其一致性检验的计算;

(6)层次总排序及其一致性检验的计算;

(7)必要时,对判断矩阵及层次模型作修正与调整。

6.4.3　层次分析模型及其构造

根据决策分析系统中各因素之间的关系,建立评估的递阶层次结构。系统的因素很多,根据层次分析思想将这些因素按照相互间的支配和隶属关系分列为不同层次,组成一个有序及递阶层次结构。同一层次的元素作为准则对下一层的某些元素起支配作用,同时它又受上一层次元素的支配。其过程为:根据对问题的初步分析,将问题包含的因素按照是否有某些特征将它们聚集成组,并把它们之间的共同特征看作为系统中新的层次中的一些因素,直到最终形成单一的最高因素,这就是分析决策的目标。这样即构成由最高层、若干中间层和最低层排列的层次分析结构模型。因而,通常将层次模型基本层次划分为三种:目标层、准则层和指标层,如图6-5所示。

其中,目标层:表现工作的总目标,在复杂的情况下,可以分解成多个子目标或多目标,简单情况下,目标层就是一个元素,有时也称为最高层。

准则层:为了实现目标而建立起的一套价值标准或衡量准则,即从哪几个方面进行判断,判断的准则是什么。

指标层:为了实现目标而分解出来的可操作、可测量的因素。

该体系是被评估对象系统的结构框架,包含指标集和权重集两部分,它们是其质和量的规定。其中指标集是指每一层各个因素(元素)即评估指标的集合。

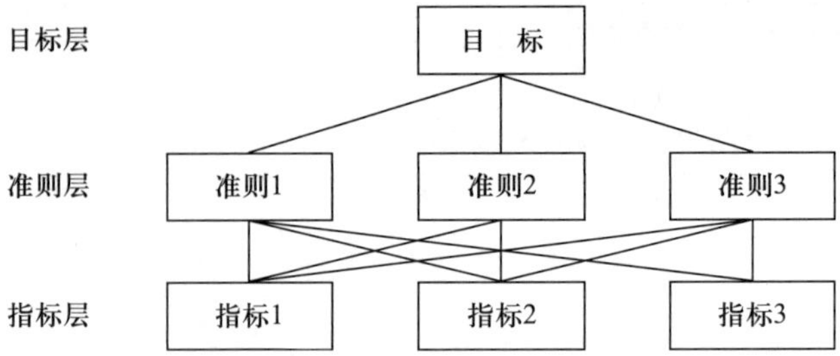

图 6-5　层次模型的基本层次

指标名称是根据指标所包涵的意义对指标的命名,用它来概括一项指标的内涵,它由专家们进行定义与命名。权重集则是指归一制权重值表,表示各级各类指标之间的相互关系以及每一项指标在整个指标体系中的地位和作用的指标量化数值表。在图 6-5 中,各层元素之间的逻辑从属关系用直线连接表示。如果某个因素与下一层次中所有因素均有关系则称这个因素与下一层次存在着完全关系;而某个因素仅与下一层次中的部分因素有联系,则称为不完全层次关系。如果上层所有元素与下层所有元素之间都存在着逻辑联系,则这个层次模型是完全的层次模型;如果只有部分元素之间存在联系,就是不完全的层次模型。层次之间可以建立子层次,子层次从属于主层次中的某个因素,它的因素与下一层次的因素有联系,但不形成独立层次。

6.4.4　层次中的排序——特征向量法

当通过对问题进行分析并建立了相应层次分析结构模型后,问题即转化为层次中排序计算的问题。

在排序计算中,每一层次中排序又可简化为一系列成对因素的判断比较,并根据一定的比率标度将判断定量化,形成比较判断矩阵;通过计算判断矩阵的最大特征值和它的特征向量,即可计算出某层次因素相对于上一层次中某一因素的相对重要性权值,这种排序计算称为层次单排序。为了得到某一层次相对上一层次的组合权值,用上一层次各个因素分别作为下一层次各因素间相互比较判断的准则,得到下一层次因素相对上一层次各个因素的相对重要性权值;然后用上一层次因素的组合权值加权,即得到下一层次因素相对于上一层次整个层次的组合权值,这种排序计算称为层次的总排序。依次沿递阶层次结构由上而下逐层计算,即可计算出最低层因素相对于最高层的相对重要性权值或相对优劣的排序值。

下面举例说明。

设有 n 个物体 $A_1, A_2, \cdots, A_n$,其未知的质量分别为 $W_1, W_2, \cdots, W_n$,无法直接

根据其质量大小来排序,但可以判断它们之间任意两个的相对大小,于是可得由质量比值为元素的判断矩阵:

$$A=\begin{bmatrix}\frac{W_1}{W_1} & \frac{W_1}{W_2} & \frac{W_1}{W_3} & \cdots & \frac{W_1}{W_n}\\ \frac{W_2}{W_1} & \frac{W_2}{W_2} & \frac{W_2}{W_3} & \cdots & \frac{W_2}{W_n}\\ \vdots & \vdots & \vdots & & \vdots\\ \frac{W_n}{W_1} & \frac{W_n}{W_2} & \frac{W_n}{W_3} & \cdots & \frac{W_n}{W_n}\end{bmatrix}=(a_{ij})_{n\times n} \tag{6-88}$$

假设该矩阵满足 $a_{ij}=1/a_{ji}, a_{ii}=1(i,j,k=1,2,\cdots,n)$。

若以质量向量 $\boldsymbol{W}=[W_1,W_2,\cdots,W_n]^{\mathrm{T}}$ 右乘矩阵 $\boldsymbol{A}$,其结果为

$$\boldsymbol{AW}=\begin{bmatrix}\frac{W_1}{W_1} & \frac{W_1}{W_2} & \frac{W_1}{W_3} & \cdots & \frac{W_1}{W_n}\\ \frac{W_2}{W_1} & \frac{W_2}{W_2} & \frac{W_2}{W_3} & \cdots & \frac{W_2}{W_n}\\ \vdots & \vdots & \vdots & & \vdots\\ \frac{W_n}{W_1} & \frac{W_n}{W_2} & \frac{W_n}{W_3} & \cdots & \frac{W_n}{W_n}\end{bmatrix}\begin{bmatrix}W_1\\ W_2\\ \vdots\\ W_n\end{bmatrix}=\begin{bmatrix}nW_1\\ nW_2\\ \vdots\\ nW_n\end{bmatrix}=n\begin{bmatrix}W_1\\ W_2\\ \vdots\\ W_n\end{bmatrix}=n\boldsymbol{W} \tag{6-89}$$

用矩阵表述,即

$$\boldsymbol{AW}=n\boldsymbol{W}。\tag{6-90}$$

根据矩阵特征根的原理,若满足式(6-90),则说明 n 是矩阵 $\boldsymbol{A}$ 的唯一非零的,同时又是最大的特征根,而 $\boldsymbol{W}$ 是矩阵 $\boldsymbol{A}$ 的最大特征根及其特征向量。因此,只要知道矩阵 $\boldsymbol{A}$,从数学上求出 $\boldsymbol{A}$ 的最大特征根及其特征向量,就能得到 $\boldsymbol{W}$,也即得到这组物体质量的排序结果。也就是说,如果有一组物体需要估算它们的相对质量,而又没有称量仪器,则可以通过逐对比较这组物体相对质量方法,得出每对物体相对质量比的判断,从而形成比较判断矩阵,通过求解判断矩阵的最大特征根和它所对应的特征向量问题,就可以计算出这组物体的相对质量。

对于一组物体,要想估计它们的相对质量,一个直接的方法就是以千克为单位估计每件物体的质量,然后对每件物体质量除以全组物体的总质量,就可以得到它们各自的相对质量;另一种方法就是把物体成对的进行比较,对每一对物体的相对质量比率做出判断,形成上述的比较判断矩阵,通过求矩阵最大特征根及特征向量来求得它们的相对质量。通过比较分析,可以看出,第一种方法对有度量标尺的问题可以采用,但对于大量的认为行为以及科学管理领域等没有统一

度量标尺的问题,后一种称对因素两两比较的度量方法则显示出充分的优越性。层次分析法正是采用这种两两比较的方法,把非常复杂的系统分析简化为各种因素之间的成对比较判断和简单的排序计算,从而使很多难以用参数型数学模型方法解决的复杂系统的分析成为可能。

6.4.5 判断矩阵及其标度

任何系统分析都以一定的信息为基础,层次分析法的信息基础主要是人们对于每一层次中各因素相对重要性给出的判断,这些判断通过引入合适的标度用数值表示出来,写成判断矩阵。因此,每一个判断矩阵就是在上一层的某一个元素的约束条件下,同层次的一组元素之间的相对重要性的比较结果。假设 A 层因素中 a_k 为与下一层次中因素 $B_1, B_2, \cdots, B_n$ 有联系。现构造判断矩阵如表 6-11 所列。

表 6-11 判断矩阵的元素表示

a_k	B_1	B_2	…	B_n
B_1	b_{11}	b_{12}	…	b_{1n}
B_2	b_{21}	b_{22}	…	b_{2n}
…	…	…	…	…
B_n	b_{n1}	b_{n2}	…	b_{nn}

在进行构造判断矩阵和进行层次排序过程中,一个重要的问题就是:指标权值的确定,量化和归一化是指标权值确定的两个内容。

(1)量化(精确量化和模糊量化)数值级别通常基于心理学测度原理定位 7 ±2 级。

(2)归一化的主要目的是以统一的价值形式解决指标值的不可公度问题,通常归一化为无量纲的 0~1 值。

在层次分析法中,为了使决策判断定量化和无量纲化,形成上述数值判断矩阵,在进行比较时,引用 1~9 标度法,这种标度方法以及含义如表 6-12 所列。

表 6-12 判断矩阵标度及其含义

标度	含义
1	表示两个因素相比,具有同样重要性
3	表示两个因素相比,一个因素比另一个因素稍微重要
5	表示两个因素相比,一个因素比另一个因素明显重要

续表

标度	含义
7	表示两个因素相比，一个因素比另一个因素强烈重要
9	表示两个因素相比，一个因素比另一个因素极端重要
2,4	上述相邻判断的中值
6,8	上述相邻判断的中值
倒数	因素 i 与 j 比较得判断 b_{ij}，则因素 j 与 i 比较的判断 $b_{ji}=\dfrac{1}{b_{ij}}$

选择 1~9 比率标度方法是基于下述的一些事实和科学依据：

(1) 实际中，当被比较的事物在所考虑的属性方面具有同一个数量级或很接近时，定性的区别才有意义，也才有一定的精度。

(2) 在估计事物质的区别性时，可以用五种判断很好地表示：相等、较强、强、很强、绝对强。当需要更高精度时，还可以在相邻判断之间做出比较，这样，总共有 9 个数值。这种方法实际上只需要人们掌握 7 种层次的标度，而其他是取其中值，从而将人们掌握这种比较制度的要求降低到了最低的限度。

(3) 心理学的实验表明，大多数人对不同事物在相同属性上的差别的分辨能力在 5~9 级之间，即在同时比较中，7±2 项目为心理学极限。因此，采用 1~9 的标度反映多数人的判断能力。

(4) 如果需要用比标度 1~9 更大的数，可用层次分析法将因素进一步分解聚类，在比较这些因素之前，先比较这些类，这样就可使所比较的因素间质的差别落在 1~9 标度范围内。

6.4.6　判断矩阵的一致性及其检验

在层次分析法中，为了形成判断矩阵，引入了 1~9 比率标度方法，使得决策者判断思维数学化，从而简化了问题得分析，并使得定量分析称为可能。同时，这种数学化方法有助于决策者检查并保持判断思维得一致性。

应用层次分析法保证判断的一致性和结果的可靠性是十分重要的。一致性检验主要是利用最大特征根来判别的。所谓一致性，是指判断矩阵具备完全一致性，即判断 $\boldsymbol{A}$ 的元素应满足如下条件：

$$a_{ij} = a_{ik}/a_{jk} \quad (i,j,k = 1,2,\cdots,n) \tag{6-91}$$

根据矩阵理论，判断矩阵在满足上述完全一致性条件下，具有唯一非零的，也是最大的特征根 $\lambda_{\max} = n$，其余的特征根均为零。层次单排序计算问题可归结为计算判断矩阵的最大特征根及其特征向量的问题。如已知判断矩阵 $\boldsymbol{A}$，计

算满足 $AW = nW$ 的特征根 n 及其对应的特征向量 W,式(6-91)可写为

$$\begin{bmatrix} \frac{W_1}{W_1} & \frac{W_1}{W_2} & \frac{W_1}{W_3} & \cdots & \frac{W_1}{W_n} \\ \frac{W_2}{W_1} & \frac{W_2}{W_2} & \frac{W_2}{W_3} & \cdots & \frac{W_2}{W_n} \\ \vdots & \vdots & \vdots & & \vdots \\ \frac{W_n}{W_1} & \frac{W_n}{W_2} & \frac{W_n}{W_3} & \cdots & \frac{W_n}{W_n} \end{bmatrix} \begin{bmatrix} W_1 \\ W_2 \\ \vdots \\ W_n \end{bmatrix} = n \begin{bmatrix} W_1 \\ W_2 \\ \vdots \\ W_n \end{bmatrix} \tag{6-92}$$

但在一般的决策中,决策者不可能给出精确的 W_i/W_j 度量,只能对它们进行估计判断。这样,实际给出的 a_{ij} 判断与理想的 W_i/W_j 有偏差,不能保证判断矩阵具有完全的一致性。根据矩阵理论,相当于判断矩阵 A 的特征根也将发生变化,新的问题归结为 $A'W' = \lambda_{\max}W'$, 式中 $\lambda_{\max}$ 为判断矩阵的最大特征根,相应的 W' 就是对应最大特征根的特征向量。若判断矩阵具有完全一致性时, $\lambda_{\max} = n$, 且除 $\lambda_{\max} = n$ 外,其余特征根均为零。而当判断矩阵具有满意的一致性时,它的最大特征根稍大于矩阵阶数 n,切其余特征根接近于零。这样基于层次分析法得出的结论才是基本合理的。但是,由于客观事物的复杂性和人们认识上的多样性,以及可能产生的片面性,要求每一个判断矩阵都有完全一致性显然是不可能的,特别是因素多,规模大的问题更是如此。因此,为了保证应用层次分析法得到的结论基本合理,要对构造的判断矩阵进行一致性检验。

根据矩阵理论可得到这样的结论,即如果 $\lambda_1,\lambda_2,\cdots,\lambda_n$ 是满足式 $Ax = \lambda x$ 的数,也就是矩阵 A 的特征根,并且对于所有 $a_{ii} = 1$, 有

$$\sum_{i=1}^{n} \lambda_i = n \tag{6-93}$$

显然,当矩阵具有完全一致性时, $\lambda_1 = \lambda_{\max} = n$, 其余特征根均为零;而当矩阵 A 不具有完全一致性时,则有 $\lambda_1 = \lambda_{\max} > n$, 其余特征根 $\lambda_1,\lambda_2,\cdots,\lambda_n$ 有如下关系:

$$\sum_{i=2}^{n} \lambda_i = n - \lambda_{\max} \tag{6-94}$$

上述结论告诉我们:当矩阵 A 具有满意一致性时, $\lambda_{\max}$ 稍大于 n,而其余特征根也接近于零。当判断矩阵不能保证具有完全一致性时,相应判断矩阵的特征根也将发生变化,这样就可以用判断矩阵最大特征根以外的其余特征根的负平均值,作为度量判断矩阵偏离完全一致性的指标,即用

$$CI = \frac{\lambda_{max} - n}{n - 1} \tag{6-95}$$

检查决策者判断思维的一致性。CI 的值越小,说明 λ_{max} 与 n 相差越小,即判断矩阵更接近完全一致性。

为了度量不同阶判断矩阵是否具有满意的一致性,引入平均随机一致性指标 RI 值,对于 1~9 阶判断矩阵,RI 值可通过查表 6-13 得出。

表 6-13 RI 取值表

n	1	2	3	4	5	6	7	8	9
RI	0.00	0.00	0.58	0.90	1.12	1.24	1.32	1.41	1.45

该表是多次重复进行随机判断矩阵特征值的计算后,取算术平均值得到的。

随着问题的复杂程度增大,判断矩阵阶数增加,RI 增大,而对于阶 2 阶判断矩阵,由于总能具备完全一致性,因此 RI 只是形式,无须计算随机一致性比率 CR。当阶数大于时,判断矩阵的一致性指标 CI 与同阶平均随机一致性指标 RI 之比称为随机一致性比率,记为 CR。当随机一致性比率 $CR = CI/RI < 0.10$ 时,判断矩阵的一致性检查通过时,即认为具有满意的一致性。否则就应当重新考虑并调整判断矩阵的元素,使之达到满意的一致性为止。

通常将判断矩阵与相应的计算结果(单层排序权值 W,最大特征值 λ_{max} 值及一致性检验指标 CI、RI 和 CR 值)放在一张表中,如表 6-14 所列。其中 O1 为上一层次的某个元素,$A_1 \sim A_m$ 是同一层次的元素。

表 6-14 单个判断矩阵及计算结果

O1	A_1	A_2	…	A_m	单层次排序权值
A_1	a_{11}	a_{12}	…	a_{1m}	W_1
A_2	a_{21}	a_{22}	…	a_{2m}	W_2
…	…	…	…	…	…
A_m	a_{m1}	a_{m2}	…	a_{mm}	W_m

层次分析法的排序除了有单层次的计算,还包含多层次的合成计算。

为了计算层次总排序,即求出最底层次所有因素对于最高层(总目标)的相对重要性的权重问题,可采用逐层叠加的方法,从最高层次向最底层次逐层进行计算。假设总目标下的第一层次 A 有 m 个元素 $A_1, A_2, \cdots, A_m$,相邻的下一层次 B 仍有 n 个因素 $B_1, B_2, \cdots, B_n$,通过单层次的计算,已得出 A 层的单层排序权值

为 $a_1, a_2, \cdots, a_m$，以及 B 层因素 $B_1, B_2, \cdots, B_n$ 对于 A_j 的单层排序权值分别为 b_{1j}，$b_{2j}, \cdots, b_{nj}$（若某因素 B_k 与 A_j 无联系时，则 $b_{kj} = 0$），则 B 层次对总目标的层次总排序由表 6-15 给出。依此类推，可以推算出所有层次对总目标的层次总排序值。

每进行一层的递推，都必须作相应的层次总排序的一致性检验。假设 B 层次因素对于 A_j 单层排序的一致性指标为 CI_j，相应的平均随机一致性指标为 RI_j，则 B 层次总排序的随机一致性比率由下式求出：

$$\mathrm{CR} = \frac{\sum_{j=1}^{m} a_j \, \mathrm{CI}_j}{\sum_{i=1}^{m} a_i \, \mathrm{RI}_i} \tag{6-96}$$

当求出的 CR<0.10 时，表明层次总排序的结果具有满意的一致性。

表 6-15　层次排序计算表

层次 A 层次 B	A_1	A_2	…	A_m	B 层次总排序权值
	a_1	a_2	…	a_m	
B_1	b_{11}	b_{12}	…	b_{1m}	$\sum_{j=1}^{m} a_j b_{1j}$
B_2	b_{21}	b_{22}	…	b_{2m}	$\sum_{j=1}^{m} a_j b_{2j}$
…	…	…	…	…	…
B_n	b_{n1}	b_{n2}	…	b_{nm}	$\sum_{j=1}^{m} a_j b_{nj}$

层次分析的最终结果是得到相对总目标的优先顺序权重，并可给出这一组合权重中所有判断的总的一致性指标。

复习思考题

1. 结合实例具体说明系统评价的步骤和内容。
2. 试分析说明系统评价在管理系统工程中的作用。
3. 建立系统评价指标体系时，有哪些原则必须遵循？
4. 试设计一个基层军官评价指标体系。
5. 层次分析法的主要思路和基本步骤是什么？

第 7 章　控　　制

在计划的实施过程中，由于组织内外因素的影响，使得计划的实际执行情况与计划所应达到的标准和目的之间，必然会存在一定的偏差。组织要保证有效地执行计划就需要控制职能。控制工作的主要内容包括确立控制目标、衡量实际成效和纠正偏差。有效地控制不仅要求选择关键的控制点，确立恰当的控制频度，及时地收集信息，而且要求合理运用各种控制方法和手段。

7.1　控制工作概述

控制与我们日常的工作和生活都息息相关，每个人都会受到各种控制的影响。从管理的角度来说，控制是保证组织计划与实际运行状况动态适应的管理职能，是组织管理过程中不可分割的一部分，是组织各级管理人员的一项重要工作内容。

7.1.1　控制工作的含义

控制是组织在动态的环境中为保证既定目标的实现而采取的检查和纠偏的活动或过程。所谓控制工作，就是根据组织的计划和事先规定的标准，监督检查各项活动及其结果，并根据偏差调整行动或调整计划，使两者相吻合的全过程。管理中的计划、组织、领导和协调等其他职能，必须伴随有效的控制职能，才能真正发挥作用。

这一定义可以从下面几层含义进行理解。

控制是管理过程的一个阶段，它将组织的活动维持在允许的限度内，它的标准来自人们的期望，这些期望可以通过目标、指标、计划、程序或规章制度的形式表达。在实际管理工作中，控制必须与检查、核对或验证联系起来，才可能使控制根据由计划事先确定的标准来衡量实际工作。

控制是一个发现问题、分析问题、解决问题的过程。在实际工作中，无论计划制订得如何周密，由于各种各样的原因，人们在执行过程中总会或多或少地出现与计划不一致的现象。管理控制就是要及时地发现问题，并通过深入了解实际情况，找出原因，提出解决问题的措施。

控制职能的完成需要一个科学的程序。实现有效控制需要三个基本步骤，即制定控制标准、衡量实际工作和矫正偏差。

控制应是客观准确的、灵活应变的、经济合算的、全面统筹的、有针对性的、面向未来的、有具体行动的。控制的根本目的是保证组织目标的实现。

7.1.2 控制的必要性

在现代组织管理中，控制之所以必不可少，是因为以下原因：

1. 组织环境的不确定性

组织的目标和计划，是组织对未来一定时期内的努力方向和行动步骤的描述，任何组织的目标和计划都是在特定的环境下制订的，如果组织实际活动能按计划进行，那么也就无须进行控制。但这种情况只会发生在静态环境中。组织所面临的环境大多是复杂多变和不确定的，在计划实施过程中，组织内外的相关因素都有可能发生变化，甚至发生重大变化。为了使目标、计划适应变化了的环境，为了保证组织目标、计划更好地实现，组织就必须通过控制来及时了解环境变化的程度和原因，从而对原定的计划和目标采取有效地调整和修正行动。

2. 组织活动的复杂性

随着社会生产力的不断发展，现代各种经济组织的规模和内部结构也日趋庞大与复杂。为了保证每一项具体的活动或工作顺利进行，组织就必须对各部门及其活动进行大量的控制工作。

3. 管理失误的不可避免性

俗话说“智者千虑，必有一失”，一个计划无论制订的如何周密，但由于各种各样的原因，人们在执行的过程中，都不可避免地会犯一些错误，出现一些失误。认识并纠正错误是管理水平提高的重要标志，也是组织发展的必要前提，而控制是任何组织发现存在问题、解决问题的有效手段。通过对实际活动的反馈，管理者可以及时发现问题、分析问题，从而采取措施解决问题。

7.1.3 一般控制与管理控制的比较

一般控制是指控制论中所叙述的控制，它的研究对象是自控系统。管理控制是指管理的控制职能。二者的含义基本相同，但又有所不同。

二者的相同点：

第一，二者均有一个信息反馈过程。管理控制也是通过信息反馈，发现管理中的不足，进行不断调节和变革，使之逐渐稳定、完善，直到达到最优状态。

第二，管理控制和一般控制一样有两个前提：一是计划指标转化为控制标准；二是相应的机构和人员。

第三，二者的基本活动过程是相同的，都包括三个基本步骤：确立标准、衡量成效、纠正偏差。

第四,管理控制系统与一般控制一样,也是一个有组织的系统。它根据系统内外条件的变化而进行相应地调整,不断地克服系统的不确定性,使系统保持在某种稳定状态。

二者的不同点:

第一,一般控制系统实质是一个简单的信息反馈,它的纠正措施往往是即时付诸实施的。特别是自动控制系统中,一旦给定程序,衡量绩效与纠正偏差是自动进行的。而管理控制系统是把实施与计划相比较,分析产生偏差原因,随之纠正偏差,这就需要时间、人力、物力和财力等相应的支出。

第二,一般控制系统是使体系运行偏差不超出允许的范围,是使活动维持在平衡点上。而管理控制系统的目的不仅要使组织按计划正常运动,实现目标,并力求使组织活动有所前进,有所创新以达到新的高度,提出和实现新目标。

第三,一般控制系统所反馈的信息往往比较单一,而管理控制系统的信息是根据管理过程和管理技术组织起来的在生产经营活动中产生的,并且经过分析整理后的信息流或信息集,它所包含的信息种类繁多,数量大。

7.1.4 管理控制系统的基本概念与特征

1. 管理控制系统的基本概念

系统是指由若干相互联系、相互作用的部分组成,在一定环境中具有特定的功能的有机整体。就其本质来说,系统是过程的复合体。在自然界和人类社会中,一切事物都是以系统的形式存在的,任何事物都可以看作是一个系统。系统从组成要素性质中看,可划分为自然系统和人造系统。人造系统是人们为了达到某种目的而建立的系统,如生产系统、交通系统、商业系统、军事预警系统等。再如,电冰箱就是一个常见的控制系统,在接通电源之后,电冰箱的制冷部分就会启动,在达到人们预定的温度之后,制冷部分又会自动关闭。然后随看机内温度的回升,制冷部分又会重新启动,再次把温度调整到人们预定的范围内。

电冰箱的运行说明了控制系统的几个主要特征:第一,控制系统要求一个预定的稳定状态或平衡状态,如-5~1℃。电冰箱的温度要稳定在这一温度区内。第二,在控制系统的运行环境中存在一些经常性的变化,为了维持稳定状态,系统要不断地进行自我调整。电冰箱内外部温度存在着差异,受外部温度的影响,在制冷部分关闭后,机内温度会不断上升,使稳定状态受到破坏,因此制冷部分需要重新开动。第三,控制系统内部有一种信息转移。在电冰箱内部温度高于输入标准以后,这个信息就会反馈到机内的控制部分中去。第四,控制系统有一种可以采取纠正行为的机械装置,来保证系统的稳定状态。电冰箱里的双金属片装置能开关电路,使制冷部分自动开启和关闭。

从控制系统的主要特征出发来考察管理控制系统，可以得出这样的结论：管理控制系统也是人造系统。管理控制系统是指为实现管理控制而设计的相互关联和彼此互相沟通的组织和机制。

企业是一个复杂的人造系统，它是为了达到一定的目的，由相互关联的元素组成，并依靠因果关系链接在一起的集合体。这样，就有可能和必要对其经营活动与过程实施控制，实现科学有效的管理，提高经济效益。为此，所有企业都要建立控制系统，尤其是领导者要考虑通过协调、资源配置、激励和绩效衡量更好地使用控制系统。对管理控制的理论与实践进行全面的阐述，并设计管理控制系统，也是主管领导者关心的事。管理控制系统的设计要充分考虑组织结构的变化以及多种因素带来的影响。

2. 管理控制系统的特征

（1）更重视共享价值观。一些适合环境并被员工广泛和深入地共享的价值观往往比正式实施的控制制度更有效。例如，客户至上、终身学习、团队精神等。

（2）控制中很强调沟通和集中的做法。例如，通过小组、各层次的机构委员会、培训项目、信息和沟通来统一分散的组织。

（3）强调全方位的奖励。例如，正式的物质奖励、提升和非正式的奖励及组织价值对员工的行为的认同和鼓励。

（4）在控制过程中应强调相对新的工具和过程。例如，新的工具包括全面质量管理、目标成本技巧、排序比较技巧、及时生产技巧等。

（5）应用顾客满意度、员工满意度、效率、绩效等来直接衡量绩效的好坏。要考虑控制系统的道德观，它是管理控制系统成功的基础。在组织中相互信任是控制系统成功的很关键的要素。

3. 管理控制系统的分类

管理控制系统在运行时按它的途径不同，可分为正式的和非正式的控制系统。它们又包含若干个子系统。

正式的管理控制系统是指在组织系统内部，依据组织文明规定的政策、程序并通过正式的组织来贯彻这些政策和程序。在正式控制系统中，领导者能够利用正式组织的结构，使组织成员遵循执行这些政策和程序。这些组织结构、政策和程序的正式文件帮助成员来实施他们的职责。

非正式的管理控制系统是指通过正式系统途径以外的所有控制。它是由人与人之间的关系来决定的，它是在突破、穿越某一相关组的界限进行人际接触和相互作用的。在一个组织中，非正式管理控制系统往往是伴随着正式管理控制系统而出现的。它是对正式管理控制系统的补充。

4. 管理控制系统与人的行为

在现代组织机构中都要建立控制系统。首先是设计控制系统，并使其健康的运行是至关重要的。不管是什么样的组织,都需要设计和建立管理控制系统,区别不在于有没有,而在于设计和建立得好不好,有意识、主动地设计和建立还是无意识、被动地、模糊地设计和建立控制系统。此外,应该清楚地认识到控制系统的有效性和主管特征两者之间紧密的关系。控制系统功能一定要充分地考虑这些动态的变化。在管理控制系统中,所采取的控制行动必然会影响到人。在管理控制系统设计时,要充分考虑实施完成目标任务时,能对人的行为有利的影响。不仅需要理解怎样运作,同时也要理解人性行为。

这里说的人性,主要是侧重从自然属性方面的表现论述的,若不注意研究人性,忽视人的重要作用,则会导致管理控制失效。根据这一人性观,在设计管理控制系统时,可以假设一些人的行为。一般有五种假设:第一,基本理性。人是有理性的,能讲理,能制订计划和控制行为。第二,创造性。人的最基本的本质是希望有追求有创造。第三,控制性。人期望去管理,因此"被控制"的期望是天生固有的。第四,道德性。人有强烈的精神追求,尽管这些追求有可能永远指导行为。第五,社会性。人有强烈的需要和愿望进行人与人之间的交际。在管理上若不注意研究人性,必然忽视人的重要作用,而导致管理控制的失败。注重人性,不但可以提高工作效率,并可促进组织内员工的精诚合作,发挥和谐作用,提高人类文明。

7.1.5　管理控制在组织中的重要地位

控制工作的重要性,就是保证组织活动与计划一致,以实现组织的目标。任何组织都需要控制。

1. 控制是组织适应环境的重要保障

一个组织要想生存发展,就必须适应环境。任何组织的计划都是在确定计划前提条件的基础上制订的。组织作为一个各种要素组合的动态系统,有其复杂的相互关系,计划虽然预定了一个正常状态,但是由于计划有时未能预料情况的发生以及各种要素及其相互关系的随机应变,使组织实施的状况与预定的正常状况可能会产生程度不同的偏差。这时通过控制活动,管理者可以及时了解环境变化的程度和原因,从而采取有效的调整行动,使得组织与环境相适应。

2. 控制是提高管理水平、限制偏差积累的有效手段

控制则是组织发现错误、纠正错误的重要手段。通过控制可以发现管理活动中存在的问题,并且使得这些问题得到解决。因此,控制工作是提高组织管理水平的有效手段。

3. 控制是强化组织成员责任心的重要手段

要使组织成员尽职尽责,切实地负起责任来,就必须让他们知道他们的职责是什么,他们的绩效如何评价和考核,以及在评价的过程中有效的绩效标准是什

么。通过控制工作,可以不断地对下级的工作进行评估,给其造成持续不断的压力和连续不断的激励,从而使其更好地负起责任来,高效地完成所承担的任务。

7.1.6 控制的类型

控制的类型,按不同的分类标志可分为很多种类。通常有以下几种分类方法。

1. 按控制在管理过程的时间段点不同分类

根据控制在管理过程的时间段点不同,可以将控制分为事前控制、事中控制和事后控制。

1)事前控制

事前控制也称为预先控制或前馈控制,是一种在工作开始之前进行的控制。其特点是能在偏差发生之前就告知管理者,使他们一开始就采取各种预先防范措施,预防或尽可能地减少偏差的出现,从而把偏差带来的损失降到最低程度。事先控制的目的是在工作开始之前就将问题的隐患排除掉,做到"防患于未然"。

事前控制的优点:由于在工作开始之前进行,避免了事后控制对已铸成的差错无能为力的弊端。在工作开始之前针对某项计划行动所依赖的条件进行控制,不是针对具体人员,因而不易造成对立面的冲突,易于被职工接受并付诸实施。

事前控制的困难:需要及时和准确的信息,并要求管理人员充分了解事前控制因素与计划工作的影响关系。

在组织管理控制活动中,事前控制的内容包括对人力资源、原材料、资金等的事前控制。例如,人力资源必须适应任务要求,数量和素质方面有能力完成指派的任务,并控制机构臃肿,人浮于事的现象;利用统计抽样来控制原料质量,根据抽样不合格率决定接受或退货;根据库存理论控制库存储备量等。

2)事中控制

事中控制也称为即时控制、过程控制、现场控制、实时控制,是一种在工作进行之中同步进行的控制。其特点是在工作进行过程中,一旦发生偏差,马上予以纠正。事中控制的目的是及时纠正工作中发生的偏差,改进本次而非下次工作活动的质量。由于事中控制一般在现场进行,管理者的工作作风和领导方式对控制效果有较大的影响。事中控制是一种主要为基层管理人员所采用的控制方法。

事中控制有监督和指导两项职能。监督是指按照预定的标准检查正在进行的工作,以保证目标的实现。指导是指管理者针对工作中出现的问题,根据自己的经验指导下属改进工作,或与下属共同商讨矫正偏差的措施,以便使工作人员能够正确地完成所规定的任务。

事中控制的优点是有指导职能,可提高工作能力及自我控制能力。其缺点是受管理者时间、精力、业务水平的制约;事中控制的应用范围较短;易形成心理上的对立。因此,事中控制不可能成为日常性的控制办法,只能是其他方法补充。

3)事后控制

事后控制,也可称为反馈控制,是一种在工作结束之后进行的控制,传统的控制方法几乎都属于事后控制。其特点是把注意力集中在工作的结果之上,对比标准进行测量、比较、分析和评价,发现存在的问题,并以此作为改进下一次工作的依据。

事后控制的优点在于总结规律,为进一步实施创造条件,实现良性循环,提高效率。但事后控制的最大弊端是实施措施前损失已经造成,偏差已产生;控制存在时间滞后问题。

总的说来,这三种控制方式都各有优缺点,有效的管理控制不能只依靠某一种控制方式,而必须根据特定情况将各种方式各有侧重地结合起来使用,以取得综合控制效果。它们的关系如图7-1所示。

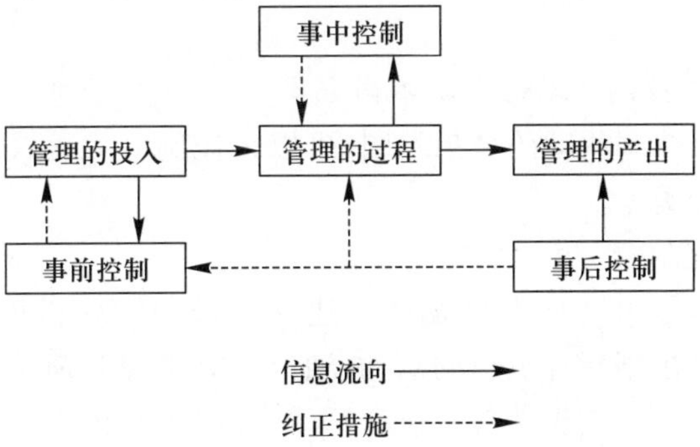

图7-1　事前控制、事中控制、事后控制关系图

2. 按控制的结构不同分类

根据控制的结构不同可以将控制分为分散控制、集中控制和分层控制。

1)分散控制

分散控制的特点是由若干分散的控制机构来共同完成组织的总目标。在这种控制方式中,各种决策及控制指令通常是由各局部控制机构分散发出的,各局部控制机构主要是根据自己的实际情况,按照局部最优的原则对各部门进行控制。如对日常的一般性、常规性事务则由各部门、各岗位及全体员工自行控制。分散控制适应于结构复杂、功能分工较细的组织。

分散控制具有反应快、时滞短、控制效率高、应变能力强等优点。但也存在难于保证各分散系统的目标与总体目标的一致性,从而会危及整体的优化,严重的甚至会导致失控。

2)集中控制

集中控制的特点是由一个集中控制机构对整个组织进行控制。在这种控制方式中,把各种信息都集中传送到集中控制机构,由集中控制机构进行统一加工处理。在此基础上,集中控制机构根据整个组织的状态和控制目标,直接发监控指令,控制和操纵所有部门和成员活动。如对组织的重大项目与事务成立专门的控制机构,进行重点控制。

集中控制方式比较简单,指标控制统一,便于整体协调和整体的最优控制。但缺乏灵活性相适应性,机构的变革和创新较困难。

3)分层控制

分层控制是一种把集中控制和分散控制结合起来的控制方式。它有两个特点:一是各子系统都具有各自独立的控制能力和控制条件,从而有可能对子系统的管理实施独立的处理;二是整个管理系统分为若干层次,上一层次的控制机构对下一层次各子系统的活动,进行指导性、导向性的间接控制。在分层控制中,要注意防止缺乏间接控制、滥用直接控制和多层次地向下重叠地实施直接控制的产生。

3. 按整个组织控制活动的来源不同分类

根据整个组织控制活动的来源不同,可以将控制分为正式组织控制、群体控制和自我控制三种类型。

1)正式组织控制

正式组织控制是由管理人员设计和建立起来的一些机构或人员来进行控制。组织可以通过规划指导成员的活动;通过预算来控制消费;通过审计监督来检查各部门或各个成员是否按规定进行活动,并提出具体更正措施和建议意见。正式组织控制可以确保组织获利和继续生存与发展。

2)群体控制

群体控制基于群体成员们的价值观念和行为准则,它是由非正式组织自发发展起来和维持的。非正式组织的行为规范,虽然没有明文规定,但非正式组织中每一个成员都十分清楚它的内容,并知道遵循这些规范,就会得到奖励和获得其他成员的认可。群体控制可能有利于达成组织目标,也可能给组织带来危害,所以要对其加以正确引导。

3)自我控制

自我控制即个人有意识地按某一行为规范进行活动。这种控制成本低、效果好。但它要求上级给下级以充分的信任和授权,还要把个人活动与报酬、提升和奖励联系起来。自我控制的能力取决于个人本身的素质。具有良好素质的人一般自我控制能力较强,顾全大局的人比看重自己局部利益的有较强的控制力,具有高层次需求的人比具有低层次需求的人有较强控制力。

自我控制具有有助于发挥员工的主动性、积极性和创造性;减轻管理人员的负担;提高控制的及时性和准确性等优点。

以上三种控制有时是相互一致的,有时是相互抵触的。这取决于组织对其成员的教育和吸引力,或者说取决于企业文化。有效的管理控制系统应该综合利用这三种类型,并使它们尽可能和谐,防止它们发生冲突。

4. 按组织控制所使用的手段不同分类

根据组织控制所使用的手段不同,可以将控制分为直接控制和间接控制。

1)直接控制

管理中的直接控制是指主要通过行政命令和手段对被控制对象直接进行控制的形式。实现直接控制的关键是对施控人员的精心选择和有针对性地培养。

直接控制是以人们会犯错误这一事实为依据的。在管理实际中,由不确定因素造成的管理失误,直接控制是不能起作用的。但对由于主管人员缺乏经验而导致的决策偏差,运用直接控制就可帮助其纠正错误,总结经验教训,提高管理水平。

2)间接控制

间接控制通常是指不对运行过程直接干预,而是通过间接的手段来引导和影响运行过程从而达到控制的目的。间接控制是以合格的主管人员差错最少为指导思想,通过主管人员的素质进行控制工作的。所谓"合格",就是他们能熟练运用管理概念、原理和技术,能以系统的观点来进行工作,这样的合格主管人员能觉察到正在形成的问题,能及时地采取纠正措施,实施有效控制。

7.2　控制理论

控制论的创立和发展,给现代管理控制产生了巨大的作用。现代管理用控制论丰富了理论和方法体系,从某种意义上说控制论引入管理学恰似青出于蓝。管理控制职能由单纯的监督发展为能动的、积极的控制,确保了管理计划和目标的实现。

7.2.1　控制理论的产生

20世纪40年代,由于自然科学、工程技术、社会科学和思维科学的相互渗透与交融汇流,产生了具有高度抽象性和广泛综合性的系统论、控制论和信息论。

控制论是研究动态系统在变化的条件下如何保持平衡状态,即研究系统控制规律的理论。它是数学、自动控制、电子技术、数理逻辑、生物科学等学科和技术相互渗透而形成的综合性科学。控制论的思想渊源可以追溯到遥远的古代。但是,控制论作为一个相对独立的科学学科的形成却起始于21世纪二三十年代,而1948年美国数学家诺伯特·维纳(Nobert Wiener)出版了《控制论》一书,标志着控制论的正式诞生。其产生的社会背景是现代社会的高度生产力水平,产生的直接原因是第二次世界大战期间对于自动高射大炮的研制;产生的理论是生理机制中的反射概念和稳态;产生的技术条件是电子计算机、弱电流技术;产生的数学基础是用微分方程或积分方程来描述与求解。

控制论的产生与进展是由一群有关的学者集体创建推动。控制论的基本任务是要在理论上找到技术系统与生物系统之间在某些功能上的相似性、统一性,以便在技术上研制出模拟智能的技术装置,即自动机或控制论机器。

控制论的主要方法:功能模拟、黑箱—灰箱—白箱、形式化—数量化—最优化(这是控制论理论及其应用在方法论上的特点)。

控制论的应用及主要分支:工程控制论(经典控制理论)、现代控制理论(引入“状态”,自适应、自学习、自组织系统,这些是对生物系统中的自组织功能的一种技术模拟,近年来耗散结构、协同学与超循环理论对自组织系统理论又有了重大发展)、大系统控制理论(模糊控制)、生物控制论、智能控制论、社会控制论。几十年来,控制论在纵深方向得到了很大发展,已应用到人类社会各个领域,如经济控制论、社会控制论和人口控制论等。

7.2.2 控制理论的发展

控制论诞生后,其发展过程经历了三个阶段。

1. 经典控制论时期

从20世纪40年代末到50年代,经典控制理论中主要采用线性、非线性方法进行系统分析系统控制;主要研究对象是单因素控制系统,重点是反馈控制,核心装置是各种各样的调节器、伺服机构及其有关的电子设备,着重解决单机自动化和局部自动化问题。它只解决单输入与单输出的控制问题。

2. 现代控制理论时期

到了20世纪60年代,生产规模的不断扩大,生产过程越来越复杂,对自动化控制的要求已不只是个别变量的问题,而是要求多个变量进行综合调节和最优控制。控制论的内容也得到相应发展,控制技术由单变量控制发展到多变量控制,从自动调节发展到最优控制,从随机控制转变为适应性控制。现代控制理论引入状态空间概念,以状态空间方法为主的线性系统分析、最优控制、自适应、自学习和自组织系统、状态过滤器、系统辨识等。

经典控制论与现代控制论的主要差别是:经典控制论包括频率域中的维纳滤波和频率响应、反馈控制系统分析设计及稳定性问题;特别在工业控制中,目前仍大量使用比例积分微分(PID)调节器;现代控制理论主要标志是卡尔曼滤波、极大值原理、动态规划、随机控制理论、识别理论,以及鲁棒控制的研究。

3. 大系统理论控制时期

20世纪70年代后,控制论主要研究的对象是因素众多的大系统,重点是大系统多级递阶控制,其控制结构分三类:多级控制、多层控制、多段控制。核心装置是电子计算机联机和智能机器,着重应用于经济系统、社会系统、生态系统、环境系统和管理系统等。这些大系统所要控制的是整个系统总体性能指标,具有规模庞大、结构复杂、功能综合、因素众多的特点。大系统控制论主要带来控制思想、方法和手段的迅速演变,不仅推动了工程控制论的发展,而且使控制论更广泛地应用于生产、管理、科研、国防等领域。因而,控制论被称为是“管理的自然和社会科学”。

7.2.3　经济控制论的发展

经济控制论作为控制论的一个重要分支,它的发展过程大致分为三个阶段。

1. 孕育阶段

在20世纪40年代至50年代初,经济控制并不是控制论关心的主要问题,维纳在《控制论》一书中提到经济控制方面的问题。证明了生物的自我调节原理和技术调节原理是一样的,同时指出社会和经济过程的调节和控制也是一样的。

2. 创建阶段

在20世纪50年代中期至60年代中期,一些国家设立了各种专门研究经济控制的机构,对经济控制论的创立起到重要的影响。这一阶段首次系统地论述了经济控制的概念、方法和理论,经济控制论作为一门学科创立起来。

3. 继续发展阶段

20世纪60年代末以后,随着现代控制论,特别是大系统理论的发展,为解决大型经济系统的问题提供了更多的理论和方法。控制论的专家和数量经济学家相互结合,更多地集中研究经济问题。至此,经济控制论成为学术界公认的科学,迅速地发展起来。

7.3　控制的前提条件与原则

在管理中,控制有着极为重要的作用,要真正发挥控制的职能作用,建立一个有效的控制系统,必须充分考虑控制的前提条件和坚持一些基本原则。

7.3.1　控制的前提条件

组织控制工作职能的开展必须建立在一定的基础和前提之上,忽视了这些基础和前提，控制工作将无法进行。控制的前提条件主要包括以下几个方面：

1. 控制要有明确而完整的计划

控制与计划是同一个问题的两个方面。计划是控制的依据，没有计划，就无法进行控制。控制工作是以预先制订的组织目标和计划为依据的。控制工作的好坏与计划是紧密相关的。组织在行动之前制订出一个明确而完整的行动计划，是控制工作能取得成效的前提，计划越全面、明确、完整，控制工作的目标就越明确，效果也会越好。否则，如果组织没有一个好的计划，或者有一个使组织走向失败的计划，那么控制工作做得越好就越会加速组织走向失败的进程。同时，控制工作自身也必须有计划地进行。

2. 控制要有明确的组织结构

通过建立专司控制职能的组织机构，配备专门的人员并授予其权力，明确其责任，可解决由谁来控制的问题。控制工作的计划设想的再好，如无特定的组织结构负责，期望很好地完成控制工作，无论从理论上，还是实践上都是行不通。因此，明确的组织结构的存在是控制工作的又一个前提。同样，组织结构越明确、越完整，控制工作就越有效。

3. 控制要依据及时有效的信息

控制必须依据有效的信息，没有准确、全面和及时的信息，就难以保证控制的有效性。信息反馈的速度、准确性如何直接影响到控制指令的正确性和纠正偏差的准确性。为了保证获得及时有效的信息，在组织中必须建立完善的信息收集传递网络和机制，从而保证信息的畅通。建立信息传递网络和机制应把握好两点：确定与控制工作有关的人员在信息传递中的任务和责任；事先规定好信息传递程序、收集方法和时间要求等事项。

7.3.2 控制的原则

1. 适应性原则

适应性原则是指控制应当与计划和工作特点以及主管人员的具体情况相适应。控制的目标是实现计划，控制是实现计划的保证，为实现每一项计划所进行的控制工作有很大的不同，都需要按不同计划的特殊要求和具体情况来设计。因此，控制工作是考虑到各种计划的特点，使其能更好地发挥作用。所以，在设计控制系统时，每个管理者都必须围绕计划进行，要根据计划的特点确定控制标准、衡量方法和纠正偏差措施。

2. 例外与重点原则

控制工作不可能面面俱到，应找出最能体现组织目标的关键因素进行控制。凡对达到组织目标没有重要意义的项目与事务，不应该经常核查，而只是应以防止情况恶化为限。它应该严格地用“例外”来控制。即应该建立一种标准，定期地进行衡量,并且只是进行抽样衡量,只有当情况比较明显地与标准出现偏差时才予以控制。控制的重点应放在对组织目标有重要意义的项目与事务上。控制人员越是只注意一些重要的例外偏差,也就是说越是把控制的主要注意力集中在那些超出一般情况的特别好或特别坏的情况,控制工作的效能和效率就越高。

3. 及时性原则

及时性原则是指能够及时发现偏差,纠正偏差。高效率的控制系统,要求能迅速发现问题并及时采取纠正偏差的措施。一方面要求及时准确地收集和传递所需的信息,避免时过境迁,使控制失去应有的效果;另一方面要估计可能发生的变化,使采取的措施与已变化了的情况相适应,即纠正偏差的安排应有一定的预见性。

4. 灵活性原则

灵活性原则是指控制工作即使在面临计划发生变动、出现了未能预见到的情况或计划失败的情况下,也能发挥作用。不能把控制工作过于死板地同计划拧在一起,以免在整个计划失策或发生突然变动时控制也跟着失控。任何控制对象和控制过程都不可避免地受到许多客观因素的影响,尽管人们追求预测的准确性,但不准确性总是存在的。控制系统应能适应主客观的变化,持续地发挥作用,并与计划保持一同变动。

控制的灵活性原则要求制定多种应付变化的方案和留有一定的后备力量,并采取多种灵活的控制方式和方法来达到控制的目的。控制应保证在某些未能预测到的事件发生的情况下,如生产经营环境突变、计划疏忽和失败等情况下,控制仍然有效,因此要求有弹性和替代方案。例如,企业的预算工作、滚动计划、应变计划等都体现了控制的灵活性原则。

5. 经济性原则

控制的经济性是指控制活动所需费用与控制所产生的结果进行比较,当通过控制所获得的价值大于所需费用时,才实施控制。控制是一项需要投入大量人力、物力和财力等资源的活动,这些投入管理者很难与所控制的产生的效果比较。因此,在控制过程中要求坚持适度性,所支出的费用必须是有效的和合理的,要防止在无效控制上花费精力和财力。要重视选择关键性问题和注意对例外出现的偏差进行控制。同时,要求努力降低控制的耗费而提高控制效果,改进控制方法和手段,以最少的资源投入取得理想的控制效果。

6. 客观性原则

控制的客观性原则是指管理者对绩效评价工作要客观公正、防止主观片面。实行客观的控制,首先要尽量采用客观的计量方法,尽可能把绩效用定量的方法记录并评价,把定性的内容具体化;其次是管理者要从组织目标的角度来观察问题,避免形而上学的观点,避免个人的偏见和成见。

7.4 控制方法

要对组织管理工作不同方面进行控制,保证控制的有效性,必须选择相应的控制方法。而根据控制的对象、内容和条件的不同,可选择不同的控制方法。控制的方法很多,本书中仅以企业组织为例介绍几种常用的方法。

7.4.1 预算控制法

1. 预算与预算控制

组织管理中最基本、最为广泛运用的一种控制方法就是预算控制方法。预算是一种以货币和数量表示的计划,是关于为完成组织目标和计划所需的资金的来源和用途的书面说明。预算以货币作为计量单位把计划活动数字化,通过预算为各部门或各项活动规定了在资金、劳动、材料、能源等方面的支出的额度。预算控制就是根据预算规定的收入与支出标准来检查和监督各个部门的活动,以保证各种活动或各个部门在完成既定目标、实现利润的过程中对资源的利用,从而使费用支出受到严格有效的约束。

2. 预算控制的种类

1)收支预算控制

收支预算又称营业预算,是指组织在预算期内以货币单位表示的收入和经营费用支出的计划预算。它综合反映了组织在预算期内生产经营的财务情况,并作为组织经营活动最终成果的重要依据。

收入预算应考虑到可能有的各个方面的收入,但其中最基本的收入还是销售收入或财政拨款。各个组织的经营费用的支出项目往往比组织的收入项目多且杂,在支出预算时,各个可能产生的费用开支均应尽可能考虑全面,并在支出预算中安排一定数量的不可预见费,以应付一些额外的开支。

2)实物量预算控制

实物量预算又称资本支出预算或非货币预算,是指以实物量预算来作为货币支出预算的补充和认证。由于以货币量表示的收支预算会受商品价格波动的影响,因而常常会造成收支预算与实物量产出计划时间的不一致,所以许多预算用实物单位来表示,比用货币单位表示更好。这里所指的实物量,不仅指实物产量,也指其他一些指标,如直接工时、机台时数、场地面积、产品数量、原材料数量等。

3)投资预算控制

投资预算又称资本支出预算,是指组织为更新或扩大规模,投资于厂房、机器、设备等其他有关设施,增加固定资产的各项支出预算。它概括了组织在何时进行投资、投资多少、融资渠道如何、何时可获得收益、每年的现金流量为多少、投资回报率等问题。投资预算涉及金额大，回报时间长，因此，投资预算总是和组织的发展战略以及长远规划相一致的。

4）现金预算控制

现金是指现实的、可随时使用的资金。现金预算就是要估算计划期可能提供的现金和所需要的现金，以求得平衡。它是以收入和支出预算中的基本数据为基础编制的。通常现金预算的编制期都较短。我国最常见的是按季和按月进行编制。

5）负债预算控制

负债经营是组织保持财务收支平衡的重要措施，包括向银行贷款、社会集资、发行股票等。负债预算要考虑一定时期的资产、债务和资本账户的状况，预计筹资方式、途径和数量以及还款时间、方式和能力，防止"资不抵债"是负债预算的重要任务。负债预算通过各部门和各项目的分预算汇总在一起，表明如果组织的各种业务活动达到预先规定的标准，在财务期末组织资产与负债会呈何种状况。另外，通过将本期预算与上期实际发生的资产负债进行对比，还可发现组织的财务状况可能会发生哪些不利变化，从而指导事前控制。

6）总预算控制

总预算是一种对预算期的最后一天（通常是会计年度的结尾时）的财务状况的预算，是由组织将各种预算综合而成的。总预算包括预计的资产负债表和资产损益表。总预算的编制要以组织目标和计划为依据。

7）全面预算控制

全面预算是以货币为数量形式所反映的有关组织未来一段时期内全部经营活动各项目标的行动计划与相应措施的数量说明。在管理实践中，全面预算处于承上启下的地位，即它以经营决策的结果为依据，是决策的继续，同时又是控制的先导与考核业绩的前提条件。

8）弹性预算控制

弹性预算控制是指预算指标有一定的调整余地，执行人可灵活地执行的预算。这种预算的控制力度稍弱，但有较强的环境适应性，能较好地适应控制的要求。在编制弹性预算时，应根据具体情况研究各种费用的变动程度，以确定各种换算系数，这样更有利于预算的合理性、准确性，减少预算变动的频繁程度。

9）零基预算控制

零基预算，即在每个预算年度开始时，将所有还在进行的管理活动都看作重新开始，即以零为基础。根据组织目标，重新审查每项活动对实现组织目标的意义与效果，并在费用—效益分析的基础上，重新排出各项管理活动的优先次序，资金和资源分配均按此次序进行。其基本思想是在编制预算时，必须对每项费用都予以重新核查,要以目前的需求和发展趋势作为核查基准。应该看到零基预算同开办新事务一样以零为出发点,不受现有条条框框限制,对一切费用一视同仁,能促使各方面精打细算、量力而行,合理使用资金,因而可大幅度压缩开支,提高效益。但需注意的是,零基预算工作量很大,成本比较高,而且在费用估计时有一定的主观性。

7.4.2 非预算控制法

1. 视察控制

视察控制是一种最古老、最常见和最直接的控制方法。它的具体形式是,各级管理人员对下级人员执行计划的过程进行实地检查和评价,发现问题立即采取措施予以纠正。这是管理控制中不可缺少的控制方式之一。由于监督检查是一种直接的、面对面的控制,因此,上级管理人员获得的信息具有相当高的真实性和及时性,这就能从根本上保证控制工作的有效性。

2. 报告控制

报告是用来向负责人全面地、系统地阐述计划的进展情况、存在问题及原因、已经采取了哪些措施、收到什么效果、预计可能出现的问题的重要方式。报告控制法是利用第二手资料对组织运行状况进行分析,衡量实际绩效并采取相应的纠正措施。因此,任何一个组织都必须建立起一整套有效的规范化的报管制度,形成时间上定期、任务上定人、内容上定性、格式上定型。此外对于重点活动和重要项目,要能做到随时报告。一份优秀的报告必须做到:适时,突出重点,指出例外情况,简明扼要。

3. 比率分析控制

一般地,仅从组织管理工作成效的绝对数量总量的度量中很难得到准确的结论。因此,在对组织经营活动状况做出是否有成效的判断之前,必须首先分析所获得数据之间的内在关系,相互对照才能说明一些问题,这种方法就是比率分析。比率分析是一种非常有意义的和必需的控制方法。企业经营活动状况分析常用的比率可以分为两大类,即财务比率和经营比率。前者是说明企业财务状况;后者主要用于说明企业经营活动状况。

7.4.3 会计控制法

会计控制是管理控制中的一个综合性控制方法,具有从价值角度进行综合性管理的特点。它同组织中的各个部门、各项活动都有着紧密的联系,并渗透到组织活动的全过程。

1. 现金收支计划控制

主要是按年、季、月编制货币资金收支计划,规定收支项目和收支总额,作为组织资金平衡和调度的依据。

2. 收入控制

主要是保证所有收入的资金来源清楚、数额无误、账账相符、账物相符、及时入账等。

3. 支出控制

资金的支出必须有合法凭证，有严密的授权，有完备的签证批准和支付手续。

4. 库存控制

定期或不定期地进行盘点核对，对库存资金要指定专人盘点核对，对库存资金要指定专人盘点。

5. 损益控制

损益控制法是根据一个组织的损益表，对其经营和管理成效进行综合控制的一种方法。由于损益表能够反映该组织在一定期间内收入和支出的具体情况，从而有助于从收支方面说明影响组织绩效的直接原因，并有利于从收入和支出方面进一步查明影响组织利润的原因。所以，损益控制法的实质，是对利润和直接影响利润的因素进行控制。

6. 成本全面控制

成本全面控制是在对系统的所有工作做全面详细的分析后，层层分解成本指标，以其作为控制标准。也就是说，以成本为控制主线，确保在预定成本下获得预期目标利润。

7.4.4 审计控制法

审计是对反映组织的资金运动过程及其结果的会计记录及财务报表进行审计、鉴定，以判断其真实性和可靠性，从而为控制和决策提供依据。审计是一种常用的控制方法，主要有以下几种。

1. 财务审计

财务审计是以财务活动为中心内容，以检查并核实账目、凭证、财物、债务以及结算关系等客观事物为手段，以判断财务报表中所列出的综合的会计事项是否正确无误，报表本身是否可以依赖为目的的控制方法。通过这种审计还可以判明财务活动是否符合财经政策和法令。财务审计一般分为外部财务审计和内部财务审计。

外部财务审计是由非本组织成员的外部专门审计机构和审计人员，如国家审计部门、公共审计师事务所对本组织的财务程序和财务经济往来进行有目的的综合检查审核。

内部财务审计是由本组织系统内部的财务人员所负责开展的财务审计活动。其目的也和外部财务审计的目的相同，即保证组织系统的财务报表能准确、真实地反映组织的财务状况。

2. 业务审计

业务审计是内部财务审计的扩展,其审计的范围包括财务、生产、市场、人事等方面。这种审计可以由本组织聘请外部独立的咨询机构和专家进行。

3. 管理审计

管理审计是业务审计的进一步发展,是对组织各项职能以及战略目标所进行的全面审计,审计范围包括审计结构、计划方法、预算和资源分配、管理决策、科研与开发、市场、内部控制、管理信息系统等。管理审计的目的是要明确组织的优势和劣势,全面改善组织的管理工作。

4. 经营审计

经营审计是对组织经营计划的实施过程,即经营控制过程的审计。它是经营决策、经营战略和经营计划等的必然延续和补充,可验证、补充或纠正经营计划审计的结论,并可为经营结果、效益的审计提供依据。具体讲,经营审计要审查、分析组织经营控制的组织、方式及手段,评价经营控制的合理性、科学性、效率和效益,提出完善组织经营控制的措施建议。经营审计的根本作用在于通过组织经营控制的组织程序,以及控制幅度、依据、职责、权限和利益等制度的审查、分析,发现控制组织不完备、职责分工不明确等问题,帮助组织采用有效的控制方法和手段,提高控制能力和促进组织取得最佳效果;通过实际状况的审查分析,还可发现经营控制在经营系统中与其他经营管理职能的关系是否协调,从而帮助组织协调经营活动和管理职能,全面提高企业经营管理水平。

经营审计的目的在于保证组织实际的经营活动及其成果同预期的目标相一致。经营审计的内容:制度方面的审计;经营业务方面的审查、分析;财务方面的审计。

7.4.5 人事控制法

控制工作从根本上说是对人的控制,其他几方面的控制也要靠人去实现和推行;从本质上讲,人事方面的控制主要集中在对组织内人力资源的管理上。具体有两大方面的控制:

1. 人事比率控制

人事比率控制,即分析组织内部各种人员的比率,如管理人员与职工的比率,后勤服务人员与生产工人的比率,正式职工与临时工的比率,以及人员流动率和旷工缺勤率等是否维持在合理的水平上,以便采取调查和控制措施。

2. 人事管理控制

人事管理控制主要是对管理人员和一般职工在工作中的成绩、能力和态度做出客观公正的考核、评价和分析鉴定,这既有利于激励原来表现好的员工继续保持和发扬下去,也有利于原来表现差的员工向着好的方向转化和发展。

7.4.6　其他控制法

控制技术还有许多,下面简单介绍几种。

1. 全面质量管理

全面质量管理(TQC),是指教育和组织全体人员,运用数理统计的方法,实行对生产全过程的控制,充分发挥专业技术和组织的管理作用,不断分析和改进工作质量,形成一整套确保产品质量、满足用户需要、完善高效的质量管理系统和质量管理制度。

全面质量管理有四大特征:

(1)全过程的质量管理。即质量管理不仅仅是生产过程,而且应“始于市场,终于市场”,从产品设计开始,直到产品进入市场,以及售后服务等,质量管理都应贯穿其中。

(2)全企业的质量管理。质量管理不仅仅是质量管理部门的事情,它和全企业各个部门都息息相关,因为产品质量是做出来的,不是检验出来的,故每项工作都与质量相关。

(3)全员的质量管理。即每个部门的工作质量,决定于每个员工的工作质量,所以每个员工都要保证质量。

(4)全面科学的质量管理方法。全面质量管理使用的方法是科学全面的,它以统计分析方法为基础,综合应用各种质量管理方法。全面质量管理提出了“一切为了顾客,一切以预防为主,一切凭数据说话,一切按计划—执行—检查—处理循环(即 PDCA 循环,戴明环)办事”。

2. 生产控制

生产控制是围绕完成计划任务所进行的管理工作,即监督和检查生产计划执行情况,把结果与既定标准进行比较,发现偏差,分析产生原因,采取措施纠正偏差,从而保证生产计划的全面完成。其主要包括生产作业控制、质量控制、物资消耗和库存控制、设备运行控制等。虽然生产计划和生产作业计划对日常生产活动已做了比较周密而具体的安排,但随着时间的推移,市场需求往往会发生变化。此外,由于生产准备工作不周全或生产现场偶然因素的影响,也会使计划产量和实际产量之间产生差距。因此,必须对生产进行控制。组织的生产控制职能主要是通过生产调度部门来具体实现的。

3. 网络计划技术

网络计划技术,主要功能是帮助管理人员在众多的有着时间顺序联系的单个活动中找到对整个计划的按期完成或在最短时间内完成有重大影响的关键活动,并提供各活动运行的时间区间和机动时间,将杂乱无序的繁多的活动安排得井井有条，各项活动只需在规定的时间内完成，管理控制人员对整个项目的完成时间可以做到心中有数，并知道应对哪些关键活动重点控制。它是一种计划方法，也是控制方法，而且是预先控制方法，系统越复杂，越能显示出它的效率。

4. 线性规划

线性规划是在系统的各项现有资源的约束条件下，为某一预定目标提供最优方案。例如，一个企业在一定的时间内，它的一些资源如厂房、机器设备、生产效率、职工人数、产品品种、技术设计水平、产品成本及售价等，要么是个定数，要么有一个限度。那么在现有条件下，要达到利润最大，它的各项资源如何配置？应用线性规划，即能找到最优方案。

线性规划是预先控制方法，它能根据现有的资源状况，提供最优资源配置方案，以充分利用各项资源，获得最大的效益。

5. 排队论

排队论，又称随机服务系统，是研究顾客排队等候和服务网点设立之间的关系的理论。服务网点太多，要增加投资，会产生空闲浪费；服务网点太少，顾客要排队，得不到及时服务，于双方都会产生不利影响。例如：病人等候太久，病情会加重；购物时人太多，顾客会离开，商家也失去了顾客。排队论即为解决这些矛盾，寻找平衡方案的理论。

排队论不仅应用于商业网点分布问题，还应用于社会交通的疏导、水库水位的调节、电话占线的问题、故障机器的修理等问题。

7.5 控制工作的过程

尽管控制类型多种多样，控制的对象各种各样，但控制的基本工作是相同的。控制工作过程分为三个基本环节：制定控制标准、衡量实际工作和矫正偏差。

7.5.1 制定控制标准

控制标准的制定是控制能否有效的关键。没有切实可行的控制标准，控制就可能流于形式。

控制标准来源于计划，但不同于计划。从逻辑关系上说，制订计划本身实际上构成控制过程的第一步。但由于计划相对来说都比较概要，不可能对组织运行的各方面都制订出非常具体的工作标准。一般来说，计划目标不可能直接地用作控制的标准。因此，需要将制订专门的控制标准作为管理控制过程的开始。因此，确定具体的控制标准是必需的。

1. 控制标准的特性

能在控制过程中发挥应有作用的控制标准,需要满足如下基本特性的要求。

1)简明性

即对标准的量值、单位、可允许的偏差范围要有明确说明,对标准的表述,要通俗易懂,便于理解和把握。

2)适用性

建立的标准要有利于组织目标的实现,要对每一项工作的衡量都明确规定有具体的时间幅度和具体的衡量内容与要求,以便能准确地反映组织活动的状态。

3)一致性

建立的标准应尽可能地体现协调一致、公平合理的原则。管理控制工作覆盖组织活动的各个方面,制定出来的各项控制标准应该彼此协调,不可相互冲突。同时,控制标准应在所规定的范围内保持公平性,如果某项控制标准适用于每个组织成员,那就应该一视同仁,不允许有特殊化。

4)可行性

即标准不能过高也不能过低,要使绝大多数员工经过努力后可以达到。因为建立标准的目的,是用它来衡量实际工作,并希望工作达到标准要求,所以,控制标准的建立必须考虑到工作人员的实际情况,包括他们的能力、使用的工具等。如果标准过高,人们将因根本无法实现而放弃努力;如果标准过低,人们的潜力又会得不到充分发挥。具有可行性的控制标准,应该要保持挑战性和可行性的平衡。

5)可操作性

即标准要便于对实际工作绩效的衡量、比较、考核和评价;要便于控制,便于对各部门的工作进行衡量,当出现偏差时,能找到相应的责任单位。如成本控制,不仅要规定总生产费用,而且要按成本项目规定标准,为每个部门制定费用标准。

6)灵活性

控制标准应该具有足够的灵活性,以适应各种不利的变化,或把握各种新的机会。任何组织所面对的环境都处在变动过程中,只不过变动的剧烈程度存在差异而已。即使是高度机械式结构的组织,也需要因时间和条件的变化来调整其控制方式。

7)有针对性

即要求控制系统要符合有关人员的特性,有些具体的设计必须满足他们个性特定的要求,让他们能够理解,乐于使用。

8)前瞻性

即要求控制系统尽可能地使用预先控制,使一切尽在掌握之中,避免不必要的损失,这也是真正有效的管理控制系统必备的功能。

2. 控制标准的制订过程

控制标准的制订是一个科学决策过程。这一过程的展开,首先要选择好控制点,然后选择关键控制点,最后再确定具体的控制标准。

1)确立控制对象

进行控制首先遇到的问题是"控制什么",这是在决定控制标准之前首先需要妥善解决的问题。组织活动的成果应该优先作为管理控制工作必须考虑的重点对象。基于此,管理者需要明确分析组织活动想要实现什么样的目标,并提出详细规定。建立组织中各层次,各部门人员应取得什么样的工作成果的完整的目标体系。按照该目标体系的要求,管理者就可以对有关成果指标的完成情况进行考核和控制。

毫无疑问,经营活动成果是需要控制的重点对象。控制工作就是要保证组织有效地取得预期的经营活动成果。因此,需要分析影响经营活动成果实现的各种因素。一般而言,在一定时期影响经营活动成果实现的主要因素有以下几种。

(1)环境特点及其发展趋势。组织是在一定的环境下从事经营活动的,而组织计划是依据决策者对经营环境的认识和预测来制订的。如果所预期的市场环境没有出现,或者外部发生某种无法预料和抗拒的变化,那么原来制订的计划就可能无法实现。所以,在制订计划时应说明正常环境的具体标志和条件,当环境发生变化时,为保证计划的实现,及时采取必要的措施。

(2)要素投入。组织经营成果是经过对投入一定数量要素的加工转换而取得的。没有或者缺乏这些要素,组织经营就会成为无源之水、无本之木。投入的要素,不仅会影响经营活动的按期、按量、按要求进行,从而影响最终的物质产品,而且其取得费用会影响生产成本,从而影响经营的盈利程度。因此,必须对要素投入进行控制,使之在数量上、质量以及价格等方面符合预期经营成果的要求。

(3)活动过程。输入到生产经营中的各种资源不可能自然形成产品。组织经营成果是通过全体员工在不同时间和空间上,利用一定技术和设备对不同资源进行不同内容的加工劳动才最终得到的。组织员工的工作质量和数量是决定经营成果的重要因素,因此,必须是组织员工的活动符合计划和预期结果的要求。

2)选择关键控制点

对于简单的经营活动,管理人员可以通过对所做工作的亲自观察来实行控制。但是,对于复杂的经营活动,主管人员就不可能事事都亲自观察,而必须选出一些关键控制点,加以特别的注意。有了这些关键点给出的各种信息,各级管理人员可以不必详细了解计划的每一细节,就能保证整个组织计划的贯彻执行。

控制标准的确立也就是选择关键控制点。关键控制点是指一些要害问题,它们是业务活动中的一些限定性不利因素,关键控制点一般是影响整个工作运行过程的重要操作与事项,或者是能在重大损失出现之前显示出差异的事项,或是若干能反映组织主要绩效水平的时间与空间分布均衡的控制点。选择关键控制点的能力乃是一项管理艺术,它需要丰富的经验和敏锐的观察力。

不同的组织部门,其性质、业务有其特殊性,所要计量的产品和劳务不同,所要执行的计划方案数不胜数,因而,可能有完全不同的关键控制点。例如,某企业在落实产品生产成本计划时,主要控制点是重点制造部门的生产成本和材料部门的采购成本;另一家企业制订了发展计算机管理信息系统的规划,选中的关键控制要素为由信息部门负责系统设计与各部门的协调工作,抓好数据库的建设,各个部门领导要参加项目审批过程。又如在饮料生产过程中,影响饮料的因素很多,但只要抓住了各种原料的配比、杀菌温度和时间,就能保证饮料的质量。在控制过程中,对这些关键控制点都必须确定相应的控制标准。

3)制定控制标准

选择了关键控制点之后,需要考虑进一步的问题就是要制定一些客观的控制标准。控制标准可分为定量和定性两大类。

定量标准便于度量和比较,是控制标准的主要表现形式。定量标准主要有包括实物标准、费用标准、时间标准和综合标准。

(1)实物标准,就是以实物单位制定的标准,它反映了定量的工作成果,是计划工作的基石。实物标准一般适用于基层生产单位,如企业中的产品产量、单位台时定额、单位产品工艺消耗定额等。

(2)费用标准,就是以货币单位制定的标准,它可用于控制生产过程中所消耗的各种费用以及所获得的各种经济成果。货币标准较多地适用于企业的中上层部门,如产品成本、利润、销售收入等。

(3)时间标准,如工时定额、工期、交货期等。

(4)综合标准,对于有些目标,它既不能完全用实物标准来表示,又不能完全用货币标准来表示,这时就要利用综合标准。通常用相对数的形式来表示,如劳动生产率、废品率、市场占有率、投资回报率等。

定性标准是难于定量化的标准,如企业的信誉、服务态度等。但为了使定性标准便于掌握,有时也应尽可能地采用一些可度量的方法。如法国著名的麦克唐纳公司在经营上奉行“质量、服务、清洁、价值”的宗旨,为体现其宗旨,公司制订的工作标准:95%以上的顾客进餐馆后3min内服务员必须迎上前去接待顾客;事先准备好的汉堡包必须在 5min 内热好供应顾客；服务员必须在就餐人离后 5min 内把餐桌打扫干净。

控制的对象不同，建立控制标准的方法也不同，可以以计划过程中形成的可考核的目标直接作为控制标准，也可以通过一些科学的方法将某一计划目标分解为一系列具体可操作的控制标准。但任何一项具体工作的衡量标准都应该从有利于组织目标实现的总要求出发来加以制订，而对每一项具体的工作都应有明确的时间、内容、要求等方面的规定。同时，在制定控制标准时既要考虑顾客的需求和竞争对手的标准，又要考虑组织所掌握的资源和控制的成本。控制标准与资源、成本的关系如图 7-2 所示。

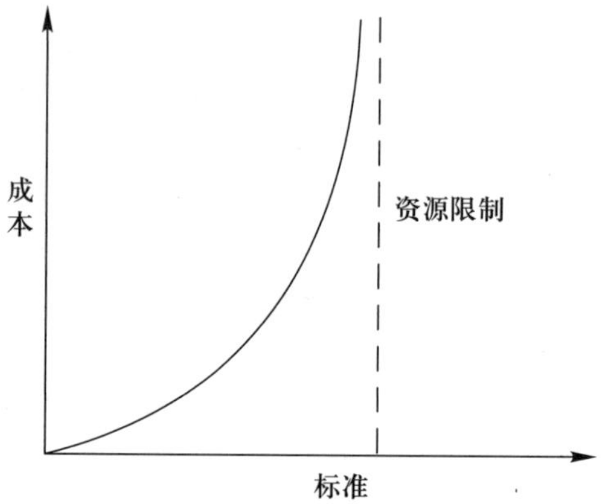

图 7-2　控制标准与资源、成本的关系

7.5.2　衡量实际工作

假如组织经营活动中的偏差都能在产生之前就被发现，管理者就可以预先采取必要的措施，并取得良好的效果。这是一种理想的控制与纠偏的方式，但并非所有的管理人员都有卓越的见识能预估出问题。在客观条件的限制下，最满意的控制方式是必要的纠偏措施能在偏差产生之后迅速采取。为此，要求管理者及时掌握能够反映偏差是否产生并能判定其严重程度的信息。

该步骤的主要内容是将实际工作成绩和控制标准相比较，对工作做出客观的评价，从中发现二者的偏差，为进一步采取控制措施提供全面准确的信息。

1. 确定衡量方式

1）衡量的项目

衡量什么是衡量工作的起点和前提，管理者应该针对决定实际工作成效好坏的重要特征项目进行衡量。但实际中容易出现一种趋向，即侧重于衡量那些易衡量的项目，而忽视那些不易衡量、较不明显但实际相当重要的项目。

实际工作衡量应该围绕构成好绩效的重要特征项来进行，而不能够偏向那些易衡量的项目。

2）衡量的方法

衡量用什么方法应根据具体情况具体分析。管理者可通过如下几种方法来获得实际工作绩效方面的资料和信息。这些方法各有优缺点，人们往往结合起来综合使用。

（1）观察。观察是管理者亲临现场得来的第一手信息，如调查访问、现场观察等。观察法真实、快捷，每个管理者能根据自己喜好的角度去观察，但所得信息需要去伪存真，分析判断，也存在个人偏好的影响及观察时间不同所得结论不同等问题。

（2）报表和报告。报表和报告往往在计划结束后或告一段落后形成，如工作总结、会计报表、有关统计报表等，它比较全面和准确，易于保存，但在时间上显得有些滞后。

（3）口头汇报。口头汇报分正式汇报和非正式汇报，正式汇报往往在某些公众场合上，如会议等；非正式汇报往往是一对一的，如电话交谈、个别交谈等。口头汇报方便、快捷，还可以通过语气和身体动作来表达某些信息，但不易保存。

2. 衡量的频度

衡量实际工作的次数或频率，通俗地说就是间隔多长时间衡量一次实际工作。控制过多或不足都会影响控制的有效性。这种过多或不足，不仅体现在控制对象、衡量的标准数目的选择上，而且表现在对同一标准的衡量次数或频率上。对影响某种结果的要素或活动过于频繁的衡量，不仅会增加控制的费用，而且可能引起有关人员的不满，从而影响他们的工作态度；而检查和衡量的次数过少，则可能使许多重大的偏差不能及时发现，从而不能及时采取措施。

以什么样的频度，在什么时候对某种活动的绩效进行衡量，这取决于被控制活动的性质。如对产品质量的控制常常需要以小时或以日为单位进行；而对新产品开发的控制则可能只需以月为单位进行就可以了。需要控制的对象可能发生重大变化的时间间隔是确定适宜的衡量频度所需考虑的主要因素。

3. 建立信息反馈系统

负有控制责任的管理人员只有及时掌握了反映实际工作与预期工作绩效之间偏差的信息，才能迅速采取有效的纠正措施。然而，并不是所有的衡量绩效的工作都是由主管直接进行的，有时需要借助专职的检测人员。因此，应该建立有效的信息反馈系统，便于反映实际工作情况的信息适时地传递给适当的管理人员，使之能与预定的标准相比较，及时发现问题。这个系统还应能及时将偏差传递给与被控制活动有关的部门和个人，以便他们及时知道自己的工作状态、为什么出错了，以及需要怎样做才能更有效地完成工作。建立这样的反馈系统,不仅有利于保证预定计划的实施,而且能防止基层工作人员把衡量和控制视作上级检查工作、进行惩罚的手段,从而避免产生抵触情绪。

4. 通过衡量成绩,检验标准的客观性和有效性

衡量工作成效是以预定的标准为依据来进行的。如果偏差是在标准执行中出现的问题,那么需要纠正执行行为本身;如果是标准本身存在的问题,则要修正和更新预定的标准。这样利用预定标准去检查各部门、各阶段和每个人工作的过程就同时也是对标准的客观性和有效性进行检验的过程。

检查标准的客观性和有效性,是要分析通过对标准执行情况的测量能否取得符合控制需要的信息。在为控制对象确定标准的时候,人们可能只考虑了一些次要的因素,或只重视了一些表面的因素,因此,利用既定的标准去检查人们的工作,有时并不能达到有效控制的目的。在衡量过程中对标准本身进行检验,就是指出能够反映被控制对象的本质特征,从而是最适宜的标准。衡量过程中的检验就是要辨别并剔除这些不能为有效控制提供必需的管理基础工作。

7.5.3 矫正偏差

对实际工作成效加以衡量后,下一步就应该将衡量的结果与标准进行对比。如果有较大的偏差,则要分析造成偏差的原因并采取矫正措施;如果没有偏差,则宜首先分析控制标准是否有足够的先进性,在认定标准水平合适的情况下,将其作为成功经验予以分析总结,以用于今后的或其他方面的工作。

1. 分析造成偏差的原因

并非所有的偏差都可能影响组织的最终成果。有些偏差可能反映了计划制订和执行工作中的严重问题,而另一些偏差可能是偶然的、暂时的、区域性因素引起的,从而不一定会对组织活动的最终成果产生重要影响。因此,在采取任何纠正措施以前,首先要判断偏差的严重程度,即是否足以构成对组织活动效率的威胁,从而值得去分析原因,采取纠正措施。然后,探讨导致偏差产生的主要原因。

一般造成偏差的原因有计划操作、外部环境发生重大变化和计划不合理三大类。

2. 采取措施

针对产生偏差的主要原因,就可能制订改进工作或调整计划与标准的纠正方案。

对于计划操作原因,可采取以下措施:重申规章制度,明确责任,明确激励措施,按规定处罚有关人员;或调整工作人员,加强员工培训,改组领导班子等。对于外部环境发生重大变化原因,应在仔细分析的基础上采取一些补救措施,以尽量消

除不良影响,然后改变策略,避开锋芒,或变换目标,另辟蹊径。对于计划不合理原因,应根据具体情况,及时调整目标,使之在合理的水平。

在纠正措施的选择和实施过程中要注意以下几点:

(1)保持矫正方案的双重优化。纠正偏差,不仅在实施对象上可以进行选择,而且对同一对象的纠偏也可采取多种不同的措施。所有这些措施,其实施条件和效果相比的经济性都要优于不采取任何行动、使偏差任其发展可能给组织造成的损失。有时如果采取行动的费用超过偏差带来的损失的话,最好的方案也许是不采取任何行动,这是第一重优化;第二重优化是在此基础上,通过对各种经济方案的比较,找出其中追加投入最少解决偏差效果最好的方案来组织实施。

(2)关注原有计划实施的影响。由于对客观环境的认识能力提高,或者由于客观环境本身发生了重要变化而引起的纠偏需要,可能会导致原先计划与决策的局部甚至全局的否定,从而要求组织活动的方向和内容进行重大的调整。这时要关注原有计划实施已经消耗的资源,以及这种消耗对客观环境造成的种种影响。

(3)消除组织成员对矫正措施的疑惑。任何纠偏措施都会在不同程度上引起组织的结构、关系和活动的调整,从而会涉及某些组织成员的利益,并对所采取的措施产生抵触。因此,控制人员要充分考虑到组织成员对纠偏措施的不同态度,注意消除执行者的疑虑,争取更多的人理解、赞同和支持,以保证避免在纠偏方案的实施过程中可能出现的人为障碍。

以上控制过程的三个基本步骤构成了一个完整的控制系统,三个步骤完成了一个控制周期。通过每一次循环,使偏差不断缩小,保证组织目标的实现。

7.6　有效控制

在管理学中的所谓有效控制,就是以比较少的人力、财力和物力,较少的精力与时间使组织的各项活动处于控制状态。一旦组织的某项活动出现偏差,则能及时纠正偏差,而且能使偏差所导致的损失降低到最低限度。

7.6.1　有效控制的原则

一个有效的控制系统应遵循以下原则:

(1)反映计划要求。控制的目标是为了实现计划,控制是实现计划的保证。为实现每一项计划所进行的控制工作有很大的不同,都需要按不同计划的特殊要求和具体情况来设计。控制工作考虑各种计划的特点越全面,就越能更好地发挥作用。

(2)组织适宜。控制还必须反映组织结构的类型和状况。组织结构是控制工作的依据。控制工作只有适应组织结构并由健全的组织结构来保证,才能够顺利进行。

(3)控制关键点。为了进行有效的控制,需要特别注意在根据各种计划来衡量工作绩效时有关键意义的那些因素。控制住了关键点,也就控制住了全局。同时,在控制工作中强调关键点的控制也是提高控制工作效率的要求。

(4)关注例外。例外原则对例外的关注,不应仅仅依据偏差的大小而定,还必须考虑相应的工作或标准的重要性,即强调例外必须跟关键点结合起来,关键点上的例外偏差是最应予以重视的。

(5)控制趋势。要使控制有效,控制变化趋势则显得非常重要。控制趋势的关键在于从现状中揭示倾向,特别是在趋势刚显露苗头时就敏锐地觉察到。

7.6.2 有效控制的技巧

采用积极而有效的控制艺术。控制是上级主管部门对下级工作的控制。上级在下级心目中的形象、工作能力等直接影响到下级对控制的态度与看法,因而必须注意控制艺术。

不带偏见的控制态度与做法。在控制过程中,一定要坚持客观公平而不能带有偏见。

利用人际关系实施控制。在企业的诸多人际关系中,有一些由于感情、偏好、亲戚、同学与战友等自发形成的良好关系。因此,要实施有效控制就要注意利用这种关系。

鼓励成员参与制定目标。通过参与,一方面他了解到制定这一目标的必要性,因而在态度上容易产生认同感;另一方面作为自己制定的目标,他必然会努力去实现它并接受监督与控制。

运用"事实控制"。在制定纠正措施时,必须根据偏差及其产生的后果的实际情况进行分析,坚持从实际出发。

复习思考题

1. 管理控制的定义?一般控制与管理控制的区别有哪些?
2. 管理控制的作用是什么?管理控制有哪些主要类型?
3. 管理控制有哪些基本方法?
4. 结合实际工作说明如何开展有效控制。

第8章　风险与风险管理

8.1　风险概念与分类

8.1.1　风险概念

观察角度不同,对项目研制风险的理解也就不同。不同的组织对项目研制风险有着不同的定义。随着时间的推移,同一组织也可能对风险有新的定义。

美国项目管理协会的定义是:项目风险是一种不确定状况,一旦发生,会对至少一个项目目标(如进度、费用、量目标)产生积极或消极影响。

欧洲航天局和国际标准组织的定义是:风险是有可能发生并对项目产生负面影响的不利形势或不利情况。

美国国家航空航天局的定义是:风险由两部分构成,一是工程可能经历非所要求的事件(如经费超支、进度滞后、项目安全灾害、健康问题、恶意活动、环境影响、未能实现所需的科学或技术突破、未能达到任务成功标准);二是非所要求的事件一旦发生所产生的后果、影响或严酷性。

美国国防部1989年的定义是:风险是非预期事件的发生概率及发生后果的严重性。

美国国防部1998年的定义是:风险是可能危及计划或工程项目的潜在问题,是在规定的经费、进度和技术约束条件下不能实现工程总体目标的度量。风险由两部分构成:①不能产生某一特定结果的概率或可能性;②不能产生这一结果的后果或影响。

美国国防部2006年的定义是:风险是在规定的费用、进度和性能约束条件下实现项目目的和目标中将来不确定性的度量。风险表示计划途径及其预期结果的潜在变动差异。变动差异可能既包括负面的影响也包括正面的影响,风险管理仅涉及负面的将来影响,因为在项目采办过程中,项目往往是在这一方面经历了困难。风险由三部分组成:

(1)未来根源(还没有发生),如果被消除或被纠正,可能防止潜在的后果出现;

(2)现时评估的未来根源出现的概率(或可能性);

(3)未来根源发生的后果(或影响)。

综上所述,风险是可能危及计划或工程项目的潜在问题,是在规定的经费、进度和技术约束条件下不能实现工程总体目标的度量。

风险是风险的根源、不确定性事件发生的概率及其影响的函数,其数学表达式为

$$R=f(D,P,C)$$

式中:R(Risk)为风险;D(Driver)为风险根源;P(Probability)为不确定性事件发生的概率;C(Consequence)为该事件产生的影响。

8.1.2 风险分类

大型武器装备研制项目的全过程都存在不能预先确定的外部环境和内部环境的影响因素。武器装备研制项目的外部环境有政治法律的、科学技术的、经济社会的、军事的及自然的等,这些环境都是承制方不能控制或左右的。我国与大国的关系或与周边国家的关系、台海政治军事局势、我国军事战略、科学技术的发展及全球气候的变化等,这些外部环境中重要的因素,都含有许多不确定的东西,可生成政治方面的风险、经济方面的风险、军事方面的风险及自然环境方面的风险等,可能直接或间接地负面影响武器装备项目的研制。

例如,威胁态势的变化、我国与大国或与周边国家关系的恶化、台海政治军事局势的恶化或科学技术的发展,都可能促使提高武器装备的技术性能,由此带来技术风险。经济环境中利率和汇率的变化及通货膨胀的因素,可能提升物资的采购价格,带来费用的风险。发达国家出口控制政策的变化,可能关系到我们是否能从这些国家进口所需的关键元器件,这直接影响型号研制的进度。

武器装备研制项目指挥调度部门必须关注和监测这些外部环境的变化,从中发现机遇和应对挑战。虽然不能控制这些外部环境中不确定因素的演化趋势,但应采取有效的措施影响这些不确定性朝着有利的方向发展。

武器装备研制不仅受外部宏观环境风险的影响,更受内部环境中可控的和可管理的不确定性因素的影响。内部环境中人力、物力、财力、信息、技术等资源和能力可能组合有误,或利用效率不高,使武器装备研制项目的设计、试验、生产、后勤保障和管理等方面隐藏许多风险。为了便于管理各种风险,应对相关的风险进行分类。

1. 五类风险分法

美国国家航空航天局把航天产品研制风险分为环境风险、安全性风险、技术风险、费用风险和进度风险五类风险。1989 年,美国国防部把武器装备采办中的风险也归纳为五类,但有所不同,即技术风险、费用风险、进度风险、计划风险和保障

风险。

(1)技术风险(Technical Risk),是指由于采用新设计,以达到新的性能水平或满足新的、更加严酷的约束条件所产生的风险。

这种新的性能水平是在原来已验证过的性能水平基础上的提高。随着武器装备复杂程度的不断增加,必然要更多地采用最新科技成果。所采用的新技术、新材料和新工艺等都将成为技术风险的风险源。同样,如果基本维持原性能水平,但提出了新的约束条件。例如,减小产品尺寸,或减小产品质量,或处于更加恶劣的使用环境等,也会给设计提出新的要求,这些附加要求也将成为技术风险的风险源。

(2)费用风险和进度风险(Cost Risk and Schedule Risk)。费用风险是指研制项目实际费用超出规定经费的风险,而进度风险则指研制项目不满足规定的重大里程碑要求的风险。

在国防需求不断增长,而国防经费有限的情况下,费用风险和进度风险常常是一个项目的重要问题。各个项目之间互相制约,有经费增加的项目,就得有经费减少的项目;有进度拖后的项目,就得有进度提前的项目。这些情况导致对某些项目一开始预算时就定下了不合理的费用/进度目标,构成了该项目费用/进度的高风险。

不合理费用/进度目标的确定还与其他因素有关,例如:系统描述不充分;费用/进度的历史数据不全;缺乏将费用/进度历史数据与现行研制项目联系起来的正确方法;对费用/进度估算不完整等。

一般计划周密的研制项目,资金和时间都有一些余量,但后来出现的许多问题是始料未及的,技术风险也往往导致费用/进度的不确定性。

(3)计划风险(Programmatic Risk),是指在获取并使用可适用的资源过程中所产生的风险,也包括一些不受控于研制项目但却能影响研制项目的活动产生的风险。

通常,计划风险与改善技术水平没有直接的关系,在现实生活中,由于某些因素的原因,研制项目可能被迫中断,如没有足够的研制能力。不具备应有的相应资源,或者虽然具备,但不能合理配置,或资源使用决策失误,均可直接影响研制项目计划的实施。另外,外部环境因素的变化,如威胁态势的改变、通货膨胀、洪水地震等严重的自然灾害,都可能极大地影响研制项目的费用和进度,甚至造成研制项目的中断。

(4)保障风险(Supportability Risk),是指与在研或在役装备投入使用和进行维修有关的风险。

保障风险既含有技术特征,又含有计划特征。任何一项设计都应充分考虑武器装备投入使用后可能遇到的各种保障问题。产品设计时对产品保障性欠考虑、考虑不周或考虑失误，都将因产品保障性差而影响装备的效能和战备完好性。同时，由于计划不周而导致使用、维修与保障问题频繁出现而不能及时解决时，计划风险便转变为保障风险。

2. 三类风险分法

1998年以后，美国国防部把武器装备采办中的风险归纳为技术风险、费用风险和进度风险三类风险，并给出这三类风险的定义。

(1)技术风险，也称为性能风险，是指工程项目在规定的资源约束条件下，达不到战术技术指标的可能性，或者研制计划的某个部分出现事先意想不到的结果，从而对整个系统性能产生负面影响。

(2)费用风险，指项目在实现其研制阶段费用目标或全寿命周期费用目标方面存在的风险。

(3)进度风险，指因给武器装备的研制所估算和分配的时间不足而产生的风险。

欧洲航天局和国际标准组织也把空间系统研制的风险归并为费用风险、进度风险和技术性能风险。

3. 其他风险分类方法

从以上情况看，研制项目风险可以分为五类，也可以分成三类。事实上。不同的组织还有其他不同的风险分类方法，中国空间技术研究院和中国运载火箭技术研究院有着不同于以上的风险分类方法。

中国空间技术研究院把"神舟"飞船研制项目的风险划分为技术风险、进度风险、费用风险、技术状态变化风险、协作风险、安全性风险、基础环境风险和政治风险。

中国运载火箭技术研究院把载人航天运载火箭(CZ-2F)研制的风险划分为立项风险、技术风险、管理风险、市场风险、人力风险、费用风险、进度风险、保障性风险和安全性风险。

美国国防部武器装备研制风险起先分为五类，继而归并为三类，各类风险定义言简意赅，值得借用。

从风险分析的角度看，武器装备研制项目的目的是"以规定的经费按规定的时间交付达到规定技术性能要求的产品"。实质上，这也是检验研制项目是否成功的标准。研制项目不成功便是失败。研制项目的失败体现在：

(1)产品达不到规定的技术性能水平；

(2)或实际费用超过计划经费；

(3)或产品交付推迟；

(4)以上3种情况两两共存，或同时存在。

它们分别对应着研制项目的技术风险、费用风险和进度风险。由此看来，武器装备研制的风险分为技术风险、费用风险和进度风险是合理的分类。

在武器装备研制的不同阶段，技术风险、费用风险和进度风险受设计、试验、生产、研制保障和管理等领域的风险或不确定性影响，而设计、试验、生产、研制保障和管理等领域的风险又产生于更多的风险源。以设计风险为例，它可能源自于方案论证、方案设计、设计要求、权衡分析、软件设计、技术状态管理、设计评审和设计发放等方面。为了能够全面地掌握所有潜在的风险项，可以采用一种完整的层次清晰的框架结构来评估和控制风险。我们将此框架结构称为风险分解结构，如图 8-1 所示。

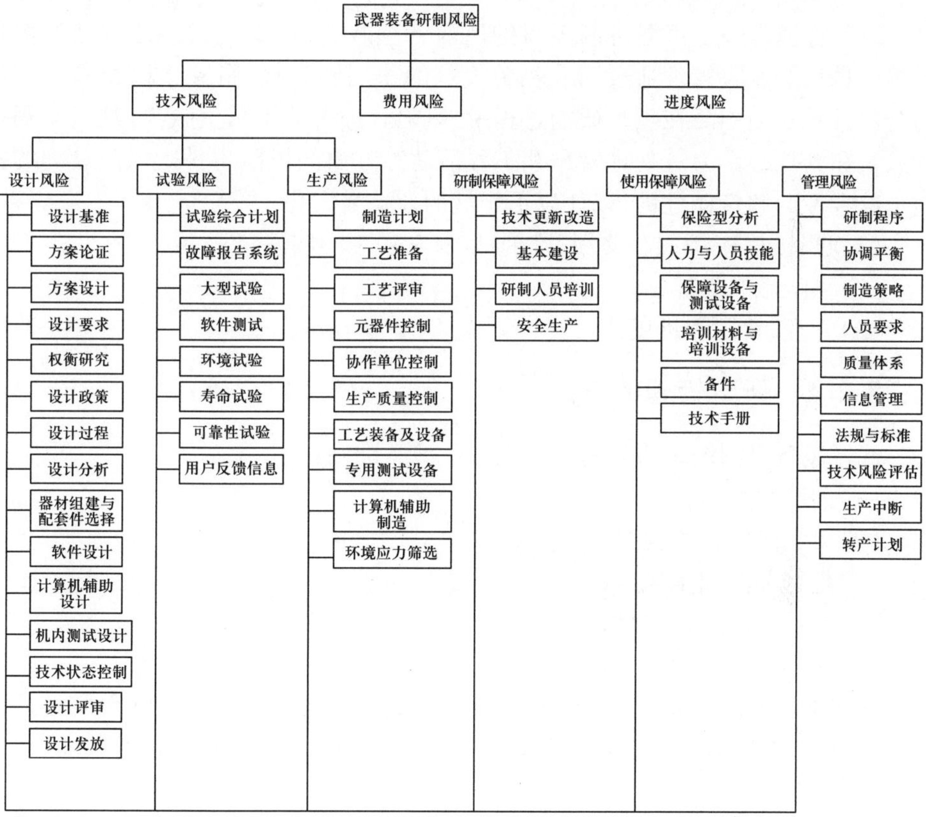

图 8-1　风险分解结构

这个风险分解结构是参照美国国防部 DoD 4245.7-M Transition from Development to Production 的模板构造的。这是一个可适用于各类武器装备研制过程的通用风险分解结构，它将武器装备研制风险划分为不同的层面，第一个层面是总体风险，第二个层面是技术风险、费用风险和进度风险，第三个层面是设计风险、试验风险、生产风险、研制保障风险、使用保障风险、管理风险等，第四个层面包括四十多个子风险项。该结构描述了研制过程的关键路径,并提供了项目研制具体的技术活动和控制信息。

风险分解结构从多角度、多方面形成对武器装备研制项目风险的全方位透视,即由总体到细节,由宏观到微观,层层分解。针对研制项目的特点,对风险分解结构进行梳理,通过对风险分解结构各层次各相关单元进行风险识别,可较为准确地了解风险的各种来源。

8.2 风险管理概念

风险管理是一个依据研制项目的风险管理政策,系统地通过逐步迭代优化资源的过程。风险管理通过明确相关人员的作用和责任,贯穿于研制项目管理的全部日常活动中。在项目研制过程中,风险管理帮助项目负责人、项目工程技术人员和其他参研人员处理管理和工程活动等方面的风险事件。风险管理的实施是综合性的和整体性的,以使以下领域的效益最大化。

(1)设计、生产、试验、使用、维护,以及它们之间的接口;

(2)风险影响的控制;

(3)管理、费用和进度。

8.2.1 风险管理的准则

武器装备研制的风险管理应遵循以下 5 个准则:

(1)前瞻性评估;

(2)策划风险评估程序;

(3)特别关注技术风险;

(4)编制风险管理文件;

(5)每个研制阶段重新评估风险。

这些准则并不一定是完全的、决定性的,但它们是评价风险管理质量的基础,也是代表风险管理质量的最低标准。下面将分别简单地讨论这 5 个准则。

1. 前瞻性评估

前瞻性评估是指不仅应考虑当前的技术问题,也要考虑未来的可能的技术问题。为使技术风险评估具有预期使用价值,技术风险评估必须在风险成为实际的问题之前就识别出它们。风险评估活动应在研制过程的早期开展,尽早确定风险源,估计风险的大小,为后继研制阶段实施进 5 步风险评估和在研产品转阶段提供扎实的基础。值得注意的是,批生产决策前对地面试验结果和飞行试验结果所做的技术风险评估不是评估产生问题的风险,而是揭示问题已经产生的既定事实。

2. 策划风险评估程序

技术风险评估必须经过精心策划,也就是说,必须通过完整的系统化的程序识别风险。没有技术风险评估策划,工程技术人员或技术管理人员就有可能忽视潜在的风险;或者,有些人员认为在研系统的某些组件处于高风险状态,而另外一些人则认为处于中等风险或低风险状态。对风险的认识上存在如此大的差异可能没有引起人们的注意,直至一个风险转变成一个重大问题。所以,技术风险评估必须策划,必须按计划步骤实施,不能把没有计划的管理人员在评估会议上对风险的泛泛之谈看成是技术风险评估,也不能把临时安排的议事程序看成是技术风险评估。

3. 特别关注技术风险

风险评估应评估研制项目的总体风险,即综合评估技术风险、费用风险和进度风险。例如,可以用“高”“低”或“最可能”费用估计值估计每个分系统的费用估算值,再用所有分系统的费用估算值评估整个研制系统的费用风险。分系统费用风险有许多来源,包括各类技术问题,这些风险源可能没有被明白无误地识别。如果出现这种情况,风险评估结果就不能反映在研系统技术风险的真实情况。

4. 编制风险管理文件

风险评估过程和结果必须用文件的形式记录下来。这样做的好处是项目负责人、项目管理人员、工程技术人员和项目评审人员能够监督风险评估的整个过程,也能够便利地核实风险评估的结果。编制风险管理文件对于项目管理人员、新加入的研制人员、研制节点评审人员尤为重要,这些人员可通过风险管理文件了解研制项目风险所处的状态。

5. 每个研制阶段重新评估风险

研制项目能否从一个研制阶段成功地转入下一个阶段,取决于在研系统技术风险的状态。因此,项目管理人员和项目评审人员必须能够在项目研制过程中跟踪风险评估的过程和结果,跟踪的手段可以是试验结果数据,也可以是专家判断意见。为使研制工作顺利进行,在论证阶段就应对风险进行评估,在方案阶段、工程研制阶段、定型阶段还应持续不断地评估风险,因此项目总指挥和总设计师两个系统在设计阶段就知道存在哪些重大风险,知晓风险处理的结果。由于系统研制还在进行,节点评审可能导致设计变更,因此下一个研制阶段还要进行新一轮的风险评审。同样的逻辑支持产品定型前的风险评估。简而言之,技术风险评估在每一个研制阶段必须进行至少两次,一次在阶段初期,一次在阶段末期,评估的结果用于转阶段决策。每次风险评估可能是全新的评估,也可能是对前期风险评估的更新。

8.2.2 风险管理成功的基础

风险管理成败的关键在于能否及早地规划,并积极主动地实施。有了好的规划,才可能用完整的迭代的方法评估风险,才有可能制定各种正确的风险处理方案,才有可能满足项目研制策略的需要。要确保这些工作正常进行,在项目研制过程的不同阶段都应当评估风险,以确保掌握项目的关键性技术风险、进度风险和费用风险的真实情况,并将相应的对策纳入项目规划和预算预测。

项目负责人应根据需要改进项目风险评估工作,并相应地调整项目管理策略。早期信息可以为他们进行项目管理决策提供支持。随着项目的进展,新的风险信息持续不断地产生,可以帮助加深对各类风险的认识,从而有利于制定有效的对策,实现项目的目标。

有效的风险管理需要全部项目管理人员参与,同时对一些关键性风险区,如威胁、技术、设计、制造、研制保障、进度和费用等,还需要外部专家的帮助。外部专家可以来自使用方、试验基地、大专院校及科研单位等。其中使用方是项目权衡分析的主要参与者,应参与评估过程,以利于找到一种可以接受的性能、费用、进度与风险的平衡。

成功的风险管理工作一般具有下述特点:

(1)使用方的要求可行、稳定、被充分理解,对敌方威胁理解正确;

(2)与使用方和其他利益相关者关系密切;

(3)有一个经过策划的并与项目研制过程相适应的风险管理过程;

(4)研制策略和风险水平及风险处理策略协调一致;

(5)对项目及其风险不断进行评估;

(6)对性能、进度和费用等要素的成败规定了一整套判断准则;

(7)对风险处理活动的效果有衡量标准;

(8)具备有效的试验与评定计划;

(9)对风险管理过程各阶段的活动有正规的文件记录。

要使风险管理工作具备上述特点,项目负责人应遵循下述指导原则:

(1)遵循规范的过程评估项目的风险,并制订各研制阶段管理风险的策略;

(2)及早确定那些对研制产品的效能、战备完好性或费用起关键作用的设计参数,并大力加强对这些设计参数的管理;

(3)利用技术演示、建模与仿真、样机等手段减少风险;

(4)利用试验与评定作为量化手段评价风险缓解过程的效果;

(5)吸收使用方参与风险管理;

(6)必要时进行研制试验与评定以及早期开展评估;

(7)规定一系列“风险评估审查”,根据既定的判断准则评定风险处理的效果；

(8)规定风险信息传递的手段和格式，确定风险管理培训的手段和形式；

(9)取得相应决策层对可接受风险的批准。

软件风险管理与硬件风险管理基本相同，适用于硬件项目的风险管理技术同样适用于软件密集型项目。但软件的某些特点也使其风险管理有不同之处，主要原因是：软件风险不易识别；开发新软件所需的时间和资源难以估算，易导致潜在的进度和费用风险；软件的技术状态难以控制；信息技术发展迅速，高素质软件人员难求。

8.3　风险管理过程

8.3.1　风险管理过程结构

图 8-2 表示一个武器装备研制项目的风险管理过程结构，也可以说是风险管理过程模型。该过程是闭环回路，由风险识别、风险分析、风险缓解计划、风险缓解计划实施及风险跟踪 5 项活动构成，这些活动都是连续的迭代的活动。当研制项目进度、技术、工艺和基线指标等发生变化时，开始新的迭代周期。

风险管理过程各环节的活动都应该记录下来，从中生成各类风险管理文件和报告，因此风险管理过程结构还包含了风险管理文件编制和报告内容。

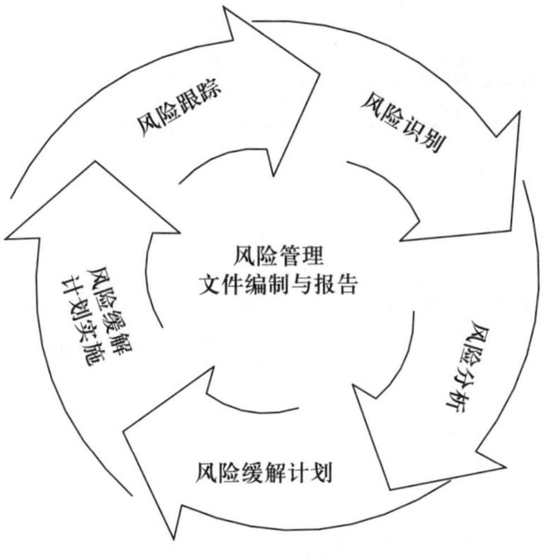

图 8-2　武器装备研制项目的风险管理过程

8.3.2 风险识别

1. 目的

风险识别的目的是回答以下两个问题：

(1)哪里可能会出现问题？

(2)如果出现了问题，对研制项目产品性能、进度和费用带来哪些影响？

风险识别需检查研制项目工作分解结构的每一个单元，识别相关联的风险事件，形成文件。风险识别应尽早开始，并贯穿于研制项目的全过程。

2. 任务

风险与一个研制项目的所有方面都有关系，如作战使用要求、各种约束条件、性能参数、威胁目标、技术水平、设计过程或工作分解结构单元等。因此，风险识别涉及参与研制的每一个人，而不仅仅是研制项目负责人或项目管理办公室的职责。

检查一个研制项目可通过把这个研制项目分解成相关的单元或区域来实现。分解一个研制项目的途径很多，可依据要求、过程、职能和技术基线分解，也可根据研制阶段分解。为能使风险分析活动顺利进行，应尽早地编制研制项目工作分解结构。工作分解结构应分解到有效的识别层级。

3. 风险识别输入

在研制项目分解过程中，先前的经验、专家的判断、从类似研制项目吸取的教训都可帮助识别风险。此外，还有许多信息源可提供风险识别的输入，其中包括：

(1)武器装备研制总要求；

(2)论证工作报告；

(3)研制任务书；

(4)研制合同；

(5)研制人员；

(6)以前的分析和历史数据；

(7)系统安全性分析和可靠性分析，如危险分析、故障树分析、故障模式与影响分析；

(8)外部评审；

(9)风险数据外延；

(10)仿真结果、试验数据和模型；

(11)任务目标、成功准则、假设、余量比较；

(12)资源分析、进度评审分析、所要求的资源分析、可用的资源分析、持续地监测进度节点和风险缓解行动节点；

(13)外协外购分析;
(14)对已提出变更的分析;
(15)试验结果;
(16)不合格报告;
(17)其他研制项目风险分析的结果;
(18)对以前工程的风险理解;
(19)工程样机或其他样机研制的数据;
(20)对各类有关计划和相关文件的分析结果。

4. 风险识别输出

风险识别的主要输出是对每个个体风险的说明。这些风险说明汇总在风险清单中。建立和维护风险清单的目的是反映当前对研制项目风险的理解。

8.3.3　风险分析

1. 目的

风险分析的目的是要回答下列几个问题:
(1)这个风险出现的可能性/概率有多大?
(2)这个风险的后果或影响有多大?
(3)需要用多快的速度处理这个风险?
(4)此风险与其他风险相比有什么不同?
为回答以上几个问题,应做以下各项工作:
(1)考虑风险出现的可能性/概率;
(2)用性能、进度和费用参数标识可能的后果或影响;
(3)用风险报告矩阵标记风险等级。

2. 任务

风险分析是检查每个已识别的风险,细化对风险的描述,分析原因,确定后果或影响,依据相关准则,或通过相互比较,按照风险对研制项目的影响程度,从高到低,排出风险缓解优先顺序。

风险分析在发生可能性/概率、后果/影响、与其他风险或过程的相互关系等方面进一步精确定义每个风险。风险分析首先仔细研究已识别的风险,其目的是搜集足够的信息用以判断风险起因、发生的概率及产生的后果。

为完成风险分析任务,必须分清什么是性能风险,什么是进度风险,什么是费用风险。

对技术性能有影响吗?达到什么程度?如果有影响,这个风险就产生性能影响。这些风险一般也具有相关的进度和费用影响,但应被认为是性能风险。

对进度有影响吗?达到什么程度?如果风险没有技术性能影响,就提出这个问题。如果风险确实影响关键路径,那么就同时影响了进度和费用,但仍然应被表示为进度风险。

风险仅仅影响研制费用吗？如果答案是肯定的,则没有性能影响或进度风险,风险只是费用风险。

工作分解结构是非常有效的风险分析手段,可帮助确定风险对整个产品的综合影响。常用的风险分析方法还有:

(1)专家个人判断和专家集体判断;

(2)对历史数据进行统计分析;

(3)对费用、性能和进度的预测值进行不确定性分析;

(4)进行概率风险评估(Probabilistic Risk Assessment);

(5)故障树分析(FTA)、故障模式与影响分析(FMEA);

(6)与类似系统比较。

风险排序前,应先对风险进行分类,把相似的风险集合为一组。对风险分类有很多好处,一是有助于理解风险的性质,集合相似或相同的风险,便于建立经济有效的风险缓解计划;二是有助于识别等效的和重复的风险,把等效的和重复的风险合并;三是便于研制项目各职能部门跟踪和监测风险,例如,计划和质量可靠性部门可能要把注意力集中在各自职能范围内的风险,以确保所有相关风险都能够得到处理。

风险分类后就应进行风险分级和排序。风险分级和排序的目的是整理大量的风险,确定哪些风险是最重要的风险,哪些风险应该优先得到处理。

3. 风险分级与排序

各类风险对研制项目的影响是不一样的。在风险分析的过程中,要对风险评定等级和排序。风险等级标示风险对研制项目潜在影响的程度。排序是确定风险的严重性,按风险危害程度从高到低排列,以便有条不紊地处理风险。

进行风险分级和排序,需建立一套明确的准则。技术专家是进行风险分级和排序的最佳人选。技术专家根据经验,结合定量分析技术,制定出风险发生概率准则和风险后果分级准则。表 8-1 表示风险发生可能性/概率等级准则,表 8-2 表示风险后果等级和类型准则。

表 8-1 风险发生可能性/概率等级准则

等级	可能性	发生的概率
1	最小	不可能,约 10%
2	低	不太可能,约 30%
3	中等	可能,约 50%

续表

等级	可能性	发生的概率
4	高	极可能,约 70%
5	最大	近乎确定,约 90%

表 8-2　风险后果等级和类型准则

等级	严重性	技术性能	进度	费用
1	轻微的	对技术性能不产生后果或产生极小后果	极小影响或没有影响	极小影响或没有影响
2	显著的	稍微降低技术性能,对研制项目产生微小影响或没有影响,可以允许	能够满足节点日期。后延<x 个月	预算增加,或单位生产成本增加<xx(预算的 1%)
3	重大的	中度地降低技术性能,对研制项目目标产生有限的影响	使进度稍稍后拖,能够满足关键节点,进度不浮动。后延<x 个月	预算增加,或单位生产成本增加<xx(预算的 5%)
4	危害性的	大幅度地恶化技术性能,可能危害研制项目的成功	研制项目关键路径受到影响。后延>x 个月	预算增加,或单位生产成本增加<xx(预算的 10%)
5	灾难性的	严重地恶化技术性能,不能够满足关键性能参数或关键技术临界值,将危害研制项目的成功	不能够满足关键的研制项目节点。后延>x 个月	超过研制项目基线界限 > xx (预算的 10%)

借助于风险等级划分,研制项目管理人员就能够确定需要优先管理的风险事件。风险等级还帮助确认应该报告的风险区,也支持转阶段评审。因此,尽可能准确地评定风险等级是十分重要的。

表示风险等级的简单方法是风险报告矩阵。在风险报告矩阵中,风险发生概率和其后果的不同组合构成风险指数,分低、中等和高三个不同等级,分别用绿色、黄色和红色标识,如图 8-3 所示。

低(绿色)、中等(黄色)和高(红色)三个级别风险分别表示风险“影响轻

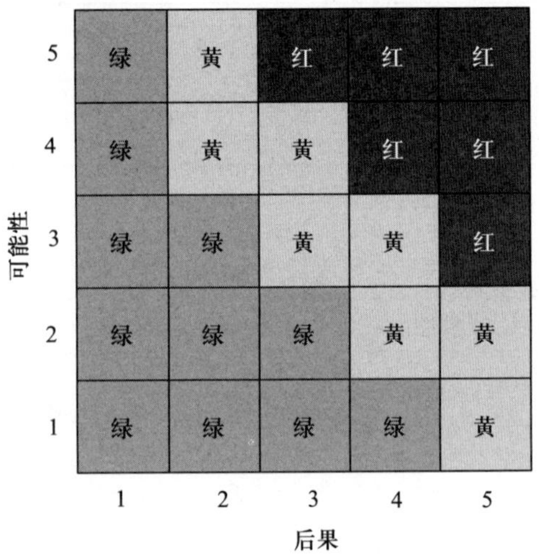

图 8-3　风险报告矩阵

微”“有某些危害”和“可能有重大危害”。

不同的研制项目可剪裁风险等级，以适应特定的风险管理要求。

4. 风险分析输入

下列信息源可作为风险分析的输入：

(1)装备研制合同；

(2)研制任务书；

(3)研制项目风险管理的目的和目标；

(4)风险管理计划；

(5)风险管理过程其他步骤中产生的风险数据；

(6)装备已有的可利用的信息和试验数据；

(7)专家意见；

(8)危害分析、故障模式与影响分析；

(9)其他研制项目的经验教训数据和历史信息；

(10)概率风险评估；

(11)其他活动的技术分析，如电磁兼容性分析、电磁干扰分析、软件验证和确认等。

5. 风险分析输出

风险分析的输出是对风险发生的可能性、风险的后果的明确无误的评估以及采取行动处理已识别风险的时间表。这些评估信息写入风险登记表。基于风险分析的输出，对所有风险按其等级进行排序，排序结果写入风险排序表。

8.4　事故树分析

事故树分析(Fault Tree Analysis)是一种对复杂系统进行可靠性、安全性分析及预测的方法,简称FTA。事故树分析方法于1961年由美国贝尔实验室H. A. Watson等人提出,1962年应用于“民兵”导弹FTA程序,在波音公司安全年会上发表,引起学术界的重视。20世纪60年代中期以后,FTA从宇航范围进入到核工业及其他工业部门。70年代初,发展了计算机辅助建树和分析程序。1974年美国原子能管理委员会发表WASH-1400关于压水堆事故风险评价报告,成功地应用FTA进行安全性分析。从此FTA受到世界瞩目,成为一项世界性热门课题,进一步推动了对FTA的研究和应用。目前,FTA技术日趋成熟,已经发展了多种功能的软件包进行FTA的定性与定量研究,在国外被公认为是对复杂系统安全性、可靠性分析的一种有效方法。我国引进FTA较晚,但自1980年以来,已经在FTA研究和应用方面有了 很大的进展,取得了许多有益的成果。

8.4.1　事故树分析(FTA)的一般概念

1.定义

FTA是以系统所不希望发生的一个事件(顶事件)作为分析的目标,然后逐层向下推断所有可能的直接因素和原因,直到推断出事件的基本原因,从而找出系统内可能存在的元件失效、环境影响、人为失误以及程序处理等硬件和软件因素(各种底事件)与系统失效(顶事件)之间的逻辑关系,并用倒立树状图形(事故树)表示出来。建立事故树后,再定性分析各底事件对顶事件发生影响的组合方式和传播途径,识别可能的系统故障模式,以及对这种影响的轻重程度进行定量计算,得出系统失效概率。

2. FTA的特点

(1)具有很大的灵活性,它不局限于对系统(产品)可靠性作一般的分析,而是可以分析产品的各种故障状态。不仅可以分析某些元部件故障对系统(产品)的影响,还可以对导致这些元部件故障的特殊原因(环境或人为原因)进行分析,予以统一考虑。

(2)FTA是一种图形演绎方法,是故障事件在一定条件下的逻辑推理方法。它可以围绕某些特定的故障状态层层深入地分析。明确清晰的事故树图形,表达了系统的内在联系,可以揭示出元部件故障与系统之间的逻辑关系,找出系统的薄弱环节。

(3)FTA的步骤。

①选择合理的顶事件和系统的分析边界及定义范围,并且确定成功与失败

的准则；

②建造事故树，这是 FTA 的核心部分之一，通过对已收集的技术资料，在设计、运行管理人员的帮助下，建造事故树；

③对事故树进行简化或者模块化；

④定性分析，求出事故树的全部最小割集；

⑤定量分析，这一阶段的任务较多，它包括计算顶事件发生概率，此外还要进行重要度分析和灵敏度分析。

3.事故树名词术语和符号

1)事件及其符号

(1)底事件。

底事件是事故树分析中仅导致其他事件的原因事件。它位于事故树的底端，是某个逻辑门的输入事件。底事件又可以分成基本事件和未探明事件两种。

(2)基本事件。

基本事件是在特定的事故树分析中无须探明其发生原因的底事件。如基本的零部件失效、人为因素或环境因素等。基本事件用圆形符号表示，如图 8-4 所示。

有时为明确区分故障性质，用实线圆表示元件硬故障，用虚线圆表示由人为因素等引起的故障。

(3)未探明事件。

未探明事件也称未展开事件，是原则上应进一步探明其原因但暂时不必或不能探明其原因的底事件。未探明事件用菱形符号表示，如图 8-5 所示。

(4)结果事件。

结果事件是事故树分析中由其他事件或事件组合所导致的事件，它是某个逻辑门的输出事件。结果事件用矩形符号表示，如图 8-6 所示。

结果事件又可分为顶事件与中间事件。

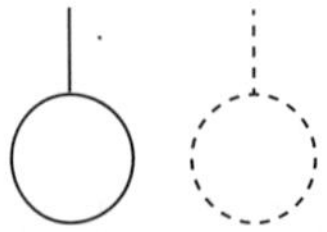

图 8-4 基本事件符号

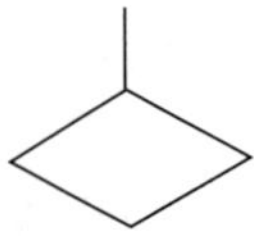

图 8-5 未探明事件符号

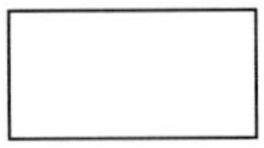

图 8-6 结果事件符号

2)逻辑门及其符号

逻辑门在事故树中只描述事件间的逻辑因果关系。

与门表示仅当所有输入事件发生时，输出事件才发生。

或门表示至少一个输入事件发生时，输出事件就发生。

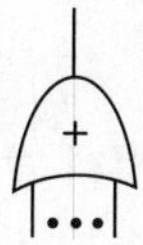

图 8-7　或门符号

图 8-8　与门符号

3）转移符号

转移符号是为了使图形简明而设置的符号。

相同转移符号用于指明相同子树的位置，说明在这个位置上的子树与另一个子树完全相同。图 8-9（a）是相同转向符号，它表示"下面转到以字母数字为代号所指的子树去"；图 8-9(b)是转此符号，它表示"由具有相同字母数字的转向符号处转来"。

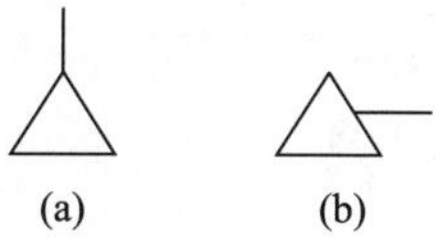

图 8-9　相同转移符号

相似转移符号用于指明相似子树的位置，说明在这个位置上的子树与另一个子树相似，但事件标号不同。

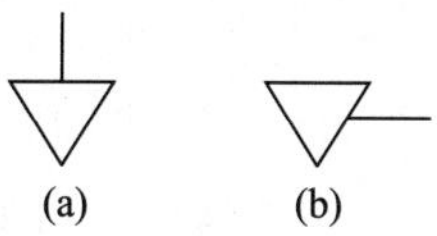

图 8-10　相似转移符号

8.4.2　事故树的数学描述

事故树建成后，需要进行定性分析和定量分析。而进行分析首先要有相应的分析模型和数学描述，下面介绍事故树的结构函数和单调关联系统的有关规定。

事故树的结构函数（又称故障函数）是描述系统故障状态的一种布尔函数，其自变量是该系统组成单元的状态。为了使问题简化，这里只讨论两状态系统。

设系统由 m 个部件组成,事故树顶事件状态变量用 Φ 表示,底事件状态变量用 X_i 表示,并假定各元部件的失效是相互独立的。

则我们定义事故树结构函数如下:

$$\Phi(X_1,X_2,\cdots,X_n)=\begin{cases}1 & 顶事件发生\\0 & 顶事件不发生\end{cases}$$

1.与门的结构函数

$$\Phi(X)=\prod_{i=1}^{n}X_i$$

即只有当全部 $X_i=1$ 时,才有 $\Phi(X)=1$,事故树顶事件发生。否则只要有一个 $X_i=0$,则 $\Phi(X)=0$,顶事件不发生。

2.或门的结构函数

$$\Phi(X)=1-\prod_{i=1}^{n}(1-X_i)$$

即只要有一个 $X_i=1$,则 $\Phi(X)=1$,事故树顶事件发生。

3.表决门(k/N 系统)的结构函数

$$(X)=\begin{cases}1 & \sum X_i \geqslant k\\0 & 其他情况\end{cases}$$

式中:k 是指使结果事件发生的最少底事件个数。

8.4.3 事故树的定性分析

1.割集

割集是导致正规事故树顶事件发生的底事件的集合。用数学语言描述则为称 $\{X_{j1},X_{j2},\cdots,X_{jl}\}\in X$, $j=1,2,\cdots$(l 为正整数,j 不同 l 可不同)为事故树的割集,条件是当 $X_{j1}=\cdots=X_{jl}=1$ 时,$\Phi(X)=1$。即任一割集中底事件都发生时,顶事件必发生。

2.最小割集

最小割集是导致正规事故树顶事件发生的数目不可再少的底事件的集合。或者说,若将割集所含的底事件任意去掉一个即不再成其为割集时,此割集称为最小割集。

最小割集简记为 MCS。一个事故树的 MCS 可能有多个,相对于顶事件而言,单调关联事故树的全部 MCS 反映了系统所有可能的故障模式。单调关联事故树结构函数 $\Phi(X)$ 可以用全部 MCS 来表示。

事故树定性分析的任务是找出系统的全部故障模式,按单元的重要性和 MCS

的阶数排列轻重次序。

另外，事故树定性分析中还有路集和最小路集的概念，其用途与割集类似。

3. 寻找最小割集的方法

事故树定性分析就是求出事故树的全部最小割集。寻找最小割集的方法有上行法和下行法两种。

下行法的具体方法是：从顶事件开始，由顶向下逐级将上排事件置换为下排事件，遇到与门就将其输入事件横向并列，遇到或门则将其输入事件竖向串列，直到全部都置换为底事件为止，最后按最小割集的定义，去掉非最小割集，剩下的割集即为全部最小割集。现以如图 8-11 所示事故树为例，说明下行法求事故树的最小割集的方法和步骤。

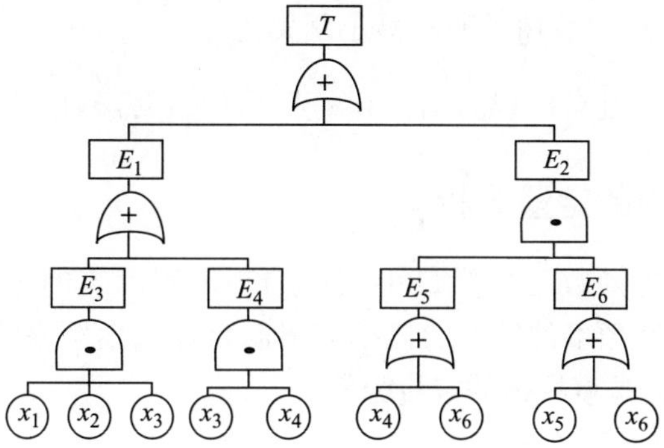

图 8-11　事故树案例

对于图 8-11 所示的事故树，下行法步骤见表 8-3。

表 8-3　寻找最小割集的下行法步骤举例

步骤					
0	1	2	3	4	5
T	E_1 E_2	E_3 E_4 E_5E_6	$X_1X_2X_3$ X_3X_4 X_4E_6 X_6E_6	$X_1X_2X_3$ X_3X_4 X_4X_5 X_4X_6 X_6X_5 X_6X_6	$X_1X_2X_3$ X_3X_4 X_4X_5 X_6

步骤 1：顶事件 T 下面是或门，将该门下的输入事件 E_1 和 E_2 各自排成一行。

步骤 2:事件 E_1 下面是或门,将该门下的输入事件 E_3 和 E_4 各自排成一行;事件 E_2 下面是与门,将该门下的输入事件 E_5 和 E_6 排在同一行。

步骤 3:事件 E_3 下面是与门,将该门下的输入事件 X_1,X_2 和 X_3 排在同一行;事件 E_4 下面是与门,将该门下的输入事件 X_3 和 X_4 排在同一行;事件 E_5 下面是或门,将该门下的输入事件 X_4 和 X_6 各自排成一行,并与事件 E_6 组合成 X_4E_6 和 X_6E_6。

步骤 4:事件 E_6 下面是或门,将该门下的输入事件 X_5 和 X_6 各自排成一行,并与事件 X_4 组合成 X_4X_5 和 X_4X_6;与事件 X_6 组合成 X_6X_5 和 X_6 X_6。

至此,事故树的所有结果事件都已被处理。步骤 4 所得到的每一行均为一个割集。

步骤 5:进行两两比较,因为$\{X_6\}$是割集,故$\{X_4,X_6\}$和$\{X_5,X_6\}$不是最小割集,必须去掉。最后,得该事故树的所有最小割集为

$$\{X_6\},\{X_3,X_4\},\{X_4,X_5\},\{X_1,X_2,X_3\}$$

8.4.4 事故树的定量分析

当事故树的结构函数已化为最小割集的布尔表示式的布尔代数和(即积之和)后,可以据此研究顶事件发生的概率与诸底事件发生概率的关系,还可估算底事件的重要度,这就是事故树的定量分析。

1.顶事件发生概率

设底事件为 $X_1,X_2,\cdots,X_n$,发生概率为 $p_1,p_2,\cdots,p_n$,设某一最小割集的布尔表示式为若干个底事件的布尔代数积,则此最小割集的概率即此若干底事件出现概率的积。

2.底事件的重要度

实践证明,系统中各元部件并不同等重要,一个元部件或最小割集的重要度是对顶事件发生概率的贡献,它是系统结构、元部件的失效分布及时间的函数。按照底事件或最小割集对顶事件发生的重要性来排队,对改进系统十分有益。由于设计对象、要求不同,因此重要度也有不同的含义,一般常用的有:底事件的概率重要度、底事件的结构重要度和底事件的关键重要度。

1)底事件的概率重要度

底事件的概率重要度以符号 $I_p(i)$ 表示,它表示第 i 个底事件的概率重要度。

定义:

$$I_p(i)=\frac{\partial}{\partial p_i}Q(p_1,p_2,\cdots,p_n) \quad i=1,2,\cdots,n$$

式中：$Q(p_1,p_2,\cdots,p_n)$为顶事件发生的概率，在底事件相互独立的条件下，它是各底事件发生概率$p_1,p_2,\cdots,p_n$的一个函数。

第i个底事件的概率重要度表示，当第i个底事件发生概率的微小变化而导致顶事件发生概率的变化率。

2）底事件的结构重要度

底事件的结构重要度以符号$I_\Phi(i)$表示，它表示第i个底事件的结构重要度。

$$I_\Phi(i) = 2^{\frac{1}{n-1}} \sum_{(x_1,\cdots,x_{i-1},x_{i+1},\cdots,x_n)} [\Phi(x_1,\cdots,x_{i-1},1,x_{i+1},\cdots,x_n) - \Phi(x_1,\cdots,x_{i-1},0,x_{i+1},\cdots,x_n)]$$

式中：Φ是事故树的结构函数，$\sum_{(x_1,\cdots,x_{i-1},x_{i+1},\cdots,x_n)}$是对$x_1,\cdots,x_{i-1},x_{i+1},\cdots,x_n$分别取 0 或 1 的所有可能求和。

底事件的结构重要度从事故树结构的角度反映了各底事件在事故树中的重要程度。它与底事件发生概率的大小无关，完全由事故树的结构所决定，仅取决于第i个底事件在系统事故树结构中所处的位置有关。理论上已经证明，当所有底事件发生的概率都取 0.5 时，底事件的概率重要度等于底事件的结构重要度。

复习思考题

1. 什么是风险？有哪些风险类型？什么是风险管理？
2. 风险管理包括哪些基本过程？

第9章　流程管理

工作有起点,管理讲目标,流程则是连接起点与目标的逻辑通道和行动链条。然而,在实际的管理工作当中,只要目标实现了,管理就被认为是成功的,过程的重要性却经常被忽视或遗忘。流程影响效率,牵动着资源的合理配置乃至目标的最终实现。着眼目标,从现实出发,设计流程,优化流程,消除冗余环节,堵塞漏洞缺陷,提高运转效率,是流程管理必须解决的关键问题。

9.1　流程管理理论概述

流程管理理论诞生于20世纪90年代,经过不断丰富、完善和发展,逐渐被人们认识和接受,在实际应用中收到了良好的效果。

流程是流程管理的对象,理解流程管理必须从了解流程的要素与基本含义入手。

9.1.1　流程及其基本要素

许多管理工作者在谈到流程的时候,习惯上会说“所谓流程,就是做事情的顺序”。这是一种最简单、最直观的解释,但流程的内涵远不止“做事情的顺序”所能概括。就某一项具体的工作或计划而言,“顺序”是首先要考虑的因素,但是这还不够,比“顺序”更重要的是方法,“方法”正确,事半功倍,它带来的是个体或组织工作效率的大幅提升。除了方法,开展任何工作都要投入人力、资金、技术、信息等资源,合理地调配和使用资源,计划就更加合理,工作就更顺利。因此,流程还包括对资源的控制与管理。顺序、方法、资源构成了流程的3个基本要素。

举个简单的例子,教员要上某一门课,从领受任务到课程结束,就是一个流程。在这个流程当中,教员要考虑的因素很多,但是不外乎顺序、方法和资源。首先他要考虑教学组织的先后顺序,其次要考虑教学方法,最后他还要考虑综合使用各种教学资源,以保证学员学习的效果,整个流程都围绕顺序、方法和资源展开。再比如年度训练计划的执行,工作有轻重缓急,要讲究顺序;训练不能蛮干硬上,要讲究方法;训练离不开人力、物力、财力的支持,要调配各种资源予以保障。大的流程当中会嵌套许多小的流程,就像年度训练计划由若干个小的阶段性计划构成一样,然而无论流程大小,作为管理者只要把握好顺序、方法和资源,就抓住了管理工作的关键。

国际标准化组织对"流程"定义是:"一组将输入转化为输出的相互关联或相互作用的活动。""输入"即资源,"输出"是目标,"相互关联或相互作用的活动"即是按照一定的顺序展开的工作过程。

9.1.2 流程管理及其意义

对流程诸要素——顺序、方法和资源等实施有效的管理,即为流程管理。

从概念来看,流程与流程管理似乎也没有什么特别之处。我们在工作、学习、生活中所做的每一件事情,都是流程,我们每天的工作就是一遍又一遍地重复着各种流程。就流程管理来说,如果仅仅把它看作是对工作过程的管理,那么强调流程管理也就没有太大的意义了。因为无论是顺序、方法还是资源的调配和使用,这些对管理者来说都不陌生,甚至是老生常谈的事情。流程与流程管理的提出究竟是为了解决什么问题呢?简而言之,流程与流程管理要解决的是效率问题和成本问题。

在传统的管理模式中,各类组织按照职能分工建立起部门管理体系,形成了金字塔形的层级组织机构。层级组织机构层次清晰、责权分明,便于组织扩大规模,对人、财、物等资源的掌控更加有力。但是与之伴生的是部门壁垒,增加了组织在部门之间协调与沟通上花费的时间和精力,不仅降低了组织的办事效率,也推高了运行成本。1993 年,哈默与钱皮合作撰写了《企业再造》一书,提出了流程再造的理念,流程及流程再造随之被企业界广泛关注,在短短两三年间,约有 70%~75%的欧美企业被流程再造所吸引,创造了一个个再造神话。如 IBM 信用卡公司通过业务流程再造,使信用卡发放周期由原来的 7 天缩减至 4h;美国运通公司通过流程再造,每年节约费用 10 亿美元;德州仪器公司的半导体流程再造,使集成电路的订货处理过程在时间上打了对折,顾客满意度彻底改观。仅 1994 年 1 年,流程再造为美国的管理咨询业创造出 300 亿~500 亿美元的产值。我国的海尔集团也在 1999 年开始进行以市场链为纽带的业务流程再造,并取得了巨大成功。

9.1.3 流程管理的主要特征

流程管理在实施过程中呈现出可量化、可继承、可复制的特征,是其得以推广应用的客观依据,也正因为如此,流程管理成为破解诸多管理难题的"灵丹妙药"。

首先,流程管理可量化。企业界一致认为"没有量化就没有精细化管理"。但即使是同行业企业,由于经营过程不同,造成的结果往往千差万别。因此,如何量化,是制约企业提高管理水平的一个难题。成功企业的流程管理,往往是通过对细节的量化而达成目标。流程管理的要求之一是精细化,需要建立一整套流程管理指标,实时追踪和监测流程关键环节,并通过指标对流程输入进行绩效考核。因此,实施流程管理的企业,其产品的合格率或服务的满意度往往比没有实施流程管理的企业更稳定,更利于监控。

其次,流程管理可继承。企业的管理者常常会担心,人一走经验和资源也会被带走;员工则常常担心,换个管理者就换一套做事的方法。流程管理恰恰能够解决这些问题。流程再造、优化和控制的过程其实就是将人的知识、经验以及资源通过流程固化下来,实施统一管理的过程。以建立流程的方式,总结提炼团队宝贵的经验教训,将其落实到纸面上,固定到制度中,反映到流程图上,可有效避免因人而兴、因人而废等问题的重复发生。

最后,流程管理可复制。成为麦当劳、肯德基式的超级连锁巨无霸,是很多企业家的梦想。拥有卓越流程管理能力的企业非常容易在其分支机构复制同样的流程。通过流程管理,一是能够确保分支机构产品和服务品质的稳定性;二是能够确保新进人员快速适应,便于规模化扩张。从这个意义上说,流程管理系统常常被看作是企业文化的载体。

部队管理同样存在量化、继承和复制的问题。唯有可量化,才能使岗位业务能力标准的落实更有效,绩效考核的结果更令人信服;唯有可继承,才能使组织的建设和发展具有连贯性,不会因为主要领导和业务骨干的调整带来方向性的偏差;唯有可复制,才能使不同单位之间共享先进的管理理念和经验,有利于保持整体先进性。

9.2 流程管理的主要内容

归纳起来讲,流程管理的主要内容有流程设计、流程再造和流程优化。

流程设计是基础,流程再造是变革,流程优化则是常态。没有流程就谈不上再造和优化,流程管理更无从谈起,因此流程设计是基础。流程设计可能是一次性的,流程设计好之后保持相对稳定。流程再造是对运行中的流程进行梳理、解构、完善和重组,使“流程最优”。流程再造也可能是一次性的,伤筋动骨的改造不宜多次进行,流程再造要解决的是影响和制约组织生存与发展的根本性问题。流程优化则是流程管理的常态化工作,它将伴随着组织的发展和环境与条件的变化而不断修补完善。流程再造与流程优化没有先后顺序之分,没有开展流程再造也可以对流程进行优化,流程再造之后发现问题了也要进行优化。流程的设计、再造与优化之间的关系可以用图 9-1 来表示。

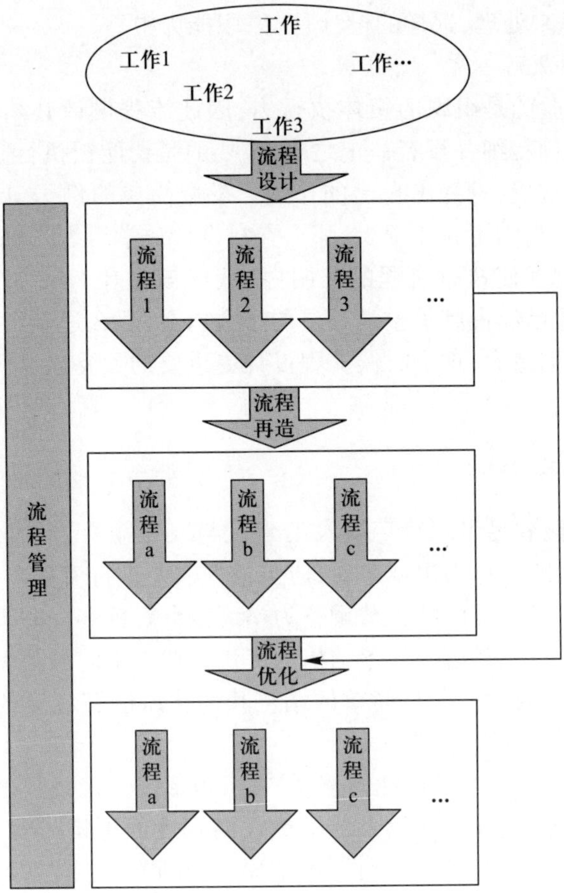

图 9-1　流程设计、流程再造与流程优化的关系

9.2.1　流程设计

流程设计是将工作过程中的诸多环节和要素整合成为包含“输入”“输出”与“活动”的完整流程,用流程以及流程的集合支撑起工作计划的展开和落实。

流程设计是流程管理的基础环节,其主要原则如下:

1. 流程导向原则

流程导向原则是流程设计的首要原则。这一原则要求管理理念必须转变从传统的以任务(或者职能)为中心转变为以流程为中心。我们可以把原先各部门的管理职能连接成一棵流程树,在流程树上标明各部门的职能及其相互之间的关系。在下达工作任务或计划的时候,先看一看这棵流程树,弄清楚这项工作的输入和输出及其整个流程,选择合适的人来负责这个流程,这样就是“以流程为中心”;而不是像现在起草一份文件那样,标明“发至某某部门”,剩下的事情就都由“某某部门”来处理,这样的设计是“以职能为中心”。

2. 实力相称原则

流程管理考验的是组织的集体执行力,因此流程设计必须考虑组织的整体实力。流程的繁简粗细并没有一定之规,重要的是要能被执行它的人理解,在流程中找准自己的位置,发挥出自己的作用。举个简单的例子,比如一所院校,如果整体实力较低,高学历人才很少,那么它在设计教学组织流程时就要考虑的细致一些,要很直观地使执行流程的人明白“我应该做什么”;如果它的整体实力较高,高学历人才已经占到了教学人员的半数以上,那么过于细致的流程就会束缚他们的活力和创造力,这个时候流程设计更重要的是要让执行的人知道“我怎么做效果更好”。

9.2.2 流程再造

流程设计只能满足组织特定阶段的建设与发展需要,当内外环境发生变化时,或者组织的战略目标做出调整时,应当根据需要进行流程再造。比如全军第十五次院校会议之后,部队院校被调整为学历教育院校和任职教育院校两大类,教育重心转移到了任职教育,任务结构的变化必然带来院校战略规划的调整,这种变化对流程体系的冲击不是简单的调整和优化所能够应对的,必须开展流程再造。

流程再造是对流程的结构性调整,是在组织形成一定规模之后,通过对组织内原有的管理流程、业务流程较大范围或较高程度的重构与变革。打破传统的层级组织结构,建立起全新的流程组织结构,是流程再造的重点工作;最大限度地实现技术上的功能集成和管理上的职能集成,是流程再造的基本要求;改善成本、质量和服务,减少浪费,提高响应速度,是流程再造的直接目的。简而言之,“再造”追求的是“使流程最优”,尽一切可能把流程中的非增值活动(即“无效劳动”)降到最低,让浪费趋近于零。

1. 流程再造的基本原则

流程再造的基本原则包括流程并行、全局最优、水平沟通、组织扁平等项内容,现分述如下。

1)流程并行原则

开展流程再造应当利用信息技术协调分散与集中的矛盾,将串行工作流程改造为并行工作流程,尽可能实现信息的一次处理与共享使用机制。

例如,我们每个人的基本信息,训练部门需要,政治部门需要,后勤部门也需要,于是每年各个部门隔段时间就要发一堆信息采集表下来,一个接一个地形成了串行工作流程,尽管名称不同,但是要填写的内容却都差不多,在科技如此发达的今天,这种做法已经不能适应部队信息化建设的要求。如果将各部门信息数据需求加以整合,采取并行的办法,由连续地多次下发转为一次下发,完全可以利用信息技术实现人员信息的一次录入与共享。再如,院校每年都要对教学人员进行考核,考核的时候每名教学人员都要把自己从任期开始获得的教学科研成果复印下来,编码造册,然后上报等待审核,第二年考核的时候再重复一次,如果当年又要晋升职称、调整职务,那么这项工作就得继续重复进行。几个不同时段的工作,彼此也构成了串行关系,增加了行政成本、造成了资源浪费,降低了工作效率。可以设想,如果我们在工作展开的前端,建立一个集中人员教学科研信息的数据库系统,一并录入成果原件的扫描文件,经组织部门确认后永久保留,在平时对每个教学人员开放一定的权限,由他们录入自己的教学科研成果信息,由审核人员按工作轻重缓急,分阶段加以确认,考核或晋升的时候只要进入数据库查阅对应任期的数据,就能做出结论。这样,前端的流程合并,与随后的适时补充、确认相结合,避免了不必要的重复劳动,相应的问题就可迎刃而解。

2)全局最优原则

局部最优不等于全局最优,流程管理强调的是通过对输入及过程的控制实现最优的输出结果。如果流程中每个节点或段落都做得不错,但是最终的输出结果却不能令人满意,那么这个流程就必然存在不合理的地方,在进行流程设计过程中肯定还有被忽视的制约因素或潜在的矛盾问题,这个时候就需要我们站在全局的高度,运用系统的观点和统筹的方法,对流程进行重新审视和再造。发现问题和再造流程都需要人才,需要转换思考问题的角度与专业化的工具、技术和方法,其中,寻找适合的人选最为关键,同样一件事情,给不同的人来做,可能会有截然不同的结果。

3)水平沟通原则

流程中使用以及产生的所有信息,在遵守保密纪律的前提下,应当建立顺畅的部门与部门之间横向流动机制,让参与流程的人员享有充分的知情权。现实中的做法和我们已经形成的习惯却与之相悖:过分强调对上与对下负责,使本部门产生的数据与信息纵向流动更多,部门领导掌握,上级主管掌握,下属机构掌握,而平行单位之间的信息交流与共享却非常欠缺,彼此之间难以协调同步。人们常说,上面千条线,下面一根针,在同一个流程中,处于相同层级的管理部门常常扮演着"多个婆婆"的角色,对下的信息来源基本相同,信息需求也往往大同小异,如果没有必要的、顺畅的信息横向流动机制作保障,势必造成信息的多次采集、重复取样,使流程的运行效率大打折扣。

4)组织扁平原则

理论与实践反复证明,流程越长,中间环节越多,出错的可能性也越大。为了使流程再造达到增效、减耗的目的,使管理者更快捷地获取意见和需求,更及时调整决策部署,压缩管理层级,建立缩短流程的扁平化组织结构,势在必行。

建立缩短流程的扁平化组织结构,实质是决策重心下移,使决策、监控和执行统一起来。在大多数组织中,决策者、执行者和监控者彼此有着严格区分。这种组织结构基于一种传统的假设,即认为一线工作人员没有足够的知识、能力和视野去做出决策,这种假设是构成传统金字塔式管理结构的出发点和依据之一。随着信息技术的飞速发展,人们捕捉和处理信息以及拓展知识、视野的能力大幅提升,一线的工作人员也部分或完全地具有做出决策、监督和控制工作流程的能力,这为压缩管理层次、实现扁平组织提供了技术支持。而一旦一线工作人员能够实现自我管理和自我决策,金字塔式组织结构以及伴生的层次繁多、效率低下、官僚主义等弊端,也都会逐步地得以消减。

2. *流程再造的主要方法*

组织运行一段时期后通常都趋向保守,开展流程再造必然对组织及其成员的惯性思维和行为产生巨大的冲击。因此,流程再造的难点并不在于如何理解和设计流程,而在于如何实施这些变革,从而收获预期的效果。

从地方企业界的实践来看,流程再造一般采取两种方法:系统化改造法,辨析理解现有流程,在现有流程基础上全面系统地更新流程;全新设计法,重新考虑与设计所有管理与业务工作的方式、方法,零起点设计新流程。两种模式的选择取决于组织的具体情况和流程再造所涉及的范围,多数情况下,组织会选择两种方式相结合的途径来实施流程再造。不论选择哪种方式,都要把握住流程再造的目的是获得更好的组织绩效,而不是为改变而改变。

1)系统化改造

系统化改造的优点在于变革是渐进的,是通过一点一滴地积累实现的,这种方式风险较低,对组织的正常工作干扰较小。缺点是以现有流程为基础,对现有流程的依赖较大,换句通俗的话说就是"革命不够彻底"。但是,如果系统化改造能够大范围应用,这种渐进式的变革也能够产生显著的绩效改善。例如,近年来欧洲许多汽车配件厂商纷纷开展大规模系统化改造,通过实行上百个小的变革,以点带面,使生产效率和质量都取得了很大进步。

系统化改造的重点就是消除现有流程中非增值活动、调整核心增值活动,其基本方法可以概括为 ESIA,即清除(Eliminate)、简化(Simply)、整合(Integrate)、自动化(Automate)。

(1)清除——清除非增值活动。流程中所有的非增值步骤都应该清除掉。在传统的部门体制下,壁垒森严、职能分割,很少有人能看到浪费的存在,流程再造的作用之一就是能够把组织内的"无用功"统统暴露出来。

一般来说,组织中的非增值活动主要体现在以下几个方面:

等待。人员、文件、物资的等待都是有成本的。往往组织的成员都是忙忙碌碌的,却不能在规定的时间内完成规定的工作,很大的原因是整个工作过程中有相当多的时间是在等待。

移交。人员、文件、物资的移交也是有成本的,过于频繁的移交对组织没有任何意义,所产生的价值也极其有限。经常见到一份文件在办公大楼各层之间往返传递,但是却很少有人想过这里边也有成本问题。

重复。如果一项工作或任务是重复的,那么它就不增加价值而只增加成本。

信息格式重排或转换。这实际上也是一种重复。数据从一种格式转换成另一种格式,或从一个计算机系统打印出来再用手工输入到另一个计算机系统都是很常见的事。

缺陷、故障与返工。任何缺陷、故障与返工都会增加解决问题的人员、物资、时间以及机会成本。导致缺陷、故障与返工的原因往往是流程上的问题,而不是其他问题。

检验、监督与控制。检验、监督与控制都是有必要的,但很多时候却成了设置管理层次或管理岗位的理由。

清除非增值活动是所有系统化改造的首要环节,如何消除或最小化这些活动,同时又不会给流程带来负面影响,是重新设计要解决的主要问题。

(2)简化——简化必要活动。在尽可能清除了非增值活动之后,对必要的活动进行简化。对于“必要的活动”,每个组织都有不同的定义,要根据自己的需要进行诠释。“必要的活动”并不只是指大项工作或核心工作,很多小问题、小领域对组织绩效的提升都起着不可忽视的作用,而且能够简化的往往就是这些小问题、小领域,如表格问题。我们每年要填很多表格。是不是真的有必要填那么多表格?是不是真的有必要填那么复杂的表格?我们应当把需要填表的工作梳理一下,重新设计一些表格,该整合的整合,该简化的简化,并不是越复杂就显得越专业。

(3)整合——整合人员和工作。整合主要指整合人员和工作,通过整合使流程更加顺畅、连贯,以满足组织的发展需求。

整合人员。团队可以完成单个成员无法承担的系列活动,因此我们可以在不改变当前编制序列的前提下,将与特定流程有关的人员进行整合组建流程团队,以确保流程的顺利执行。虽然团队可能仍然保留一定的向职能部门报告的关系,例如,向训练部门或政治部门报告,但是它们是结合起来构成了执行特定流程日常运作的组织。成员间空间距离的拉近意味着很多问题不再会出现,一旦出现问题也能迅速得到解决。

整合工作。整合工作是指把几项工作合而为一,赋权一个人完成一系列简单任务,而不是按习惯将这些任务分别交给几个人,这样可以大大加快组织里的文件、信息、物资等资源的流转速度。一般来说,每当一项工作从一个人转交给另一个人时,都是一次发生错误的机会,整合工作就是为了规避错误。

(4)自动化——流程任务自动化。自动化得力于信息技术的广泛应用,信息技术能够极大地加速流程运转,前提是流程必须是合理的。如果流程存在问题,自动化只会使事情变得更糟。在地方企业界,自动化主要应用于以下领域:

脏活、难活、险活。这是日产公司指导生产车间投资的一条原则。这类工作如果能够自动化,能够显著提高工作质量与水平,因为机器既不在乎这些条件,也不受这些条件的影响。

乏味工作。所有单调乏味的重复性工作都应是自动化的对象。这些工作可能是生产车间中的任务,也可能是数字计算工作,或者核对报表中的匹配项目。机器不会由于单调而产生厌倦情绪,它更适合于完成重复性的任务。

数据采集。如果能用机器代替人工采集数据,不仅可以节省大量的时间,还能增加数据的客观性和准确性。

数据传送。将数据从一种格式转变成另一种格式,或者从一个人转送给另一个人,从一个系统传输到另一个系统,都是自动化的首选对象。避免重复录入,不仅节省时间,而且还省掉许多数据不匹配带来的麻烦。

需要强调的是,自动化只可用于能够控制得住的流程,自动化最有效的领域是流程中那些常规的重复性任务或者高度复杂的模型处理。其他的工作,仍然要靠发挥人的能动性和灵活性。

2)全新设计

全新设计的优点是抛开现有流程,从根本上重新思考组织开展管理与业务工作的方式、方法,它提供了组织绩效跃进式发展的可能性。全新设计从目标开始,逐步倒推,设计能够达到要求的流程。全新设计方式的主要缺点是难度大、风险高,对组织正常工作的干扰大。如果没有做好认真细致的准备或者管理层决心不够坚定,流程再造的效果就会大打折扣。

一般来说,全新设计主要有三个阶段的工作要做:

(1)流程分析。全新设计没有必要像系统化改造下那样了解所有细节,但是必须通过流程分析找出组织的核心流程,从改造核心流程入手带动流程再造的全面推开。

(2)流程设计。这里的流程设计是个反复推进的过程,流程、人员和技术的考虑都要经过多次检讨。在这个过程中,坚持“全新设计”的立场非常重要,要对组织的基本任务、发展目标进行深入细致的考虑,对组织成员的能力素质、对新的工作方式进行深入细致的考虑,对技术条件与能力进行深入细致的考虑,以确保流程再造之后不会走回传统的老路。所有这些考虑,一方面构成对设计者的约束,另一方面也是对新的可能性的提示。

(3)流程检验。新流程设计出来之后,应该通过模拟它在现实中的运行对设计进行检验。决不能以任何一个意外事件的出现为理由评判流程再造的成败，只要流程能够处理好大多数工作，这些意外事件完全可以作为特例单独处理。除此之外，有必要在新流程上应用ESIA（清除、简化、整合、自动化）规则，以便保证它的有效性。

总的来说，系统化改造适用于短期业绩改进，全新设计适用于组织实现中长期战略目标。系统化改造虽然初期也会有显著的改善，但它更强调随着时间推移不断地进行变革；全新设计的目标流程往往同过去联系不大，这种方法通常能够带来组织绩效的跃进，但是风险很大。

9.2.3 流程优化

流程优化是提高流程管理质量的经常性工作，它主要通过对现有流程的整合、调整等方式，来达到自己的目的。

国际标准编写机构和管理体系认证机构（BSI）认为，流程优化不应是一次性的行为，持续改进的机制很多时候比完美的流程更重要。很多企业在谈到流程优化的时候，经常产生两个误区：一是想一次性地对所有的业务流程进行全面彻底地改进或重组，从而将流程优化演变为流程再造，耗费了过多的人力、物力资源；二是想一劳永逸，在流程设计或项目结束后，缺少对业务流程的持续改进，难以满足不断发展变化的组织需求。两个误区的产生，根源都在管理者身上，既没有认识到流程优化是一个周而复始、持续前进的循环，也没有认识到企业要依靠自己的能力和机制来保证这个循环的持续运作。

1. 流程优化的基本原则

1）系统优化原则

局部最优不等于全局最优，流程优化的过程应充分体现系统论的思想，注重整体流程的系统优化，以全局最优为最终目标，以统筹的方法为基本方法。

2）均衡协调原则

流程优化涉及组织的各方面工作（院校的教学、科研、保障等，部队的训练、政工、后勤、装备等），一般来说，没有哪个组织的所有工作都是均衡的。均衡绝非平均，并不排斥突出重点，均衡也绝非只抓一点，而不计其余。只有把组织存在的问题分析透，把薄弱环节掌握清，把整改措施梳理好，才能稳妥有序地做好流程优化工作，最终实现组织各方面工作的协调、可持续发展。

3）简化集成原则

流程优化是要把复杂的问题简单化，而不是相反。研究表明，越简洁的流程效率越高，流程太复杂势必头绪繁多、枝蔓丛生，组织协调的时间和精力就越多，耗费也越大，出错的概率也高。当然，简洁并不是一味地简单，要具体问题具体分析。同时，流程优化要致力于最大限度地实现信息整合与共享，充分运用现代信息技术,形成高效、便捷、流畅的信息获取、处理与共享机制,把组织的监控机制有机地融合到流程之中,力争实现过程控制与结果控制的完美结合。

2. 流程优化的主要方法

流程优化可以分为三个层次:第一个层次是对组织的框架体进行优化,调整组织的职能结构,提高工作效率;第二个层次是对工作流程进行优化,解决流程运行过程中暴露出的各种问题;第三个层次是对工作细则进行优化,把细节做到极致。

1)第一个层次——框架体系优化

框架体系优化实质上是依据流程来优化组织。这个过程大体上可分为三个环节:

先是建立起组织个性鲜明的工作流程体系,进而在此基础上形成流程清单,最后通过对流程清单的分析和判断对组织的职能架构进行调整。由于流程清单发挥着承上启下的桥梁作用,是个关键环节,因此,明确绘制好流程清单的重大意义,对优化组织的框架体系至关重要。

首先,作为管理层,流程清单能够使其清楚地知道每天都有哪些流程在执行,总共有多少项流程在支撑着组织的生存和发展;其次,流程清单更重要的意义还在于能够作为我们分析组织职能架构的有效工具,帮助我们寻找出隐藏在流程中的"责任缺失"。

"责任缺失"是组织管理的大忌,主要表现有两种:一种是现有的流程体系中缺少某些职能,需要我们加以弥补,比如有些工作在布置下去一段时间之后,发现没有具体的人或部门来负责,上边不闻不问,下边不了了之;另一种是某些职能被分解在多个流程当中,形成多头管理。借助于流程清单这一直观的手段,我们能够快捷方便地找到组织中哪些职能部门协调的不好、哪些职能部门沟通不畅,或者哪些资源分布不科学、哪些部门的责权设计不合理,从而有的放矢地对组织的职能架构进行优化。

2)第二个层次——工作流程优化

首先是在较为宏观的层面,对工作流程体系进行优化。工作流程体系不能是脱离组织实际的空中楼阁,一个好的工作流程体系是能够体现出组织的发展思路和战略目标的。流程中哪些该"放",哪些该"控",哪些工作强化,哪些工作弱化,都与组织的发展思路和战略目标相一致。另外,不要理想化地认为可以一次性地把所有流程都建好,流程体系的优化是一个渐进的过程,只要有流程,就有流程管理,就有流程优化。因此,流程体系的建设既要区分轻重缓急,也要有集中力量办大事的觉悟,相比较来说,"到位"的流程体系远比"完整"的流程体系更重要。

其次是微观层面,对具体的工作流程进行优化,准确地说是对每一个具体的工作流程图进行优化。流程图应尽可能地涵盖某项工作流程从输入到输出的所有关键环节(活动节点),同时保持图示简洁。一般来说,一项工作流程的活动节点大都保持在 30 个左右,太多就会显得庞杂,也会令执行的人感到困惑。判断一个环节能否作为活动节点呈现在流程图上,一般是看该环节是不是此项工作流程继续运行的必要条件。

除此之外,每个流程图都要附上一张与之相对应的“流程节点信息表”,流程图的意义在于规范工作输入与输出及其主要步骤,而信息表则对流程图中的每一个活动节点提出要求。这些要求提供了包括时间、人员、标准等项的必要信息。有了流程图和信息表,即使是新进人员也能够按图索骥,快速进入角色。需要进一步说明的是,在制作信息表时,要把每个活动节点的制度或法规依据以“参考文件”的形式(也可用其他名称)标示出来。呈现形式可以灵活掌握,比如把流程信息表做成电子文档,在每个活动节点上附着一个“参考文件”的图标,默认收起,需要时把它打开即可查看相关的制度或法规文件。之所以一定要把制度或法规整合到信息表中,是因为流程体系是一个系统工程,它的有效性很大程度上依赖于诸流程之间的一致性,一致则损耗最低、效率最高。很多单位在做流程的时候,常常发现执行的时候,流程和制度却是两张皮,各行其是,甚至自相矛盾,看似万事俱备,实则举步维艰。因此一定要通过某种形式把制度法规集中起来,建立完备的制度法规数据库,并且能够与工作流程体系进行适应性、有效性的互检和调整。

3)第三个层次——工作细则优化

对工作细则的优化实质是流程管理的进一步规范化和标准化。搞流程管理不仅仅要把流程图画出来,还要考虑流程中每一个活动的因素是什么、如何判断流程的走向、考核的标准是什么、指标是什么、操作的规范是什么、注意事项有哪些、如何开展针对性的培训等一系列问题。这些都是工作细则优化的具体内容。

做细则优化最难的是制订标准,没有标准就无法衡量流程的执行效果。制订标准必须要做好成本分析和阻力分析。标准的成本分析说的是效益问题,有些标准也许很好,但是它会增加流程的运行成本;标准的阻力分析说的是可操作性和可执行性问题,定得出做不到不行,组织成员的抵触和基础条件的制约,都会影响流程的顺利运行。这是我们在制定标准时必须在事前就充分予以考虑的两个因素,尽可能趋利避害,扬长避短。

总之,流程优化是一个持续不断的过程,这当中最关键是要通过流程清单找准影响和制约组织发展的症结所在,带着问题往下走,带着问题去优化。流程优化的根本目的是解决问题,而不是为了使流程更“好看”。

9.3 流程管理理论在部队管理中的应用

流程管理理论自诞生以来,逐渐成为众多企业关注的热点。实施流程管理,能够改善资源配置,提高工作效率,降低运行成本,通过流程管理来改善业绩已经成为企业管理者们的共同选择。部队是担负战斗任务的武装集团,管理工作有着自己特殊的要求。因此,部队究竟需不需要开展流程管理、怎样推行流程管理,需要我们做出理性的分析判断。

9.3.1 部队实施流程管理的必要性

一个组织在经过长期运行之后,规模不断壮大,机构日益增加,而工作效率却不断下降,组织的活力与执行力逐渐衰退。这种现象在地方被称为"大企业病",部队也不同程度地存在着类似的问题,归纳起来讲主要有以下三个方面表现。

1. 分工过细,层次太多

随着使命任务的不断丰富,部队组织内部的分工越来越细,管理层次越来越多,组织结构也越来越臃肿。在传统的树状组织形态下,所有部门及其成员按照职能进行区分,形成了明确的上下级隶属关系,管理层的宏观控制也通过各职能模块来实施。一项工作或任务的展开,往往要经过多个部门、环节的处理,展开过程时间偏长,协调与集成工作的管理成本大大增加;同时,树状组织形态缺少部门之间的横向关联,汇报与决策路线必须适应垂直的管理路线,在下级、上级直至最高层之间漫游,制约工作效率提高的因素太多。

2. 部门壁垒,条块分割

在目前的管理体制下,各部门只关心本部门的工作,并以达到本级领导和上级部门满意为准。为了把各部门、各环节衔接起来,需要编制更多的管理人员用于信息存储、工作协调以及过程监控。部门化管理加大了沟通成本,降低了信息传递速度,延长了组织的有效响应时间。另外,部门职能的划分容易在组织中形成利益集团,部门之间壁垒分明,而我们的工作或任务经常涉及多个部门,一旦发生利益冲突,各部门都会有意无意地把组织的整体利益放到一边,更热衷于维护本部门的权益,推诿扯皮也就在所难免。

3. 文牍盛行,舍本逐末

公文旅行、文牍主义是当前各级组织中常见的现象。在不少单位,对公文、报告、表格的检查、校对以及控制已经成为一项极其重要的基础工作,当面临汇报、检查等个别时段,甚至被当作重于一切的"压轴大戏"。大量的人力、物力投放在这里,组织生存的真正目的反而显得不是很重要。另外,为了加强部队组织的“内部管理”，我们制订了大量的制度和审批手续，寄希望于以公文和制度来规范各项管理和业务工作。初衷虽好，但价值不高，过于烦琐的制度条文，反而分散了基层管理者的精力，不得不频于应付“抓落实”，工作被动，身不由己，降低了本人及其部属的工作积极性和主动性，责任感和归属感也不同程度地被削弱；同时，层层设卡所造成的排队“签字”的现象也屡见不鲜，多头审批、长程审批，也极大地降低了组织的运行效率，更有甚者，当发生问题时，成为各级领导或部门推卸责任的一种方式，都有责任演变成了谁都没有责任。

“大企业病”在平时也许看不出什么严重危害，所有的工作似乎都在“有条不紊”地逐级推开，然而一旦遇到突发状况，它的弊端就会暴露无遗。一般来说，层级越多出错的概率就越高，而且不同管理层级的错误往往会叠加，最终造成无法挽回的后果。某些需要在短时间内处置的突发状况，每个管理层级都要花费一定的时间上传下达，处置时间成倍增加，等到做出最终决定的时候，时机已经错过了。而流程管理就好比我们事先在组织中规定好了一个个公式，公式中有变量有常量，各种部门、人员、任务、状况等都是变量，工作关系则是常量，无论变量如何变化，流程都会根据公式自动运行，在最短的时间内以最高的效率推导出最合理的结果。

通过实施流程管理，淡化部门职能、强化流程意识，这些问题都能够得到有效的解决。流程管理能够为部队管理带来的最直观的改进可以用 3 个词来概括——快捷、高效、零缺陷。流程管理能够极大地提高组织的响应速度，合理的流程能够根据需求变化迅速做出调整和变化，从而使组织的执行力得到大幅提升；流程的展开是组织内部一系列相关职能部门相互配合的过程，使局限于纵向运行的工作关系通过流程在横向上关联起来，部门及其成员更多的要对流程的输出结果负责，减少推诿扯皮，提高工作效率；通过科学合理的流程设计，使每个部门和每个人都明确各自在流程中的责、权、利，相互之间由流程标准构成紧密的啮合关系，最大限度地减少了人为因素对输出结果的干扰，最终实现管理和业务流程的零缺陷运行。

9.3.2　部队实施流程管理的主要工作内容

部队作为武装集团，其相对稳定性决定了在实施流程管理上不能搞“休克疗法”，不宜进行突变式的改革，而应当通过试点，积极稳妥地逐步推开。具体实施内容可以从宏观和微观两个层面来考虑，宏观上主要是针对组织结构进行调整与改革，微观上则是针对工作流程进行梳理和优化。

1. 组织结构的调整与改革

组织结构的调整与改革主要涉及集权分权程度、管理跨度、协作方式、工作表现的评价鉴定制度和控制指挥系统等方面的变革，其中最重要的是集权和分

权问题,它是其他各个方面变革的基础。为适应流程管理的实施,组织结构的调整与改革应当向以下四个方向发展:

1)组织结构扁平化

现代管理理论指出,组织等级结构形成的根本原因是有效管理幅度的限制。即当组织规模扩大到一定程度时,必须通过增加管理层次来保证有效的领导。在企业规模一定的条件下,管理幅度与管理层次成反比。当管理幅度较小,管理层次较多时,企业组织趋向高耸式结构;而当管理幅度层次较少,管理幅度较大时,则趋向扁平结构。信息技术的发展为组织结构的扁平化提供了重要的技术支持。现代信息技术使组织的中间层次——职能部门或管理人员,上传下达的功能得以弱化,存在的价值和必要性也越来越低。因此,对效益不明显的撤销职能有重叠、关系太复杂的管理机构或层级,要该撤销的撤销,该整合的整合,逐步实现组织结构的扁平化。

2)组织性质柔性化

树状的组织结构刚性太大,在稳定的外部环境下具有其合理性。然而,随着形势的发展,它更多地表现出一种僵化和迟钝。面对复杂多变的内外部环境,组织结构必须具有一定的灵活性与适应性,以提高部队应变反应的能力和速度。组织的柔性化可借助于“工作团队”的形式来实现。工作团队分为两种:一种是临时性的,团队框架不定,常常也没有专门的名称,平时各专业人员在自己的领域内工作,但当某个项目的需求超过了个人能力时,便由不同领域的管理者和专家集中起来,合力解决这一问题;另一种是长期性的,团队框架相对稳定,如以任务小组(或“任务办公室”)取代职能部门,任务小组由担负不同职能的人员组成,根据需要可以吸收一些专家加入,任务小组对整个任务流程负责,发挥协同优势,缩短任务响应与完成时间。例如,在部队院校教学评价中,受评院校成立的“评价办”,当前在空军开展转型基础建设中,部队内部成立的相应机构就属于这一类。

3)组织格局分权化

一般来说,集权有利于在更大范围内配置资源,分权有利于灵活应变,调动局部积极性。各层次间的集权与分权程度,应服从、服务于组织的整体发展目标。部队使命任务的多样化要求,使组织结构向分权体制转化的必要性日渐突出。信息技术在部队各个岗位广泛应用,基层人员也有条件直接处理信息,通过计算机终端,各种初始信息可以直接快速地传递出来,而无须全部经过上级部门集中处理后再加以处置。在这种情形下,基层人员拥有资源调配权力的重要性明显增加,他们不仅要承担更大的责任,而且也应该拥有适当的决策权。

4)组织形式网络化

信息技术和远程通信的应用,降低了时间和空间对组织活动的限制。与其说部队是一个存在于某一地理位置，由人员、装（设）备、物资等构成的实体，不如说它是一个由各种要素和机能组成的系统，地域属性的重要程度已经显著下降。通过现代信息网络，我们能够比较容易地使自己系统中的某些要素与其他组织系统中的某些要素组合起来，构成新的机能，形成新的战斗力。组织形式的网络化具体表现在两个方面：一是外部组织集团化。军种、兵种通过信息网络实现互联、互通，平时可以依托集团化的管理平台实现一体化训练，战时或遇到突发情况时能够凭借快捷顺畅的指挥系统迅速联动做出有效响应。二是内部组织网络化。传统的组织结构直线构架、垂直领导、单线联系，很多机构之间"老死不相往来"。在扁平化的组织结构下，管理层次跨度加大，执行层次机构增多，每个执行机构都可以与决策层建立直接联系络化，横向的联络也不断加深加强，必然要求内部组织机构的网络化。

2. 工作流程的梳理与优化

部队内部的管理工作根据任务性质可以分为常规工作、临时性工作、突发状况等；根据环境因素变化还可以分为平时管理工作和战时管理工作两大类。这里暂不考虑战时的管理工作，因为在流程管理规范化之后，平战转换也就意味着流程转换，由相应的转换机制来实现。行为主体、任务性质与时间不同，流程管理在实施上也有差别，但是梳理和优化工作流程的步骤和方法却是基本一致的梳理与优化包括三个方面概括起来讲，部队管理中工作流程，即定流程、定标准、定方向。

1）定流程

部队和院校有着各自明确的任务分工和职责范围，实施流程管理并不是要改变它们各自的工作内容，变化的只是工作的程序和方法。所谓定流程，即将每一项工作转换为包含输入、输出、相关活动的完整过程，而不是把它们分散在各个职能部门中。流程可以分为基础流程、核心流程和支持流程三类。基础流程维持着组织的正常运转，没有这些流程组织就无法生存，如人员管理、物资管理、财务管理等就是支撑组织运转的流程；核心流程是组织区别于其他行为主体的，对实现组织使命任务、战略目标起到关键作用的工作流程，如院校的教学流程、基层部队的训练流程等；支持流程是对上述两类流程起辅助支持作用的工作流程，如会议流程、公文流程、审批流程等。定流程就是要确定这三类流程，画出流程图。

2）定标准

有了流程就要有标准，要用标准把流程固化下来，流程的运行、转换、对接、起止都要按照明确的、规范的、统一的标准来展开。标准化的流程是流程管理可量化、可复制、可继承的前提，从这个意义上说，没有标准化就没有流程管理。与地方比较，部队的特殊性决定了它的标准应该强制色彩更浓，操作更具体，涵盖范围也更全面,定标准的意义就更大。

标准可以分为流程标准和人员标准两类,前者规范流程(如院校教学中的课程标准等),后者规范流程中人的行为(如查听课制度等)。流程标准要涵盖流程的每个环节,尤其要关注流程之间、部门之间、人员之间的起承转合,尽可能把流程运行的所有细节都考虑进去。人员标准要全面细致,操作性强,要让执行流程的人知道怎么做、监督流程的人知道怎么查。空军在开展“转型基础建设”中,研究和制订了各类人员的岗位专业能力标准,就属于人员标准的范畴。流程标准编制完成后,应制成手册,相关人员人手一册,并放大绘制成图表,在每个部门的办公室里进行张贴,便于在工作中的及时对照。

3)定方向

所谓定方向,是指组织根据梳理出的工作流程和制订标准过程中发现的流程管理漏洞,以及组织开展各项工作的实际情况,确定流程管理的实施重点。

定方向分为两个层次:从宏观上看,是流程再造与流程优化的选择问题,是把二者中的哪一个作为工作重点的问题。一般来讲,对于较为完善的工作流程,漏洞与问题并不多,可以通过流程优化,进一步挖掘流程管理的潜力;漏洞与问题较多的,则可以考虑实施流程再造。从微观上看,是在流程再造和流程优化各自的内部环节中,选择哪一个环节作为流程管理工作重点的问题。考虑到流程优化是常态化工作,这里仅就其中存在的突出问题展开论述。

在我们所接触的问题中,流程“断档”问题尤为突出,流程在没有梳理之前,有很多工作都模糊地指向同一个目标,看似正确,实则难以执行。例如,院校经常强调“以教学为中心”,部队强调“以训练为中心”,很多工作都是为教学、训练服务的,它们指向的是同一个目标,诸如此类。从表面上看,虽然无可挑剔,但仔细推敲发现,由于缺乏对总目标的分解,使得大目标与小目标、终极目标与阶段目标产生了脱节,降低了目标的导向作用,不同的人员喊着同样的口号,却在懵懵懂懂地干着自己分内或分外的工作,其结果是有一部分工作并非指向教学或训练,甚至有悖于教学与训练的要求。通过流程,将处于不同层次、部门、系统的目标连接起来,将不同阶段的目标连接起来,将目标与标准和工作连接起来,进而以流程为导向,把全部工作的着眼点聚焦于流程的有效执行,把个体的工作对准流程所赋予的职责,只有这样,才能确保小目标与大方向的高度一致,才能保证具体行动与标准要求的高度统一。因此,流程优化的重点应该放在上述“三个连接”上,“三个连接”表明了流程优化的方向。

9.3.3 部队实施流程管理要注意的几个问题

在部队推行流程管理既有认识理解问题,也有方法步骤问题,需要引起我们注意的主要有以下几个方面。

1. 切忌流程烦琐

如果我们对工作流程中的关键环节缺乏详细分解，就很难发现流程真正的问题或需要改善的地方，很难发现工作过程中的非增值环节究竟有多少。但是，如果设计出的流程过于复杂，又难免一叶障目不见泰山，陷入细节的纠缠之中而忽视了对流程整体的审视。我们说流程必须是全面的、完备的、详细的，但这并不表明流程一定是烦琐的。

首先，流程是分层次的，不同层次的流程对详细程度的要求也不相同。院校从教学到学员队管理，部队从训练到营房基础设施建设，所有工作都很重要，但是从与中心工作相关性上来分析，是有层次区别的。流程应当充分反映当前组织各项工作的实施过程，重点关注的是影响中心工作的关键环节。如果一项流程环节过多，比如院校的整个教学流程，从制订教学计划到学员结业，时间长、跨度大，涉及的人员、部门多，这种情况下就可以考虑将其中的某些环节导出用次级流程（子流程）来代替，并且对一些容易出问题的环节要用模板和制度来进行约束，让制度保证流程的运行不会偏离轨道。

其次，对流程可能出现的分支、假设要考虑周全，在流程图中标示清楚，以便于在出现分支或有临时性工作时顺利实现流程对接或转换。比如跨军种的综合演练或者重大的演习任务，在特定时间内是部队训练工作的重点，那么我们在设计或优化训练流程的时候，就要充分考虑这些因素，使流程的转换、对接顺利进行。另外，流程与职能设置应一致起来，与执行能力相匹配，避免部门或个人在相同的时间执行多个不同的流程。

2. 切忌盲目推开

管理学家常说，没有完美的流程，只有最合适的流程。随着组织内外环境的变化，流程需要持续地进行优化。美国空军在计划实施21世纪精细化管理的过程中，就多次强调，虽然美国空军已经是当今世界最强大的空中力量，但是工作当中的无效劳动和浪费现象仍然大量存在，在某些特殊的工作流程中，甚至高达95%的工作环节都是毫无价值的，流程改进的空间很大。

流程的设计、再造与优化既不可能一蹴而就，也不可能一成不变。最有效的方法是先设计建立简单、有条件运作的流程，保证流程的效率，兼顾控制。而效率与规范并不总是矛盾的，正如过程中的质量与进度并不矛盾一样。当然，也要对不同性质的流程确定不同的目标，有些流程如财务方面的流程需要在合理控制的前提下强调效率。

首先，流程的再造与优化应考虑流程运行的环境，如决策层推行流程管理的能力与决心、官兵的素质与执行力、信息系统的技术水平等，决不能照抄照搬地方企业的流程再造与优化的模式。事实上，通过实施流程管理取得成功的企业很多，然而因不得要领、一败涂地的也不在少数，有的企业甚至从“再造”走向破产。如果我们缺乏对工作性质、工作特点、工作规律的科学分析和判断,缺乏对流程管理理论的深层次认识和解读,寄希望于“拿来主义”一劳永逸地解决所有管理问题是注定不会成功的。

其次,流程的再造与优化常常伴随着工作分工的变化,有时甚至牵涉组织成员利益的调整,必须注意实施前的动员、教育,应当把基层官兵与流程的设计者放在同等重要的位置。基层官兵既是流程优化的工作对象,同时也是推动流程优化的中坚力量,没有基层官兵积极普遍地参与,流程的再造与优化就难以顺利进行,提高战斗力就是一句空谈。只有思想上高度统一,流程中的每个环节的负责人都落实下来,能力达到要求,流程的再造优化才有可能取得预期成效。

除此之外,还须高度注意试点工作,一旦确认设计好的工作流程是经得起推敲的,就应当尽快推动流程再造与优化的试点,让其运行起来。因为只有在运行过程中才更容易发现问题,只有通过试点才能让官兵经受实践的锻炼,积累经验,增强能力素质,为日后的全面展开做好制度、标准与人才的准备。

3. 切忌全盘否定

在推行和实施流程管理的时候,全盘否定传统的部门职能制管理结构,是不科学的。流程管理关注的是事,作用对象在于工作的运行方式,部门职能制关注的是人,作用对象在于人员的隶属关系。自从福特创立部门职能制管理以来,无论是企业或是政府机构还是部队基本上都使用或模仿了这一管理模式,职能部门各司其职,共同配合实现业务目标。至少在人员的管理上,部门职能制仍具有强大的生命力。因此,适应职能化的机构设置,资金、人力以及外部需求都要求组织的管理模式必须以职能管理为主。换句话说,无论是管人还是管事,都要与职能化的机构设置兼容,部队管理不可能脱离具体的历史条件自行其是。流程管理同样需要靠部门职能制的管理结构去推行、去实施。即便是要建立扁平化的组织结构来适应流程管理,在当前部门职能制根深蒂固的环境下,也只能采取温和的、渐进式的改革,先行试点,然后再一步一步地推开。

复习思考题

1. 流程的概念及基本要素是什么?
2. 什么是流程管理?流程管理主要特征是什么?
3. 流程管理在部队管理中主要应用领域有哪些?

参考文献

[1] 于秀慧,李宝山. 管理系统工程:第3版[M]. 北京:中国人民大学出版社,2011.
[2] 苗东升. 系统科学精要[M]. 北京:中国人民大学出版社,2006.
[3] 涂序彦. 大系统控制论[M]. 北京:国防工业出版社,1994.
[4] 汪应洛. 系统工程理论、方法与应用:第2版[M]. 北京:高等教育出版社,2001.
[5] 许国志. 系统科学[M]. 上海:上海科技教育出版社,2000.
[6] 钱学森. 论系统工程[M]. 上海:上海交通大学出版社,2007.
[7] 杰拉尔德·温伯格. 系统化思维导论[M]. 北京:清华大学出版社,2003.
[8] 苗东升. 系统科学大学讲稿[M]. 北京:中国人民大学出版社,2007.
[9] 周德群. 系统工程概论[M]. 北京:科学出版社,2010.
[10] 成思危. 复杂科学、系统工程与管理[M]. 上海:上海科技教育出版社,2000.
[11] 王雨田. 控制论、信息论、系统科学与哲学:第2版[M]. 北京:中国人民大学出版社,1988.
[12] 顾基发. 物理—事理—人理(WSR)系统方法论[M]. 上海:上海科技教育出版社,2000.
[13] 白思俊. 系统工程:第3版[M]. 北京:电子工业出版社,2013.
[14] 汪应洛. 系统工程:第4版[M]. 北京:机械工业出版社,2008.
[15] 姜璐. 钱学森论系统科学(讲话篇)[M]. 北京:科学出版社,2011.
[16] 薛惠锋,张骏. 现代系统工程导论[M]. 北京:国防大学出版社,2006.
[17] 喻湘存,熊曙初. 系统工程教程[M]. 北京:清华大学出版社,2006.
[18] 王新平. 管理系统工程:方法论及建模[M]. 北京:机械工业出版社,2011.